哲学の誕生

男性性と女性性の心理学

湯浅泰雄

人文書院

はじめに

私がこの本を書いた動機は、倫理と信仰の意識について、心理学の立場から考えてみたいという気持を長年もち続けていたところにある。倫理的意識とは、モラルに対する私たちの感受性のことである。それは「自分の人生をいかに生きてゆくべきか」という、自分自身の内面への問いかけから始まる。その問いの先に、「自分は一体何を信じてこの人生を生きてゆくのか」という信仰への問いが開けてくる。信仰はふつう宗教の問題と考えられているが、それよりも先に、私たち個人の心理に関わる事柄である。キリスト教や仏教をはじめ世界の諸宗教には、それぞれの教義（思想）があり、また教団の組織がある。信仰の心理からそういう宗教に入信することはあるだろうが、同じ宗教宗派に属していても個人の心理は人さまざまであるし、既成の宗教を信じない人であっても、自分個人の信仰をもつことはできるだろう。それは、私たち人間の心の深みには、このような問いを生み出す魂のはたらきが隠れているからである。筆者がこの本にこめた意図は、このことについて考えるところにある。

哲学というのは、わかり易く言えば、時代のものの考え方であると言えるだろう。時代の社会状況が変われば、人々のものの考え方もおのずと変わってゆく。人々の生き方が変わり、信じるものも変わってゆくからである。しかしながら、歴史がいくら変化し発展しても、人生をいかに生きるべきか、何を信じて自分の生涯を生きてゆくのか、という問いは変わることなく次の時代に受け継がれてゆく。哲学の歴史はそれによってつくられてゆくわけである。

この本では主に西洋古代のギリシア・ローマの哲学を取り上げている。私は古典学は素人なので、書いた内容はすべて専門研究者のお仕事に頼っている。だからこの本は哲学の研究者を念頭においたものではない。そうではなくて、一般の読者に読んでいただきたい、というのが私の念願である。要するに、哲学のことはよくわからないが、人生の生き方について考えてみたい、という人にこの本を読んでいただくことができれば幸いである。そのためにはわかりやすく書くことは当然として、歴史を調べること、つまり人々がその時代の社会の中でどのように生きていたかということを調べることが大事だと考えたので、この点に特に配慮したつもりである。


序論では、身体論を手がかりにして、モラルの感受性についてのべた。エロス（性）は倫理問題の始まりであり、タナトス（死）は信仰の始まりである。この問いは、現代になって心理学者が初めて提出したものであって、哲学者は考えていなかった。しかし、人間性について反省しようと思えば、哲学者もこの問題について考える必要があるだろう。現代の臨床心理学はさまざまの倫理的問題に直面している。筆者が倫理問題について考えてみたいと思った動機の一つは、かねがねそういう現代世界のモラルの衰退と不安について憂慮する気持があったためである。

第一章では、心理学の観点に立って西洋古代の哲学史を大観した場合に、考えるべき問題点について取り上げている。倫理学に焦点をあてた場合、ギリシアの哲学史を見るときのポイントと思われる事柄についてのべている。東洋と西洋の思想の伝統について比較してみる意図も入っている。

第二章は「意識の発達史」という題をつけたが、これは神話の心理学について研究したものである。現代の学者で神話の心理学を初めて研究したのは、フロイトから始まる心理学者たちである。神話の神々のイメージは人間の心理を宇宙に投影した産物である。したがってわれわれは、それを調べてゆくことによって人間心理の深い領域のしくみを知ることができるだろう。ホメロスから始まるギリシア古代は神話の宝庫であるとともに、西洋古代の信仰と倫理の伝統の出発点になっている。「男性性と女性性の心理学」というこの本の副題はここから来ている。

哲学は神話の後に生まれたものであるが、厳密に言えば、神話から哲学へという発展は古代ギリシアでのみ起こったもので、東洋の思想史にはみられないことである。そこで第三章は、なぜギリシアにおいて哲学が初めて誕生したかという状況について調べている。この章ではまた、東洋の伝統との共通点と相違点を明らかにすることに重点をおいている。

第四章はこの本の中心になる部分で、ソクラテスの生涯とその考え方について調べた。「理性と霊性」という題は彼の信仰と倫理についての考え方を、心理学の観点に立って検討したという意味である。私はソクラテスの哲学の考え方を知るだけでなく、この時代の歴史的状況を調べて、そこから彼の生き方について考えるようにするのが大事だと思っている。

第五章は、ローマ帝国の前半期にストア哲学が流行した背景について調べ、倫理学の意味について考えている。この時代はまたキリスト教の成長期に当たっている。迫害や殉教の問題は、社会的集団心理の観点から理解することができるだろう、というのが筆者の考えである。

第六章には「神の女性性」という題をつけた。これはユングのキリスト教の見方を受け継いで考えたものである。ギリシア哲学とキリスト教は西洋思想の伝統をつくりあげている二本の柱であるが、この時代の特徴は社会全体に霊性的心理が高まってくるところにある。当時流行した新プラトン主義、教父哲学、およびグノーシス教と錬金術の背景にはそういう心霊主義的関心の高まりが社会全体に見られる。理論的には後期プラトン哲学がこの三者の思想の共通の基礎になっている。この問題について深く考えようとするともう一冊本を書くくらいの分量が必要になるので、力及ばず、検討すべき課題を出したところで打ち止めにした。

終章は、東洋と西洋を比較する観点から、人格の形成という問題について取り上げている。真の自己を知ることは、男性性と女性性を統合することを意味する、というのが筆者の考えである。

目次

哲学の誕生

男性性と女性性の心理学

序論　人間存在の自己矛盾

現代人はもはや心理療法を求めているのか、霊性を求めているのか
わからなくなっている
ジェイコブ・ニードルマン

1　自然内存在と自然外存在

身体と人間性の自己矛盾

人間がこの世界に生きているとき、身体はどういう役割を果たし、どんな意味をもっているのだろうか。古代ギリシア以来、人間が求める精神的価値として、真・善・美の三つがあげられる。学問、道徳（倫理）、芸術はこの三つの価値に対応した活動である。さらにこの三つを一つに統合する価値として「聖」すなわち宗教性があげられる。これらの活動は身体とどのように関連しているだろうか。

まず、芸術活動は身体の技の訓練と結びついていることが多いので、この問題はわかりやすい。動物と比較した場合、ヒトが獲得した独特な能力として、直立歩行の能力をあげることができる。これは約四〇〇万年前のアウストラロピテクスから始まったといわれるが、これによって人間は手を自由に使えるようになり、道具を使う技を覚えた。古代ギリシアでは「技」をテクネーとよんでいる。テクネーとは彫刻、絵画、音楽

といった芸術の技から、建築や造船といった実用的技術まで含む言葉である。ただしギリシア人は実用性にはあまり高い価値を認めなかったので、芸術的活動については特にポイエシス（制作）という言葉が使われ、ポイエシスの目標は「美」を追求するところにある、とされる。しかし、芸術以外の分野で発達したさまざまの身体技法（競技、武術、修行法など）まで広く考えに入れる場合には、「技」つまりテクネーの観点から考える方が適切である。テクネーという言葉は近代語のテクニック（技法）やテクノロジー（技術）の語源になっている。そういう観点から言えば、太古の石器から現代の科学技術に至るまで、すべての道具・機械類はテクネーの産物だと言うこともできる。しかし近代以前の伝統的技術は、現代のテクノロジーと違って個人の身体から離れない「技」である。レオナルド・ダ・ヴィンチの名画は二度と現われないし、天才的俳優の名演技は二度と見られない。スポーツの名選手や武術の達人の技にしても同じことである。人間は老いと死を運命づけられた存在である以上、身体の訓練と結びついて生まれる「技」は本来個人的な手作りのものであって、機械的に複製することはできない。つまり、同じテクネーの産物であっても、近代的機械的技術と身体技法とは根本的に性質が違っており、後者は個々人の精神的努力と不可分なのである。したがって、身体という観点から人間の本性について考える場合には、「技」つまり身体技法の訓練のもつ意味について考える必要がある。

次に、ヒトの第二の特性は――一般の哺乳類にくらべるとすぐわかることだが――顔面、特に顎が発達し、逆に頭部が細くなっていることである。このため人間は、首を絞められると簡単に窒息死する。その反面、顔面が広がり頸が細くなったおかげで声帯が発達し、複雑な表情と発声（感情と欲求表現）ができるようになった。この特性はサルや類人猿にもある程度みられるが、ヒトの場合は、原人から進化してくる過程で身体全体に対する頭部の比率が増大し、言葉を作り出すに至った。知能の発達である。アリストテレスが人間を「ロゴス（言葉）をもつ生き物」と定義したのは、この特性に注意したからである。動物の発声は生きるための本能的欲求の表現である。人間の発声も言葉も当然そういう意味合いをもっているが、言葉は個々の人間（個体）から独立して一定の客観的意味をもっている。動物と人間を分かつ決定的な違いはこの点にある。動物は与えられた自然の状態の中でのみ生きている。その意味で彼らは「自然内存在」とよぶことができるだろう。これに対して人間は、「自然外存在」とよぶことができる性質をもつに至ったわけである。つまり人間は、自分自身を世界の出来事の外においてそれを客観的に観察し、出来事のもつ意味について考え、表現することができるようになった。知識と学問の起源はここにある。ギリシア人はこういう態度をテオリア（観察、理論）とよんだ。「真」（学問）とは、世界はどのようにあるのかということをテオリアによって知ることである。

われわれはここで、人間には人間の存在に特有な矛盾があることに気がつく。人間は、知的に考える場面では、自分自身の存在を世界の外部に置いて世界を観察している。それにもかかわらず、人間は身体をもっているかぎり、動物と同様に世界の内部にいるわけである。言いかえれば、身体は世界（すなわち自然）の内部に存在しながら、意識を世界の外に置くことができるところに人間に特有の性質がある。近代哲学の開祖デカルトは、人間性の本質を知的思考のはたらきに求めた。人間の本質は「思考する存在」なのであって、そこに自我意識が見出されると彼は言う。彼はこの場合、身体の存在を無視している。身体は物体と同じく、空間に一定の容積を占める存在である。ならば、身体と不可分な心（意識）も、物体に所属するその一部とみることができるのではないか。デカルトの哲学からは、人間の本質を機械のようなものとみる人間機械論が生まれてきた。人間の本質は心に求められるのか、それとも物質なのか。デカルトは両方の答えに道を開いたのである。人間に対して物心二分法を適用すれば、こういう二つの考え方が分かれてくるのは当然のなりゆきである。身体をもつかぎり人間は「自然内存在」であるが、知的思考によって世界の全体を観察する場面では、人間は自分を「自然外存在」としているわけである。

このように、自然内存在でありながら自然外存在でもあるという人間の特性を矛盾的自己同一とよぶことにしよう。これは、日本の哲学者西田幾多郎が、世界における人間のあり方を「絶対矛盾の自己同一」とよんだのにヒントを得たものである。甚だわかりにくい言い方であるが、彼がこういう言い方をしたのは、デカルト以来の近代哲学（認識論）の自我意識の考え方に疑問をもったからである。自我意識は世界の全体を客観とする主観の立場に立っている。つまり、自分を「世界外存在」としている。しかし実は、そこに設定された主観-客観関係そのものが「場所」に支えられている、と西田は考える。彼はこの場所の構造を、絶対矛盾の自己同一とよんでいるのである。哲学に慣れない読者にはわかりにくいと思うので、今はこれ以上の説明はしない。ただ、彼のこのような表現の基礎には禅の瞑想体験から得た考え方があるということに注意しておきたい。このことは、東洋には西洋の伝統とは違った人間と自然の見方があることを示唆している。

性と食

人間が追求する真・善・美の三つの理想のうち、もう一つの善すなわち道徳的価値は、身体とどういう関係にあるだろうか。「美」と「真」という価値の追求が人間の身体的特性と関連しているように、われわれは「善」についても身体論の見地から考えることができる筈である。

動物とくらべた場合、人体の第三の特性としてあげられるのは、体毛が退化して皮膚が露出したことである。ヒトに最も近い類人猿も黒い体毛に包まれているのに、ヒトは裸である。これは退化なのか進化なのかよくわからないが、人間の裸体性とよんでおこう。直立歩行と言語の使用という二点は、従来からヒトの身体的特性として認められてきたことであるが、体毛の退化については哲学者も全く注意してこなかった。裸体になったことによって、人間は「性」について自覚するようになった。裸であることによって、男は男性であることを自覚し、女は女性であることを自覚する。そこに、動物にはない身体に対する羞恥の感覚が生まれる。陰部を隠す習慣は世界諸民族の神話時代に既に一般化している。また未開社会の習俗には性器崇拝が見出される。それは、神話時代の人々が生命《いのち》を生み出す神秘な力に対して感じていた畏れの感覚の表現であった、と思う。

道徳意識の基本には生命の神秘に対する人間の感受性がある、と私は考える。人間の生命は男性と女性の関係から生まれてくるものである。つまり性とは、愛の心情と自他の人間関係の意識が生まれてくる根拠なのである。現代の学者でこのことに気づいたのは、哲学者ではなくて心理学者たちであった。倫理学はこの問題について考える必要がある。

動物と人間の性にはどのような違いがあるのだろうか。「性」は「食」とともに生命体がもっている二大本能である。性は種族維持のため、そして食は個体維持のための本能である。動物に課された至上命令は、性本能に従って彼らの種族を残すところにある。いつか北海道に行ったとき、鮭の産卵期に当たっていたので見物に出かけたことがある。川を埋めつくすほどの大群が溯上し、空中に跳び上がりながら必死で泳ぐ姿には感動を覚えた。彼らは子孫を残すために、死場所を求めて故郷の川に帰ってきたのだ。彼らの生涯の意味はまさにこのときにある。彼らの生涯は自分たちの種族を残すことに捧げられている。では人間の場合はどうなのであろうか。生物学者たちとの小さい討論会に出たとき、私はフロイトの説などをのべて、性本能についてどのように考えたらよいかと聞いてみたことがあった。生物学者の大体の答えを私の意見も交えて紹介しよう。

生命体の始まりは大腸菌のような菌類にあるが、これは個体が自己分裂して増殖するのであるから、全体が生殖機能を営む性細胞であると言うこともできる。また個体が自己分裂するのであるから、厳密な意味では個体が存在するとも言えない。生命の進化が進んで魚類くらいの段階になると、個体が生まれオス－メスの区別も生まれるが、この段階では雌雄の区別はまだ流動的なところがあるらしい。たとえばメスばかりの中にいるとオスがメス化するような事例があるという。専門的な詳細はわからないが、雌雄の区別が固定するのは哺乳類くらいの段階からであろう。人間の場合についての生物学者の意見は次のようなものであった。人間の生存にとって大事なのは、身体の主要部分を占めている体細胞であって、生殖機能を営む性細胞はいわば「付属品」のようなものにすぎない。人体を機械に見立てると、性機能は機械の部品の一つではあるが、それがなくても機械は活動できる。要するに、性はあってもなくてもいい程度のものであって、フロイトが言うような、人間性の本質を示すなどといった重大問題ではない、という意見であった。科学的説明としては、その通りだとも言えそうである。性と食を比較すると、食は生きているかぎり必要不可欠であるが、性機能を失っても人間は生きて行くことができるからである。しかし私は、何か話が食い違って、こちらの問いには何も答えがなかったという気がした。われわれが人間として生きていることにおいて、性の問題はどんな意味をもっているのかと問うた場合、そういう科学的な答えで満足するわけにはゆかない。そんな答えではモラルの問題に対して何も答えることはできない。臓器移植などの医科学技術が発展して以来流行してきた生命倫理学では、人間性の尊厳が唱えられているけれども、現在の生物学的医学は大腸菌もヒトも同じDNAをもっていることを明らかにしている。大腸菌が尊厳でないとすれば、現代科学はむしろ人間性は尊厳でないことを証明したとも言えるわけである。

われわれが人間性は尊厳であると信じるとしても、自然科学にはそういう信念を証明する能力はないわけである。この問題は、科学でなく倫理（モラル）の観点から出発して考えてゆかなければならない。倫理の問いは、われわれは「人間としていかに生きるべきか」と問うときに生まれる。科学とは、「人間はいかに生きるべきか」「人間は一体何を信じて人生を生きるのか」という問いに対しては、直接答えを与えることができない性質の営みである。

科学的説明は人間に特有の心の問題を無視する。動物と人間の決定的な違いは、身体の生理的機能よりも人間に特有な心理的特性の中にある。動物には発情期があり植物には開花期があって、自然の生態系がそなえている時空のリズムに従って生きている。ところが人間はこのリズムから外れて、四六時中発情できる存在になっている。人間はいわば自然の摂理の軌道から外れた存在になっているわけである。その意味において人間は、知性（ロゴス）ばかりでなく本能（エロス）においても「自然外存在」になっていると言わなくてはならないだろう。動物は生態系のリズムの外に出ることなく「自然内存在」の立場にとどまっているので、自分自身の意志によって行動を規制するモラルというものは必要がない。しかし人間は「自然内存在」でありながら「自然外存在」でもあり得るという自己矛盾をもってしまった。そのため人間には、自分の意志によって自分の行動を規制するモラルというものが必要になったのである。性と同じことは死の問題についても言える。肉食獣は他の動物を殺すが、それは自分が生きるためである。人間は、個人的恨みを晴らすために他人を殺す唯一の動物である。そして戦争では何の関係もない他人を殺す生物である。人類の歴史はこの矛盾を解決する思想をいまだに見出すことができないでいる。人間にとってモラル感覚が必要なのは、ヒトがそういう自己中心的な本能をそなえてしまったからである。

エロスとタナトス

動物とくらべた場合、人間の心理的特性は、個体性の自覚がその極限まで達しているところにある。自我意識の発生である。人間にとって、個体としての自分自身の存在は特権的な地位を占めていて、自分は他人間と同じに扱うことはできない、と感じられている。このような感じ方を示すのは死の問題である。たとえばガンに侵されて死の宣告を受けたようなとき、人は「なぜこの私が死ななければならないのか」といった感情にとらえられる。動物は死に対して不安をもたず、それを自然なこととして受け入れる。われわれはまた、家族や友人など身近な人間の死に対して強いショックを経験する。このような死の不安とか恐怖、身近な人を失った悲しみといった心理は人間に特有のものである。そこには、自分と自分に身近な他者の存在は不特定多数の他者とは比較できない特別なものだという感情がある。言いかえれば、自我意識の根底には自己の存在を特権的なものとする本能的感情があって、そこには死を拒否しようとする本能的心理が見出されるのである。

倫理学にとって身体論の見方が重要なのは、そこには、自己と他者を結びつける愛の心理とともに、自己と他者を対立に導く利己的心理の両方が生まれてくる基盤があるからである。フロイトはその晩年、無意識の根底には性本能ばかりでなく、死の本能があるという考え方を主張した（『文化における不快なもの』）。彼は性本能を快楽原則 pleasure principle とよび、死の本能を仏教用語を借りて涅槃原則 nirvana principle とよんでいる。ギリシア語でエロスとタナトスとよぶこともある。彼の考え方はマゾヒズムの研究から生まれたものであるが、あまり注意する研究者はいない。涅槃原則というのは、無機物のような安定した心の状態に至りたいという欲求である。私は、彼の主張には重要な意味があるのではないかと思う。昔からすべての宗教の信仰には、死を越えた永遠の次元とのつながりを求める心理が見出されるからである。

ふと思い出すことがある。宗教学を教わっていた故磯部忠正教授（学習院大学）からうかがったことだが、彼の家族が飼っていた愛犬の死の話である。年老いた犬は、あるとき犬小屋を出て庭の茂みに隠れ、呼んでも出てこない。食べ物を与えてもとろうとしない。ある朝、彼は静かに死んでいた。「犬に負けたよ」と先生は笑った。死の覚悟ができていない、という意味である。動物の心理はよくわからないが、おのれの死期を予感してそれを自然として受け入れるのだろう。生命体は元来、その誕生の時から将来の死を約束された存在である。そういう運命に従順でありたいという心理的要求が心の深層にある、と考えることもできるのではあるまいか。東西の宗教的伝統の中には、昔からおのれの死すべきときを知ってそれを受け入れる覚悟を求める教えが見出される。そして信仰の基礎には、死を越えた永遠の次元につながりたいという祈りの心がある。エロスは倫理の出発点であり、タナトスは宗教性の出発点である。そこには、人間は「いかに生きるべきか」という問いと、人間は「何を信じて生きるのか」という問いがある。

2　性は倫理と信仰に関係する

モラルの感覚と裸体性

裸体性は動物と異なる人体の特性を現わしている。私は、モラルの感覚の起源はここに求めることができるのではないかと思う。新渡戸稲造は、彼の著書『武士道――日本の魂』の中で、旧約聖書創世記に見える有名な楽園喪失の神話を引いて、次のようにのべている。「羞恥の感覚は人類の道徳的自覚の最も早き兆候である、と私は思う。禁断の木の実を味わいし結果人類に下りし最初かつ最悪の罰は、私の考えでは、子を生む苦しみでもなく、茨と薊《あざみ》でもなく、羞恥の感覚の目覚めであった。最初の母［エバ］が騒ぐ胸、震える指をもて、憂いに沈める夫［アダム］の摘みて与える数葉の無花果《いちじく》の葉の上に粗末なる針を運ぶ光景にまさりて悲しき歴史上の出来事はない」（第八章、名誉）。キリスト教の歴史では、この物語はいわゆる原罪の教えの出発点を示すものとされている。この解釈はパウロから始まってアウグスティヌスによって確立されたものである。しかし旧約聖書の伝承はそれより遙か以前の神話なので、この物語の解釈としては、個人意識に基づいた哲学的意味合いの強い罪の観念よりも、素朴な恥の感覚に焦点をあてた新渡戸の見方が適切であろう。

裸体の自覚が羞恥の感覚を引き起こすことは、キリスト教徒であると否とを問わないし、古代人と現代人の違いもない。それは特に女性において顕著にみられる心理である。アダムが無花果の葉を綴り、エバの裸を隠してやる行為は、彼女に対する彼の愛情の表現である。男性の愛情が女性の羞恥感をなくすのである。愛はそれによって、単なる肉体的欲望ではないことが明らかになる。これは時代や人種によって変わることのない心理学的真実であろう。ただ、性愛の性質には男性と女性で違いがあるかもしれない。男性の性愛は身体の構造上攻撃的になる傾向があるのに対して、女性の性愛は受動的であるとともにその場の心理的雰囲気に影響されることが多いようである。理屈の多い哲学者はこういう問題を論じるのは苦手である。ここは文学者にお任せしておくことにしよう。

裸体性における名誉と恥

男性の場合、裸体と道徳感覚はどのような関係にあるのだろうか。新渡戸は第十二章に、ある青年武士の切腹の場面を描写した文章を詳しく引用している。『武士道』全巻のハイライトともいうべき場面である。彼はまず旧約聖書から多くの字句を引いて、人間の激しい感情を表現するには腹部をよく用いる、と言っている。現代語訳ではわかりにくいが、たとえば、ダビデは神が彼の腸（悲しみ）を忘れないことを祈った（詩篇二十五の六）といった類いの句である。このような表現は、日本語でも「腹黒い」とか「断腸の思い」といった言い方がある。新渡戸によると、フランス語の言い回しに特に多いという。哲学的に言うなら、裸体を他人に示すのは自分の内心を隠喩的ないし象徴的に表現する行為なのである。

新渡戸が紹介しているのは、幕末維新の際に起こった神戸事件の責任者として切腹を命じられた備前藩士滝善三郎の最後の光景である。慶應四年（一八六八）一月、鳥羽伏見の戦いに破れた徳川軍が大阪市中に退却し、市内が戦場になる危険にさらされた。一月十一日、備前岡山藩の兵が大阪に急行するため、神戸を通過しつつあった。神戸には外国人居留地があって、多くの外国人が沿道で見物し通行を妨げる。鉄砲隊を指揮していた滝はついに発砲を命じ、このため外国人水兵との争いで死傷者が出た。彼はその責任を問われて切腹を命じられたのである。その場に列席したイギリス人ミットフォードはその光景に感銘を受けて『古い日本の物語』という著作を刊行した。新渡戸は数ページにわたってこの本を引用している。私も詳しく紹介したい気分になる。

「われわれ（七人の外国代表者）は日本検使に案内されて、儀式の執行される寺院の本堂に進み入った。それは森厳なる光景であった。（中略）高い仏壇の前には床の上三四寸の高さに座を設け、美しい新畳を敷き、赤の毛氈《もうせん》が広げてあった。程よい間隔におかれた高い燭台は薄暗い神秘的な光を発し、すべての処置をやっと見ることができる程度である。七人の日本検使は高座の左方に、七人の外国検使は右方に着席した。それ以外には誰もいなかった。

不安の緊張の中に待つこと数分、滝善三郎は麻の裃の礼服を着け、静々と本堂に歩み出た。年齢三十二歳、気品高き威丈夫であった。一人の介錯と、金の刺繡をした陣羽織を着用した三人の役人とがこれに伴った。介錯という言葉は英語の処刑人 executioner に当たるものでないことを知っておく必要がある。この役目は紳士の役であり、多くの場合、咎めを受けた人の一族もしくは友人がこの役目をするので、両者は咎人と処刑人というよりは寧ろ主役と介添えの関係である。このときの介錯は滝善三郎の門弟で、剣道の達人であるため彼の多くの友人の中から選ばれたのであった。

滝善三郎は介錯を左に従え、静かに日本検使の方に進み、両人ともに辞儀を為し、次に外国人に近づいて同様に、一層の丁重な気持ちをこめて敬礼した。どちらの場合にも恭しく答礼が為された。静々と威儀あたりを払いつつ善三郎は高座に上がり、仏壇の前に平服すること二度、仏壇を背にして毛氈の上に端座し、介錯は彼の左側にうずくまった。三人の介添え役の中の一人はやがて白紙に包んだ脇差を三宝――神仏に供え物をするときに使う台――に載せて進み出た。脇差とは日本人が使う短刀で長さ九寸五分、その切尖と刃とは剃刀のごとく鋭利なものである。付添えは一礼した後、咎人に渡すと、彼は恭しくこれを受け、両手で頭の高さまで押し頂いた上、自分の前においた。

再び丁重なお辞儀をした後、滝善三郎、その声には痛ましい告白をする人から期待される程度の感情と躊躇とが現われたが、顔色態度は少しも変わることなく語り出す。『拙者ただ一人、無分別にも過って神戸なる外国人に対して発砲の命令を下し、その逃れんとするを見て、再び撃ちかけしめ候。拙者今その罪を負いて切腹致す。各々方には検視の御役目御苦労に存じ候。』

またもや一礼終わって滝善三郎は上衣をはだけて帯元まで下げ、腰の辺まで露わし、仰向けに倒れることのないように、型に従って注意深く、両袖を膝の下に敷き入れた。それは、高貴な日本人は前に伏して死ぬべきだとされているからである。彼は思い入れの後、前にある短刀を確りと取り上げ、嬉しげにさも愛着するばかりにこれを眺め、暫く最後の観念を集中するかと見えたが、やがて左の腹を深く刺して静かに右に引き回し、また元に返して少し切り上げた。この凄まじく痛ましい動作の間、彼は顔の筋一つ動かさなかった。彼は短刀を引き抜き、前にかがんで首をさし伸べた。苦痛の表情が始めて彼の顔をよぎったが、音声には少しも現われない。このときまで側にうずくまって彼の一挙一動を身じろぎもせず見守っていた介錯は、やおら立ち上がり、一瞬大刀を空に振り上げた。秋水一閃、物凄い音、どうと倒れる響き、一撃の下に首と体はその処を変えた。

場内は寂として死んだ如く、ただわずかに我らの前にある死者の首よりほとばしり出る血の凄まじい音ばかりが聞こえた。この首の主こそ、今の今まで勇気すぐれた剛毅の丈夫だったのだ！　おそろしいことであった。介錯は平服して礼を為し、かねて用意した白紙を取り出して刀を拭い、高座より下りた。血染めの短刀は仕置きの証拠として厳かに運び去られた。

かくてミカド（天皇）の二人の役人はその座を離れて外国検使の前に来て、滝善三郎の処刑、滞りなく相済みたり、検視せられよ、と言った。儀式はこれにて終わり、我らは寺院を去った。」（現代の読者にとって、矢内原忠雄の日本語訳には古風で難解な語法があるので、適宜わかりやすく直してある。）

人格の尊厳さの根拠

刀は武士の魂である、という。魂とは何を指すのだろうか。それは顔に現われる心の動きとは違った深い部分に潜んでいる精神のはたらきである。それは肉体の深部に隠れて見えない。われわれはそれを見なければならない。切腹を封建時代の野蛮な風習とみるかどうかは無論読者の自由である。ここでの問題はそういう点にあるのではない。新渡戸が問題にしているのは、それが断頭台における処刑とどう違うのかということである。切腹が法的処罰であることは前提されているが、しかし、自己の犯した罪をみずから承認することは法の次元を越えた倫理的感覚の問題である。道徳的意識は人間の人格に尊厳さ、ないし高貴さを認めるところに生まれる。ミットフォードがこのときの光景に見たのは、自己の人格の名誉を支えているのは恥を知る心（廉恥心《れんち》）である、という武士の倫理感覚である。そして裸体を示すことは、自分の犯した罪は恥ずべきものである、とみずから告白することであり、自分はその罪の行為に対して全責任を引き受けるという決意の表現なのである。ここには、人格の尊厳と高貴さは抽象的観念ではなくて、内心から発する自己の身体と行為において見出されるものだという考え方（思想）を見ることができる。

筆者の考えでは、裸体性の根拠には解決不可能なパラドックスが見出される。人体とは男性または女性の身体であって、性の区別のない身体は存在しない。性は自他を結ぶ愛情が生まれ出る源泉であるとともに、利己的欲望や憎悪と対立を生み出す源泉でもある。性愛は人間性における矛盾の自己同一を示している、と言ってもいいだろう。十八世紀に確立した合理主義哲学はこの矛盾を見ようとしなかった。この時代を代表するカントは、人格の尊厳さは理性の中に求められると考え、身体的欲望を否定する禁欲主義を倫理の基本であると主張した。ところが彼の時代に起こったフランス革命では、人格の尊厳という考え方は憲法上の人権思想の問題に移された。そして個人の自由という思想は時代とともに次第に変化し、二十世紀になると欲望を解放することこそ人間的であるという考え方が広まってきた。人格の尊厳という言葉は現代まで生き残ってはいるが、それは、どんな卑劣な犯罪者であっても人間であるかぎり、その権利は尊重しなければならないという法律上の考え方を意味するまでである。人格の高貴さはそういう問題とは性質が違う。武士の場合、それは幼少年時代からのしつけと訓練の努力の中から生まれ育ってくるものである。それには魂の向上という言葉がふさわしいだろう。

魂の根拠とリビドの問題

西洋思想の伝統の中にも、人格の尊厳さの根拠を魂に求める考え方は古くからある。古代ギリシア人は魂をプシケ（psyche）とよんだ。ソクラテスは、プシケについて気づかい、そのはたらきを育てることが人間にとっての根本問題であると主張し、プラトンはそれが哲学（フィロソフィア）の始まりだと解釈した。近年、ギリシア哲学研究者の間では、プラトンの初期対話篇に対する関心が大変強くなっているが、初期対話篇はプラトンの独自な考え方が生まれる以前のソクラテスの思想を最もよく伝えるものと考えられている。そこで扱われているのは、勇気とか敬虔さといった人格の倫理的徳性である（徳性は単に「徳」と言うこともある。また「徳目」とは勇気とか克己といった個々の徳を指す）。要するに魂について気づかうということは、具体的に言えば、すぐれた徳性を身につけ育ててゆくこと、を意味していたわけである。そこでもしソクラテスを哲学の開祖と考えるならば、哲学は実践的な倫理あるいは人間教育の問題から始まった、と見ることもできるだろう。フィロソフィア（知への愛）という言葉は、プラトンが師匠のソクラテスの考え方を当時のソフィストの考え方から区別するために使ったものであるが、プラトンでは実践よりも知的で理論的な意味合いが強くなる傾向がみられる。ここには、西洋哲学の始まりについてどのように考えるか、という重要な問題がひそんでいる。

　魂の問題とはまず何よりも人格の倫理的なあり方の問題である。それは、日常的な表現でいうなら、「人柄」とか「人となり」といった個々人のパーソナリティの根拠に潜んでいる精神的はたらきである。それは各自の生まれつきの素質の上に努力が加わることによって倫理的徳性として身につくようになる。つまり倫理学の基礎には心理学があるわけである。フロイトはここで、理性的意識の根拠には性的エネルギーの活動があると考え、それをリビドと名づけた。リビドは心理的エネルギーであるとともに身体のエネルギーである。彼は、オイディプス王に関する古代ギリシアの神話がリビドの性質を象徴していると考えた（エディプス・コンプレックス）。ユングはさらに世界の神話を研究することによって、リビドのはたらきは宗教的次元にまでつながっていると主張している。この場合、フロイトでは、道徳意識（良心）は社会的圧力によって外部からつくり出されるという考え方が強かったのであるが、ユングは瞑想などの技法の訓練によって、自分自身の内部にあるリビドのはたらきが変容する、つまりリビドの性質が変化するという内発的側面を重要視している。われわれはここで、人格の高貴さが生まれてくる意識下の深い次元のはたらきについて問うてゆかなければならない。

3　思想なき現代に何を問うべきか

哲学が失われた時代

　筆者の世代は戦中派である。私は戦後の混乱の中で哲学、特に倫理学に関心をもつようになった。当時哲学の世界では実存主義が流行していて、ハイデガーの『存在と時間』やサルトルの『存在と無』などがよく読まれていた。文学の世界では実存の不安とか生の不条理といったテーマをあつかったサルトルやカミュの小説や戯曲などが流行しており、日本の作家では太宰治などが人気を集めていた。当時の青年たちが実存主義にひかれたのは、そこに「人生をいかに生きるべきか」という問いに対する答えがあるように感じられたからである。「実存」Existenz というのは元来、キルケゴールがキリスト教信徒として人生を生きて行く思想について考えた言葉であるから、そういう受け取り方も誤りではない。エミール・ブレイエというフランスの哲学者はそのころ、啓蒙的ラジオ講演の中で、ハイデガーとサルトルについて、「このような事柄をあつかった本は、説教者の書物にはたくさんあって、昔は、人生の意義（もしくは無意義）というような題がついていたもので、存在論よりはむしろ倫理学に属していました。……そこで私は、実存主義を正しく理解するには、なぜそれがこういう人間の研究を存在論と同一に見ているかを考えなければならないと思います。」（ブレイエ『現代哲学入門』岩波新書、九六ページ）とのべている。存在論というのはギリシア哲学の基本的な理論（知のパラダイム）である。これに対して近代合理主義は理性を原理とする認識論である。ハイデガーは、哲学は近代合理主義を捨てて、古代ギリシアに帰って人間と世界の関係を考え直さなければならない、と説いたわけである。現代において「人間はいかに生きるべきか」というテーマを取り上げながら、彼はなぜ古代ギリシアを問題にしなければならないと考えたのだろうか。当時の私にはこのことの意味はわからなかった。

そのうち一九六〇年代以後、実存主義は次第に魅力を失い、七〇年代にはポスト・モダンという言葉が流行する。近代的知の時代は終わった、という意味である。しかし、ではわれわれはどうすればよいのかといらと、答えは何も与えられていない。哲学の営みは現代西洋でおしまい、ということだろうか。晩年のハイデガーはこのことを痛感していたようである。彼の死後に公表されたシュピーゲル誌との対話（一九六六年九月二十三日）の中で、彼は次のように語っている。

「哲学は現今の世界の状態の直接の変革を引き起こすことはできないでしょう。これは哲学だけにあてはまることではありません。むしろ、単なる人間の思考や希望のすべての事柄にあてはまることです。私たちを救うことができるのは、もはや或る神 ein Gott (a god) でしかありません。思索においても、詩作においても、この神の出現のために準備をととのえておくか、それとも没落の中で、つまり不在の神に直面して私たちは没落するのですが、この神の不在のための準備をととのえておくか、そのいずれかなのです。……私は、技術の本質を〈立て集め〉Ge-stell と私が名づけているものの中に見て取ります。……〈立て集め〉が支配しているということは、次のようなことです。人間はある力から立てられ、請求され、徴発されています。この力は技術の本質の中で露わになっていますが、人間自身はこの力を支配できないのです。思索は、このような洞察を得るための手助けをする以上のことは望みません。哲学はおしまいなのです。……これまでの哲学の役割は、今では諸科学が引き受けました。……哲学は個別諸科学へと解体します。」

近代哲学が諸科学に解体したというのは彼の言う通りであるが、私はむしろ哲学は今日新しい役割を求められている、と考えたい。科学技術はそれを用いる人間をぬきにしてあるものではない。突き詰めて言えば、それは人間が生きてゆくための手段に過ぎないとも言える。人間が人生を生きてゆくことの基本的意味はどこにあるのか。この問いは今も私たちの前にある。現代の学者知識人はそれぞれの専門分野の知識をもつ人たちであって、専門技術者として大衆を啓蒙し指導できる立場にいる。ただ今日では、それらの知識は細分化されバラバラになっているため、それらをまとめるものが何もないのである。近代哲学は諸科学のまとめ役のような役割を果たしてきたのだが、その役割は科学技術の発展によって失われてしまった。このため、「人間は人生をいかに生きるべきか」という倫理の問題、そして「人間は根本において一体何を信じるのか」という信仰の問題は捨て去られてきた。ポストモダンの時代になって目立ってきたのは、環境倫理や生命倫理などに代表される倫理問題である。先進諸国にみられる犯罪社会化の動向、さらに性のモラルの荒廃といった状況をこれに加えれば、現代は倫理不在の時代であると言うこともできるだろう。現代社会は「人生をいかに生きるべきか」「人は一体何を信じるのか」という、人間にとって最も基本的な問いを見失っている。われわれは、この古くて新しい問題について従来と違った目で考えてゆかねばならない。

現代の病いとしての不安

ハイデガーは二十世紀を代表する哲学者であるが、筆者が関心をもった点は二つある。一つは、彼が西洋の哲学の伝統について古代ギリシアにさかのぼって反省する必要があると主張していることである。もう一つは、人間と自然の関係について、時間-空間の統合関係を取り上げていることである。この本で主に取り上げたいと思っているのは第一のテーマであるが、時間-空間の問題は科学の方法論とふれあう点があるので、ここで少し考えておきたい。

ハイデガーが、近代哲学の基本的よりどころである認識論のパラダイムを否定したことは、哲学の世界ではデカルト以来の大きな出来事であった。ただしそれは、科学技術とは関係のない、人間についての考え方の変革であった。近代認識論を確立したカントはニュートン物理学の成功をふまえて、認識の場面での自然と人間の関係を考えたのに対して、ハイデガーは科学のことは何も考えていなかった。しかしそのことが逆に、科学の自然観について反省する糸口を示しているように思われるのである。

彼は『存在と時間』において、人間を「世界内存在」と定義した。そして人間の存在のしかたを「現存在」Dasein と名づけた。「現に今ここにいる」という意味である。たしかに人間は生きているかぎり、常に身体をもって「今＝ここ」に存在している。私は、私の身体（心身）において「今＝ここ」で仕事をしているし、あなたはあなたの身体において、あなた自身の「今＝ここ」を生きているわけである（ハイデガーは実は身体の問題は無視しているのだが、人間の存在の「今＝ここ」を問題にするのであれば、人間は当然心身の統合体としてとらえなければならない。）ではこの場合、世界と自然に対する人間の地位についてはどう考えたらいいのだろうか。カントは、認識の主観を自然界の全体を対象とし、したがってその外部に立っている超越的な主観であるとしている。認識論とは、主観‐客観の対抗関係に基づいて世界を認識する知のパラダイムである。そこでは、人間は自然の全体を支配する特権的存在、つまり「自然外存在」であり、「世界外存在」とされているわけである。ただニュートン＝カント時代の科学理論は知的に世界を知るだけであったが、現代の科学技術は自然を破壊することができる。しかし技術というものは、その基本的性質から言って「世界外存在」ではあり得ない。つまり二十世紀になって科学と技術がドッキングしたことによって、「自然内存在」でありながら「自然外存在」でもあるという人間に特有の自己矛盾がハッキリ現われてきたわけである。近年環境破壊の進行が明らかになってきたことによって、われわれは人間と自然の関係について思想の不在に気がつくようになったのである。

『存在と時間』が当時の人々を魅了したのは、認識主観を「世界内存在」としてとらえ直すとともに、その存在のしかたを時間性に即して鮮やかにとらえてみせたところにある。ハイデガーのいう「現存在」は、自分自身の心の内面に向かう方向と外の自然に向かう方向とをもっている。前者からは時間性が、後者からは空間性が導かれてくる。「現存在」という言葉は「今＝ここにいること」、つまり時間における「現在」を意味する。彼はここで、現存在は過去と未来を手元に保持している、と言う。わかり易く言えば、人は常に自分の過去を思い、未来を思って生きている、ということである。私たち日本人になじみ深い文学的表現をすれば、「わが身の来し方行く末を思う」という状態である。少年には少年なりの過去の思い出があり、未来への希望があるだろう。老年を迎えている人にもそれぞれ過去の思い出があり、残された未来をどのように生きるべきか、という思いがあるだろう。そのように、自分の人生の過去を思い未来を思っているところに今＝現在の自分がいるのである。これに対して「現存在」である人間が外の世界に目を向けるときには、自然すなわち空間性の内部に生きている自分を見出すのである。

ここでは、自然と人間の関係はどのようにとらえられているだろうか。ハイデガーはそこに見出されるもの（存在者）を次の三つに分類している。一つは「物的存在」（彼方にあるもの、Vorhandensein）である。これは山、川、湖、森などといった、元来は人間の力が及ばない自然の状態を指している。ハイデガーが育った南ドイツはスイスへとつづく山岳地方に近く、原始の自然に囲まれた地域である。二番目にあげられるのは、「道具的存在」（手元にあるもの Zuhandensein）で、これは人工が加わった自然、たとえば牧場、道路、人家、あるいは家々におかれた道具類といったものである。そして第三にあげられるのが「現存在」すなわち人間である。それは他者との「共同存在」Mitsein の状態にある。自然と人間の関係をこのような観点から見る態度は、文学的な美意識に支えられている。日本の和辻哲郎は、ここにはドイツ・ロマン主義の自然観の伝統が感じられる、と評している（ドイツ・ロマン主義というのは、詩人ヘルダーリンなどに代表される十八世紀の文学運動）。ハイデガーの後期の著作には、芸術や美意識に基づいて自然を取り上げる傾向が目立ってくるとともに、一種の反技術主義的傾向が生まれてくる。しかし、美意識に訴える自然のあり方は、今日あらためて必要になってきている。自然を単に物質的観点からみる科学的自然観をこえた自然の見方が今では求められているのである。

これに対して人間存在の時間性は、自分自身の内面に向かうときの心理とともに表面に現われてくる。そこにはまず、「世界」の内部に投げ出されて、自分の過去からの運命を感じている状態がある（投げ出され Geworfenheit）。気分（Stimmung）という言葉はこのような心理状態を現わしている（心情性 Befindlichkeit）。それとともに、そこには未来に向かって生きなければならないと思う心がはたらいている（企て Entwurf）。ハイデガーは、そういう「現存在」のあり方の底には、憂い（思い）Sorge があり、その下には、生きることの不安 Angst があると言う。さらにその不安の奥底には、自分自身をとらえている死の可能性が見出される。これが有名な「死における存在」Sein zum Tode とよばれる人間のあり方である。「実存」とは、このように自己の内面へと向かう心理状態を意味する。このような「実存」の立場からみるとき、「世の人々」das Man は日常性の中に埋没した「頽廃」Verfallen の状態にある。人々は、眼前の日々の事柄に追われてジャーナリスティックな話題をめぐる「好奇心」や「おしゃべり」に夢中になっており、自己の実存を見失っている。現代人は自分が「死すべき存在」であることを忘れている、このことを深く考えるべきだ、と彼は言ったのである。『存在と時間』は一九二〇年代の著作であるが、このような現代の世相の考察は今見ても古い感じはしない。

心理学者のエーリヒ・フロムは、一九六〇年に刊行された『禅と精神分析』の中で、現代人をとらえている不安について、次のようにのべている。「西洋文化の根源はギリシアもヘブライ（ユダヤ＝キリスト教）も人生の目的を人間性の完成に置いたが、現代人は物の完成と、いかにしてそれを造るかの知識に第一の関心を寄せている。（現代の）西洋人は感情経験に対して精神分裂病的無能力の状態にある。それで彼は不安であり、憂鬱であり、絶望的である。彼は、幸福とか個人主義とか主導性《イニシアティブ》とか、立派な口先だけの目標は掲げるが、本当は目標がないのである。何のために生きているのか、彼のあらゆる努力の目的が何であるかと尋ねられると、彼は当惑するに違いない。ある人は家族のために生きているとか、ある者は楽しむためにとか、またある者は金を儲けるためとか言うだろうが、実際のところ誰も何のために生きているのか知らないのである。彼は不安と孤独を逃れようとする要求以外には目標をもっていない。」フロムの論文は禅に関する鈴木大拙の論文と一緒に発表されたもので、この本はその後欧米に禅を普及するのに大きな刺激を与えている。日本では、鈴木は哲学者とはみなされていないが、西洋では日本を代表する哲学者とされている。一九七〇年代以後、アメリカを始め西洋諸国では、禅と限らず、東洋諸宗教の瞑想法や身体技法の研究と新しい治療技法の開発が臨床心理学者によって進められてきた。これは、研究者自身が瞑想の実践に取り組んで自分の心の深層を体験し、それに基づいて独自の技法を開発するものである。彼らの開発した技法がカタカナ表現に変わって日本に逆輸入される、という奇妙な状況になってきている。

科学方法論における時間と空間の統合

『存在と時間』にみられる時間性と空間性の統合というテーマは、科学の方法論と無関係ではない。ハイデガーと同じころ、科学の世界では、アインシュタインによって時間‐空間の統合性が明らかにされたからである。カントの認識論はニュートンによって確立された科学革命を踏まえて、科学的認識の方法論的前提を洗い出したものである。これには二つの大きな前提条件があって、第一は時間と空間の形式、第二は論理学と数学の使用、ということである。この二つの条件はいずれも経験に先立って前提されている、という意味でアプリオリ（先験的）な性格をもっている。時間・空間の形式についてカントが念頭においていたのはニュートンの絶対時間と絶対空間で、そこでは、時間と空間は別々に分けて考えられている。アインシュタインの特殊相対性理論はこれに対して、時間と空間は一体不可分に統合されていると主張する。つまり、自然と人間の関係を考えるに当たって、ハイデガーは人間が生きていることにおいて見出される時空統合について考えたのに対して、アインシュタインは自然それ自体における時空統合を考えたわけである。私は、ここには何か大事な問題があるように感じる。自然の出来事が空間の中で時間の推移とともに変化していることは、科学の素人にもわかることである。古代人だってそれくらいのことは知っていた。ニュートンはここで、時間と空間を分けて考えることによって、天体の運動から林檎の落下まで説明できると考えたわけである。この企ては、自然を観察して得たデータに対して数学を適用することによって成功した。これに対してアインシュタインは、時間と空間は分けられないと考え直した。この証明にも無論数学的方法が必要であった（ローレンツ変換）。われわれ科学の素人には数学はよくわからないが、結論だけはわかる。ハイデガーが考えたのも同じ時空統合性の問題なのである。ただアインシュタインは時空統合性を人間を越えた自然の客観的性質であるとしているのに対して、ハイデガーは、ここには人間の生き方が関係していると考えているのである。

ハイデガーと同時代の哲学者ベルクソンが、そのころアインシュタインの時間 - 空間のとらえ方に疑問を提出したことがあった（ベルクソン『持続と同時性』）。彼が疑問をもったキッカケはタイムトラベルの問題であった。特殊相対性理論の時間 - 空間のとらえ方に従えば、未来へのタイムトラベルが可能なことは理論的に明らかであるが、過去へのタイムトラベルは可能なのかどうか。これは今も物理学者が明確な答えを見出せないでいる問題である。この問題は、因果律を基本におく科学方法論の役割とその限界に関係しているのではないか、と筆者は考えている。ベルクソンは当時、人間の意識と記憶（無意識）における時間のとらえ方について考えていた。このときの論争は、アインシュタインが重力を含めた一般相対性理論について考えていたのに対して、ベルクソンはその内容を理解できないために論争を取りやめ、それきりになったままである。

科学が見出した自然における時空統合性と人間の意識 - 無意識において見出される時空統合性は無関係なのだろうか。もしそこに何らかの関係があるとすれば、この両者はどのような関係におかれるだろうか。私は、ユングが物理学者パウリと共同で提案した共時性（シンクロニシティ）のモデルに関心を払ってきた。その後一九七〇年代から起こったニューサイエンスの時代、物理学者のボームが唱えた暗在系モデル（Implicate Order）はこれを継承した内容をもっている。簡単に言えばそれは、科学的方法によって観察される物理空間の背景に、心理的性質を帯びた生命情報の空間を想定するモデルである。これは科学方法論と心理学の関係にかかわるテーマであるが、この問題に立ち入るとこの本の主題から外れてしまうので、今は将来の研究課題としておきたい。

なぜギリシアなのか

筆者がハイデガーの哲学から考えたもう一つの問題は、西洋哲学の伝統について、われわれはギリシア古代にまでさかのぼって考え直す必要がある、と彼が主張していることであった。少々専門的な哲学の話になるので、わかりにくければざっと飛ばし読みして、結論だけを知っていただければ幸いである。『存在と時間』の巻頭には、プラトンの『ソフィステース』からの引用がギリシア語原文のままで記されている。この引用文は、南イタリアにあったエレアのポリスからアテナイにやってきた客人が、ソクラテスとその弟子たちに向かって語っている言葉である。この作品に先立つ『パルメニデス』は中期対話篇の最後に当たるが、この対話篇は、ソクラテスがアテナイを訪れてきた老パルメニデスと対話する構成になっている。この二つの作品はいずれも難解なことで有名で、昔学生時代に読んだときは全くわからず、このごろ読み直してもまだよくわからない。ただ、プラトンがこの二作で、論理と存在の関係について議論していることだけは明らかである。ハイデガーが関心をもっているのはこの問題である。

ギリシアの存在論はオントロギー Ontology とよばれている。「オン」は「ある」という意味である。つまり存在論とは「ある」の研究なのである。存在論を確立したのはアリストテレスであるが、彼はそればかりでなく、論理学を創設した人でもある。彼の存在論は、宇宙に「存在するもの」すべてについて、その存在のしかたを考える理論である。これに対して論理学は、言葉について研究することによって、言語表現の「意味内容」を明らかにする。ロゴスというギリシア語はしたがって、言葉とか論理といった内容を示し、そこから理性という意味も派生してくる。ところが、この「オン」という言葉は元来、Be 動詞（einai）の名詞形なので、「ある」の動詞的用法と名詞的用法の関係についてどう考えるかという厄介な問題が生まれる。「あること」と「あるもの」の区別である。『存在と時間』でハイデガーがとりあげた「存在」Sein とは、「あること」であって、「あるもの」(いわゆる存在者)ではない。つまり彼は、アリストテレスの存在論が「あるもの」を問題にして「あること」を無視している点に疑問を向けたのである。

ギリシア学者の意見では、『ソフィステース』は日本語でいう「……がある」と「……である」の区別について考えたものだという解釈が有力になっている。「ある」にはこの区別がつきものである。「……がある」は実在ないし存在者(あるもの)を示すのに対して、「……である」は関係詞(copula)とよばれ、語と語の関係を示す役割をしている。西洋の言語表現ではこの両者の区別がハッキリしない。また中国語ではBe動詞そのものがない。知的思考というものは言葉(概念)に頼って進められるものであるが、その基本に、論理と存在の関係についてどのように考えるかという根本問題があるわけである。

要するに、ハイデガーが『ソフィステース』からの引用文を掲げた意図は、われわれは論理と存在の区別が生まれてくるプラトン以前にさかのぼって、哲学の基本について考え直すべきだ、というところにある。彼がそこに見ようとしているのは、人間が発明した言葉によって論理と存在が分けられる以前の、根源的「あり」の状態なのである。それは、そもそもこの宇宙が存在するということの意味についてどう考えるのか、という問いである。後期のハイデガーの思想は、この主題を追求するところにおかれている。これはいわば、言葉を越えた体験の次元、禅で言う「言語道断」(言葉では伝達不可能)の世界に通じるだろう。それはいわば人間の知の彼方にあるものについて問うことなのである。先に引用した一九六六年のシュピーゲル誌とのインタビューの中で彼が言っている「或る神」ein Gottとは、知的思考によって論理と存在が分離する以前の宇宙の根源にあるはたらき、というくらいの意味に受け取ることができるだろう。このころハイデガーを訪れたフランスの作家ジャン・ボーフレとエゴン・フィエタの二人が、彼に対して「あなたの思索の中では倫理学はどうなっているのですか?」と尋ねたところ、彼は山々の彼方に沈んでゆく夕日を眺めながら、ギリシア語のエートス(ethicの語源で、住み慣れたところの意味)について説明し、われわれは今、人間的なものと神的なものが一体となった新しい思想の入口に立っている、と語ったという（エゴン・フィエタ『ハイデガーの存在論』理想社、五五ページ）。要するに、ハイデガーが哲学について考えたとき、彼の念頭にあったのは西洋における知的思考の起源という問題だったと言ってよいだろう。

私は、彼の示唆に従って古代ギリシアについて勉強しているうちに、哲学以前の神話の問題につき当たるのを感じた。ギリシアに哲学が生まれたのは紀元前七世紀のタレスやピタゴラスの時代であるが、それ以前にさかのぼればホメロスの叙事詩に代表される神話の時代になる。現行のホメロスのテキストの原形は前九世紀ごろに成立したものと推定されているが、物語そのものは文字化される以前に吟詠の形で伝えられていたものなので、その起源はさらに古い。フロイトが注目したオイディプス伝説はソフォクレス（前四九六―四〇六）の『オイディプス王』によって広く知られるようになったものであるが、この伝説そのものは当時のギリシア人にはよく知られていた。したがって、この物語に古代ギリシア人の倫理的感覚の一端を見ることができるとすれば、われわれは哲学による知的論理の誕生以前に、既に倫理意識が発達していたことを知るのである。

古代ギリシア思想史の特徴は神話から哲学を生み出したところにある。人類史の古代を比較文明論的観点から見ると、このような歴史的発展は世界の他の文明地域では決して起こらなかったことがわかる。古代文明の発展は、神話時代から歴史時代に移行するに当たって、宗教を生み出すのが通例である。たとえば仏教の場合、釈迦は神話時代のバラモンの教えを否定したわけではなく、形骸化した信仰を革新しようとしたまでである。また孔子は古い神話時代の王たち（先王）の言行の中に彼の理想を見出している。キリスト教もまた旧約聖書の神話的伝承を受け継いで生まれている。要するに、神話時代から歴史時代に移る意識の発展史においては、神話から宗教へと発展してゆくのが人類史の通例なのである。ところがギリシアだけは例外で、神話から哲学が生まれているのである。しかもこの場合、哲学は神話のもつ価値と意味を否定的にとらえるところから誕生している。ハイデガーが注目した西洋世界における知的思考の起源の問題は、神話時代までさかのぼって考えてゆく必要があるように思われる。

4　研究の課題と方法

神話から宗教と哲学への移行過程

この本には「男性性と女性性の心理学」という副題をつけた。これは神話の研究をしているうちに考えるようになったテーマである。世界の神話には、男性神と女性神の関係に基づいて国土の創造や生命の誕生などについて説いているものが多い。日本の記紀神話でも、男性神と女性神が生殖によって国土、自然、生命などを産んだと伝えており、太陽、月、海などの活動もこれと関係させて語られている。そこにはまた、愛や憎しみといった倫理的意識に関連する主題も取り上げられている。われわれは世界の神話にこれと同じような多くの事例を見出すことができる。つまり神話は、人類社会の歴史に普遍的に見出される人間心理の産物なのである。世界創造神話では性の主題が中心的な役割を果たしているが、こういう神々のイメージは人間の心理を宇宙に投影した産物である。このことは、神々の男性性と女性性が意識下の深層心理の領域から生まれてきたことを示している。つまりリビドのはたらきは神々のイメージと関連しているわけである。

以下にのべることの詳細は次章以下で具体的に考えるが、さしあたり筆者が関心をもったテーマについて大体の見通しをのべておこう。私は、ユングの心理学を手がかりにして西洋の古代思想史を調べているうちに、一つの疑問にとらえられた。それは、ギリシア思想と古代キリスト教の歴史では、人間性について考えるに当たって女性性の果たす心理的役割が抑圧されてきたのではなかろうか、ということである。別な言い方をすると、これはオリエント（メソポタミア）及びエジプトの古高文明 the Old High Civilizatoin とギリシア文明及びキリスト教の関係についてどのように見たらよいか、という問題である。古高文明の時代には神々の男性性と女性性がバランスを保っていたのに対して、西洋では歴史時代に入るにつれて、女性性のもつ心理的意味と役割に大きな変化が生まれてきたように思うのである。

歴史学の観点からみると、ギリシア文明はエジプト文明の影響下に生まれていた先住民の文明（ミケーネ文明）を破壊して成長し、さらにペルシアに代表されるオリエント文明との戦争の中で発展をとげている。それは先行の古高文明に対する戦いと勝利の中から生まれ育った文明である。また旧約聖書の信仰は、モーセ伝説に象徴されるように、エジプト及びメソポタミアの文明に対する戦いと敵対感情の歴史の中で育てられたものである。旧約の神イメージが強い男性的性格を帯びるようになった背景には、そういう歴史が反映している。古代ギリシア文明と旧約聖書の信仰は、いずれも千年以上にわたる長い戦争の歴史の中から発展してきた文明である。女性性が抑圧されてきた背景には、そういう歴史があるのではなかろうか。ギリシア哲学の場合は、たとえばプラトン哲学において女性性がどのような扱いを受けているかということを考えてみれば、大体の見通しはつけられるだろう。

ユングは、グノーシス主義と錬金術の忘れられた歴史に注目した最初の学者である。グノーシス神話の基礎には、エジプト神話以来の神の男性性と女性性のペアに基づくイメージが見出される。錬金術はやがて、男性性と女性性を統合した両性具有人格という人格の理想像を生み出した。これらの思想はキリスト教がローマ帝国を支配して以後、歴史から消えてゆく。われわれはそれとともに、西洋世界の思想史において男性性の優位が確立されてゆく過程を見ることになるだろう。一言つけ加えると、ユングが錬金術の中に両性具有人格の理念像を発見したのは、中国古代の道教の瞑想法の伝統を伝えたテキスト（『黄金の華の秘密』）にふれたのがキッカケになっている。このことを考えると、われわれは心理学の観点に立つことによって、東洋と西洋の文明の伝統の特徴について比較するとともに、両者に共通した人間性の深い基礎をさぐる道を開くことができるのではないかと思う。

心をどう定義するか

東洋と西洋を問わず、古代の宗教や哲学の古典には、近代思想が見失った重要な価値が豊かに含まれている。ただそれらの内容は、長い歴史の中で、古典文献学に無縁な私たちには理解しにくいものになっている。われわれは心理学的観点と方法を用いることによって、現代人にも理解できるような形で、それらについて研究してゆくことができるのではないかと思う。リビドの問題の基礎には人間に特有の「愛」や「思いやり」の心情が生まれてくる根拠がある。そこには倫理と信仰の本質にふれる問題がある。

ただ心理学的方法をとる場合、問題になるのは、「心」という概念（言葉）をどのように定義するかということである。言葉をどのように定義するかは、研究上の方法論に関係してくる。ところが心の定義については、十分に一致した考え方が確立しているとは言いにくい。この言葉そのものが非科学的だというので、心という概念を一切排除した心理学をつくるような試みもあったくらいである。今日では、脳生理学の立場から心の問題に答えを与えようとするような試みも生まれている。そういう試みに反対しなければならない理由は別にないが、こういう企ては実はデカルトの二元論から人間機械論が生まれて以来、今日まで延々と手を変え品を変えてくり返されてきたものである。これは心のはたらきを物質の作用に還元するやり方で、還元主義とよばれている。私にはそういう観点と方法によって満足な答えが出るとは思えない。心の研究は心それ自体の内部構造に即して考えてゆくのが正道であろう。現代の社会には臨床心理的対応を必要とする問題が増大しているが、このことは、われわれが人間の心の本質について実はまだよく知らないことを示しているように思われる。

心が明確に定義しにくい大きな理由は、それが物質のように感覚の対象にならないからである。「心」のほかにも「意識」とか「精神」といった言葉があって、これらの意味内容は微妙に違っている。この本で論じる内容を明確にするために、これらの概念について定義をしておこう。

まず「意識」という言葉がある。日本語の「意識」は元来仏教用語で、六識（眼識、耳識、鼻識、舌識、身識［触覚］、および意識）の一つである。つまり五つの感覚器官による知覚作用を一つにまとめているはたらきとして意識が考えられている。このような理解は西洋語の consciousness と通じる内容を示している。ただ現代語の「意識」には知覚のほかに思考のはたらきがあり、感情が含まれる場合もある。したがってわれわれは、意識とは知覚を基本にした心のはたらきの総称であり、生理学的には大脳皮質に関連が深い、と定義することができる。

心理学者は意識に対して無意識という概念を用いる。これは、ふつうの状態では意識が自覚できない心理作用、あるいはその領域を指している。その内容は感情や情動が主で、夢や幻覚なども無意識の産物である。生理学的にみれば、それは皮質下の中枢や自律神経系と関連している。カウンセリングによって患者が初めて自覚できる心の状態も無意識の産物である。近年は精神医学などで変性意識状態（ＡＳＣ）という用語がよく使われるが、これは瞑想や祈りといった非日常的な体験の下で生まれる心理状態を指す。東洋宗教の伝統に多く見られる瞑想法は身体技法の一種と言えるが、そこにはＡＳＣに伴って幻覚やイメージ体験が生まれてくる場合がある。そういう点から考えれば、瞑想とは無意識領域のはたらきを活性化する心身訓練の技法であると言うことができる。

次に「心」であるが、この言葉はふつう身体全体と関係させて使われることが多い。したがって心のはたらきは、脳との関係に限定しないで、身体全体との関連から考える必要があるだろう。定義として、心とは身体全体で行動的に外界と関係する場面ではたらく心理作用である、と言っておこう。人間は外界と関わるときに、身体の器官を通じて、環境の事物（他者を含む）との間に受動的‐能動的なはたらきの場をつくり出している。近代哲学の場合、このはたらきの場は身体を無視した主観‐客観の対抗関係として簡単に処理されてきたが、現代の哲学的心理学はこの「はたらきの場」の構造や性質について研究し始めている。たとえばフッサール現象学以来の志向性の考え方を環境に関するイメージ体験に適用して、認知科学の方法によって考えてゆくといったやり方である。この場合、われわれはふつう、心のはたらきは身体の内部に限定されていてその外まで作用することはない、と思っている。しかし西洋、日本、中国で進んでいる潜在能力、たとえば気の研究、祈りの研究、超心理学などでは、心のはたらきは何らかの形で身体の外部にまで及び、環境や他者と関係している可能性がある。このことは、心身関係や空間の性質について考える上で、今後の重要な研究課題である。このテーマは先にふれた時間・空間の統合性、したがって科学方法論の基本に関わってくる問題ではないかと考えられる。これは人間性と科学方法論の関係を考える上で、将来重要な課題になるだろうと思う。

霊性（スピリチュアリティ）の概念について

次に、瞑想や祈りに関連する非日常的体験の状態について、われわれはどのように定義したらよいだろうか。たとえば瞑想体験の内容や意味について考える場合、日常の意識に基づいて心と身体＝物質を区別する近代的二分法が不十分なことは、多くの人が感じていることであろう。鈴木大拙は禅の瞑想体験を念頭において、「霊性」という概念を提唱している。彼の言うところでは、心と物、精神と物質を区別するだけでは、精神のはたらきを物質に入れることはできないし、物質のはたらきを精神に入れることもできない。心と物、精神と物質の区別の奥には二つのものを包んで一つにはたらかせるものがなくてはならない。それが霊性である、と彼は言う。

「霊性」という日本語に対応する概念として、近年スピリチュアリティという言葉が用いられるようになってきた。この言葉は、一九六〇年代以後、対抗文化の運動が徐々に広まり、東洋宗教の修行や瞑想の技法が広まってから、心理学者や哲学思想家の一部で徐々に使われていたものであるが、一九九〇年代に入ると、各国の伝統医学の復興や医療人類学の発達にともなって、医学や宗教学の分野でも使われるようになってきた。一般には、一九九七年にWHOで健康の定義の中に「心」mindとは別にスピリチュアルspiritualという言葉を入れる提案がされてから広く知られるようになった。今では、「現代人（アメリカ人）はもはや心理療法を求めているのか霊性を求めているのか、わからなくなっている」（ニードルマン）と言われるような状況になっている。アメリカの心理学者たちは実践と体験の中から模索しているので、体験の理論的意味について考える場合、目標となる哲学がよくわからない状態にある。漠然とした形で、それは仏教の中に求められるのではないかと彼らは感じているようである。

「霊性」Spirituality に対応するような概念は、心理学の分野では早くから使われていた。それは自我Ego と区別した自己 Self という概念である。近代哲学の用語法では、自我意識と自己意識は同義語であって意味を区別することができない。心理療法に瞑想の技法が取り入れられるにつれて、意識による心身の統合性の基礎に、自我とは異なる人格の中心を想定する必要が生まれてきた。自我と区別した自己という概念を最初に使ったのはユングであるが、彼は意識と無意識を含めた全体をプシケ Psyche とよび、プシケの中心を自己と定義した。彼はヨーガの瞑想法に基づいて彼が開発した瞑想の技法を能動的想像と名づけ、これによって自我を自己と統合してゆく過程を個性化 Individuation とよんだのである。ただし、この技法は彼一代のもので、後継者がないため定着はしていない。その後、心理療法（臨床心理学）の世界では研究者が新しい技法を開発してそれぞれ独自な名前をつけるのが慣例になっているが、「自己」という言葉はユング以後よく使われるようになっている。たとえば、自己実現 self-realization、自己覚知 self-awareness、あるいは自己超越 self-transcendence といった言葉である。これらの心理訓練は、東洋宗教の瞑想法にさまざまに工夫を加えて取り入れ、患者の治療に役立てる技法である。こういう技法は心の病気ばかりでなく、身体性の疾患にも関係している。ただ患者は、身体医学の場合と違って、治療者の指示に従って自分でその技法を覚えて、訓練しなければならない。治療者と患者は、瞑想を指導する師匠と弟子のような関係になるわけである。

東洋宗教の瞑想法には、自己に対応する概念がいろいろある。仏教でいう仏性、本来法性身、如来蔵といった言葉はその例で、いずれも「仏になる可能性」という意味である。仏陀という言葉は本来は釈迦に限られるわけではなく、「真理に目覚めた者」を意味する。また道教の瞑想法（内丹）では、瞑想を深める過程を「真人受胎」と言っている。「真人」という言葉は、セルフを表現するのにピッタリの表現である。ヨーガの瞑想法ではプルシア（真我）とよんでいる。霊性という言葉は、内容的にこれらの概念に一致し対応していると言うことができる。日本では現在のところ、霊性という訳語にはまだ多少抵抗があるようであるが、そういう場合は、これは問題発見的 heuristic な定義と考えておいていただけばよい。問題発見的定義というのは、新しく発見された事実について、新しい方法論的観点から考えてゆく場合、そのための手引き《ガイドライン》になる言葉を決めておくということである。したがって、霊性とは特定の宗教に限定されない修行、信仰、祈りなどの体験において見出される人間の潜在的本性である、と定義することができる。

第一章　古代における哲学と心理学

1　心理学的観点

エロスはなぜ哲学から消えたのか？

この章では、心理学的観点に立ってギリシアの思想史をみる場合、大事なポイントになると思われるテーマについて大体の見通しをつけておくことにしたい。私が関心をもったテーマは女性論、神託の習俗、それに民衆宗教である。いずれも、ソクラテスが活躍していた時代のギリシア社会の心理的状況と関係が深い。

学生のころギリシア哲学を教わって印象に残ったことの一つは、プラトンが理想の国家体制の中で女性と子供の国家管理を提案していることであった。くわしい説明は後にするが、要は結婚の制度を廃止して、子供を産める年齢の女性をポリスの共有とし、健康な若い男性と交わらせて国家に有用な人材をつくるという案である。こんな実現不可能なことを彼はなぜまじめに提案したのだろうかと思ったが、その意図はわからなかった。関連事項として、哲学は少年愛（同性愛）と関係があると教わったが、それが哲学とどういう関係にあるのか、これもわからずじまい。そのころアリストパネスの喜劇『女の議会』（村川堅太郎訳）を読んで面白かった記憶があるが、これがプラトンの提案と関係があるとは思わなかった。ところが四十年ぶりくらいに岩波文庫で読み返してみると、村川先生の解説にはちゃんとプラトンの性の国家管理案との関連が解説してある。当時こういう類いの議論が行なわれていたらしいのだが、全く忘れていた。学生時代の勉強など底が浅いものだと思い知らされた。この問題について考えるには当時の社会的背景を調べる必要がありそうである。

現在の私にはプラトンの提案の意味はよくわかる気がする。ここには、性の問題は知的な論理では解決不可能だという単純な事実がある。愛の問題は理屈では割り切れない。彼は、性愛に伴う混乱は国家が処理するよりほかに方法はないと考えたのだろう。当時のプラトンにとって最大の関心事は、アテナイ国家の混乱した政治体制に倫理的正義を実現する思想を確立することであった。現代の政治家や評論家が言うのと同じようなことと言えなくもないが、彼はこの問題をもっと真剣に考え詰めていた、と言ってもいいかもしれない。しかし性の国家管理など実現不可能だということも、彼にはわかっていたように思われる。その一方、彼は『パイドロス』『饗宴』など多くの対話篇でエロスについての議論を繰り返している。彼の頭の中で、このテーマが重大な関心事だったことがわかるのである。そういう意味から言うと、エロス問題つまり女性論は、プラトン哲学の核心にふれる重大なテーマだったと考えられるわけである。これと関連して起こる疑問は、アリストテレスがエロスについてほとんど議論していないことである。アリストテレス以後、性が哲学の重要テーマになることは全くなくなると言っても過言ではない。では、エロスはなぜ哲学から消えたのだろうか？

プラトンについてはもう一つ考えなくてはならない問題がある。それはソクラテスとの関係である。プラトンの対話篇はすべてソクラテスを主人公にしているが、その内容をすべてソクラテスのものとすることはできない。専門家の研究によって、今ではプラトンの著作は前期、中期、後期の三つに分類されている。エロスと関係の深いイデア論は中期の著作から現われてくるものであって、ソクラテスの元来の考え方を示すものではないという見方が強い。今日では、初期対話篇とよばれるプラトンの諸作品が歴史的ソクラテスの思想に近いという見方が有力である。初期対話篇は、勇気、敬虔、友愛といった倫理的徳性について論じているものが多い。つまり、ソクラテスの哲学は倫理学を中心にするものであったらしいのである。ここでわれわれは、性と愛の問題はギリシアにおける哲学の始まりとどのように関係していたのか、という重要な課題に出会うことになる。

神託と予言の心理学

初学者として私の印象に残った次の問題は、ソクラテスがアポロンの神託を受けてから知恵ある人々を訪ね歩いたという話である。学生時代の私は、ソクラテスがソフィストとよばれた学者たちを訪ねて議論した、というように受け取っていた。今になって思うと、これは初学者がおちいり易い誤解である。たしかに「無知の知」という主張は『プロタゴラス』などソフィストと議論する対話篇に出てくる。しかし「魂」(プシケ)に関するくわしい説明は、実はこれらの対話篇にはみられない。ところが、『ソクラテスの弁明』をよく読むと、彼が神託を受けてから訪ねていった相手は学者ではない。それは政治家、詩人(作家)、それに職人(芸術制作者)たちである(21A以下)。ソフィストと対話を始めるのはその後のことなのである。

私がこういう早呑み込みをしたのは、哲学(フィロソフィア)という言葉についてふつう説かれている語源的説明に惑わされたせいである。ソフィストに当たるギリシア語はソフォス(知恵のある人)である。これに対してソクラテスが主張したのは、まず自分自身の無知を知ること(無知の知)であって、そこから知を愛し求める「知への愛」(フィロソフィア)が生まれる。哲学の授業ではこういう説明をよく聞くのであるが、これは実はプラトンの解釈を施したソクラテスなのである。ソクラテスが神託と関連して取り上げている知恵(ソフィア)とは、明らかに知識人の学識といった類いのことではない。つまりフィロソフィアという言葉に独特な意味を与えたのはプラトンの仕業なのである。ソフォス（知恵ある人）という言葉は、当時各地のポリスからアテナイに集まってきた啓蒙的知識人たちを指したものであって、現代風に言えば、大衆と区別される学者知識人とか文化人といった人たちのことである。ソクラテスをそういう知識人の部類に入れるべきかどうかは難しい問題で、これは後の章であらためて考えたいが、この場合大事なことは、まずソフィストの行動形態を当時の社会状況の中においてとらえることである。この時代はギリシア史始まって以来、知識人と民衆の間に信仰に関する大きな心理的落差が生まれていた時代で、アテナイはその中心になっていたからである。

『ソクラテスの弁明』にのべられているソクラテス自身の説明では、彼は神託を受けてから、まず世間で知恵があるといわれている有名な政治家を訪ね歩いた。その結果として、彼は、社会的に評判の高い人が一番知恵に欠けていて、取るに足りないと見える人たちの方が思慮深く思えるようになった、と言っている。彼が「知恵」という言葉で考えていたのは明らかに学識のことではなく、生活の知恵とか人生経験に裏づけられた人間知といった類いの事柄だったことがわかる。ソクラテスは次いで詩人や悲劇作者たちを訪ね歩いた。ここで彼は次のような注目すべきことをのべている。作家たちが「その作品を創作するのは知識によるのではなく、ある種の生まれ持った資質によるのであって、ちょうど神託を告げる者や予言者がそうであるように、神憑りの状態で創作するということを私は悟ったのです」(22C)。つまり、作家たちは立派な作品をつくっていても、その創作の知恵が出てくる心理的根拠については何も知らない、と彼は言うのである。この場合は明らかに霊感《インスピレーション》といわれるような、無意識からのはたらきが考えられている。これは心理学的観点から考えるべき性質の問題である。最後に訪れた職人たちとの交流も結論は同じである。彼らは優秀な技をもっており、そのために自分たちは知恵があると思いこんでいるが、それは思い上がりである。要するに神託がのべているのは、われわれ人間はすべてある意味で無知の状態にいるのだ、ということである。

彼が「無知」についてのべたのは学問的知識や技能の習得といった事柄ではなくて、意識が自覚できないでいる心の深い部分のはたらきのことであると解すべきだろう。ソクラテスはそれから、人々に対して「魂（プシケ）についての気づかい」をすることを説くようになる。したがって無知というのは、われわれは魂の事柄については無知であるという意味に理解しなくてはならない。ここでいわれている「魂」とは、意識が自覚できない人間の心理的本性とそのはたらきを意味する。それは心の深層に沈んでいるスピリチュアリティ（霊性）の問題である、と私は言いたい。それが知性や学識の問題ではないことは明らかである。

　ソクラテスの生涯を取り上げる場合、ダイモンの声のことがよく議論になる。心理学や精神医学を勉強した者からみれば、これは明らかに無意識に関連する心理体験として見ることのできる事柄である。『クリトン』は、ソクラテスが死の前日に友人のクリトンと語った対話篇であるが、この中に、ダイモンがソクラテスに語りかける様子が記されている。「ふと見ると、一人の女性がぼくの前に近づいてくる。美しい女性で、白い衣を身につけていたが、ぼくに呼びかけて、こう言った。『ソクラテス。あなたは三日目に豊かなプティエーの地に行き着きますよ』と」（443B）。これは、ダイモンがソクラテスに対して、あなたの死は目前に迫ったと教える場面である。彼は自分の死を予見したのである。精神医学者からみれば、これは明らかにある種の幻視と幻聴である。近代人はこういう現象を病的な異常心理のように解釈しがちである。哲学の始まりを考えるに当たってこういう問題を重視するのは理性を重んじる哲学にはふさわしくない、という気持ちは私にもわかる。しかしながら、合理性を重視する近代的な考え方に基づいて古代人の考え方を解釈すると、重要な問題を見落とすことになるのではないだろうか。

　ソクラテスが神託を告げる巫女のような人たちに対して親近感をもっていたことは、『饗宴』の中で、ディオティマという巫女のような女性からイデア界の様子を聞いた話をしていることなどからもわかるだろう。彼は理性の人であるとともに、理性を越えた感受性をもつ人でもあった。この問題はソクラテスをどう理解するかということに関連するだけではない。ギリシア思想史の発展について考える場合、私は、神託に象徴されるような当時の社会習俗と心理的状況について広く見て行く必要があると思う。

神話と民衆宗教

初学者としてギリシア思想史について教わったころ、ソクラテスやプラトンの時代にはさまざまの密儀的信仰が行なわれていたということを聞いた。しかし当時の哲学研究ではそういう問題には関心がもたれていなかったし、そういう信仰が哲学の誕生とどういう関係にあるのかということはわからないままで終わった。学生のころ記憶に残った三つ目の問題はこのことである。この時代の密儀の一つに「ディオニュソス（バッカス）の乱舞」というのがあって、ヘーゲルやニーチェもこれについてふれていた。理性（ロゴス）を重視するというギリシア哲学の正統的伝統からは外れた感じがある。気になりながらそのままになっていたが、ギリシアの思想史を広く眺める視点から考えると、ここには重要な研究課題があると思うようになってきた。

密儀《ミュステリア》という言い方は、形式的には、入信の資格が個人に制限されていることから来ている。人類学や神話学の研究が明らかにしているように、神話時代の信仰というものは本来オープンな性格のもので、部族社会つまりその地域社会の人々すべてが信仰共同体をつくっている。したがって入信の資格を制限することは、神話と区別された意味での宗教の特徴だと言ってよいであろう。それは自分の個人的決意で信仰に入ることを意味するから、そこに自我意識と知性が成長してきた過程を見ることができるだろう。ただこの時代の密儀信仰の内容を調べると、神話時代の伝統をまだ色濃く残していることがわかる。そういう意味で、密儀宗教は神話から宗教へと発展する移行期の信仰形態を示していると言えるだろう。

ギリシアの密儀宗教で最も有名なのはエレウシスの密儀である。エレウシスというのはアテナイの西の方にある地名で、前一世紀の地理学者ストラボンの記すところでは、二～三万人を収容できるような大神殿があったという。この教団の祭礼には大小の二つがあり、小密儀の方は毎年春にアグライの町で行なわれた。祭神はペルセポネの女神で、彼女はコレーともよばれる。ペルセポネとコレーは元は別の神だったらしいが、その起源はいずれもギリシア人が侵入してくる以前の先住民の信仰であったとされている。大密儀の方は五年毎に秋に開かれ、これはエレウシスまたはアテナイで行なわれた。祭神はペルセポネの母神デーメーテル（ローマ名はケレス）である。大密儀に参加するまでには、小密儀に何度か参加して試練を受ける必要があった。

この母娘二神についてはよく知られた神話的伝承が残されている。野原で遊ぶ美しいペルセポネを冥界の王プルートー（別名ハイデスまたはハデス）が略奪して地下の国に連れ去り、妃とした。母のデーメーテルは娘を捜し求めて発見したが、彼女は既に死者の国の食物である柘榴《ざくろ》を食べていたので地上へは戻れない。しかし母神の願いを聞いたプルートーが毎年半分は地上の国に帰ることを許した。春の祭礼は元来このペルセポネの帰還を祝う意味をもったもので、この伝承は農業社会の習俗と結びついた穀霊 corn spirit の信仰に基づいている。つまり、冬に大地に蒔かれた穀物の種が春に芽を吹く季節の循環を、地下の国から地上への新しい生命の誕生としてとらえているのである。母神デーメーテルは大地の女神であり農業神

密儀の守護神ケレス（ポンペイの壁画より）

である。ただし、この二神の崇拝が教団信仰の形をとって発達した段階では、関心は農業祭祀よりも、死をこえた新しい生命の誕生（新生 new birth）という霊的 spiritual な信仰が中心になってきている。

エレウシスで行なわれた大密儀は、何日にもわたって深夜に行なわれ、祭司、松明持ち、脇侍など大勢の男女の神官団が入念な儀式をくり返した。儀式の最中には、異常な現象が起こったり、神々が出現する姿を見る者もあったという。二世紀のローマの哲学者アプレイウスの『変身物語、あるいは黄金のろば』という作品にはその様子がのべられている。「私は死の境に近づき、ペルセポネの敷居をまたいだ後、あらゆる自然力を振り切ってそこから戻ってきた。真夜中に私は太陽がすばらしい光を発して輝いているのを見た。私ははっきりと、下位の神々や上位の神々に近づき、身近に神々を礼拝した。[1]」心理学の観点からみると、これは一種の集団的幻覚と言うことができるだろう。このエレウシス教団の信仰はローマ帝国時代に入っても盛んに行なわれており、ローマ皇帝では初代のアウグストゥスと四代目のハドリアヌスが入信したことが知られている。ハドリアヌスは規則に従って警備の兵もともなわず、一人で丸腰で参加したと伝えられている。この信仰が禁止されたのは、キリスト教をローマの唯一の国教と決定したテオドシウス帝（三四六－三九五）のときである。教団としての歴史は千年ぐらい続いたことになる。（エレウシスの密儀は地下の洞窟で行なわれたというような説明を聞くこともあるが、ストラボンやアプレイウスの証言ではそうではないようである。）密儀宗教について筆者が注意したいのは、まずその信仰の起源が古い先住民の神話的信仰にさかのぼること、またそこでは神々の女性性（特に母性）が重視されていたことである。密儀というと規模の小さい秘密の信仰共同体のように誤解されやすいが、実際は非常に規模の大きい民衆宗教的運動であったことに注意しなければならない。哲学が誕生したのと同じ時代にこういう民衆宗教の運動が並行して生まれていることは、当時の思想史的状況を考える上で注目すべきことではないかと思う。この時代のギリシアでは、知識人レベルの理性的思想と民衆レベルの霊性的信仰という二つの異質な流れが並行して発達してきたのがわかるのである。

肉体と知性の一体的昂揚

この時代の密儀宗教としてもう一つよく知られているのはオルペウス教団である。オルペウスは歴史上の人物だったといわれるが、教団では神になっている。彼は詩人の予言者で音楽（竪琴）にすぐれていたので、アポロンの神と音楽の女神カリオペの子として崇拝されている。彼についても生と死に関する物語が伝えられているが、オルペウス伝説には愛の要素が強く入っている。オルペウスは毒蛇に踵を嚙まれて死んだ愛妻エウリュディケを求めて死の国に至り、プルートーとペルセポネに頼んで妻を連れ戻す許可を得た。そのとき、地上に戻るまでは振り向いてはならないと命じられたが、妻がついてきているかどうか心配になったオルペウスが後ろを見たために、エウリュディケは悲しみの声をあげて死の国へ引き戻された。オルペウスの死についてはいくつかの言い伝えがあるが、プラトンが『国家』第十巻（620A）に記している話が有名である。彼はラコニアの女たちが言い寄ってきたとき、それをはねつけたために、怒った女たちに身体をバラバラにされて殺された。オルペウスの魂は女たちを憎み、この世に再生するときに女の腹に入るのを嫌って白鳥に生まれ変わったという。そういう性と愛（つまり本来の意味のエロス）の要素があるせいか、この教団の祭礼には女性たちが多く参加し、その狂騒のために竪琴の音もかき消されるほどであったという。愛の狂気が肉体をとらえ、その激情は神的興奮にまで高まる。心理学的に見れば、これは無意識下のリビドのエネルギーが全身をとらえてしまった状態である。オルペウス教団は紀元前七世紀ごろディオニュソス崇拝から分離して盛んになったといわれている。前六世紀には中心のアテナイからギリシア全土へ、さらにイタリア南部まで信仰が広まった。しかし実は、この教団は厳しい戒律を守る禁欲主義の傾向が強かったのだという。信仰の情熱と禁欲主義は必ずしも矛盾するわけではないことに注意したい。

「バッカスの乱舞」で知られているバッカスの密儀とオルペウス教の源流になっているディオニュソスの密儀は元来は別であったらしいが、人々はこの二神を同一視するようになっていた。ローマではバッカスの呼び名がよく知られている。この神はもとはトラキア（バルカン半島）の山地の動植物神で、前八世紀ごろギリシア本土に伝えられた。葡萄酒の神として有名である。この祭礼では、陶酔状態の女性たち（バッケー、信女）が夜の山野に松明をかざし、テュルソスという蔦を巻いた長い杖を振るって踊りながら駆け巡ったといわれる。「髪は乱れる、テュルソスの枝振り回し、戯れるバッケー……いざやいざや、乱れる髪を押さえよや、両手をもって足跳べや……銅の宮居にましますす女神をほめ讃えよや」（アリストパネス『女の平和』）伝説によると、バッカスは巨人族に身体を八つ裂きにされ、煮て食われたが、パラスという神が殺された心臓を救い出して元どおりの身体にした。巨人族の悪行を咎めたゼウスが彼らを雷電と天界の火で焼き殺し、その灰から新しい人間を創造した。このため、人間の身体には巨人族に由来する低い動物的魂が残っている。密儀は、バッカスの高い魂（理性的霊魂）が人々に入り込み、神的次元に引き上げることを意味するという。知性と肉体は霊的な力によって一体となって昂揚し、神的次元へと導かれるのである。

このように、当時の民衆信仰は女性たちが積極的に参加したことが知られているが、これはこの時代の新宗教運動の特色と言えるだろう。後にふれるが、当時のギリシアでは、文明化が進むにつれて女性は社会的活動から閉め出される傾向が生まれてくる。そういうことから、バッカスの乱舞は性の解放という風に受け取られることもあるようである。しかしオルペウス教団のように禁欲的傾向の強い運動があることからみても、単純に性の解放という見方をとるのは疑問だと思う。禁欲主義の熱情というものがあってもおかしくはないからである。ただ女性性を重視する傾向は、この時代の宗教全体に共通していると言うことができるようである。村川堅太郎はアリストパネスの『アカルナイの人々』を例にあげて、ディオニュソスの祭りの行列には、現代人の目には「尾籠、淫猥」と思われるようなことがつきものであったとのべている。(2) 村川が言うように、神話時代の習俗や儀礼では、性器崇拝にみられるように、世界中どこでも性を主題にしたものが少なくない。それを淫猥に感じるのはむしろ近代人の感覚から判断するせいだろうと思われる。これは密儀宗教ではないが、アテナイで伝統的に最大の祭典とされていたパンアテナイア祭の行列では、神に捧げる聖器を運ぶ役目は名門の出身で容姿端麗で素行も正しい処女が選ばれる習慣であったし、ディオニュソスの祭礼でもこの種の役目は処女が勤めた。こういう習慣は神話時代からの伝統と考える方が適切である。つまり「性」は元来神秘なものとして、神聖な性質を与えられていたと思われるのである。そこには、太古の神話社会の人々が素朴に感じていた倫理性と宗教性の根源的感覚を見ることができる。これらの民衆宗教がさかんになってきたのはほぼ前八世紀からのことで、前七世紀のタレスとピタゴラスから始まる自然哲学の時代より少し早い。つまりこの時代には、民衆層と知識人層が分化して異質な二つの思想の流れが生まれてきた、と言えるようである。

アスクレピオスの神殿医療

心理学的観点からみて、これらの密儀信仰と共通性をもつ事例として、医神アスクレピオスの信仰についてふれておくことにしよう。『パイドン』の最後の部分に、毒杯を飲んだ後、ソクラテスが残した最後の言葉が記されている。「クリトン、アスクレピオスに鶏を一羽お供えしなければならなかった。その責任を果たしてくれ。きっと忘れないように」(『パイドン』118A)。ちょっと気になる記事であるが、ソクラテスの時代はこの医神に対する信仰が非常に発達した時代であった。

アスクレピオスはアポロンの子とされているが、古くから医療の神として知られていた。ホメロスの『イリアス』には、アスクレピオスの二人の息子マカオンとポダレイリオスが登場し、負傷者を手当する様子が描かれている(第二歌、729-733、第四歌、192以下等)。この神への信仰が大きな発展をみせたのは、紀元前五〇〇~三〇〇年ごろとされている。エピダウロスの神殿（アスクレペイオン）で行なわれた医療は特に有名である。エピダウロスとは、アテナイから西のサラミス湾やアイギナ島の方角を望む南方の海岸にある地名である。ここの神殿遺跡からは、考古学的調査によって多くの浮き彫りや碑文が出土している。(3) アテナイのアクロポリスの発掘調査によって、前四二〇年にこの神の末社がアテナイに創建されたことが明らかになっている。前四二〇年というと、ソクラテスが活躍していたペロポンネソス戦争の最中である。ケレニーによると、アテナイのアスクレペイオンはディオニュソス神を祭る劇場の隣りに造られていた。これら以外にも、このころギリシアの各地にアスクレピオスの神殿が建設され、新しい時代の医療として流行していたのである。近代人は見落としてしまいがちだが、古代社会では医療と信仰は深い関係があったことに注意しておきたい。

エレンベルガーの研究によると、エピダウロスの神殿で行なわれた医療は、参籠 incubation を中心にするものであった。(4) 参籠という習俗は古代社会にはよく見られるもので、日本でも平安時代の文献などに記されている。病気の治療とか、子供がほしいとか、良い夢を授かりたいといった動機で何カ月も寺院に泊まり込んで、お祈りや修行の生活を送るのである。エピダウロスの参籠では、やってきた患者は、断食、儀礼、聖なる泉の水を飲むといった準備期間をへて、最後に神殿の地下の聖所で眠る。アスクレピオスの神はこのときに出現したという。これには、声や強い光、風が吹く感覚などをともなう。神の姿を夢あるいは幻覚で見ることが、そのまま治療効果をもたらす場合は「本当の夢」とよばれる。また夢の中に神あるいは神官が現われて指図する場合は「神託」とよばれる。また幻影によって近い将来、患者の身の上に起こることが予告されることもある。

この神殿医療についてはいろいろな解釈があって、近代の研究者は、何か薬を使ったのではないかとか、催眠術のような技をかけたのではないかと言う研究者もいる。心理学の観点から考えれば、夢や幻覚はいず

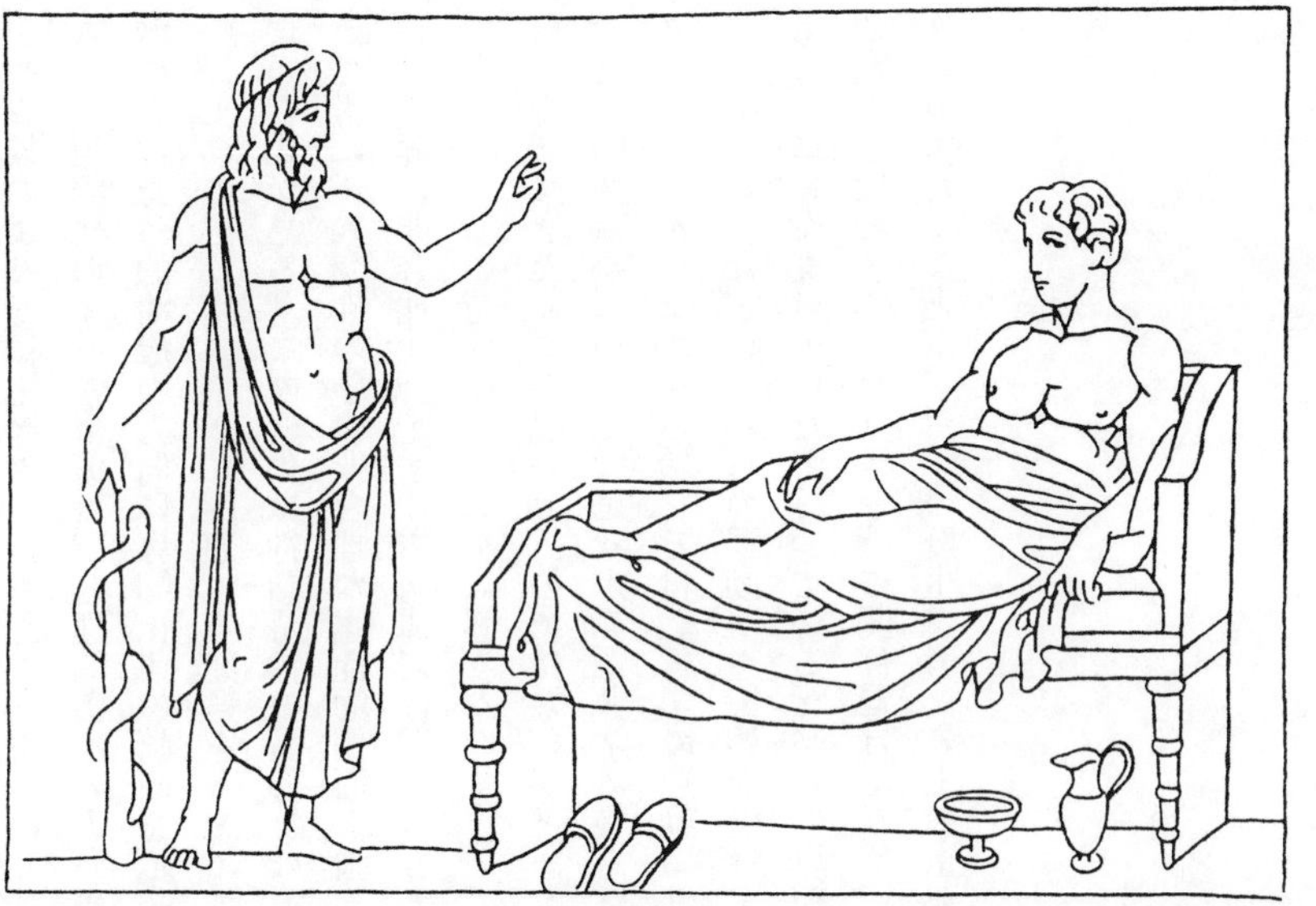

アスクレピオス神の出現（ケレニーより）
失われた奉納浮彫にもとづいたスケッチ。アスクレピオスが掲げた左手は、神と病人の直接的で個人的な関係を表現している。

れも無意識からのはたらきが活性化した状態を意味する。準備期間に食事の注意やいろいろの訓練を行なうことは瞑想の訓練と同じ意味をもつ事柄であって、無意識の深い層のはたらきを活性化することを意味する。このような心理的訓練は、東洋諸宗教の修行法と同じような性質をもっていたと考えることができる。

医学の歴史という観点から見た場合、前六世紀から四世紀は大きな発展の時代に当たっている。西洋医学史の始まりとされるヒポクラテス（前四六〇－三七五）はソクラテスと全く同時代の人である。ヒポクラテス派は医療を専門にする人たちが組合活動をする形をとっている。その組合をアスクレピアダイと言ったのでアスクレペイオンの神殿医療とまぎらわしいが、両者は別である。ヒポクラテス派の医療は神殿施設などに定住せず、あちらこちらのポリスや外国まで往診する形を取っている。これは彼らがそれぞれの地域の国王や貴族のような領主層の人たちを主な患者にしていたためである。現代風にみれば、神殿医療の方は病院ないし療養所のような形態で、心理的治療の方向に専門化する傾向を示しているのに対して、ヒポクラテス派の方は身体的治療の方向に専門化する傾向を示している。

以上にのべた密儀宗教に関連する問題をまとめてみると、ここにはまず個人意識の発達にともなう信仰心理の変化がある。この変化は神話時代の信仰との違いを示しており、知性が発達してきたことを示しているとともに、人間性の中の非合理な霊性的側面も強く自覚されてきた心理状況を見ることができる。知性の発達は単純に非合理を否定する方向にだけ進むものではなく、両方の心理傾向が強まってくると考えた方がよいと思う。この時代は、プシケ（魂）という言葉で理解される心の意識的側面と無意識的側面の分裂傾向が強くなってきた状況が見られるのではないかと思う。

歴史的観点からいうと、民衆宗教が非常に盛んになってきたのは前八世紀から前六世紀にかけてのことで、タレスとピタゴラスから始まる自然哲学の運動よりも約一世紀早い。自然哲学者の中でも、ピタゴラスやエンペドクレスなどはこれらの運動から影響を受けていたといわれるし、ギリシア学者のドッズはソクラテスもこの影響を受けていたと言っている。当時の思想史全体の状況を考えながらソクラテスを見てゆく場合、知識人を代表するソフィストとの関係だけでなく、民衆宗教の中にある女性性の問題や霊性的信仰との関係から見て行くことが、哲学の誕生を考える上で重要ではないかと思うのである。

2　古代哲学と西洋思想の伝統

哲学の始まりはタレスかソクラテスか

西洋における哲学の始まりはふつう次のように説明されている。紀元前七世紀のタレスとピタゴラスから始まる自然哲学がその最初で、前五世紀後半から四世紀にかけて現われたソクラテスによって「知への愛《フィロソフィア》」としての哲学が確立された、と。歴史的事実は無論この通りなのであるが、ここには考えなければならない一つの重要な問題がある。ソクラテスを哲学《フィロソフィア》の開祖としたのはプラトンであるが、ソクラテスは自然研究を重視していなかったらしい。そうすると、哲学が確立されたのは自然研究よりも人間性の探求としての倫理学が生まれたことによる、という見方ができるだろう。これに対して自然研究を哲学の始まりとして重視したのはアリストテレスで、現在の私たちの理解は主に彼の見方から来ている。この線にそって哲学史を見て行くと、倫理学は哲学の誕生にとって重要な意味はもたない、ということになる。

　まずアリストテレスの見解を紹介しておくことにしよう。彼はプラトンのアカデメイアに入学した青年時代、自然哲学の歴史について深く研究したといわれている。彼は次のようにのべている。「この方法「アリストテレスの学問的方法」に昔の人々が到達しなかった原因は、「概念の」本質あるいは実体を定義するということがなかったところにある。ただしデモクリトスは初めてこれに着手した。けれどもそれは自然学的観察にとってそれが必要だからというのではなくて、事柄そのものによってそこへ誘い出されていったからである。そしてこの定義「の問題」はソクラテスの時代に発見され、自然問題の探求は止んだ。そして哲学をする人々は有用な徳や市民的徳の方へ注意を向けた」（『動物部分論』A1，642a24）。

　アリストテレスはここで、哲学者たちの関心がソクラテスの時代に自然研究から倫理問題に変わったことを指摘している。われわれはまず、この変化の歴史的背景に注意しなければならない。詳しいことは後にふれるが、前五世紀ごろのギリシアでは新しいポリスの建設ラッシュが起こっており、法律、政治、弁論などの技術に対する社会的需要が激増していた。当時の考え方では、法律や政治の問題は倫理と不可分であった。現代風に言えば、知識人の関心の対象が自然科学から社会科学へと変化してきたわけである。ソフィストたちが活躍するようになった歴史的背景はここにある。ソクラテスが徳の問題に関心を向けたのもそういう時代状況によるので、狭い意味の倫理学だけを問題にしたわけではない。

アリストテレスはまた、言葉（概念、考え方）を定義することはソクラテスから始まったと言っている。これは大事な点である。問題は、なぜ自然研究の立場ではそれができないで、倫理を問題にする場面で言葉の定義ができるようになったのか、というところにある。プラトンの初期対話篇は、勇気、敬虔さ、節制、友情などといった倫理的徳性について論じたものが多い。ここで注意しなければならないのは、ソクラテスの主な対話の相手として、よく少年が選ばれていることである。たとえば『カルミデス』では最初、ソクラテスが少年のカルミデスに向かって敬虔さについて対話を始める。このことは、少年くらいの年頃になれば、そういう日常生活の中での自分の行いのあり方について考えることができることを示している。少年は勇気ということの意味が正確にはわからなくても、漠然と感じることはできるだろう。人生経験と学識のある人が対話すれば、彼は自分の心の状態について自覚することができるようになる。これに対して自然研究の場面では、自然界は何でできているかなどと問われても、ふつうは答えることはできない。

アリストテレスは、タレス以来の哲学者が自然の本質について何も定義することなしに議論していたことが問題だ、と言っている。彼はここで、デモクリトスにだけ一定の評価を与えているが、これは、デモクリトスが自然全体を構成するアトム（分割不可能性）という概念を新しく考え出して、物体の運動を説明するのに成功したことを指している。デモクリトスは、永遠に不動の「オン」（ある）を原理として自然を理解しようとしたパルメニデスの考え方では物体の運動を説明することができないので、新しくアトムとケノン（空虚）という概念を考えついたのである。この問題については後に（第三章で）取り上げることにしよう。
以上をまとめて言うと、アリストテレスは、言葉（概念）をまず定義してから議論するソクラテスの態度に価値を認めてはいるものの、ソクラテスが倫理の問題を哲学の基本においたのは誤りであると考えている。アリストテレスにとって、哲学が取り上げるべき基本的課題は自然の認識であって倫理の問題ではない。ソクラテスは、日常生活における「有用な徳や市民的徳」のような事柄を重視したのだが、そういう事柄は哲学にとってはそれほど重要ではない。哲学の基本的課題はあくまで自然の理論的認識にある。これがアリストテレスの考え方である。完成した彼の哲学体系の中心になっているのは、自然学（物理学）Physic と自然法則の上に立つ原理を明らかにする形而上学 Meta-physic（存在論）である。したがって彼は、タレス以来の自然哲学者たちを自分の先駆者だと見ている。ただ、彼らは方法論について無反省だったのでソクラテスが登場することになった、と言っているわけである。こういう見方に立つとすれば、ソクラテスは哲学の歴史にとってそれほど重要な人物ではないということになるだろう。

われわれが哲学の誕生についてふつう教えられている見方は、アリストテレスとプラトンの見方を折衷したものである。哲学はタレスから始まるとともにソクラテスから始まる、というわけである。この見方では倫理学の位置づけがはっきりしないところに問題がある、と思うのである。現在の大学で教わる西洋哲学史では、まず自然哲学が取り上げられ、次にソクラテス＝プラトンとアリストテレスについて学ぶ。その後はヘレニズム・ローマ時代のストア哲学やエピクロス哲学について教わる、という順序をとる。つまり時代順に、代表的な哲学者たちの思想をすべて勉強するわけである。ところが古代社会における哲学というものは、これとは違った形で行なわれていた。これは精神医学者のエレンベルガーが指摘していることであるが、古代社会で哲学を学ぶということは、現代の大学で哲学を勉強することとは全く性質が違う事柄であった。それは一定の哲学を掲げる思想的結社に加入してそのメンバーになり、結社の活動に参加することを意味したのである。プラトンのアカデメイア創設はその最初の例である。当時の哲学は学問のあらゆる分野に及ぶものであって、医学や自然研究も含んでいるから、その意味では近代の総合大学に通じる性格もあるが、近代と根本的に違っている点は、それが思想結社としての実践活動を基本目的にしていたということである。これらの哲学各派の本部はアテナイにおかれていたが、そのほかにギリシア・ローマの各地に支部組織があってそれぞれ活動していた。各学派には学長のような性格をもつ指導者（学頭）がいて、それぞれの学派の開祖の哲学について研究と教育を行ない、それを次の世代に伝える仕事をしていたのである。他学派の哲学を学ぶことがなかったわけではないし、時にはある学派から別の学派に所属を変える場合もあったが、基本はそれぞれの学派の開祖の哲学を学んで思想的実践活動をするところにあったのである。

古代哲学史の終りは、正式には紀元五二九年に東ローマ皇帝ユスティニアヌスによって全ギリシアの学園閉鎖が命令されたときである。プラトンの時代から計算するとほぼ千年近く後のことになる。この長い時代、プラトンのアカデメイアの伝統は広く尊重されていたが、アリストテレスの哲学は（論理学を除いて）あまり重要視されていなかった。彼がギリシア哲学史上の偉大な存在であるとされるようになったのは、はるかに時代が降った十三世紀のスコラ哲学以後のことである。

ギリシア哲学とキリスト教の関係を考える

近代人の感じ方から言うと、右に引用したアリストテレスの考え方のように、自然の認識と倫理的実践の問題は分けるのが当然のように思われる。例えばカントの『純粋理性批判』は自然科学の前提になっている方法論を研究したものであり、倫理的問題をあつかう『実践理性批判』はこれとは全然別である。前者が第一批判とよばれ、後者が第二批判とよばれていることからも明らかなように、倫理学は哲学にとって第一の課題ではない。しかしながらわれわれは、古代社会の考え方はこれとはかなり違っていたということに注意しなければならない。古代哲学の各学派が実践的思想結社の性格をもっていたことは、倫理学が哲学にとって基本的な重要性をもっていた状況を示している。

筆者は倫理学や東洋哲学を勉強してきたせいで、西洋の哲学史を見る場合にも倫理学を重要視したくなる。これが正しい見方であるなどと言うつもりはないが、西洋思想の伝統について理解を深めるには、その倫理思想の伝統をもっと重視する必要があるのではないかと感じるのである。それは、キリスト教がローマ帝国で誕生し、やがてそれを精神的に支配するに至った歴史を考えなければならないからである。西洋思想の伝統をつくり出した二本の柱はギリシア哲学とキリスト教であるが、私たちがふつう教わるギリシア・ローマの哲学とキリスト教哲学（神学）は、現代の学問研究では別々の専門分野になっているので、古典学について知らない初学者にはこの両者の関係がよく理解できない。ローマ時代に倫理学がさかんになった理由を考えてみると、私たちは、この時代のローマ人の生き方という問題につきあたる。哲学というのは、それぞれの時代の人々のものの考え方である。そして「人生をいかに生きるべきか」という倫理の問題は、時代の人々の心のあり方に支えられている。どのような生き方を選ぶにせよ、われわれはそこに、人間の心理に支えられた倫理問題があることに気づくのである。そういう社会心理的背景を考えてゆくと、一見水と油のような関係にみえるギリシア哲学とキリスト教の底に連続した思想の流れを見ることができるのではないだろうか。

東西思想の比較問題

筆者が心理学的観点に立ってギリシア哲学の歴史を考えてみたいと思った理由の一つは、これによって、西洋の思想的伝統を東洋のそれと比較する手がかりが得られると思ったからである。一般的に言って、アジアの哲学的伝統は宗教との関連が強い。それとともに、人生の生き方と実践の問題を、知的な認識の問題よりも優先させる態度がつよい。例えば「ブッダの沈黙」とよばれる有名な伝承はこのことを示している。釈迦は、形而上的問題について問われたとき、沈黙を守って答えなかった。その理由を追求されたとき、彼は、そういう認識の問題について論じることは悟り（涅槃）には役に立たないから、と答えた。有名な「毒矢の比喩」はこのとき彼が語ったものである。毒矢に刺された人にとってまず何よりも重要なことは、苦痛を治療することであって、毒の性質とか矢の種類などを調べることは二義的な問題である、というのである。和辻哲郎は『原始仏教の実践哲学』と題した彼の著書でこの問題にふれている。理論哲学を優先する西洋の伝統に従えば、実践哲学（倫理学）は哲学の第二部門になってしまう。この著書の題はそういう意味ではない。むしろ逆に、哲学にとって第一に取り組むべき基本的課題は「人生をどのように生きるべきか」という実践の問題である。このような仏教哲学の考え方の基本には、信仰者がとる主体的実践の姿勢がおかれているのである。(6) しかしながら釈迦は、世界の理論的認識は無用だと言っているわけではない。彼が説いた五蘊《ごうん》説は、世界の中におかれた主体が環境との間につくり出す五つの作用（いわゆる色・受・想・行・識）について考察した理論である。この理論は、世界を認識する主体と環境の間に生まれる相関関係を分析している。ここでは、人間は「環境内存在」であり、したがってまた「自然内存在」である。後の大乗仏教の縁起観（宇宙論）、たとえばナガルジュナの「色即是空」の思想は、修行体験を通じてこのような考察態度を深めてゆくところから生まれてくる世界の見方である。インド宗教全体に共通するヨーガ、中国の儒教・道教なども、人生の生き方の問題を哲学が優先的に取り組むべき課題と考えていることは同じである。しかし、だからと言ってこれらの哲学は自然や宇宙のことを問題にしなかったわけではない。

簡単に図式化した見方を許していただけば、アリストテレスのような観点から哲学の歴史を見て行く場合には、西洋の思想的伝統と東洋のそれとの間は異質な面が強く出てくるだろう。これに対して、ソクラテスから発する実践的観点から見て行くことにすれば、われわれはそこに、東洋と西洋の伝統の違いを越えて共通する心の問題を見出すことができるのではないだろうか。これがわれわれの研究課題である。

3　神話は宗教と哲学に分かれる

古代哲学史とソクラテス

古代ギリシア・ローマの倫理と宗教について考え直すには、われわれは、ソクラテスに戻って考え直す必要がある。プラトンの『パイドン』の初めの部分に、牢獄で最後の日を迎えたソクラテスのまわりに集まった弟子たちの様子をのべたくだりがある。その場に来なかった弟子たちの様子も語られている。重要人物としてまず注意されるのはアンティステネスである。彼は集まった弟子たちの中では最も年長で、ソクラテスと親しかったとされている。当時ほぼ五十歳くらい（ソクラテスは七十歳）。アンティステネスは最初ソフィストのゴルギアスの弟子になったが、やがてソクラテス門下に転じた人である。彼はキニク学派の開祖とされ、その教えはローマ時代にさかんになるストア哲学に影響を及ぼしている。プラトンのイデア論に対しては批判的だったと伝えられている。もう一人、注意される人物はアリスティッポスで、キュレネ学派の開祖とされる（キュレネは北アフリカの地名）。当時彼はアイギナ島に居たと語られているが、この島はアテナイからごく近い場所にある。彼がかけつけて来なかったことについて、弟子たちの間には非難めいた気分があったらしい。というのは、ソクラテスが死刑宣告を受けてから死ぬまでには一カ月も余裕があったからである。アリスティッポスの思想は、ローマ時代に盛んになるエピクロス学派に影響を及ぼしている。この弟子たちの一覧表にはプラトン自身の名前も出ているのだが、彼は病気でこられない、と記されている。プラトンがこういう形で自分の名前を書き込んだことは、研究者を不思議がらせている問題である。プラトン一家には、彼よりも年長の二人の兄、アディマントスとグラウコンがおり、プラトンは長兄のアディマントスと一緒に、裁判の席で行なわれたソクラテスの演説を聞いている（『ソクラテスの弁明』34A）。ソクラテスと親しい関係にあるという点から言えば、むしろこの二人の兄の名をあげるべきところであろう。『国家』でソクラテスと対話する主要人物はこの二人であって、この作品の年代設定（前四二〇年前後）では、プラトン（前四二七年生れ）はまだ幼児期である。プラトンの一家はアテナイの名門であり、政界にも影響力をもっていたらしい。実際は、プラトンはソクラテス裁判の後メガラに逃れて三年を過ごし、その後エジプト方面に行っている。『ソクラテスの弁明』を執筆し始めたのはこの流浪時代のことと考えられる。この弟子たちの一覧表には、メガラからエウクレイデスとテルプシオンの二人がかけつけてきた、とある。メガラはアッティカの西にあるポリスであるが、ペロポンネソス戦争が開始されたとき、いち早く反アテナイの姿勢を示したために、アテナイでは、市内で発見されたメガラ人は死罪とする法律を制定した。このためエウクレイデスはそのころ女装してソクラテスに会っていたといわれている。彼はソクラテスの死後、アテナイから逃れてきた多くの弟子たちをメガラに迎えて保護したという。プラトンの一家もその可能性がある。ソクラテス裁判が当時のアテナイの政界に大きな波紋をよび起こした事件だったことがわかるのである。

いずれにせよ、ソクラテスの弟子たちの間には、考え方の違う人たちがたくさんいたこと、またこの師の最後をめぐってさまざまな感情があったことなどが察せられるのである。それはともかく、ここで注意したいのは古代哲学史のその後のなりゆきである。アレキサンドロス大王のギリシア征服（前三三五）以後の時代をヘレニズム（ギリシア風）というが、ギリシアはその後ローマ帝国の支配下に入ってからも、帝国の学問・芸術・文化の中心として活動をつづけた。プラトンがアカデメイアを開設した紀元前三八七年から、東ローマ皇帝ユスティニアヌスの命令によって全ギリシアの学園が閉鎖される紀元五二九年まで、実に九百年余の時間がある。私は、この時間の長さに注意する必要があると思う。その長さは、思想の影響が社会を支配していた持続力を示す尺度であるからである。先にのべたように、この長期にわたるヘレニズム・ローマ時代に最も大きな影響力をもっていたのは、プラトンは別格として、ストア哲学とエピクロス哲学であって、アリストテレスはあまり重視されていなかったのである。

ストア主義の開祖とされるキプロスのゼノン（前三三五－二六三）は、アテナイに来てアンティステネスから始まるキニク派のクラテスから教えを受けた人である。キニク派は、樽の中で暮らしていたというシノペのディオゲネスの逸話に象徴されるように、知識を学ぶよりも日常生活の中での実践活動を重要視していた。キニク派に伝わる伝承は戯画化されている感じがあるが、そこには一冊の著書も書かなかったソクラテスの生き方に通じるところが感じられる。またエピクロスの思想の源流は、ソクラテスの弟子であったアリスティッポスの流れから出ている。この二つの学派はいろいろの思想の流れを折衷しているけれども、どちらもその源流をソクラテスにまでさかのぼることができるのである。ストア哲学とエピクロス哲学は、いずれも倫理学を哲学にとって最優先の課題としているが、それは、彼らが日々の生活の中で自分の徳性を養い、倫理的に正しく生きてゆく努力をすることを目標にしていたからである。

ソクラテスの人格がそなえていた影響力の謎はこれだけではない。彼は、アポロンの神託に従って教師としての活動を始めた人であり、霊的な魂の世界について考える人であった。このことは、彼が古いギリシア宗教の信仰の伝統を守り伝えた人であったことを示している。彼は当時の民衆宗教の運動に共感する心理的気質をもっていたと伝えられているが、それは間違いないことだろうと思う。ソクラテスという人物の不思議さは、これらさまざまの思想の流れを生み出す幅の広さと深さとをそなえていたところにある。そういう意味において、ソクラテスはその後の古代哲学史と思想史の全体的動向を生み出す歴史的原点になっていると見ることができる。

以上にのべたことをまとめてみよう。古代哲学史には、哲学者の理論を研究しただけでは十分に理解できにくいさまざまの複雑な思想の流れが渦巻いている。まず伝統的ギリシア宗教の流れはどのようになったか。ローマの公式宗教はギリシア神話の神々の信仰をそのまま移入したもので、名前をローマ風に改めただけである。知識人レベルでは、神々は芸術や文化の領域に移された。神殿や公共的建造物には神々の彫刻が飾られ、演劇では神々や英雄を主人公にした物語が演じられた。これに対して民衆レベルでは、ギリシアの神々は特にエレウシス教団のようなさまざまの密儀的民衆信仰の中に生き続けており、ローマ帝国時代にも多くの信者が訪れていた。そのほかに、先にのべたような、東方に起源をもつキリスト教以下の諸宗教が栄えていたわけである。このように多様な信仰をローマが受け入れたのは、一つにはギリシア神話の多神教的伝統に基づく信仰心理に原因がある。もう一つの理由は、ローマ帝国が政治と信仰を分離し、その統治下に入った諸民族の信仰を認める政策を取っていたからである。マックス・ウェーバーは、ローマ帝国治下の思想状況を「アジア的寛容」と評しているが、これは宗教の共存を認めるという意味である。彼はまた、ローマ社会の信仰心理の特性を「グノーシス的」とも言っている（『ヒンズー教と仏教』）。これはいわゆるグノーシス教（グノーシス主義）を指したものではなく、この時代の諸宗教には内面的な心霊的雰囲気が一般的であったという意味である。このことは一般には見逃されやすい点である。われわれは知識人レベルの哲学思想だけでなく、民衆レベルの信仰心理までを視野に入れて、古代思想史を考えてゆく必要がある。

ギリシア文明の特徴

古代ギリシア文明の独特な性格について考えるには、われわれは神話時代の信仰までさかのぼって検討してみる必要がある。人類の文明で最も古く知られているのはいわゆる四大文明――エジプト、メソポタミア、インダス、殷周革命以前の中国――である。この中で最も研究が進んでいるのはエジプトであるが、ここでは、太陽や星々から河馬や鰐や鷹などの動物に至るまで、自然界のすべての生命が神々の見えないはたらきに包まれている、と考えられていた。それはいわば、人間集団の信仰心理を投影して宇宙のあり方を見ている、と言うことができるだろう。言いかえれば、神話を支える心理構造の基本は、物理空間と心理空間を重ね合わせているところにある。心理空間というのは、個人の意識をこえた時代の人々の集合的（集団的）心理に支えられた意識＝無意識の場のことである。

文明の発達はふつう次第に宗教を生み出すものである。ところがギリシアでは、ここで他の文明とは全く異なった現象が起こった。中国、インド、オリエントでは、特定の歴史的人格が出現し、その教えを中心として知的な思想が形づくられてゆく。中国の孔子と老子、インドの釈迦、ユダヤ＝キリスト教のモーセとイエスなどである。これは神々のイメージと人間の違いが認識されてきたことを意味するが、しかし神話の信仰は否定されたわけではない。原始仏教の経典は、釈迦が神々と対話する物語を含んでいる。道教や儒教の場合も同様で、孔子・老子以前の三皇五帝の原形は神話の神々である。ユダヤ＝キリスト教もまた旧約聖書に伝えられた神話的信仰を母胎として生まれてきた。そこには、神話から宗教へという、いわば心理的に自然な発展の過程がみられるのである。ところがギリシアでは、ここで神話の価値を否定する動きが起こってきた。紀元前七世紀から生まれた自然哲学の運動はこのことを意味する。しかし、哲学が神話的信仰を滅ぼしたかというと、そうでもない。ギリシア人の神話的信仰は密儀的な民衆宗教となって発達し、哲学の誕生とは無関係に、そのままローマ時代にまで受け継がれる。要するに、神話的信仰と哲学は分かれながらも長い間千年近く併存したのである。この結果、他の文明圏では宗教と哲学が一体になって発展したのに対して、西洋の古代史では、両者の間に微妙な対抗関係と相互影響が生まれてきたのである。われわれはその対抗関係を、理性と霊性の対抗とよぶこともできるだろう。ソクラテスの時代は、そういう西洋文明に独特な発展のパターンが生まれた最初の時代だったのである。

神話研究の心理学的意義

以上にのべたように、西洋の古代思想史では哲学と宗教の間には非常に複雑な関係があった。そうだとすれば、われわれは、両者が生まれる以前の神話時代にさかのぼって考えてみる必要があるだろう。倫理意識や信仰の心理は既に神話の中に現われているからである。では、心理学的観点に立って神話を研究することにはどんな意味があるのだろうか。

神話の心理学的研究に道を開いたのはフロイトから始まる心理学者や精神医学者たちである。彼らはそれとともに、性 sexuality が人間性を理解するに当たって重大な問題であることを主張した。フロイトとユングについては既に序論でふれたが、ここであらためて、神話研究と性の心理の関係について、彼らの議論を紹介しておきたい。フロイトは、性本能が無意識の領域で重要な役割を果たしていると考え、そのエネルギーをリビドー libido と名づけた。この言葉はラテン語で、快楽、欲求、憧れ、傾向などといった意味をもっている。よく知られているように、彼は神経症の原因を超自我 super-ego（つまり良心）の形成による性本能の抑圧にあると考え、その心理的メカニズムを、オイディプス王の近親相姦に関する伝説によって説明した。これが有名なエディプス・コンプレックス説である。彼の理論の詳細に立ち入るのはやめておくが、彼の仕事の意義は、人間のモラル感覚（倫理意識）の基礎には無意識と性の問題があることを指摘したこと、また夢や幻覚など無意識に関わる経験が神話と深い関係があることを明らかにしたところにある。これは哲学にとっても無視できない重要な研究課題である。

ユングについては、神話と宗教についての彼の一般的な考え方をのべておくことにしよう。要点を言うと、彼は道徳意識よりも宗教と性の関係を重視している。このことは一般にはよく知られていないように思うので、少し説明しておこう。ポイントになるのは、神話と宗教の関係についての彼の見方である。フロイトと比べた場合、神話に関するユングの関心は非常に広い範囲に及んでいる。彼はギリシアや古代オリエントの神話ばかりでなく、アメリカ・インディアンやインドの神話などにも積極的な興味をもっており、インディアンの習俗と心理について調べるため何度もアメリカに出かけている。ただし彼は人類学者のような興味をもっていたわけではない。彼の目的はインディアンの信仰心理と神話的主題の関係を知るのが目的であった。東洋に関してはインド、チベット、中国などに関心が深いが、彼が特に注意を払って研究しているのは、瞑想を中心にしたヨーガ、密教、道教などの修行法のテキストである。法華経や浄土教に関する経典なども調べているが、彼は、仏教学者のように経典の「思想」を問題にしているわけではなくて、テキストの中に散見する修行者の心理的体験、特にイメージ体験の内容や性質などに関心を払っている。マンダラという言葉は、元来は密教の用語であるが、彼は瞑想のときなどに無意識から現われてくるイメージや幻覚を指す表現として用いている。ユング自身、ヨーガの瞑想を行なって、イメージや幻覚をみずから体験していた。瞑想法や修行法は特定の宗教宗派に限定された技法ではない。心理学の観点に立って言えば、それはすべての人間の心の深層に潜在する霊性の領域に関係している。ただ歴史的観点からみると、それらは宗教と関係しながら生まれてきたわけである。ユングは、宗教を取り上げる場合にも神話と同じように扱っている。彼は、宗教の教義や哲学的思想を問題にするよりも、その基礎にある心理的体験に注目している。つまり、無意識に関する体験内容は、宗教宗派の区別なしに共通の性質をもっているものであって、そこには、文化伝統の違いを越えた人間一般の心理の共通性が見出される、と考えているのである。また無意識領域の構造やその基本的性質は時代によって変わるものではなく、いわば永遠に変わることなく人類のたましいの中に受け継がれている、と考えられるわけである。

集合的無意識における元型（Archtypes）という彼の理論は、このような考え方に基づいている。[7] 集合的無意識とは、フロイトが考えた個人的無意識よりも深層に想定される超個人的な無意識の領域である。だからそれは社会集団に共有されている集団的無意識という性質を示すこともある。思想史の動向について考える場合には有効な概念になるだろう。元型とは集合的無意識の構成要素であるが、具体的に言えば、さまざまな神話的イメージを主要な類型に分類した一覧表である。心の内面に生まれてくる神話的イメージがリビドのはたらきと関連しているとすれば、それは当然信仰上の経験にも関連してくる。したがって性の主題を中心にして研究してゆけば、東洋と西洋の文化伝統の相違を越えた人間性の共通の心理学的基礎がわかってくるであろう。ユングは、多くの神話に出てくるさまざまのイメージには一定の共通した特徴があり、それらは無意識領域の構造や性質を示している、と考えている。瞑想や祈りにおける体験の内容なども、無意識の構造にしたがってその意味を解釈することができるだろう。彼は、主体がそういう場面でさまざまなイメージを体験する過程を、リビドの変容 transformation of libido とよんでいる。変容という考え方は、フロイトのいうリビドの昇華 sublimation に対応する考え方である。昇華とは、リビドを性欲の満足とは違った精神的活動に向ける過程である。ユングはその過程を逆に無意識の根底の次元からとらえ直して、リビドはさまざまなイメージに形を変えて出現してくると言う。そこに体験されるイメージの類型に即して、無意識の世界の立体的構造が認識されてくるという考え方である。

　無意識の深い層に入ってゆくとき、われわれは宗教性（religio）を帯びた世界を体験する。ここで宗教性と訳したレリジオという言葉は宗教 religion の語源であるが、これは宗教学者のルドルフ・オットーが考案したもので、体験に対する心の謙虚さを意味する。これはラテン語の動詞 religo（再び結びつける）から来ている。隠れていた「聖なるもの」が出現したときに畏敬をもってそれを受け取る、そのとき自分の心は聖なるはたらきと結ばれる、ということである。ユングはこのレリジオという言葉を、無意識の領域から現われてくる体験の内容を意識が自覚するという意味に解している。この用語は神話と宗教に共通した心理的基盤を考えるのに適しているが、ユング研究者の間でもよく知られていない。この言葉は、信仰をもつもたないに関係なく、人間の無意識の根底には宗教性がそなわっているということを意味する。われわれはそれをスピリチュアリティ（霊性）とよぶことができるだろう[8]。

再びエロスと哲学について

性の主題が哲学にとって重要な意味をもっていることを筆者があらためて感じたのは、プラトンの『パイドロス』を読み返していたときである。この対話篇はエロスについて論じた叙情的な名作である。「美について」という副題がついている。人間の魂（プシケ）は、翼をもった二頭の馬をあやつる御者にたとえられている。一頭は「最善のものを望む分別の心」をそなえた素姓のよい馬、もう一頭は「生まれながらそなわる快楽の心」をもった馬である。この二頭の馬は、永遠に実在する天上の世界（イデア界）と物質と肉体に代表される現実世界の両方に向かう矛盾した魂の状態を示している。エロスとは「求める愛」という意味であり、それは「美」を求める心である。二頭の馬の比喩が示しているように、ここでは美の意味が二元的になっている。御者である人間は天上の美と地上の美の両方にひかれる魂の分裂傾向に悩む存在である。ここには、主体的実践的観点に立った人間の見方がおかれている。人間の魂は理性によって天上のイデアを認識しようとする心をそなえているが、それは身体の本能と分離できない状態ではたらいているのである。

イデア界というのは、思想史的に考えれば、神話の神々が住む天上界を知的な言葉におき変えたものである。それは「美にして善」（カロス・カガトス）と形容されている。また地上の美についてエロスが語られる場合、具体的な説明こそないものの、そこには女性性の美が念頭におかれていると考えてよいだろう。

結論的に言えば、この作品は肉体に象徴されるエロスを否定的にみる倫理感覚につながるものと言うべきだろう。そこに男性性の優位という考え方をみることもできるだろう。地上の美を求めると言う場合、そこに考えられているのは、男性の立場から見た女性の身体の美しさである。女性の価値は、あのミロのヴィーナスの裸像に象徴されるようなその肉体にあるのであって、その精神的側面は無視されている。現代人の感覚からみれば、女性の知的立場は全く顧慮されていないと評することもできるかもしれない。女性と子供の国家管理といった考え方もそこから出てくる。こういう女性軽視の考え方は、アリストテレスも同じである。ただしこれは、この二人に限られた問題ではなくて、当時のギリシア社会の通念でもあった。しかし、そういう通念はどのようにして生まれてきたのであろうか。この問題は、ポリスの形成と発展というギリシア史独特の歴史と深く関係しているように思われる。次の第二章ではこの点について考えてゆくことにしよう。

もう一つ、これに関連して起こる問いは、ソクラテスが女性についてどのように考えていたのだろうか、という点である。ソクラテスとプラトンの違いについては後の章で考えることにするが、『パイドロス』では、プラトンはソクラテスに次のように語らせている。「秘儀《ミュステリア》」とか、多くの人たちから「狂える者」と非難されている「狂気」あるいは「霊感」という現象がある。しかし「この狂気こそは、すべての神憑り状態の中で、みずから狂う者にとっても、この狂気にともにあずかる者にとっても、最も善きものであり、また最も善きものから由来するものである。そして、美しき人たちを恋い慕う者がこの狂気にあずかるとき、その人は『恋する人』とよばれるのである」（『パイドロス』249E）このような説明はオルペウス教などを念頭においているのであろうと言われている。ここには、ソクラテスが民衆信仰とその中心にいた女性たちから感じていた問題があるのではないだろうか。エロスとは単なる欲望ではない。そこには、理性を神性の次元にまで引き上げるはたらきが存在している。エロスは理性と本能の分裂という人間存在に固有の矛盾を意味するが、その分裂の根底には霊性のはたらきがあるのである。

第二章　意識の発達史

1　神話世界の激情

ギリシア史の非連続性

古代ギリシア文明の発展過程には他の文明に見られない特異な性格がある。他の文明圏では一般に、神話から宗教へという自然な発展が見られるのに対して、ギリシアでは神話の否定から哲学が生まれるという非連続な発展がみられる。これはどうやらポリスの形成というギリシア独特の歴史に関連することらしい。『イリアス』に描かれたトロヤ戦争の背景には、ギリシア人が地中海地域に侵入して植民して行った過程が反映している。その過程でどのような思想的ドラマが起こったのか。この章では倫理的意識の発達を中心にして考えてみたい。

まず歴史を少し知っておく必要がある。学生時代、ギリシア史の村川堅太郎先生が講義で話されていたことを印象深く思い出すのだが、私の記憶では次のような論旨であった。世界の文明史のパターンを比較してみると、アジアに多く見られる専制的帝国の方が人類史にとっては普遍的なものであって、ギリシア史だけが例外である、と。当時は敗戦後まもない時代だったので、私は、ギリシアで生まれた民主主義の発展が世界史の法則のような気がしていた。今になって思えば、こういう見方は十八世紀の啓蒙的合理主義以降の歴史を基準にして世界史を見たものと言った方がよいだろう。

古代ギリシアの文明は、たとえば中国のように、原始時代の文明が自然に成長して生まれたものではなく、外部からの侵入者が先住民を征服して新しくつくりあげたものである。私たちは紀元前五世紀ごろ始まる黄金時代のアテナイが民主主義を生み出したと教えられてきたし、そのことは事実である。ただしその反面、アテナイ市民の成年男子は全員が兵士であったことに注意しなければならない。このことはどのポリスでも原則は同じである。つまりポリスの本質は軍事共同体なのである。民主主義はこの中から生まれてきたのである。その歴史的背景には、ポリスの発展にかかわる独特な状況がある。

ギリシア先住民の文化はミケーネ文明とよばれている。これはクレタ島で発達したミノス文明の影響を受けて生まれたもので、その盛時は紀元前十六〜十四世紀ごろとされている（クレタ文明はエジプトの影響下に発展したもので、ギリシア本土より早く文明時代に入っていた）。ギリシア人の先祖はバルカン半島北部に住む狩猟民族であった。彼らは紀元前二千年ごろから、長い間少しずつ地中海地域に侵入し定着して行った。移住を始めたのは、彼らの故郷が貧しい土地だったのに対して、南の地中海周辺が暖かい豊かな地域だったからだと考えられている。彼らはアカイア人、イオニア人、アイオリス人など、さまざまの名前でよばれている。これは部族の名前や土着した場所の名前などをとったもので、言葉は方言の違い程度である。各ポリスは一般的には、祖先を同じくする血縁集団で氏族（フラトレス）とよばれている。彼らは外部からの侵入者であるから、その全体が戦士集団だったのである。ポリス同士の間では絶えず戦争が行なわれているが、同時に話し合い、つまり言葉による外交交渉が行なわれる。つまり、戦争と言論による対話が共存する歴史が千年以上にわたって続いたわけである。言葉と対話を重視するギリシア文明の特徴は、このような歴史によるところが大きかったと考えられる。

先住民との関係はさまざまで、スパルタでは九割を占める先住民を少数の市民が支配していたのに対して、アテナイでは武力による征服はなかった。しかし侵入者が支配権力を握ったのであるから、ポリスの統治権力の基本が武力におかれている点はどこも同じである。ポリスが軍事国家の性格を強めるようになったのは、紀元前十四世紀ごろからドーリス人とよばれる部族が多数侵入してきて、先住民文化を徹底的に破壊し滅亡させたためである。スパルタはこの少数者による征服国家の典型である。ゼウスの正妻ヘラの発祥地はミケーネ文明の中心地域であるが、『イリアス』(第四歌)の中に、彼女が私の故郷はもう滅びていると語るくだりがある。ヘラは、先住民が祭っていた古い大地の女神がギリシア化した姿を示しているのである。トロヤ戦争が行なわれた時代は、シュリーマンの発掘以来研究が進められた結果、紀元前十三〜十二世紀のころと推定されている。つまり、トロヤ戦争は文明破壊の暗黒時代に起こったのであって、ホメロスの叙事詩はそれを文学作品として創作したものなのである。そこにはどのような悲劇があったのだろうか。

暗黒時代に何が起こったのか

和辻哲郎が紹介しているギルバート・マレーの研究によると、この時期の民族移動は陸と海の二通りあった(1)。陸からの移住は部族全体が女子供や家畜まで連れて移動する。先住民は、抵抗しなければ殺されもせず奴隷にもされないが、抵抗が激しければ殺され、生存者は奴隷にされる。侵入者が少ない場合は先住民にとけこんでしまう。マレーが注目するのはもう一つの海からの移住である。彼の言うところでは、ギリシア文明の中心はエーゲ海全体である。海からの移住は小舟に乗ってくるのであるから、荷物などは少ししか持ってゆけない。先住民の抵抗を予想しなければならない状況では妻子などは連れてゆけない。彼らは貧しさに嫌気がさして豊かな南をめざした冒険好きの若者集団である。彼らは海上で他部族の者と合流して、どこかの豊かな島を襲撃する。抵抗する男たちは殺すか、島から追い払って占領する。女たちは、老婆は殺し、若いのは縛りつけておく。女たちの抵抗もやがてはやむだろう。マレーは島々の住民の複雑な混血状態を調べてこのような推理を立てている。

古代の歴史家の著作にもこれと通じるような伝説が残されている。ヘロドトスの『歴史』は女を略奪する話から始まっている。エーゲ海の商業を握っていたフェニキア人がギリシアのアルゴスの海岸で商売をし、女たちが集まったのを襲撃して捕らえ、そのままエジプトへ連れ去った。その中にはイオという王女もいた。その後、ギリシア人が報復のためフェニキアに侵入し、王女エウロペを略奪した(エウロペはヨーロッパの語源)。その後ギリシア人は悪事を重ね、トロヤの王子パリス(アレクサンドロス)がスパルタの王妃ヘレネを奪い去った。トロヤ戦争の発端とされているのはこの事件である(ヘロトドス、巻1)。もうひとつのツキジデスの『戦史』には女の話などは出てこないが、ホメロスの叙事詩のことはちょっとふれている。ポリス成立の歴史についての彼の説明は次のようなものである。肥沃な地域は居住者の変動が特に激しかった。ギリシア人の祖先は流浪の民で、他の集団に圧迫されるとその地をすぐに捨てた。肥沃な地域は居住者の変動が特に激しかった。集まってきた人たちの間で争いが起こり、外部からも策謀がくり返されたからである。アッティカ地域(アテナイ周辺)は痩せ地だったため内乱はなく外来者によって発展した。このような状況のため各ポリスの規模も財力も大きくならず、防壁もなかった。すべての人が剣をもち、武器と一緒に暮らしていた。しかし後になって建設された海岸の都市には防壁がつくられるようになる。これは海賊が多かったせいで、盗賊の多くは島々の住民であるフェニキア人やカーリア人(小アジア地域のギリシア人)である。トロヤ戦争のギリシア方の総大将アガメムノンが多くのポリスからの軍勢をまとめたのは、彼自身の実力によるものであって、テュンダレオス(妻のクリュタイムネストラの父王)との関係によったわけではない(ツキジデス、巻1)。ツキジデスは先住民のことはまったくふれていないし、ヘレネの名前すらあげていない。この人のまじめな武人的性格によるのだろうが、彼の説明もポリス建設時代の一面を伝えているようである。(2) 叙事詩は文学作品であるから、歴史的事実を伝えたものではない。ホメロスの生きていた時代は前九世紀以前とされているので、トロヤ戦争の数百年後というところだろう。その内容が創作であることは言うまでもないが、思想史の観点からみれば、そういう作品にかえって時代の心理的思想状況がよく現われているとも言えるだろう。ホメロスやギリシア悲劇を読んで印象づけられるのは、この時代における女性の運命という問題である。

女たちの運命

戦争は言うまでもなく男の世界である。ホメロスとかアキレスの名前は読者もよくご存じと思うが、叙事詩のくわしい内容はご存じないむきもあると思う。しばらくこの有名な物語の展開を楽しむことにしよう(3)。この戦争はギリシア人同士の争いで、本土から来た軍勢はアカイア人とかダナオイ勢などさまざまな名前でよばれているが、ここではまとめてギリシア方とよんでおこう。『イリアス』の開巻は「アキレスの怒り」から始まっている。トロヤ攻囲の戦いも既に十数年、戦局のゆくえも定まらない状況である。アポロンの神の祭司クリュセスが莫大な贈り物や身代金を携えて、ギリシア軍の総大将アガメムノン王の陣屋を訪れ、彼に仕えている私の娘クリュセイスを返してほしいと嘆願する。アキレス以下の諸王は賛成するが、アガメムノンは怒って、祭司を追い払う。「娘を返すつもりはない。(娘が)故郷を遠く離れてアルゴスなるわが屋敷で機を織り、私の夜の相手を勤めて老いを迎えるまでは、な」と言う(第一歌)。アガメムノンとアキレスの口論が始まる。この娘はかつてこの二人がテーバイの都に遠征し、町を攻め落として女たちを奪った際に捕らえた一人で、アガメムノンの所有となっていた。彼はアキレスに向かって言う。「私には正妻のクリュタイムネストラよりも、あの娘の方がよい。姿かたちといい、心ばえや手の技といい、娘は妻に劣らぬのだ。しかし、どうしても返してやれと言うのなら返してやらぬでもないが、その代わりに、お前の陣屋に行って、お前の手柄のしるしである頬美《うるわ》しいプリセイスを連れて行く。そうすればお前も、私とお前の地位の違いを悟ることだろう。」アキレスは激しく怒るが、このとき女神アテネが天空から舞い降りてアキレスの前に現われ、怒りを静めるように説得する。その姿はアキレスにしか見えない。彼はやむなく自分に仕えている娘（プリセイス）をアガメムノンに引き渡す。しかし怒りの収まらぬアキレスは、もうアガメムノンの指揮には従わぬ、と言い放って戦列を離れる。

軍議の場から追い払われた老祭司はアポロンの神に祈った。アガメムノン王は私めの願いをすげなく拒否されました、あなたに長くお仕えした私の願いをお聞き届けになって、わが娘を取り戻すことができますように……。祭司の願いを聞いたアポロンは怒りに燃えてオリンポスの峰を駆け下る。彼の背中で弓矢がカラカラ音を立てる。アポロンは「遠矢の神」とよばれる大弓を引く神なのである。彼はトロヤに着くと、ギリシア方の陣営めがけて次々と矢を打ち込んだ。すさまじい音と風が巻き起こった。アポロンは疫病をまき散らしたのである。こうして、同じギリシア人の運命を引き裂く戦いの火蓋は切られた。これが『イリアス』第一歌の開幕である。この物語が女性をめぐるトラブルから始まっていることは作者の設定した文学的虚構であるが、先にのべたマレーや和辻の研究などを考え合わせると、暗黒時代の戦争の一面が見えてくるようである。

有力な戦士を失ったギリシア軍の内部で、帰国か戦争継続かの論争が始まる。テルシテスという男がアガメムノンに向かって言う。あなたの陣には青銅の武器なども多いし、「我らが敵城を落とせば必ず真っ先によりすぐってあなたに献上する女たちも陣屋に溢れているではないか。」つまり、女性は財宝と同じ戦利品なのである。テルシテスはつづける。「あなたはそれだけ美女を手に入れているのに、まだ若い女が欲しいのか。アカイアの男たちを苦難にさらしてまで女に溺れているような者はもうアカイアの男ではない。アカイア女とでも呼んでやろうか。」敵との戦いにひるんで逃げ出すような男は女にひとしい恥知らずだ、というわけである。この口論も女神アテネが伝令使の姿になってオデュッセウスの傍に立ち、戦争再開に決定する。こうして、「ヘレネのゆえに我らが蒙った苦労と悲嘆の報復のためにも、トロヤ人の妻を抱くまでは帰国を急いではならぬ」というのが、軍議の結論になる（第二歌）。

ヘレネは後世「トロイのヘレン」という呼び方で広く知られている。「ヘレネのゆえに我らが蒙った苦労と悲嘆」という言葉の背景は『イリアス』には説明されていないが、他の叙事詩を通じてギリシア人にはよく知られていた話である。ヘレネは元来ゼウスの娘の一人、つまり女神出身の人間の女性という独特な性格をもっている。こういう例はほかにも少なくない。彼女はスパルタ王メネラオスの妻であったが、今はトロヤ方のパリス（アレキサンドロス）の妻になっている。そのいわれについては、第三歌でパリスが「クラナエの島で愛の契りを結んだ」とのべているが、別の伝説では、女神アフロディテ（ローマ名ヴィーナス）がその手引きをしたことになっている。トロヤのカリコロスの丘でヘラ、アテネ、アフロディテの三女神が美人争いをしたとき、パリスがアフロディテを最も美しいと判定したので、彼女は喜んで、彼がヘレネとめぐり合うように導いたのである。トロヤとギリシアの長年の戦いはこの恨みから始まっている。

第三歌はヘレネを中心に語られている。彼女は「これほどの女子のためならば、トロヤ方もアカイア勢も長い間苦難をなめるのも無理からぬことじゃ」といわれるほどの絶世の美女で、トロヤ方の人々からも尊敬されている。彼女は舅《しゅうと》に当たる老王プリアモスに対して、城の展望台から、アガメムノン以下ギリシア軍諸王の陣の配置を説明する。その中には前の夫メネラオスもいる。彼女はここでメネラオスとパリス、つまり前の夫と今の夫が一騎打ちをする光景を見るはめになる。パリスが危うくなったとき、アフロディテが助ける。そのあと、女神は老女に姿を変えてヘレネの前に現われ、帰ってきたパリスを慰めるために寝所に行くように、と言う。しかしヘレネはアフロディテに気づき、はげしい口論になる。ヘレネは言う。あなた御自身が神の身分を捨てて、あの人の世話でもなさったらいかが。私は閨《ねや》の世話などしたくない。そんなことをしたら、トロヤの女たちは皆私をけしからぬ女と言うでしょう。アフロディテは怒って、ふらちな女め。私を怒らせたらそなたを見捨て、これまでいとしんできたと同じくらい思い切り憎んでやる。両軍の間に敵意を燃えあがらせ、そなたを惨めに死なせてやる、と言う。ヘレネは夫と二人きりのときは恨み言をのべるが、人間の女になった以上運命には黙って従うしかない。

女の嘆きを主題にした話は、『イリアス』全編の中でこの第三歌しかない。あとの二十余歌はすべて合戦絵巻である。女たちの運命は戦士らの言葉のはしにちらちら見えるだけで、彼女たち自身が口を開くことはほとんどない。ただ一か所、第十九歌でアキレスとアガメムノンが和解したとき、アガメムノンの許に連れ去られたブリセイスが自分の運命を語るくだりがある。アキレスの親友パトロクロスが戦死し、その遺体が担がれて帰陣したとき、彼女は胸や頸をかきむしりながら泣き崩れる。私にはどうして次から次へとこんな不幸が続いてやってくるのだろう。父と母が私を嫁がせてくれ、夫とともに平和に暮らしていたミュネスの城をアキレスが攻撃し、夫は城の前で殺された。同じ母から生まれた大事な三人の兄弟も皆同じ運命になり、私は泣く泣くアキレスの許に連れてこられた。パトロクロスは泣いている私をいつもやさしく慰め、いずれアキレスの正妻にしてやろう、郷里の一族を集めて結婚披露宴を開いてやろう、と言ってくださった。そのあなたを今失ってしまったのです、と嘆く。彼女に合わせて他の女たちも悲しみの声をあげたが、うわべはパトロクロスのため、実はそれぞれわが身の不運を嘆いてのことであった。このブリセイスの運命は暗黒時代の女たちの運命を象徴している。

第十九歌には、アキレスとアガメムノンが和解するくだりがある。アキレスは、口論の原因になったブリセイスについて言う。あの女などはわれらがミュネスの城を落として自分のものにしたとき、船上でアルテミス（弓矢の女神）が射殺してくだされぱよかったのだ。そうすればあれほど多くのアカイア人が死ぬことはなかっただろう。近代人の感覚からみれば、これほど女性を馬鹿にした話はないが、アキレスに応じてアガメムノンは言う。自分があの女をめぐってアキレスと争ったのは、実はゼウスと運命の女神（モイラ）、それに復讐の女神エリニュスのせいなのだ。あのとき、私には「物狂い」(アテー)が打ち込まれたのだ。アガメムノンは長々と、ゼウスとアテーの女神の関係について物語る。(エリニュスやアテーのことは、思想史的および心理学的に見て重要な問題を示しているが、これについては後にふれよう。)そこでオデュッセウスが次のような提案をする。アガメムノンは全軍を前にして、自分はあの女の寝所に入ってその肌にふれたことはない、と宣言してもらいたい。こういうことは、世間では男女の自然な習いなのだが、アキレスもそれで心を和らげてほしい、と言う。アガメムノンは承知して、たくさんの供物をそろえ、プリセイスを傍においてゼウス以下の神々に向かって誓いの儀式を行なう。私は愛欲その他どんな理由であれ、娘プリセイスに指一本触れてはおりません。娘は清い身体のまま、私の陣屋におります。この誓いに偽りがあれば、神々からどんな苦難を与えられても構いません、と宣言する。軍隊の最高指揮官が兵士たちの前でこんな誓いの宣言をするのは何とも滑稽な感じがするが、これは、叙事詩の中で性についての行為の禁止が語られているきわめて珍しい場面である。前章(第1節「心理学的観点」)でちょっとふれたことだが、伝統的な古い祭りの儀礼では処女性が重要な意味をもつものとされていた。アガメムノンの誓いの言葉はそういう古い時代の考え方の残影と見ることができるかもしれない。ただしここでは、彼の誓いはアキレスに対する友情の表現であって、女性性自身のもつ価値を尊重する心はもうみられない。叙事詩が書かれた時代は実際の戦争より数百年後と思われるし、ホメロスの原作そのものも後の人たちによっていろいろ手が加えられているという。話を面白く聞かせるために手を加えたのであろうが、女性たちの扱い方は暗黒時代の歴史の一面を伝えている。

言うまでもないことだが、物語作者の意図は女性の運命を語るところにはない。『イリアス』の狙いは、戦場を舞台にして繰り広げられる勇壮な合戦絵巻を語るところにある。日本人の読者なら、平家物語か源平盛衰記か、あるいは講談師が張扇を叩いてしゃべるような名調子を連想してしまうだろう。その勇ましい光景の中に、当時のギリシア人が愛好していた英雄的人間の生き方が見えてくる。人々はそこに理想の人間像を感じていたのである。そこには、たくましい力、死を恐れない行動への勇気、仲間に対する友情などといった倫理的心情が生まれている。その中心にあるのは、名誉と恥の意識である。名誉の意識（プライド）は他者から尊敬されるところに生まれ、恥の意識は他者から軽蔑されるところに生まれる。英雄の人格を支えているのは、この名誉と恥の心理的緊張関係である。しかしながら、ここには女性の姿はまったく見えない。女性は単に美しい肉体をもつ存在として描かれるだけで、道徳や倫理の圏外におかれている。

神々のパトス

ところで、『イリアス』の世界は天上と地上の二層にハッキリ分かれている。神々は、ふだんはオリンポス山上にあるゼウスの宮殿に集まっているが、戦場を一望に収めるイダの山にゼウスの離宮があって、神々は、男神も女神もそこから戦況を眺めて戦場に飛び込んでゆく。しかし地上の戦場は人間の男ばかりである。物語全体を貫く思想は、神々は不死であり、人間は死すべき存在であるということであるが、後のギリシア悲劇のような深刻さはまだない。読んでいると……妙な言い方になるが……女神たちがいかにも「人間的」で感情のおもむくままに生き生きと描かれているのに対して、地上にいる女たちはすべて貞淑で、ただ運命に従うだけである。逆に人間界の方は男たちの激情が溢れているだけで、女の姿はどこにも見えない。

神々はギリシア方とトロヤ方に味方する二つのグループに分かれている。主な神々をあげておこう。まずゼウスであるが、彼は判断力にたけた老獪な賢者の風格をそなえている。他の神々のように、自分の意見ばかり言い立てたりはしない。内心ではトロヤ方に親近感をもっているが、口には出さない。戦争好きのけしからん人間どもにその運命を思い知らせるには、この戦争は当分続けさせておく方がよいと思っている。彼は怒ることは滅多にないが、時として烈火のごとく怒って神々を怒鳴りつけ、雷を落とすことがある。実際、ゼウスは雷電を使う神なので、戦場に雷を落として戦局をコントロールしたりするが、みずから飛び込んだりはしない。大事なときに神々を集め、意見を聞いて命令を下すだけである。ただしゼウスの弱みは女に甘いことである。両軍の戦いが烈しくなった第十四歌に、ヘラが美しく着飾ってイダ山上のゼウスの離宮に出かける場面がある。彼女は色じかけでゼウスを誘惑し、彼が眠っている間にギリシア方を有利に導こうと企らんでいる。美しいヘラを見たゼウスはころりと参って、これまで自分が子を生ませた女神や人間の女たちの名前を、ディア、ダナエ、エウロス、セメレ、レトなど次々にあげて、美しい姿を見るともうどうにも我慢ならん、などと口走る。女性性を拒否した旧約聖書の神ヤハウェとは正反対である。ヘラはゼウスの妹で幼なじみである。「白き腕《かいな》のヘラ」とよばれる。これは和歌の枕詞のようなもので、女神につけられることが多い。ヘラは正妻であるから、ゼウスに対してもツケツケと文句を言う。ゼウスは、あの女はわしの言うことは何かにつけて邪魔ばかりするが、それほどけしからんとも思わんし、腹もたたんと言う。しかし、色じかけで騙されたときには烈火のごとく怒り、いざとなればお前でも地獄の底に投げ込んで出てこれないようにできるのだぞ、と怒鳴る。そうなるとヘラも黙って引き下がるほかない。

アテネは「眼光輝くアテネ」という枕詞でよばれる。彼女はゼウスの娘であるが、母はいない。ゼウスは最初の妻メティスが自分より強い子を生むのを心配して呑みこんだところ、頭にこぶができた。これを息子の鍛冶屋の神ヘパイストスが槌で割ったとき、兜をかぶった男装のまま飛び出してきた女神なのである。男まさりで、ヘラの指図のままにどこへでも出かけ、戦場に駆け入って人間の男たちとも渡り合う。ゼウスとヘラから生まれた軍神アレスは、この妹を、無分別でいつも不埒なことばかり考えているジャジャ馬だ、父上がひとりでつくった子だからだろう、と言う。男神でギリシア方につくのは海神ポセイドン。ゼウスの弟であるが、兄が天界を支配し自分は海を支配することになったので内心不満をもっている。『オデュッセイア』で、帰国するギリシア軍の船団を散々苦しめるのは彼である。もう一人、印象にのこる男神に鍛冶神ヘパイストスが居る。彼は生まれつき足が悪いので、戦争とは関係がない。宮殿の中の工房で、いつもせっせとまじめに働いている。ゼウスとヘラの子であるが、足萎えに生まれついたせいで、母からうとまれ、そのさし金で殺されそうになった思い出がある。ゼウスの配慮で、彼がディオネに生ませたアフロディテを妻にしている。

次に、トロヤ方に味方する男神はまずアポロン。のちのギリシア本土では太陽のように明るい神になっているが、『イリアス』では蓬髪でニヒルな風貌で登場する。「遠矢の神」とよばれ、はるか遠くから矢を放って疫病をまき散らす。いつも戦場を駆け巡って、ギリシア勢に殺されそうになったトロヤ兵を助けている。次は右にあげた軍神アレス（ローマ名マルス）。ヘラの腹ながら母とはそりが合わない。美男子だが荒々しい気質。ゼウスが言うには、お前が好むのは喧嘩や戦争、争い事ばかり、強情で手に負えぬ母親の性質を受け継いでおる。わしもあの女は口だけでは抑えきれぬ、とこぼす。女神でトロヤ方に力を入れる代表はアフロディテ。ゼウスがディオネに生ませた娘である。ヘパイストスの妻になっているが、夫になど仕える気はサラサラない。事もあろうにアレスを愛人にしている。『オデュッセイア』（第八歌）に、楽人が竪琴に合わせて二神の不倫を語る場面がある。二人の関係を知ったヘパイストスは怒りにもえ、寝台に精巧な鉄の罠《わな》をしかけて家を留守にする。愛欲にふけっていたアレスとアフロディテはみごと罠に陥って身動きもならぬ有様。ヘパイストスは帰ってきて神々を集める。「ゼウスの娘アフロディテは日頃から足萎えのわしを軽んじ、乱暴者のアレスにうつつをぬかしておる。あいつが美男でわしが不具に生まれついたからだが、その責任は誰でもない、両親にある。わしのような者を生んでくれねばよかったのだ。この有様を見て、わしはつくづく情けない。皆よく見てくれ。父上の娘は美しいが、あだし心を抑えられぬふしだらな女だ。」アポロン以下、男の神々はこの様子を見にきたが、女神たちはさすがに慎み深く来なかった。

アフロディテ（ローマ名ヴィーナス）は後世長く美と恋の女神の代表になっているが、第五歌で一度だけ戦場に出ている。その姿を見かけたアテネは、ギリシア方の豪勇ディオメデスに闘志を吹き込み、アフロディテが戦いに手を出したら、神であろうと構うことはない、切りつけよ、と言う。このときアフロディテは、わが子アイネイアスが危ないのを見て、思わず飛び出していたのである。アイネイアスは、アフロディテが牛飼いアンキセスに抱かれて産んだ子である。彼女を見つけたディオメデスは戦車を走らせて、鋭い槍で白衣に包まれた女神の腕を突き刺した。神の身体にも「霊血」が流れているので、傷つくと痛いのだそうである。彼女は悲鳴をあげて、わが子を近くにいたアポロンに託して戦場から去らせる。さらにアレスをみつけてその戦車を借り、オリンポスに戻る。彼女は母のディオネに向かって、ダナオイ勢は今や神々に対してまで戦いをしかけているのです、と訴える。母は、神々が人間の手にかかって辛い目をした例は多いのだから我慢しなさい、と慰める。ゼウスは笑って、戦さなどそなたの仕事ではない、戦さはアレスとアテネがやってくれる、お前は男女の縁を取り持つ粋な役だけやっておればよい、と言う。

もう一人、トロヤ方に味方する女神にアルテミス(ローマ名ダイアナ)がいる。アポロンの姉で、弓矢の狩りを好み、野獣たちの女王になっている。戦争も終り近い第二十一歌に、神々が総出で戦い合う場面で、ヘラとアルテミスが向かい合う。ヘラは言う。恥知らずの牝犬め、私に刃向から気かい。お前はいつも弓矢を持ち歩いているが、私は少々手ごわい相手だよ。さあかかっておいでと言うなり、ヘラはアルテミスの両手首を左手でつかみ、右手で肩の弓矢を奪い取り、アルテミスが身をよじらせて逃れようともがくのを、笑いながらビシビシ打ちつづける。アルテミスは泣き出し、悲鳴をあげて逃げて行った。

このように、神々の世界では女神たちが激情にかられて争い合うのに対して、男神たちは比較的冷静である。これに対して人間の世界では、男たちが激情にかられて戦いつづけるだけで、女の姿はまったく見えない。激情にかられた女神たちの振る舞いは、抑えつけられた女たちの情念を代弁しているかのようである。

英雄神話における男性性と女性性の統合

ここで、神話時代の英雄についての具体的なイメージを調べてみよう。アキレスはその代表である。多くの描写を総合すると、彼らはまず背が高くスマートである。胸当てをはずせば濃い胸毛が目につく。肩幅が広く、腕と足はたくましく太い。ふつうは二頭の馬に引かせた戦車をあやつって走らせているが、徒歩でも長い間走りつづけるスタミナは十分にある。武器はまず投げ槍で、十メートル以上遠くからでも的をはずさず命中させる。大きな石も軽々と持ち上げて投げつける。暗黒時代にエーゲ海になだれこんだドーリス人たちは、このような男たちだったのだろう。現代風に言えば、野性とたくましさにみちみちた万能選手といったところである。容貌の方はあまり問題にされていない。ヘクトールがパリスに向かって、「お前は美男の女たらしで、戦さになると何の役にもたたん」と罵る場面がある。彼らが何よりも好むのは闘争である。それも仲間の先頭に立って、自分の勇気を示すことである。そこに自分の名誉がかけられていて、社会的名声があがるからである。敵前でしり込みするのは何よりも恥ずかしい振る舞いである。日本人の読者なら、保元・平治物語の鎮西八郎為朝か悪源太義平の荒武者ぶりを思い浮かべることだろう。彼らの本領が最もよく発揮されるのは、戦場で敵と直面したときである。緊張と不安が高まり、一気に爆発するときに、死を乗り越えるような激情が燃え上がる。そういう場面では、まわりの仲間と感情が共振することが不安を追い払う力になる。英雄はその先頭に立つ強い意志と決断力の持ち主でなくてはならない。

『イリアス』第二十四歌に、トロヤの老王プリアモスが深夜ひっそりとアキレスの陣屋を訪れ、ギリシア方に奪われた息子ヘクトールの死体を返してくれるように懇願する場面がある。アキレスは死体を凌辱するつもりでいた。このころ、神々の世界では、この件が重大な議題になっていた。アポロンは言う。アキレスの心は凶悪、憐れみの心を失っている。人間を害すること甚だしいとともに、自分に恥じるということを知らぬ。腹をみたすために家畜を襲う獅子のようなものである、と言う。ヘラが反論したが、ゼウスはアポロンの主張をよしとし、アキレスの母神テティスを呼び出し、これ以上の残虐は行なわないように説得させる。アキレスは老王の頼みには心は動かされないが、母の願いを思って死体引き渡しを承知する。ここには、次の時代の倫理観への萌芽が暗示されている。母性の中に潜む愛の心は、他者の苦悩に対する思いやりにまで成長してゆく。

英雄とは、神話時代から歴史時代への移行期を象徴する人間像である。発達心理学の観点から見れば、それは青年時代に母親の愛情から自立する時期を象徴している。そのとき彼の心が若い女性へと向かうのは、人間の本性として自然なことである。そこには植物や動物の生命の成長と同じ原理がはたらいている。しかしながらそこには、人間にだけそなわっている自我意識に根ざす欲望と本能も存在している。『イリアス』の男たちは、そういう英雄がたどる精神の悲劇への道を示している。この場合、ギリシア神話と他の文明圏の神話にはどのような違いが見出されるであろうか。

神話学者フロベニウスは、英雄伝説には次の三つの要素があると言う。第一は「夜の海の航海」night sea journey である。これは、危険な場所に飛び込む「勇気」を意味する。夜の海でなくても、原始林、迷宮、戦場でも同じである。第二は「竜との戦い」dragon fight で、怪物と戦ってこれを倒すことである。アテナイ建国の英雄とされるテセウスがクレタ島の迷宮の奥に入って半獣半人のミノタウロスを倒したとか、ペルセウスが無数の蛇から成る長い髪の女神メデュサを退治した、というような話である。これは英雄がそなえている強い「力」を象徴している。わが日本のスサノオの神のヤマタノオロチ（八頭八尾の大蛇）退治はその代表的な例である。そして第三の要素は「隠れた秘宝」hidden treasure である。スサノオの神は退治した大蛇の腹中から神剣（クサナギの剣）を発見した。ペルセウスは空を飛ぶことのできるサンダルをもっている。つまり秘宝は英雄の「資格」を象徴しているのである。心理学的観点からみて注目されるのは、第二の「竜」つまり怪獣のイメージである。これは無意識に潜む力、ユングの言う「影」shadow の元型を意味する。密林や洞窟の暗黒に入ったときに感じるような不安感が「影」である。不安感は自分の中から湧き出しているのであるが、それを外部に投影すると、現実には存在しない怪獣のイメージが生まれてくるのである。神話に動物的イメージが多いのは原始時代の自然環境のせいであるが、心理学の観点から言えば、怪獣とは英雄自身の内部に潜在している無意識の力(恐怖心)を意味する。英雄の自我意識はそれを振り切るときに自立を達成するのである。

英雄が危機を乗り越えて獲得する「秘宝」は若く美しい女性である。それは成長した青年の自立した意識が求める本能の自然である。そこに愛の心が生まれ、男性性と女性性を結びつける。ミノタウロスの迷宮に入るとき、テセウスはミノス王の娘アリアドネの愛を得て、彼女が授けた糸巻きの毬をほぐして迷宮に入り込み、無事に帰ってくることができた。ペルセウスは、メデュサを退治したあと、孤島に居たアンドロメダを救い出して帰国する。スサノオは大蛇に人身御供にされる筈であったクシナダヒメを新妻にして、スガに王宮をつくる。男性性を象徴する英雄の力は、女性性の象徴である愛によって補償されるときに完成する。これが神話の世界における男性性と女性性の統合の基本的パターンである。

太古の母神

英雄神話にみられる心理学的問題を『イリアス』の世界に適用してみると、どういうことになるだろうか。まず、戦場で相対する相互の英雄は、相手の中に怪獣を見ている。自分の内部にある恐怖感を投影して相手を見ている。だから、何としても相手を倒さなければならない。つまり、彼の意識は「影」の力に支配されているのである。ではもうひとつの美女の問題はどうであろうか。『イリアス』の世界には美しい女神たちも人間の美女も登場するものの、女神たちは人間の手の届かない高みに住んでいる。そして地上の女たちは、戦利品として男に奉仕させられるだけである。このような状況は、幸福なカップルをイメージさせる神話的物語の通例のパターンとは非常に違っている。ギリシア神話も、個々の伝承をとれば、愛の完成による男性性と女性性の調和という形が見えないわけではないが、ホメロスの叙事詩の世界は他の文明圏の場合とは異質である。男性と女性の間には、基本的に対立と憎しみが支配している。女性の神々はほとんど常に、激情、憎悪、復讐、物狂い、恐怖、などといった否定的感情を示している。黄金時代に入ったギリシア悲劇の基調も同じパターンである。全体としてギリシア神話の世界がこのような性格を帯びている背景には、ポリス形成の長い歴史が反映しているようである。

神話学者の研究によれば、英雄に退治される怪物は、実は、より古い太古の母神が変貌した姿である。蛇の蓬髪をもつメデュサは女神であり、大蛇ヤマタノオロチは太古の水神であった。クシナダヒメの原型は、この水神に仕える巫女であったと考えられている。言いかえれば、「影」の領域の奥には太古の母神が隠れているのである。神話の心理学の用語で言えば、これはノイマンのいう「太母」Great Mother である。[4] 太母はグッド・マザーとバッド・マザー、つまり光と影がまだ分かれていない混沌の力である。英雄は自分を呑みこもうとする母性の拘束力から独立しなければならない。そのとき、太母は「影」の力を象徴する怪獣に変貌する。そこに、自我意識が無意識の拘束力から独立してゆく過程が表現されている。

アキレスの母神テティスは『イリアス』の開巻（第一歌）に、心やさしく美しい女神として現われている。彼女はアキレスの父ペレウスの妻であるが、ふだんは深い海底にある宮殿で老父（海の翁）に仕え、大勢の侍女たちと暮らしている。海底は無意識の深みを象徴している。アガメムノンと口論したあと、アキレスは海岸で海を眺めながら母に祈り、自分の名誉が傷つけられ、恥かしめられたことを訴える。テティスはその祈りに答えて現われ、わが子の訴えを聞くと、長くは生きられぬそなたのためにオリンポスまで行ってあげよう、と言う。ゼウスの許を訪れた彼女はその前に座り込み、左手で彼の膝を抑え、右手はその顎ひげにふれながら、どうか息子の面目が立つように、名誉回復ができるまで戦さを長引かせ、トロヤ方に力を貸してほしい、と膝にすがった手を離さない。ゼウスはヘラの反対を口にして、これは困ったなと言うが、頼みはわかった、そなたが得心するようにしようと言う。その後の神々の会議はヘラの意見でもめるが、足萎えのヘパイストスの取り持ちで、結論が出ないまま笑いの中で終わる。ヘパイストスは実は、幼児のころヘラのさし金で天から突き落とされたとき、テティスに救われ、彼女と海の王オケアノスの娘に育てられ、九年間細工物の仕事を教わった恩義を感じているのである（第十八歌）。

伝承によると、テティスは元来ゼウスと海神ポセイドンが妻にと望んだ女神であるが、神々の会議で、アキレスの父であるペラスギコン王ペレウスの妻となるように定められた。第十八歌には、彼女がヘパイストスの工房を訪れ、アキレス最後の出陣のための鎧や盾の製作を依頼する話がある。そのとき彼女は、自分の身の上話をする。ゼウスは海の娘たちの中から私を選び、ペレウスなる人間の男に従わせ、私はその男の閨《ねや》に耐えたのですが、それがどれだけ私には不本意だったことか。でもゼウスはすぐれた息子を産むことを許されました。あの子はもう二度と故郷の夫の屋敷には帰れないでしょう。ヘパイストスはその母の心を汲んで、盾にアキレスの故郷のさまざまの風景を彫刻したのである。

恥の感覚の根底

叙事詩の母神はこのように、ひたすらわが子を思う母性を表現している。そこに見られるのは本能的愛であって、行為の善悪についての知的判断はない。母神テティスは太母の光の半面、グッド・マザーを象徴している。彼女の愛の心は足萎えの幼児ヘパイストスに及び、またヘクトールの死体を引き取りたいという老王プリアモスの願いを聞き届けるようアキレスを説得する（第二十四歌）。母性に内在する本能的愛はわが子以外の他者への哀れみにまで成長する可能性を蔵しているのである。

母神は英雄にとっての泣きどころでもある。英雄に象徴される自我の「意識」は、それが生まれてきた母胎である「無意識」の本能的領域からまだ分離してはいない。ゼウスがギリシア方に勝利を与える最後の決定を下すくだりは第十七歌に出てくる。アキレスの親友パトロクロスがアキレスの武具を身につけて戦っているのを、ヘクトールがみつけて倒す。彼はその武具を剝ぎ取って身につける。これを見たゼウスは、哀れな男よ、目前に迫った死を思う心もない、豪勇ながら心優しい男（パトロクロス）を討ち取り、おのれの分際も弁えず、その武具を剝ぎ取った、と言う。つづく第十八歌で、パトロクロスの戦死を知らされたアキレスは、頭髪をかきむしってその場に倒れる。彼がパトロクロスとともに戦利品として得た女たちが集まってきて、不安にかられて大声をあげる。アキレスの激しい嘆きを海底洞窟の宮殿で聞いたテティスは悲しみにむせび、まわりには大勢のニンフたちが集まってきていっぱいになった。事の次第を語った女神はニンフたちを従えて急ぎトロヤにおもむき、号泣するアキレスの傍らに立つ。母を見たアキレスは言う。あの武具は神々が母上を人間の男の寝所に押しこめてしまわれたとき、父ペレウスに賜った引き出物でした。母上があのまま海の女神たちと暮らしておられたら、どんなによかったことか。でも今となっては母上も、息子を失って悲しむほかありますまい。テティスは、そなたがその覚悟なら辛いけれども言いましょう。そなたはそう長くは生きられまい。ヘクトールに続いてすぐ、そなたにも死ぬ運命が待っています。母神はそのあとヘパイストスの工房を訪れて、わが子の最後の出陣のために新しい武具を注文したのである。

英雄の運命はトロヤ方も変わるところはない。アキレスに対抗するのはヘクトールである。第十六歌で、ヘクトールがパトロクロスと対決する場面で彼は言う。おぬしは我らの城を攻め落として女たちから自由を奪い、船に乗せておぬしの国に連れてゆくつもりに違いない。私が女たちの悲運の日々を防いでやっているのだ。パトロクロスは、おぬしはアキレスの手にかかって死ぬ運命だ、と答える。パトロクロスは殺され、その死体を奪い返したギリシア兵がアキレスの陣屋に担ぎ込む第十八歌へと話がつづくのである。

第二十二歌はヘクトールの死が主題になっている。トロヤ方の最後が迫ってきたのを悟った彼は、妻のアンドロマケと別れを惜しんだあと、アキレスとの一騎打ちを決意して、ただひとりで城を出ようとする。父の老王プリアモスは城門に立つわが子を見て、城内に戻れと言う。今に私の息子たちは殺され、息子夫婦の寝所は荒らされ、幼児は叩きつけられ、息子の嫁たちはアカイア勢に捕らわれてゆくだろう。母のヘカベーは泣きながら胸をはだけ、乳房を示して、私は昔この乳房をお前にあてがったのだよ、これをおろそかに思わず、母を哀れんでおくれ。城内にとどまって敵を防いでおくれと言う。しかしヘクトールは、アキレスと一騎打ちして彼を討ち取るか、彼の手にかかって華々しく果てる方がよいと言い残して出て行く。今、私の最後の時が来た。せめて見苦しくなく、後の世の語り草になる働きをして死のう。アキレスの槍を受けて倒れたとき、ヘクトールは言う。どうか私の身体を野犬どもに食わせるのだけはやめてくれ。父母が多額の金を支払うだろう。遺骸はトロヤ人やその妻たちが火葬にするように返してもらいたい。アキレスは、恥知らずの哀願はやめろと叫んでとどめを刺し、その遺体の両足を戦車にくくりつけて走らせ、泥まみれの無残な姿にする。神々の会議でアポロンが、アキレスの行為は凶悪、人間の分際をこえている、と主張したのはこのことである。

神話学者ケレニーは、ヘクトールの母ヘカベーが息子の前で胸をはだける場面に注目している。彼の言う意味を理解するにはギリシア語を少し知る必要がある。「恥」はアイドースという。「名誉」はティメー。ヘカベーは乳房を示しながら言う。「これに恥かしさ（アイドース）を感じておくれ。そしてお前に乳を飲ませた私を哀れと思ってください。愛する子よ。これ（母の乳房）を思い出しておくれ。」ケレニーはこのしぐさの意味について次のように解釈している。(5) ヘクトールはここで、母の乳房が象徴するすべてのものと向かい合っている。王妃が胸をはだけることは、その身分にともなう名誉と誇りを捨てる恥ずかしい振る舞いである。その羞恥に耐えるところに、彼女の偽りのない生き方がある。そのとき、社会的地位、身分、礼儀など、つまり倫理に支えられた秩序を越えた世界の位相が現われてくる。それが太古の母性的秩序である。

それは男性的な名誉と恥の秩序から隠されている心の世界の奥の次元である。ホメロスの世界では、アイドース（恥かしさ）は「性器」（アイドイア）を連想させる言葉である。アイドイアは複数形であるが、ふつう女性の陰部を意味する。乳房はそれを暗示しているのである。裸の自分の姿を衆人の眼にさらすことは、女にとっても男にとっても羞恥以外のものではないだろう。ただ、男は即物的裸体の上に社会的間柄におけるペルソナ（役割）を着ている。男も女も、人間としての名誉（プライド）と恥の緊張関係の上に立っている心理は共通しているが、女性においては、それが即物的裸体とつよく結びついた形で現われてくるのである。

「影」の奥なる秩序

ケレニーは、この太古の母神の世界をテミスの秩序とよんでいる。ホメロスでは、テミスは神々を会議に招集し、司会役を勤める女神である。ゼウスが最後の会議を開くとき、テミスが指令を発している。歴史心理学の視点からコメントすると、テミスは暗黒時代に滅ぼされた先住民の信仰の名残りを象徴する女神である。ヘラの原形がミケーネ文明時代の母神だったことは初めにもふれたが、ヘラ崇拝はアルゴスのヘラ神殿から始まり、ティリュンスやミケーネで祭られていた。彼女は第四歌で、アルゴス、スパルタ、ミケーネを「私の愛する町」とよび、私の聖所は破壊されて今はない、と語っている。ミケーネ文明はエジプトの古高文明の影響を受けて栄えたクレタのミノス文明の影響を受けて生まれた文明である。その盛時は暗黒時代（紀元前十三世紀）以前と考えられる。ヘラのほかにも、アルテミスの原形は小アジアのエペソスから発する古い地母神である。アルテミスの古いイメージは、多くの乳房をもつ多産で子を育てる姿で示されている。またアフロディテの名前はギリシア起源ではないと言われていて、エーゲ海の島々とゆかりの深い母神だった可能性が強い。これらの母神たちの世界がノイマンのいう太母《グレート・マザー》の世界である。そこには、知的意識による善と悪の区別はまだない。それは、日本の邪馬台国の女王ヒミコや太陽女神アマテラスが支配していたような原始的母権制の時代心理を示している。

戦争は太古の平和を破壊したが、その過程で女神たちの姿は変貌した。心やさしい母神から激情にかられて争う愛憎の女神に変わったのである。そのとき女性性は復讐と狂乱を象徴するイメージを帯びて現われてくる。ここで思い出されるのは、アガメムノンとアキレスが和解した第十九歌で、アガメムノンが皆に向かって語っている言葉である。あのとき（第一歌で二人が対決した場面）、諸君はわしがアキレスの女を奪ったことを責めたが、その責任はわしにはないのだ。それはゼウスと運命の女神モイラ、闇を行くエリニュスの女神にある。その方々があの集会の場で、私の胸にアテー（物狂い）を吹き込んだのだ。アテーはゼウスの姫ではあるが、いかなる者をも惑わす恐ろしい女神なのだ。アガメムノンはアテーがゼウスを騙したいきさつを長々と語り、怒ったゼウスがその髪をつかんで振り回し、二度とオリンポスには来ないと誓わせて空に投げ飛ばした話をする。わしはヘクトールが荒れ狂っているのを見て、いつもアテーのことを思い出していた。近代人の感受性から言えば、自分の怒りを神々の責任にするのは言い逃れである。現代風に言えば、つまらぬことでカッとなった、このごろの少年たちが言う「キレル」心理かもしれない。ただ神話学の観点から見て注目されるのは、ここに出てくる激情にかられる神々が（ゼウスを別にすれば）すべて女神であるということである。神話研究によると、エリニュスは元来血族内部の犯罪や不正を追求する神であった。叙事詩から悲劇の時代になると、それが復讐の女神に変貌してくるのである。アテーは物狂い、乱心といった、とりつかれたような狂乱状態を意味する言葉である。心理学観点からみると、これらに一貫して見てとれるのは、無意識から突き上げてくる激情が意識の判断を狂わせる状態である。その奥にある歴史心理学的過程を考えると、本能的感情が命じるままにそれなりに平和な心の秩序が保たれていたグレート・マザーの世界、善悪未分の血のつながりに生きていた太古の世界をかいまみることができる。

『イリアス』についての考察をひとまずまとめておこう。心理学的観点から見ると、ここに現われているのは本能的情念の世界であって、知性はまだわずかしか生まれていない。神々と人間を分けると、女神は本能的で激情のおもむくままに振る舞っている。男神はやや落ち着いているものの、争いを好むことは同じである。これに対して人間の方は逆で、男は本能と激情のままに行動しているのに対して、女は運命に耐えているだけである。冷静な知性がみられるのはゼウスだけであるが、彼も時として怒り狂う上に、女を好むこと人一倍（いや神一倍？）である。思想史の観点から見る場合、われわれはこの女性の運命の残酷さに注目する必要があるだろう。叙事詩が描いているのは、歴史時代から回顧して描写した神話的世界であって、本来の意味の神話物語ではない。神話と歴史がミックスしたような世界である。このような性質の物語は他文明圏の古代にはちょっとみられないもので、ここに古代ギリシア思想史の問題点があると思われる。

和辻哲郎はこの点について、先にふれたギルバート・マレーの説を紹介した後に次のようにのべている。暗黒時代に北方から侵入した人たちには、もう昔からの部族の神もなければ義務もない。男は自分の種族の女を妻とするのではなく、言葉も信仰も異なり、しかもその夫や両親を自分が殺した女、自分を夫の仇、親の仇として復讐するかもしれない女を妻とする。したがってそこには、原始的信仰に従った古い自然な人間的結びつきに基づいた家族生活はない。彼らは祖先の歴史から断絶した世界で、敵の墓、敵の祖先の霊に取り巻かれて生きる。それはまさしく不安にみちみちた生活である。この不安から逃れて落ち着くために彼らがつくり出したのがポリスである。ポリスの中心になるアクロポリス（丘の上の城）は、冒険者たちが、共同の敵から自分たちを守るためにつくったものである。これは周囲の生きた敵からの攻撃を防ぐ要塞である。しかし彼らにとって一層重大なのは、ポリスが敵の死者たちの霊力に対して自分たちを守ってくれるということである。敵の祖先霊は名前もわからず、祭ることもできず、害を与えるだけである。したがってポリスには必ずその守護神が必要なのである。アクロポリスは守護神を祭る神殿がおかれた聖域である。いわれはどのようであれ、新しい環境の中で彼らを守り、精神的に結びつけるのはポリスの守護神だったのである。先にのべたように、ポリスは軍事的共同体という性格をもっていたのであるが、その心理的基盤には祭祀によって神と結びつけられた信仰共同体という性格があったことがわかるのである。和辻の右の意見は、近代人が見逃しがちな古代人の「精神世界」の問題点をよく指摘している。(6)

ゼウス宗教の本質

ギリシア学者ドッズの弟子ロイド－ジョーンズは、神の観念と人間の行為という観点から叙事詩に現われた初期ギリシア宗教の特徴を次の三点にまとめている。(7)第一に、それは一神教と多神教の中間形態を示している。ゼウスは他の神々を認めているものの、彼らに対して絶対の優位を占めている。第二に、それは人間中心の宗教ではない。人間は脇役の神がつくり出したものにすぎないので、宇宙の中では取るに足りない地位しか占めていないし、神々もそれほど人間に注意を払っているわけではない。第三に、神々は世界に対して超越的ではなくて内在的である。神々は自然の運行に対して外部から干渉することはなく、人間以外ものについては自然の過程を通じて、また人間の魂に対しては情動を通じて支配する。では人間の側から見ればどうか。ゼウスの正義は、人間が神々に対してそれぞれふさわしい尊敬を払うことを要求するが、人間は必ずしもあらゆる神々に等しく礼をつくすことはできない。一方の神だけを敬う人間は、もう一方の神からの危険を免れない。また特定の欲望が誤りであるかどうかを決めることは、人間にとってしばしば困難なことである。多くの人々は人生の経験を通じてこのことを感じ取るのだが、一神教の神はそういうことには耳をかさない。複数の神々を信仰することが理にかなっているかどうかは別にして、この信仰は実生活でいくつかの利点がある。たとえば、心理学の用語を使えば、強烈な感情の過度の抑圧がもたらす危険を最小限にとどめる効果がある。この最後の指摘は、アガメムノンをとらえたアテー（物狂い）の問題などを指しているようである。

筆者としては、ロイド－ジョーンズが指摘している第二の点が、ギリシア宗教の本質を最もよくとらえているのではないかと思う。この信仰の基本的性格は、要するに、人間のための宗教ではなくて神々のための宗教であるということである。叙事詩が強調しているのは、人間は「死すべき存在」であるのに対して神々は永遠な存在であるということである。したがって人間に要求される基本的な心構えは、人間としての分際を知ることである。倫理と信仰はここから出発することになる。デルポイのアポロン神殿の入口には「汝自身を知れ《グノーティ・サウトン》」という言葉が掲げられていたが、前七世紀の七賢人の時代、この言葉は「人間の分際を知れ」という意味に解する意見が多かったらしい。

宗教が神々のためのものであって人間のためにあるものではないとすれば、人間はどうすればよいのか。それには、人間として生きてゆくための正しい倫理を求めて、自分自身の行動と心の内面について反省してゆくほかはない。神の導きは、それを通じて現われてくるであろう。倫理から信仰へ——これがホメロスのもう一つの叙事詩『オデュッセイア』の基本的主題である。

2　人格の形成史

女神の怒り

さて、ホメロスのもう一つの叙事詩『オデュッセイア』について検討してみることにしよう。ここには『イリアス』とは全く異質な世界が展開されている。研究者の間では、この作品の最終の形が出来上がったのは前七世紀ごろだっただろうと言われている。『イリアス』より少なくとも百年以上たった時期の社会心理状況を反映しているのではないかと思われる。トロヤ戦争のことは、楽人が語る昔物語として語られるだけである。物語は、オデュッセウスの漂流譚と息子のテレマコスが父の消息を尋ねて各地をめぐる話の二本立てで進行する。最初に、神々の会議で女神アテネがオデュッセウスの救出を建議し、ゼウスの承認を得てイタケの島にテレマコスを訪ねるところから物語は始まる。彼女は他国の王やオデュッセウスの親友などに姿を変えて現われ、テレマコスを励ます。立ち去るときは鷹に変身して飛び去る描写が多い。『イリアス』に登場する勇ましい女戦士とは打って変わって、聡明な導きの神に変貌している。

アテネがオデュッセウス父子の導き手として登場する理由は、帰国した人々の口から語られている。ギリシア軍の長老で最も早く帰国したピュロス王ネストルは、テレマコスに対して、多くの者どもは「猛き父神より生まれた眼光輝く姫神（アテネ）の怒りによって無残な最期をとげた」と言っている。ネストルは言う。ギリシア軍も思慮深く正義を尊ぶ者ばかりではなかった。わが軍の半ばは船を海に下ろし、「財宝ならびに深く帯締めた女ども（捕虜にした異国の女たち）を積み込んで船出したが、多くは散り散りになって海に沈んだ」（第三歌）。ネストルは、総大将アガメムノンが帰国後殺されたことは聞いているが、オデュッセウスの消息は聞いていないので、スパルタ王メネラオスに聞けば何かわかるだろうと言う。メネラオスはかのヘレネの夫で、ヘレネも夫とともに無事帰国している。テレマコスはスパルタに行き、二人から話を聞く。ヘレネは、トロヤ落城の折ギリシア軍の兵士が大きな木馬の中に隠れ、それが城内に曳きこまれたあとで飛び出した乱戦の模様を語る。オデュッセウスはその一人であった。メネラオスは、帰国の難船のとき、われわれは海の翁プロテウスの娘エイドティエに救われた、と語る。エイドティエは、父の翁はあざらしであるとのべ、その捕らえ方を教えてくれた。メネラオスはプロテウスを捕らえて仲間の消息を聞いた。総大将アガメムノンは実はメネラオスの兄であった。彼はプロテウスから、兄が帰国後その妻クリュタイムネストラに殺されたと聞いて泣いた。ここでは、メネラオスが女神（エイドティエ）の導きで命を助けられていることに注意しておこう。つづいて第五歌で、女神アテネは、仙女カリュプソの許に留められているオデュッセウスを救うことをゼウスに提案し、ゼウスはヘルメイアスの神を派遣する。ヘルメイアスはカリュプソに向かって、「彼らは帰国の途次、アテネに対して罪を犯し、女神は彼らに烈しい風と大波を起こし、その折かの男（オデュッセウス）の優れた部下たちは悉く命を落とした」と言う。

トロヤとの戦いの間、ギリシア方に味方して奮戦していたアテネが一転してギリシア全軍に災いを与えた理由は、トロヤ落城のときのある事件にある。ギリシア兵が城壁を突破してトロヤの都に乱入し、町は混乱に陥った。このとき、小アイアスが老王プリアモスの最愛の娘カッサンドラを見つけて追いかけ、彼女がアテネを祭った神殿に逃げ込んだのを犯したのである。その様子を見た女神は激怒し、一転して帰国するギリシア軍に呪いをかけるに至ったのである。（このくだりは『イリアス』にも『オデュッセイア』にも見えず、『イリオス落城』という別の叙事詩に語られている。）『オデュッセイア』第八歌では、楽人が、木馬から躍り出た兵士が町を破壊して廻る様子を歌っている。「己が町、己が子らを無残な敗北に会わすまいと、祖国と同胞の見守る中で戦って討死《うちじに》した夫にすがり、泣き伏す妻の姿、断末魔の苦しみに喘ぐ夫の姿を見るや、その傍らに崩折れてよよと泣く。それを敵兵たちが背後から槍で背と肩とを打ちつつ、苦役と悲嘆の待つ隷従の日々へと曳いて行き、女の頬は世にも哀れな悲嘆のうちに青ざめる。」このくだりは、オデュッセウスがパイエスケ人の国で聞くという設定になっているが、聞いている間、彼は自分が参加した殺戮の模様を思い出して涙を流しつづける。古代の音楽や歌の調べは想像しかねるが、琵琶法師が語る平家物語の哀調を帯びた語りのようなものであろうか。ギリシアの市民たちがこれを聞けば、女性たちの哀れな運命に同情する感情が起こったであろう。そこに道徳意識が成長してきた時代状況をうかがうことができる。

小アイアスがカッサンドラを犯したとき、オデュッセウスはただひとり石打ちの刑（死刑）に処することを提案したが、きかれなかった。女神アテネが彼を導くのはそのためである。カッサンドラは、少女のころアポロンの神を深く信仰し、予言の能力を与えられたが、その愛を受け入れなかったため、アポロンは彼女の予言を誰も信じないようにした。彼女は早くからトロヤに危機がやってくると予言していたが、誰もそれを信じなかったのである。落城のとき父のプリアモスと母のヘカベーは殺され、彼女はアガメムノンの所有となるが、やがて彼が帰国した祝宴の席で殺される運命をたどる。彼女は叙事詩の時代から悲劇の時代に変わる時期を象徴するような女性である。その運命の意味については後に考えることにしよう。

第九歌でオデュッセウスが語っているところによると、彼は、トロヤ落城後ヘレスポント（ダーダネルス海峡）を渡ってキコネス族の町を攻め落とし、男たちは殺し、女たちや財宝を略奪して、不公平がないように戦友たちに分配した。しかしキコネス族の援軍が来て多くの兵が死に、彼は辛くも脱出したが、次々に漂流の旅を続けることになった。その点、戦争と女性略奪に関してはオデュッセウスも変わりはないわけだが、彼がアテネの保護を得た理由はどこにあるのか。それは彼の家庭環境をみればわかる。第一歌に、テレマコスに仕えているエウリュクレイアという老女が出てくる。彼女はまだうら若い少女のころ、オデュッセウスの父ラエルテスが牛二十頭の代価を支払って買った女で、「屋敷の中では彼の貞淑な妻と同様に大切に扱っていたが、妻の怒りをはばかって、その肌にふれることはなかった」とある。イタケのオデュッセウスの館には、妻のペネロペイアが夫の帰りを待っている。イタケの有力者たちは、オデュッセウスはもう死んでいると言って彼女に求婚し、その屋敷でわがもの顔に振る舞っている。彼女の心はゆれ動きながらも、年老いた舅ラエルテスのために織っている衣装を仕上げるまでは、と返答を保留し、昼間は機を織り、夜はそれをほどいていたが、やがてそれを見破られて窮地におちいる。物語作者はオデュッセウス夫婦の愛と信頼関係を強調している。

闇を迷う魂

第十歌で、オデュッセウスはライストリュゴネス族の国に着き、多くの部下を失った後、秘薬を使う魔女キルケから冥界の女王ペルセポネイア（ペルセポネ）の許に行く運命を告げられた。彼はテーバイの盲目の予言者テイレシアスの霊に出会って行く先を聞く。オデュッセウスは死んだ母の霊に会い、そなたの妻は堅忍の心で屋敷にとどまっています、と告げられる（第十一歌）。彼はさらに、オイディプス王の母であり妻であったエピカステ（ソフォクレスの『オイディプス王』に出てくるイオカステ）の霊とも出会う。彼女は近親相姦の罪を犯した苦しみのあまり、梁に綱を結んで縊死した。息子たちが王位を争って殺し合うのは彼女の怨霊のためなのである。これは悲劇作者が好んだテーバイ王家の悲劇の歴史の始まりであるが、叙事詩の時代既によく知られていたことがわかる。次いでトロヤ戦争の際のギリシア方の総大将アガメムノンの亡霊が、悲しみに沈んだ姿で泣きながら現われる。アガメムノンの留守中、妻のクリュタイムネストラは夫の従弟に当たるアイギストスと通じていた。アガメムノンは、帰国を祝う宴席にカッサンドラをともなって現われたが、そこで殺された。「広間の中で混酒器と料理を盛った食卓のまわりにわれらは倒れ伏して、床一面は血の海であった。この時わしは世にも痛ましい叫び声を聞いた。奸智のクリュタイムネストラめがわしの傍で殺したプリアモスの娘カッサンドラの声だ。わしは剣で身を貫かれ、瀕死の状態であったが、両手を持ち上げて大地を打とうとした。（復讐を誓う心という。）だが恥知らずの売女《ばいた》めは、わしの瞼を閉じようともせず、口を塞ごうともしなかった。されば、かかる行為を思いつく女よりも破廉恥なことは他にはない。……わしは子らや家族らに喜び迎えられて帰国できるとばかり思っていたが、世にも邪悪な心根の女は、己れのみならず世のすべての女たちに、操正しい女に対してまでも汚辱を振りかけたのだ。」クリュタイムネストラの夫殺しはペネロペイアの貞淑と対比されている。

第二十一歌で、オデュッセウスは妻への求婚者たちを悉く殺す。「わしの屋敷を散々に荒らし、召使いの女たちに共寝を強い、わしが生きているのに、こそこそと妻に言い寄ったではないか。まことに広き天空を治め給う神々を恐れぬばかりか、後々に受くべき世の人々の非難をも憚らぬ所行じゃ。今は貴様らすべてに破滅の綱が結びつけられているのだ。」しかしながら、話はこれで終りというわけにはゆかない。最後の第二十四歌は、死の国への道案内（プシコーポンポス）の神ヘルメスが、殺された求婚者たちの霊を呼び出して、トロヤ戦争全体の結末を知らせる。始めはまずアキレスの死である。アキレスはトロヤ落城のとき、遠矢の神アポロンの助けを受けたパリス（ヘレネの夫）に殺された。アガメムノンの霊はアキレスの霊に向かって語る。「そなたの母御（テティス）は知らせを聞くと、ニンフたちを従えて海中から現われた。このとき、名状し難い叫び声が海原にひびきわたり、アカイア全軍は身震いにとりつかれた。今は、お前の骨は親友パトロクロスの骨と一緒にして、今の世のみか後世まで、海上はるかから眺められるように、岬の上に建てられている。」アキレスは自分の息子が活躍したというアガメムノンの話を聞いて喜ぶ。

アガメムノンの霊はさらに、殺された求婚者たちの霊が事の次第を語るのを聞いて、そこにいないオデュッセウスに向かって言う。「そなたは幸せな男であった。実にみごとな婦徳をそなえた妻をもったのだからな。……何と誠実に、嫁いだオデュッセウスのことを忘れずにおったことか。されぱその貞節の誉れは決して滅びることなく、神々は貞女ペネロペイアを讃える美しい歌を、広く世の人々のために作ってくださることであろう。それにひきかえ、テュンダレオスの娘（クリュタイムネストラ）は善からぬことをたくらみ、連れ添う夫を殺した悪女として、忌まわしい歌が世間に広まり、操正しい女たちにまで汚名をあびせることになるであろう。」

最後に、オデュッセウスに殺された求婚者たちはどうなるのか。このころオデュッセウスは老父ラエルテウスと二十年ぶりに再会した喜びにひたっていた。しかし最初に殺された男の父親は泣いて言った。「われらは今後いつまでも世間に顔向けできぬだろう。わが子わが兄弟を殺した男たちに復讐せねば恥、後の世の人に聞かれても恥ずかしい。」道徳的善悪は明らかになったが、殺された魂の恨み悲しみは消えない。それは、死すべき存在としての人間の世界とそれを越えた神々と霊の世界の関係の問題になる。ここから次のギリシア悲劇の世界が生まれてくるのである。

物語の結末で、女神アテネは老父ラエルテウスに力を吹き込み、オデュッセウスと孫のテレマコスとともに槍投げ競技を催させる。双方の戦いがクライマックスになったとき、アテネは「イタケ人よ。今は悲惨な戦いをやめ、即刻引き分けて流血の惨事をさけよ」と呼びかける。このときゼウスは、光輝く雷電をアテネの足下に落とした。「今は手を引き、仮借なき戦いの争いをやめよ。さもなくば、クロノスの御子、はるかに雷を轟かすゼウスのお怒りを買うやもしれぬぞ。」こうして、争う両者にはいつまでも守るべき固い誓いが交わされた。『オデュッセイア』はここで終わっている。暗黒時代の戦争が遠い歴史の思い出となった時代の心理がそこに影を落としている。

英雄は女性に苦しめられる

倫理的観点から見ると、ここでは、夫婦の愛情を基礎にした理想的な答えが出されている。しかしながら心理学の観点からみると、これで結論が出たというわけにはゆかない。ここには、愛情なき欲望の対象として無残な死に追いやられた女性たちの運命の意味、つまり女性性のゆくえについてどのように考えたらよいのかという問題がある。

アリストテレスは『詩学』第二十四章で「『イリアス』は単一な構成であって、苦難（パテーティコン）を扱い、『オデュッセイア』は複合的な構成であって、性格（エーティコン）を扱っている」と言っている。『イリアス』の主題は戦争全体であるから、その意味で単一な構成をとっている。これに対して『オデュッセイア』の物語進行は、オデュッセウスの漂流譚とテレマコスやペネロペイアを中心とする家族愛の物語を組み合わせた形になっている。これを複合的と言っているのである。ここで、パテーティコンとエーティコンという言葉の意味する内容について考える必要がある。[8] パテーティコンはパトス pathos という言葉から来ている。パトスとはもともと、苦しみ、不幸、処罰などを「受け取る状態」を意味する言葉である。ヘレニズム時代のストア哲学になると、パトスは怒り、不安、恐怖、驚きなどといった強い感情を意味するようになる。後世の理解ではこの意味が一般的になるが、アリストテレスではまだ「苦難を受ける」という意味に重点をおいている。『イリアス』を、人間の受けるべき苦難の運命を語った物語だと解釈しているわけである。そこで近代の研究者は、この言葉を fatal（運命的）とか pathetic（悲哀を催す、痛ましい、感動的）と訳している。アキレスに代表されるような英雄たちの行動を、激情のままに死の運命へと導かれてゆく人生としてとらえているのである。

これに対して『オデュッセイア』の基本的主題はエーティコンを扱っている。この言葉はどういう意味をもっているのだろうか。この言葉の語源であるエートス ethos は、元来、住み慣れた場所、慣習、あるいは性格、気質といったことを意味する。

古代ギリシアでは、音楽が人の心にはたらきかけて情操や高い徳性を育てるという考え方があって、「音楽のエートス」という言葉が広く用いられていたため、エートスには、倫理的な情操教育の意味がこめられるようになった。そこで近代の研究者はふつうエーティコンを ethical（倫理的）あるいは moral（道徳的）と訳している。要するにエートスは、元来社会の慣習とかしきたりというくらいの意味であったのだが、それが個々人の気質や性格について用いられるようになり、教育や人生経験を通じてつくりあげられる人格の徳性という意味合いをもってきたのである。アリストテレスは、『オデュッセイア』ではそういう意味の道徳的教えが主題になっていると解釈している。この物語で女性性が重要な役割を果たしているのはそのためである。倫理的な人格形成は、力と意志に頼る男性性の立場だけでは不可能であって、女性性を無視しては成り立たない。そこには人と人を結ぶ愛の問題が存在しているからである。

女性性の側面から見ると、『オデュッセイア』は、オデュッセウスが仙女カリュプソや魔女キルケなど夢幻の世界の女性たちと巡り合って悩まされる物語である。漂流譚に出てくる国々はすべて空想の国である。（歴史学からコメントすると、これらの国々はナポリ以南のイタリア、シシリー島などの地中海西部地域をイメージしたものらしい。当時のギリシア人の植民活動はフランスの南岸からスペインまで及んでおり、この地域の主な町は彼らが建設したポリスから始まっている。）われわれはここで、無意識の心理学の観点から考察してゆく必要がある。端的に言えば、オデュッセウスは英雄たちの代表として、女性たちの苦しみと恨みを償うために流浪するのである。その旅で、彼がどんな経験をしたかということを調べてみよう。

第五歌はカリュプソの島が舞台である。先にふれたように、ゼウスはヘルメイアスの神を派遣して、オデュッセウスを捕えているカリュプソと交渉させる。カリュプソはヘルメイアスに向かって反論する。「あなた方神々はなんと残酷な方々なのでしょう。あなた方ほど妬み深い者は他におりますまい。女神が人間の男に抱かれるのを快く思われない。それも隠し立てをしてのことではない。あからさまに自分の夫に選んだ場合でも。……美しいデーメーテルがイアシオン（穀物の番人）と愛の契りを結ばれた時も、ゼウスの眼をいつまでも免れることはできず、ゼウスは灼熱の雷火をふるって彼を殺してしまわれた。あなた方神々は、私の傍らに男がいるのはけしからぬと仰せられる。」神々と仙女の対立は、天空を支配する力と海中を支配する力の対立を示している。心理学的観点から見れば、これは意識と無意識の葛藤状態を意味している。また歴史時代への移行過程の物語としてとらえれば、太古の母神が新しいオリンポスの神々にとって代わられる時代状況が示されている。幻想の女性像は、暗黒時代の女性たちの怨念がなお無意識の領域にはたらきつづけている状況を示している。オデュッセウスは故国恋しさの嘆きの中で、「夜は洞窟の中で自らは望まぬながら、せがむ仙女にやむなく添い寝する」苦しみを味わう。強制された性には惨めな空虚観と心の傷しか残らない。

カリュプソからやっと解放されたオデュッセウスは、怒りを静めない海神ポセイドンによって難破し、パイエスケ人の国の海岸に素裸でようやくたどり着く。彼はここで、気品ある王女ナウカシアの一行に会う。オデュッセウスはこのとき、「肌を蔽って男の陰部を隠すため、逞しい手で生い茂る木立ちから葉のついた若を折り取った」（第六歌、127）その獅子のような姿を見て、女たちは驚いて逃げるが、アテネの導きでその場に残ったナウカシアに救いを嘆願する。ここでは、裸体を恥じるのが男性であるという逆転状況がみられる。オデュッセウスはさらに、この国の王から接待された席で、楽人の歌によってトロヤ落城の際の女たちの苦しみを聞いて涙を流す。つづいて第十歌では、オデュッセウスはライストリュゴネス族の国で、秘薬を使う魔女キルケと会って冥界に行き、先にのべたアガメムノン以下の亡霊と出会う。さらに第十二歌では、歌う魔女セイレンらに苦しめられ、部下を悉く失う。要するに彼は、無意識の夢幻境から出現してくるリビドにこもる恨みと憎しみに悩まされつづけるのである。これが、叙事詩の英雄たちがたどる魂の闇、すなわち「影」の世界である。

英雄が女性に苦しめられるという主題は、神話の世界にはわりに見受けられるものである。ホメロスほどではないが日本神話にも例がある。ヤマトタケルは東国の「山川の荒ぶる神ども」（怪獣）を退治した英雄であるが、女性関係がいつも悲劇に終わる運命を負っている。海神に妃のオトタチバナヒメを奪われる話はよく知られている。彼はまた、尾張の豪族の娘ミヤズヒメに対して、彼女が生理痛の状態であるにもかかわらず性交を強要した。このため彼は、護身の剣を寝床においたまま伊吹山に登ることになり、山神の怒りに会って病に倒れ、故郷ヤマトに帰れないで死ぬ。「乙女の床の辺にわがおきし、その太刀はや」というのが彼の最後の声である。ヤマトタケル伝説は、後世、日本文学史の主題として広まる貴種流離譚の最初である。この主題の基礎には、「禁じられた女性」を犯すことは神に対して罪を犯すことであるという古代的観念がある。たとえば、記紀に見える軽太子《かるのみこ》が伊予の国に流される話は、同母の妹である軽郎女《かるのいらつめ》と近親相姦の罪を犯したためである。また『伊勢物語』の主人公在原業平は、伊勢神宮に仕える斎宮の女性と通じたことがもとになって、都を離れて遠い国々まで流浪する運命をたどる。『源氏物語』には、主人公の光源氏が都を離れて須磨明石にゆく話があるが、この伏線になっているのは、義母の藤壺女御と密通した少年のころの思い出である。古代史にはこのように、性のタブーを犯すことが重大な結果をもたらすという神話時代の考え方が生きている。オイディプス王の伝説はその代表的なものである。ここには、近親相姦は個人的罪であるばかりでなく社会的政治的な重大犯罪であるという神話時代の考え方を見ることができるだろう。

アニマの諸相

心理学的観点から『オデュッセイア』を見た場合、まず注意されるのは彼の苦難の旅の舞台が海に設定されているということである。神話の世界に現われる「海」は無意識の深みを象徴する。言いかえれば、オデュッセウスは、地上に住む人間の意識では知り難い魂の世界を放浪しているのである。

ユングは、男性の求める女性像をアニマとよび、女性の求める男性像をアニムスとよんだ。元型としてのアニマ／アニムスは、無意識の深さに応じてそのイメージが変化してゆく。これが、リビドの変容による個性化 Individuation の諸段階である。個性化とは、真のその人らしさ、人となりをつくりあげてゆくことを意味する。この言葉は意味がとりにくいので、心理学者のいうアイデンティティの確立とか自己実現 Self-realization、あるいは自己超越とよんだ方がわかりやすいだろう。心理学者の用語法は倫理的意味を中心にしているわけではないが、われわれはそこに道徳的意味における人格の形成という意味を与えることができる。

アニマの最初の段階は生物的アニマである。これは身体性、つまり肉体によって特徴づけられる女性の理想的イメージである。ユングはトロイのヘレンをその例としている。『イリアス』に登場する女たちは、女神も人間の女もすべて若い美女とされていて、精神的個性は問題にされず、老女には価値が認められていない。この段階では、女性性とはその「若い肉体」を意味するだけである。そういう意味でミロのヴィーナスの裸像は、古代ギリシア人が理想としたアニマ像を表現していると言えるだろう。身体性に注目する点は、アニムス像も基本的に同じであって、英雄の価値はその逞しい肉体の力におかれていて、精神性の方は問題にされない。したがってここでは、男と女の結びつきは性本能を基本とするものであって、精神的愛はまだ萌芽としてあるだけである。ただ生物的アニマというよび方は芸術的でないので、若さのアニマ／アニムス、あるいは肉体のアニマ／アニムスとよぶ方が適当だろう。

アニマの第二段階はロマンティック・アニマとよばれているが、これは心理的観点からみた人間的個性によって特徴づけられる女性像である。『イリアス』に登場するテティス、ヘラ、アテネ、アフロディテなどの女神たちは、それぞれに独特な個性を示している。そこには単なる肉体性にとどまらない一種の個性的魅力を感じさせる女性像がある。このような女性像は、すぐれた文学作品によく見られるだろう。どのような個性に魅力を感じるかということは人によって違うであろうが、そこには肉体の魅力とは違った精神的心理特性が現われている。

女性における精神性はこの段階から認められるが、叙事詩の世界では情念（パトス）が基本になっている。その情念は、暗い「影」の領域とつながっている。『イリアス』には、脇役の暗い情念の女性的存在がたくさん登場する。第四歌で、軍神アレスと女神アテネがそれぞれトロヤ方とギリシア方を励まして戦いに駆り立てるが、そこに生まれてくるのはデイモス（恐怖）とポボス（逃走）であり、それらを動かしているのはエリス（戦い）の女神たちである。第九歌にはエリニュス（復讐、怨霊）とよばれる女神的存在のはたらきが語られている。これはアキレスを子供のころから育てた老兵ポイニクスの昔話に出てくる話であるが、彼の父アミュントスは若い妾ばかりを愛して妻を顧みなかった。このため父と息子の間に争いが起こり、アミュントスはエリニュスを呼んでポイニクスを呪った。すると、地底のハデスの神と「恐るべき（女神）ペルセポネイア」がその望みを受け取られた。そのため自分は危うく父を殺しそうになった、とポイニクスは語っている。これらの女神のイメージは無意識に抑圧された情動を示している。同じ第九歌にはさらにリタイとアテーという醜い女性的存在が登場する。リタイは「呪い」の女神で、足が悪く、しわくちゃで、眼はやぶ睨みでアテーの後について行く。アテーは、恨み、憎しみの狂乱状態を指す言葉である。先にふれたように、アテーは父のゼウスを騙したために、ゼウスは怒ってその長い髪をつかんで振り回し、空へ投げ飛ばしてしまった。このような暗い情念は、ホメロス叙事詩の世界ではすべて女性的イメージで語られているのである。中世の魔女のイメージの遠い原形はここにあるように思われる。

これらの女神たちも一応はゼウスにつながる存在とされているが、歴史的観点から見ると、彼女らはケレニーのいう古いテミスの時代の神々のなれの果てである。『イリアス』では、テミスは神々の集会の司会者としてちょっと出てくるだけであるが、先にのべたように、彼女は先住民が崇拝していた母権制社会の神のイメージを残している。これらの女性的存在の中で、ヘレニズム時代までその信仰がつづいていたのはエリニュス（復讐の女神）である。この神は元来、血縁集団内部の罪を裁く神で、エウメニデス（好意をもつ者、祝福の女神）とかセムナイ（厳かな者）とよばれていた。それが暗黒時代をへてオリンポスの神々が出現するとともに「影」の世界に追いやられたわけである。戦争と破壊の時代を通じて一種の宗教的変革が行なわれたと言ってもいいかもしれない。ローマ時代にはエリニュスはフリアエとよばれ、長い髪をふり乱した女の姿で、翼をもち、髪の毛は蛇のようである、と思われている。

リビドの変容がこのような「影」の領域をこえてゆくと、女性像の内容も変わってくる。アニマはむしろ霊感を与える精神性を帯びた女性像になる。『オデュッセイア』に登場する女神アテネは、このような段階のアニマである。それは人格にそなわった気品によって、尊敬の感情をよび起こすようなイメージである。ゲーテのいう「永遠に女性的なるもの」Eternal Feminine はそういう精神的な導きの力を意味するだろう。アニマ体験が次第に精神性を深めてゆくと、「聖母」のような宗教性のつよいイメージに変容する。古代キリスト教の聖母信仰は、神話時代の地中海周辺の多くの地母神信仰の伝統を吸収して生まれたものである。東洋美術の伝統にも、仏教の悲母観音像などにはそういう「導きのアニマ」のイメージを見ることができるであろう。この段階になれば、身体の老若は関係がなくなる。アニムス像も同じである。リビドの変容の過程は、このようにして次第に精神的性質の強いイメージに変わってゆき、それとともに「愛」の心情も肉体的な欲望から精神的な愛へと浄化され、広く他者の上に及ぶようになってゆく。このような精神的浄化の過程はアニムスについても考えられる。

アニマ/アニムスの変容過程の究極におかれるのが、いわゆる両性具有人格である。これは男性性と女性性を一つに統合したイメージであって、東洋宗教の伝統にはよく見受けられる。大乗仏教でいう「如来」(タターガタ)のイメージは元来、男性性と女性性の統合を意味する存在である。チベット密教などにみられる男女合体神のイメージは、俗流的誤解を招きやすいものであるが、もとは精神的な理想的人格のイメージを表現したものである。キリスト教の歴史では、聖母被昇天 Assumption の信仰がこれらに通じる心理学的意味を帯びている。聖母被昇天とは、マリアの死後その肉体が神のもとに引き上げられて復活し、天上のわが子イエスと一つに結ばれたという伝承である。歴史心理学の観点に立って言えば、聖母崇拝は、古代地中海世界で母神たちを信仰していた人々すべての心(時代の集合的無意識)を吸収して成長した姿を示している。このような神の女性性に対する信仰の心理は、旧約聖書末期の知恵文学、黙示書、外典などに散見する。ただユダヤ=キリスト教の伝統では、女性性を厳しく退けるヤハウェ信仰の伝統が強いので、キリストに象徴される男性性と聖母に象徴される女性性は完全な同一人格として統合されにくい。

ユングは完成した人格として「老賢者」をあげているが、これは男性像とすべきではなくて男女両性を合わせもつ人格的存在とすべきだろう。リビドの変容過程が男性性と女性性の統合に向かうことは、無意識の心理構造に潜在する深い基礎に向かってゆく本性的傾向を意味する。それは人間性の基礎にある霊性の成長の過程を示している。この問題については、思想史の考察を終わった後、最終章であらためて取り上げることにしたい。古代ギリシア思想の発展について言えば、叙事詩のアニマ像は『オデュッセイア』における女神アテネの段階でほぼ終わっていると言うべきであろう。

悲劇における倫理的意識

ギリシア思想史において、ホメロスの叙事詩の時代につづくのは、アイスキュロス、ソフォクレス、エウリピデスの三人に代表される悲劇の時代である。アイスキュロスは紀元前六～五世紀の人であるが、あとの二人は前五世紀に生きている。ソクラテスよりはかなり年長であるが、同時代人である。彼らの作品はいずれもポリスの歴史にまつわる伝説に取材したもので、アガメムノン王のミケーネ王家とオイディプス王のテーバイ王家の伝説が最も有名である。この時代、アテナイでは演劇が非常にさかんになり、コンクールがたえず開かれて人気を集めていた。倫理的意識の発達に焦点をあてて調べてゆくことにしよう。

悲劇がアピールした背景には、ポリスの歴史を回顧するという時代心理を見ることができる。この時代には第一章でふれた民衆宗教（密儀信仰）が流行していたが、そこに共通しているのは個人意識の発達である。民衆宗教は神々による平和と愛を讃えるのに対して、悲劇は長い戦いの歴史を回想しながら人間の生き方を考えさせる。悲劇にはパトス（苦難）の中にみられるエートス、つまり人間の情念と倫理の問題が大きく浮かび上がっている。

まず悲劇の全体的枠組みとして、王位をめぐる権力闘争がおかれていることに注意したい。王権を争う男たちは叙事詩の英雄の系譜を継いだ人間像であるが、そこには共通してある暗さがともなっている。アキレスの野性は荒々しい中にも素朴な共感を感じさせるところがあるのに対して、悲劇に登場する王たちのイメージには暗い情念がともなっており、そこに人間性についての反省にみちびく雰囲気が漂っている。

アイスキュロスの三部作「オレステイア」（オレステースの悲劇）は『アガメムノン』『コエローポイ（供養する人々）』『エウメニデス（祝福の女神）』の三作を総称した名前である。この三部作に一貫しているのは「国家（ポリス）の掟」と「家族の掟」の対立と統合というテーマである。和辻哲郎が『ポリス的人間の倫理学』で、倫理的意識の発展という観点からこの三部作について要領よく解説しているので、その要旨を紹介しながら、注意すべき点についてのべよう。(6) 私が注目したいのは、女性性についてどのような取扱いがされているかという点である。

『アガメムノン』は、クリュタイムネストラとカッサンドラに焦点をあてた作品である。劇は、帰国する船団を迎える見張りの兵たちの声とともに開幕する。クリュタイムネストラは威厳ある王妃の気品を漂わせて登場する。合唱隊（コロス）が歌う王家の歴史を背景にして、彼女はトロヤで行なわれた凄惨な戦いについて語る。ここで語られるのは勝利の凱旋の喜びではなく、悲劇の歴史を回想する言葉である。やがて現われた夫に対して、彼女は荘重華麗な歓迎の言葉を語りかける。観客は、彼女が夫を殺すたくらみを胸に秘めていることを承知しながら、その演技を見るわけである。観客はそこに、人間の抑制された情念の凄まじさと恨みの奥深さを感じるであろう。カッサンドラの役割は、壮麗な権力に装われた王家の暗い秘密を観客に知らせるところにある。観客は、彼女がトロヤの悲劇を象徴する女性であることを承知している。彼女はアガメムノンの館に入ったとき、急にトランス状態に陥って、あらぬ言葉を口走りながら、無残な幼児二人の亡霊を見て絶叫する。アガメムノンの父アトレウスは弟を憎んで、その幼児たちを殺し、その肉を料理にまぜて弟に食わせた。アイギストスはこの幼児たちの弟であった。つまり彼は、伯父アトレウスに対する恨みから、従姉のクリュタイムネストラに接近したのである。その背景には言うまでもなく、王位をめぐる一族内部の権力闘争がある。悲劇の種は父親の代から既に蒔かれていたのである。クリュタイムネストラ自身も、夫に対して早くから恨みを抱いていた。アガメムノンはトロヤ遠征の途上、女神アルテミスの怒りにふれて逆風に会い、その許しを乞うために娘のイフゲネイアを人身御供として捧げた。娘に対する母としての愛情は夫への恨みに変わっていた。情念の心理学は常に愛と憎しみの両極に振れる。このようなアイスキュロスのストーリー設定と描写は、ホメロスと違って、女性の側の言い分に対して共感する気分を漂わせている。カッサンドラは王家の闇の歴史を知ったあと、クリュタイムネストラの夫への殺意を知る。自分も同じ運命をたどることを知った彼女は、覚悟をきめて死の運命へとおもむく。最後は、殺された二人の死体を前に、合唱隊を背景にしたクリュタイムネストラの長い演説で終わる。王位はクリュタイムネストラを妃としたアイギストスの手に移る。

このオレステイア物語第一部には神々は登場しない。悲劇の原因は人間の情念がみずから作り出すものであって神々とは関係がないことを観客はおのずと知るわけである。ゼウス宗教の本質は、この章の第一節でのべたように人間救済のための信仰ではなく、死すべき人間の運命を思い知らせる信仰なのである。つづく第二部と第三部はまとめて扱うことにしよう。物語はオレステスの母殺しを中心にして展開する。神々はここで初めて登場してくる。その成り行きをきめるのは、復讐の女神たちを代表するエリニュスと男神アポロン、それに女神アテネの三神である。アテネは先にふれたように母なしに生まれた男性的女性神、つまり両性具有的人格であることに注意しよう。オレステスは父のアガメムノンが殺された後、親族の王の許で成長するが、デルポイのアポロンの神託によって帰国し、王位を奪ったアイギストスと母のクリュタイムネストラを殺すが、復讐の女神エリニュスに追われて発狂する。アポロンは彼を保護し、オレステスの行為をどう判定するかという問題をめぐってエリニュスと論争する。問題の根本はポリスの掟と家族の掟の矛盾対立にある。オレステスの行為は正当であるかどうか。つまり「正義」(道徳的正しさ)という概念についてどのように判断すべきかという問題をめぐって、国家の立場と氏族(血縁集団)の伝統の価値が争われているわけである。国家(ポリス)はそもそも、血縁集団である氏族の歴史的伝統から生まれてきた。それは太古の母権的社会の伝統を継いだ女性性の原理から生まれている。したがってオレステスの母殺しは「復讐の正義」(仇討ち)によって処罰しなければならない。これがエリニュスの論理である。これに対してアポロンは、オレステスの行為の意味は父の仇を討つところにある、と主張するとともに、「結婚の神聖」という考え方を持ち出している。ここでは、父子関係、母子関係のほかに、夫婦関係の倫理的意味が新たに問題にされている。「結婚の神聖」とは、妻が夫の信頼を裏切った不倫の事実を指摘している。二神の対立する主張は結論に至らず、アポロンはオレステスをアテナイの都に送り、女神アテネの保護を求めさせる。後を追ってきたエリニュスは、名前と職業を明らかにしてオレステスの母殺しの罪を告発するが、決定はアテネに委ねる。アテネはオレステスの主張を聞くが、自分ひとりでは決定せず、市民から選ばれる裁判員の会議を新しく設置することにして、みずから裁判長になる。原告はエリニュス、被告はオレステス。アポロンは被告側証人として出席を許される。オレステスは、私が殺したのは血縁者ではないと主張する。母が血縁者でないというのは奇妙に聞こえるが、こういう考え方は当時の知識人の間ではかなり支持されていたものらしく、哲学者アナクサゴラスは、母は母胎を貸すだけであって血統を伝えるわけではないと説いていたといわれる。現代風に言えば、代理母出産にくらべられるような合理主義的論法とも言えようか。アテネは双方の主張を聞いた後、裁判員に投票を行なわせる。このくだりの歴史的背景には、都市国家アテナイにおける民主主義の発達が反映している。彼女は言う。法は尊厳であり、市民は奴隷心を去って、みずから法の正義を尊重しなくてはならない。そして利己的な行為を退けて、他者への共感と憐れみの心をもつべきである。アテネの主張は、法の正義という男性性の立場とともに、他者への憐れみという女性性の立場をも認めている。この主張は、彼女が母なしに生まれた男性的性格をそなえた両性具有人格であることに基づいている。全員の投票が終わった後、彼女はオレステスに無罪の一票を入れる。全員の投票結果は有罪無罪同数であった。同数の場合被告は無罪となる規定なので、オレステスは無罪になった。しかしエリニュスの怒りは納まらず、最後にアテネとの対決になる。アテネは、ポリスにおいてエリニュスの崇拝を認め、家々を繁栄させる力を与え、国家はお前を尊敬する者だけを保護すると約束する。こうして対立する主張の和解が成立する。観客は悲劇の時代は過去になり、現在の社会体制が生まれてきたことを知るわけである。歴史学の観点からみると、ここには、長いポリス建設史における思想的問題に終止符が打たれ、法に基づく正義の国家秩序が確立されたことが示されている。

この三部作について注意されるのは次の三つの点である。第一は、知的論理を基本におく「法の正義」という考え方が生まれ、それがポリス（国家）存立の思想的基盤にされるようになったことである。第二に、これにともなって家族集団内部の愛憎の原理は、法的社会秩序の領域からは排除され、政治の世界ではその歴史的意味と役割を失った。第三点として、他者への愛と憐れみという感情的価値は、私的領域においてのみ存続を許されることになった。女神アテネは、アテナイの国家守護神という資格において男性性の立場に立っているが、家族と血縁の原理を支持するエリニュスの主張にも理解を示している。このことは女性的存在であるアテネの立場につながっている。つまり男性性と女性性の立場は、アテネの両性具有性において統合されているわけである。

このような結論に対して、現代人は、法の正義に代表される理性の原理はなぜ男性性にのみ属するのかという疑問をもつかもしれない。この章の初めにのべたように、ポリスの発展を中心にして生まれてきたギリシア史では、ポリス同士の戦争と外交交渉が常に一体不可分の形で行なわれてきた。つまり、戦争と平和が区別できない歴史が千年以上も続いてきたのである。外交交渉には言葉の意味を正確に定義して討論する必要がある。そしてまた利害が異なるお互いの立場をまず認めなければ、外交は成り立たない。そこに民主的な考え方が育ってくる基盤がある。しかし戦争と言論は男の仕事であって、女性的情愛が入り込む余地はない。このような古代ギリシア史の特性が、男性性の優位という伝統をつくり出したと言うことができるだろう。ここで筆者が注意したいのは、血縁と家族の立場を考慮するアイスキュロスのような態度がプラトンには見られない、という点である。女性子供の国家管理という提案は、血縁に基づく家族という自然な慣習(制度)に意味を認めないことを意味するが、このプラトンの提案の基礎には、国家中心主義ばかりでなく、理性の論理を徹底する態度があることに注意しなければならない。悲劇作者の感受性は、血縁に基づく愛の原理が母性に基礎をもつことを人間性の自然として感じているが、国家と論理の立場を重視するプラトンにはそれは見えなかったのである。われわれ日本人のように家族の立場を重視する東アジアの文化的伝統に育てられた人間にとっては、倫理観の上で非常に違った性格を感じさせられる。簡単に言ってしまうことになるかもしれないが、西洋の思想的伝統では、男性性を基本におく考え方が、ギリシア哲学とキリスト教から近代合理主義の時代にまで継承されているのと言えるのではないだろうか。ただし、ここで筆者が考えているのは思想の次元の問題であって、政治や社会制度の問題ではない。社会制度の歴史からみれば、西洋でも東洋でも男性を上位におく形態が近代まで存続してきたことは言うまでもない。女性性の精神的意味を問うという課題は、現代になって初めて思想の問題になってきたと言えるかもしれない。

次に、ギリシア悲劇のもう一つの重要な材料になったテーバイ王家の物語についてふれておこう。ソフォクレスの『オイディプス王』では、近親相姦の事実が明らかになったとき、イオカステが自殺し、オイディプスがみずから針で両眼を突き刺して盲目になるまでを描いている。伝承では、二人の間から生まれたエテオクレスとポリュネイケスの兄弟が父を虐待して王位から追放する。近親相姦 incest という異常なテーマが関心をひくことは昔も今も変わらないだろうが、この物語全体の枠組みが王権をめぐる血族内部の争いにあったことに注意しておきたい。神話時代の社会では、近親相姦は政治的社会的意味をもつ重大な犯罪であった。盲目となったオイディプスは、娘アンティゴネとともに放浪の旅に出る。二人の息子はオイディプスの弟に当たるクレオンを後見として、交代で王位に就くことを約束するが、王となったエテオクレスがこの約束を守らないので、ポリュネイケスはアルゴス軍の援助を受けてテーバイを攻撃する（アイスキュロス『テーバイに向かう七将』ほか）。この戦いで兄弟は相討ちして共に死ぬ。妹のアンティゴネは、父が死んだあとテーバイに帰っていた。彼女は叔父クレオンの息子ハイモンと恋に落ちていた。兄二人が死んだあと、エテオクレスはポリスに葬られるが、ポリュネイケスはポリスに対する反逆者であるとして、クレオンは葬儀を行なうことを禁止する。アンティゴネはその命令を破って兄の葬儀を行なったため、生きたまま岩窟に幽閉されて縊死する（ソフォクレス『アンティゴネ』ほか）。この悲劇を貫いているのはやはり、ポリスの権力争奪という男性的主題である。女性であるイオカステとアンティゴネは愛のために自殺に追い込まれた。この伝説では女性性の価値は一切否定されている。ただ観客の心理的反応を考えてみると、人々はイオカステとアンティゴネの無残な運命に対する同情の思いをかきたてられたことだろう。

アポロンの神託と女性性

三部作「オレステイア」では、アテネとともにアポロンの神が重要な役割を果たしている。この二神は『イリアス』では敵味方に分かれていたが、「オレステイア」物語では協力関係に立っている。アポロンはオレステスの母殺しを弁護するに当たって「結婚の神聖」という議論をしている。これは、クリュタイムネストラの不倫を認めないという意味である。われわれがここで関心をそそられるのは、ソクラテスがデルポイのアポロン神殿から神託をもらっていることである。女神アテネの方は都市国家アテナイの守護神であるからその素姓もハッキリしているが、アポロンとは一体どういう神だったのであろうか。アポロンを祭る聖地は小アジアのクラロスやデロス島にあったと伝えられているが、これらはデルポイのアポロン信仰とは別系統のものだったと考えられている。アポロンとデルポイの地の結びつきは、彼がこの地で大蛇ピュトンを退治したという先史時代の伝承から生まれたものである。(なおデルポイはアッティカの山間部にある盆地の名前であるが、ポリスとしてはアテナイとは別である。ペロポンネソス戦争の時代、デルポイがコリント軍の支配下におかれたため、アテナイではデロス島に新しい神殿を造ったことがツキジデスに記されている。)和辻哲郎はアポロン信仰について、ギリシア学者ヴィラモーヴィッツ・メーレンドルフの研究に注目している。それによると、紀元前八世紀ごろ女予言者(巫女)がデルポイに住んで人々に神託を伝えるようになってから、この信仰が有名になったのだという。アガメムノン殺害やオレステス保護に関する悲劇の筋書きは、前八〜七世紀のアポロン崇拝者の詩人たちの手になるものらしい。またこの神が太陽と連想されるようになったのは前五世紀ごろからだという。時代はちょうど、都市国家としてのアテナイが黄金時代を迎える発展の時代と重なっている。

戦後フランスの考古学者がデルポイ遺跡の発掘調査をしたところ、古いミケーネ時代の灰の中から多数の小さな女神像が発見された。つまりデルポイの神の原形は、ギリシア人侵入以前の太古の母神だったのである。ヘシオドスの『讃歌続編』には、アポロンがクレタ人の神官候補者の先頭に立って竪琴をかき鳴らす姿が描かれている。「ゼウスの御子アポロンは、手にせる竪琴かきならし、足取り高く美しく、クレタ人を導き給えり」(斉藤忍随『プラトン』岩波新書、四四ページ以下)。クレタ文明はミケーネ文明の起源である。このような歴史を考えると、アポロンに対する信仰に女性性との結びつきが深いのは理由のないことではないと思われる。カッサンドラはアポロンに愛されて、霊能力を与えられた女性である。彼女の姿には古代の巫女のイメージが重なっている。前章の最後にのべたように、この時代に起こった民衆宗教(密儀信仰)には先住民の母神崇拝が復興した性格がともなっている。この時代は、長い戦争の歴史の思い出と平和を求める救済の願いとが交錯する状況にあった、と言えるだろう。

3　男性性の確立

プラトンの政治批判と倫理の問題

政治や国家の問題と倫理の問題は性質が違うが、実際にはこの両者が関連して現われてくることも事実である。古代のポリスのような規模の小さい国家では、この二つの問題が分離できなかった。ただここでわれわれが関心をもっているのは、プラトンとソクラテスの間にはどういう考え方の違いがあったのか、という問題である。プラトンの『国家』は中期対話篇に属し、ソクラテス自身の考え方からはだいぶ外れているらしい。しかしこの中に出てくる倫理的徳性についての議論は後世まで西洋の伝統的倫理観の基本になったものなので、われわれはその内容を知っておく必要がある。読者に注意していただきたいのは、性に関わるテーマがどのように扱われているかということである。

プラトンは『国家』の第三巻から第五巻において、正義の理想国家の姿についてのべている。ソクラテスの主な対話者はプラトンの二人の兄、アディマントスとグラウコンである。この対話が行なわれた年は紀元前四三〇年ごろに設定されている。ソクラテスは三十九歳くらい、プラトンはまだ生まれていない。ちょうどペロポンネソス戦争が始まったころである。プラトンが生まれたのは開戦五年目の前四二七年、アテナイ敗北の年は二十三歳になっている。このころ彼は政治家の道を志したらしいが、ソクラテスに止められたという。ソクラテスの死の年、彼は二十八歳になっている。そういう背景を考えると、『国家』はアテナイがみじめな敗戦を迎えるまでの混乱の体験を踏まえて書かれた「現代政治批判」の書であると言うことができるだろう。また、そういう歴史的背景をぬきにして見れば、そこには倫理的人間形成についての徳性 virtues の問題が現われてくる。

第三巻のはじめで、プラトンはソクラテスにホメロス批判の言葉を語らせている。叙事詩の中には、たとえば「魂は身体を抜けて飛び去ると、ハデス（死者）の国へと赴いた。わが身の運命を嘆きつつ、雄々しさと若さをあとに残して……」というような悲嘆の句が多い。このような句は削除しなければならない、と彼は主張する。そういう言葉は人々に死を恐れる心理をかきたてるからである。アキレスのような英雄が嘆いたり悲しんだりするような叙述も削らなくてはならない。「勇気」という人間の徳性は、そういうマイナス部分を削除して純粋な内容にすることによって理想的概念になる。言葉（概念）の定義というものは、そういう純粋化と抽象化によって明確になる。つまり言葉の意味は、抽象化によって客観的で普遍的な内容をもつことができるわけである。このような考え方は論理学的関心につながるところがある。アリストテレスは、言葉を定義する仕事はソクラテスによって始められたと言った。それは事実であるが、ソクラテスが目ざしていたのは論理の問題ではなくて、徳性を育てるという倫理教育の問題であった。

人間が生きてゆくに当たって次に重要なのは、節制、すなわち飲食や愛欲などの快楽を抑える徳を身につけることである。詩人（ホメロス）が酒びたりの男たちの姿を描いたり、支配者をバカにする言葉を語らせるのはよくない。殊によくないのは、愛欲の情念を描くことだ。『オデュッセイア』（第八歌）に軍神アレスと女神アフロディテが愛欲に耽ってヘパイストスに捕えられる光景が語られているが、このような歌は聞くべきではない。ソクラテスがこう言うと、グラウコンは「ゼウスに誓って（そのような言葉は）聞くにふさわしいものとは思えません」と答えている。プラトンの詩人追放論は、そういう倫理上の教育的配慮から出たものである。彼はさらにアキレスの行為を非難する。アキレスが親友パトロクロスの死に怒ってヘクトールを引きずり廻して殺したり、捕虜を火の中で殺したりするのはよくない。このような振る舞いは真の勇気ではない。プラトンは次に音楽について批評する。悲しみや嘆きを歌う楽曲は歌うべきではない。勇敢な人々や運命に向かって戦う人々にふさわしい勇壮な音楽こそ望ましい。音楽教育の基本を考え直すべきである、と彼は言う。彼がこのように節制と勇気を強調している背景には、戦争時代のアテナイで、このような徳性に反する行為が広がっていた状況があったからだろう。後にふれるが、ホメロスの叙事詩における神々の振る舞いに対する倫理的批判は、既に前六世紀の自然哲学の時代に行なわれていた。プラトンがあらためてこの問題を持ち出したのは、戦時中のアテナイ社会の状況が念頭におかれていたためと思われる。

つづく第四巻は金権社会の批判から始まっている。支配者たちは広い土地を所有し、大邸宅に住み、立派な家具調度品を備えているのだが、彼らは実は労働者に食わせてもらっている人たちである。民衆は私費で旅行する金もなければ、遊女を相手にする金すらない有様である。この時代にアテナイが富強になった主な原因は、デロス同盟に参加した三百余のポリスから貢納金を徴収したところにあるが、その結果アテナイでは貧富の階級差が非常に増大した状況がうかがわれる。ソクラテスはここで口調をあらためて、国家の理念について語り始める。国家は特定の階層だけが幸福になるような体制であってはならない。国家というものは、その全体が幸福になるべきものであって、それによってこそ正しい国家であると言うことができる。言いかえれば、正義とは全体の幸福のために国家の秩序がキチンと保たれていることを意味する。対話はつづいて国家間の対立関係の考察に移る。国家間の対話は多くのポリスが互いに対抗している状況の下で自国の利益を守るような同盟関係を結ぶことを目ざしている。この説明に対してグラウコンは、「もし一国に他国々の財貨が蓄積されたら、貧しい国々にとって危険ではないでしょうか」と質問する。「君はおめでたい人だね。われわれのつくった国（アテナイ）のほかに国家とよべるほどの国があるのかい」とソクラテス。この当時、ギリシア人のポリスは地中海全域に広がり、商業貿易の利益はアテナイに集中していた。プラトンは今はなき師の口に託して、アテナイが尊大になって他のポリスを見下していた過去を反省せよ、と説いている。

現代的観点から受けとれば、プラトンの描き出す理想の国家は全体として保守的な愛国主義的姿勢に立っている。個人の自由は認めていない。この対話篇の目的がアテナイ民主主義の批判に向けられていることは明らかである。二十世紀前半、カール・ポパーはじめ多くの知識人がプラトン批判を展開したのはこのためである。たしかに、ここには現代と通じる問題がいろいろあるように思う。プラトンは、当時のアテナイ社会に広がっていた反倫理的傾向の基本的原因を民主主義に求めているようである。こういうプラトンの考え方はどうもソクラテスとは違っていたのではないか、と思われる。プラトンの初期対話篇は歴史的ソクラテスの実像に近いとされているが、そこで問題にされているのは日常生活における個人の倫理的徳性であって、国家や政治のあり方は直接問題になってはいない。ただし、当時の民主主義が個人の利己的欲求や利益追求におちいる傾向をもっていたことも事実であろう。『国家』の考え方では倫理学と政治学は完全に一体化しているが、これは初期対話篇にみえるソクラテスの考え方とは違う。しかしまた、民主主義の政治体制によって倫理の問題に対する答えが得られるわけでないことも事実であって、このことはプラトンの考えた通りである。現代世界の先進民主主義国家に利己的欲求に基づく反倫理的傾向が溢れていることは誰しも否定できない。プラトンの反民主主義を批判するのは結構だが、民主主義政治が日常生活の中に倫理を実現できる力をもっているわけではない。われわれはこのことについて考えるべきである。要するに、政治学と倫理学はその基本的立場が違うのである。ソクラテスとプラトンの違いについて考える場合、ここに人間性の本質を考えるに当たって大事な問題があるように思われる。

プラトンの国家像の中心には戦士階級が居る。先にのべたように、ポリスは元来軍事共同体として生まれてきた。国家の強大さが軍事力によって保証されるということはいつの時代でも変わらないことで、これは民主主義とか全体主義といった政治的イデオロギーとは別問題である。ギリシアのポリスはその独特な発達の歴史によって、特に軍事的国家の性格が強かった。アテナイの場合を例にとると、市民の成年男子は十代後半から五〇代くらいまで、全員が兵役につく義務を課されていた。しかも武器は、国家が支給するわけではなく、各自がそろえなくてはならなかった。このため、軍隊の組織は、財力のある階層の出身者が年齢にかかわらず上級の指揮官（騎兵）になる。その下は中流の重装歩兵と下層の軽装歩兵に区別されていた（ちなみにソクラテスの家は重装歩兵クラス）。このようなポリスの伝統が男性性を基本におく勇気ある国家を求めることになったのである。われわれはここに、ホメロスの英雄たちの伝統を見ることができる。

支配階級の知恵と戦士階級の勇気のほかに必要な人間としての徳性は、節制、つまり快楽と欲望とを抑制することである。しかしこれは、労働と生産に従事する下層階級にだけ求められるべきことではない、とプラトンは言う。節制という徳は、ちょうど琴の弦の音域が広い範囲に及んでいるように、国家全体の秩序を調和させる力になるものである。だから国民全体が節制の徳を身につけることによって、国家ははじめて「一致協和」の状態に至ることができるのである。プラトンの批判は富裕な支配階級の生活態度に向けられている。こうして、国家の存立に必要な人間の基本的徳性は、知恵、勇気、節制の三つに定められる。少数の支配階級には知的判断力（理性）、戦士階級には外敵から国家を守る気概（勇気）、そして第三の徳性として国民全体が上から下まで欲望と快楽を抑制する態度（節制）を身につけなければならない。こういうプラトンの理想国家のイメージは、アテナイがおちいった敗戦という運命に対する反省から生まれたものである。現代人にとって気になるのは軍事共同体の性格が強調されていることであろうが、二千年後の現代も、世界はこの問題を解決する道を見出せないでいる。現代の最大の民主主義国家アメリカは世界最強の軍事国家である。プラトンはさらに、この三つの要求は国家全体のあり方に関係するばかりでなく、個人が人間として備えるべき徳性であると言っている。ここで問題は倫理学に移るわけであるが、ここに難問が待ち受けている。

性の国家管理

第五巻は、弟子たちがあらためてソクラテスに向かって、国家にとって女性と子供の問題はどう考えるべきだろうと問う場面から始まる。ソクラテスは、こういう難問は話したくなかったし、実現の可能性も信じてもらえないだろうが、と断ってから語り始める。ソクラテスはまずグラウコンに向かって、牡犬は獲物を追ったり羊の群れを世話するような骨折り仕事をすべきであり、牝犬は子犬を育てるためにそんな仕事はせずに家の中にだけ居るべきだろうか、と問いかける。いや牝も牡も同じ仕事をさせるべきだ、というグラウコンの答えを得て、それならば戦争に関する事柄も男女平等にすべきだということになるが、そうなると良い風俗に反することが起こってくる。たとえば、体育場で女が男と一緒に裸になって訓練しているような光景である。ソクラテスは、昔のギリシア人にはそんな習慣はなかったのだが、クレタ人やスパルタ人がやり出したので当初は物笑いの対象だったのだと言っている。「男でも裸を見られるのは恥ずかしいこと、滑稽なことだと考えていたのはそう古い昔ではない。」民主主義時代のアテナイでは、女性の裸体が大いに歓迎されていたらしいのである。哲学の授業ではこんな話は聞いたことがない。

全体的にみれば、女性は衣服を織ったり料理をつくったりする仕事に長じているけれども、男よりすぐれた仕事のできる女も少なくはない。こういうことは政治の場面でも言えることである。政治家の妻はそういう徳性（知恵）を身につけなくてはならない。こうして議論は核心にふれてくる。国家はすぐれた素質をもつ人間を必要としている。したがってすぐれた能力をもつ男はすぐれた素質をもつ女と交わらせるべきであり、戦争などですぐれたはたらきを示した若者には若い女性と共寝する機会を多く与えなければならない。われわれはこのような制度を国家に導入すべきである。男は二十五歳から五十五歳まで、女は二十歳から四十歳までと年齢を制限して、国家が彼らの性を管理する。女たちはすべての男の共有であって、私的な同棲は禁止する。生まれた子は保育所に送り、親が誰であるかわからないようにする。この年齢以前、または以後の親から生まれた子供は淫らな性欲から生まれてきたものである。年齢が合法の範囲であっても、国家の支配者が認めない女性と関係することは法で禁止しなくてはならない。決められた年齢を越えれば、男は好きな女と自由に交わることを許すが、それによって生まれた子供はただちに抹殺してしまわなければならない。このような制度が実現すれば、国家全体が一つの家族になるだろう。そのときには、個人的な家族関係は一切消滅するからである。

近代人の感覚からみればプラトンの提案はショッキング、あるいはばかばかしいと思えるだろうが、おそらく古代人にとっても反応はそう変わりはなかったのではあるまいか。そもそも性の問題は、その性質からいっても、政治や国家の問題にすぐ結びつくわけがない。それは本来、人々の日常生活の基礎である家族の問題に属する。それを国家や政治の立場から処理しようとすること自体に無理がある、と言わなくてはならない。われわれは、プラトンがこのような提案をあえて提示した意図について考えてみる必要があるだろう。彼の意図は、裸の男女の体育の光景に象徴されるような当時のアテナイの性風俗を批判するところにあったのではあるまいか。しかし、そのことを抽象的な一般論としてのべるのでなく具体的な提案の形でのべたところに、読者の関心をよび覚まそうとする彼の意図があったのだと思う。簡単に言えば、プラトンがこの提案をするに当たって考えていたのは、当時のアテナイ社会における性の氾濫の現状が、国家社会の存立の精神的基礎を揺るがせる重大な問題になっている、という認識にあったのではないだろうか。ある意味では、彼の著作意図は成功したと言ってよいだろう。性の国家管理という空前の主張はプラトン哲学のスキャンダルとして後世まで有名になったからである。本来個人の私生活にかかわる性の問題を国家や政治のあり方と直接関係させたところに、こういう法外な議論が生まれてきたのである。

ソクラテスはこのあとさらに、戦争に対する道徳的反省についてのべている。敵兵の死体から武具を剝ぎ取ったり、遺体を凌辱するようなことはすべきではない。同じギリシア民族から奪った物を勝利の記念として神殿に供えるようなことは禁止しなくてはならない（ヘロドトスやツキジデスを読むと、当時、勝利を感謝して神殿に宝物を供えるとか、戦場に勝利を記念する塚をつくる習慣が広く行なわれていたことがわかる。この点は近代国家も変わりはない。）ソクラテスはさらに、内乱と戦争は区別して考えるべきだと語る。言うまでもなく、これは同じ民族内部で争ったペロポンネソス戦争の愚かしさを批判した言葉である。このあとプラトンは「哲学者たちが国家の王となって統治するかそれとも現在の権力者が哲学を学ばないかぎり、国々の不幸は止むときはない」と言う。二十一世紀の世界の状況は、国家をこえた理念を必要としているという点で、プラトンが出会っていた状況と通じるところがないでもない。こうして彼は哲人王の理念を説き始める。その追求する世界がイデア界である。

アテナイにおける性の氾濫

男性的国家を理想としたプラトンに対して、逆に女性の立場に立って国家と性という主題を取り上げたのは、喜劇作家アリストパネス（前四四五－三八五）である。[9] 彼はソクラテスより年下だが同時代人で、プラトンよりはかなり年長である。『女の平和』はペロポンネソス戦争末期の前四一一年に上演された反戦劇、あるいは厭戦劇とも評すべき作品である。男まさりのアテナイの美女リュシストラテーとスパルタの女カロニケがそれぞれの国の女たちを集めて、男たちに対してセックス・ストライキを敢行するという筋書き。リュシストラテーという名前は「反軍夫人」という意味である。女たちと男たちとの間にいろいろもめ事が起こるが、勝つのはいつも女の方である。アテナイの女たちはアクロポリスに立てこもっているが、男恋しさに脱走をはかる者が続出、リュシストラテーは必死になってストライキを続けさせる。スパルタからの使者がアテナイにやってきて、スパルタも同様な有様で、男たちは今や耐え難い状態であると告げる。男女の合唱隊は次第に仲良くなり、遂に老人の合唱隊が女どもにとり込まれて、戦争はやめようということになり、「女の平和」はめでたく回復する。

もうひとつ、よく知られている作品に『女の議会』がある。この作品はプラトンの構想とは逆に、女性による男子共有法が実現した騒動を描いている。背の高い女プラクサゴラが女たちを語らって、男装し、つけ髭をつけて朝まだ暗いうちに議会（民会）に集まって法案を可決する（ご存じない読者のために一言すると、当時の議会は男しか参加できない規則であった）。男たちはかくて共同生活を強制され、ブツブツ不平を言うが、細君と話すことさえままならない。プラクサゴラの夫が何だかだと言うが、そんなこと知りませんよと相手にされない。若い男が歌いながら現われる。「若い娘と寝たいもの。鼻低女や大年増《おおどしま》、先に抱けとは無理なこと。自由の身には堪えられぬ。……おお神々よ、別嬪《べっぴん》（美人）だけを手に入れたいもんだ。」それを老婆たちが呼びとめて、こちらへ来いと言って新しく制定された法律を示す。そこには次のように記されている。「婦女子ノ決議。若シ若キ男子ガ若キ女ヲ欲スル時ハ、先ズ老婆ト媾合セル後ニ非ズンバ、カノ女ト交媾スベカラズ。若シ彼ガ予備的交媾ヲ行ナウヲ拒ミ、若キ女ヲ求ムル時ハ、年長ノ婦人等ハ、カノ若者ノ《鍵》（男根の隠喩）ヲ捉エテ彼ヲ拘引スルヲ妨ゲズ。」かくて若者は法を犯して逃亡する。

『国家』と『女の議会』は、性の国家管理の内容に関して類似点が多いので、古くからどちらかが影響を与えたのではないかという議論があるが、専門家の意見もいろいろ分かれているので素人にはわからない。アリストパネスがソクラテスに対して一種の反感をもっていたことはたしかなようで、戦時中にソクラテスを愚弄した『雲』という作品を書いている。ただしプラトンの『ソクラテスの弁明』（18D, 19C）は、アリストパネス（「ある喜劇作者」とのべられている）は、いわば堂々とソクラテスを槍玉にあげて批判しているのに対して、どこにいるのか姿を隠して自分を非難して回っている連中がいるので厄介なのだ、とソクラテスは言っている。その点で、この二人の間には気持ちが通じ合う部分もあったかもしれない。プラトンの

『饗宴』には、ソクラテスを主人公にした談論の席にアリストパネスも登場してヨタ話をしている。いずれにせよこの二つの作品の背景には、性の問題が当時人々の議論の的になっていた状況がうかがわれる。アリストテレスは『政治学』（第七巻十六章）で結婚適齢期について論じているが、彼は性の国家管理などといった議論はしていない。彼の議論の重点は、性よりも子供の出産という点に向けられている。若すぎる結婚や親子の年齢差が少ないことは好ましくないというのが彼の意見で、結婚は、男子が三十七歳、女子は十七歳以上に制限すべきだと提案している。また障害児や中絶の問題についてくわしく論じている。生物学に関心が深かったアリストテレスらしい意見であるが、こういう議論が『政治学』の中に出てくるということは、当時のアテナイにおける若者世代の動向を反映したものではないかと思う。民主主義の下では生徒は教師をバカにし、若者は年長者をバカにする、とプラトンが記していることはよく知られている。現代日本もどうやら似たような状況にある。この背景には、三十年にわたる長い戦争で絶望的混迷状態におちいったアテナイの社会状況があったのだろう。いずれにせよ、性に関するプラトンとアリストパネスの意見は、正反対のようにみえながら、その背景には共通した社会状況が見出される。それは、この時代のギリシア社会における女性の地位という問題である。

ここで村川堅太郎の研究を紹介したい。学生時代、私は村川先生の講義と著作からいろいろ眼を開かれた思い出があるが、その内容はすっかり忘れていた。今再読して、歴史家の社会を見る眼の確かさに印象を新たにしている。(10)ギリシアにおける民主主義の発展は女性の社会的地位を低下させる結果を生み出した、と村川は言う。前七世紀にはサッポーをはじめすぐれた女流詩人が現われたのに、民主主義が絶頂に達した前五～四世紀には「史乗（歴史書）に名をとどめたアテナイの婦人は、アスパシアにせよプリュネーにせよ、外国生まれの白拍子《しらびょうし》であった。」（白拍子とは、平安鎌倉時代の遊女のことであるが、彼女らは一般市民の女たちにくらべて教養の高い人たちであった。近世以降の娼婦のイメージから見たのでは誤りになる。）アスパシアは、黄金時代のアテナイの政治家ペリクレスが最初の夫人と協議離婚の上、妻とした人である。知識人文化人を集めて議論するシンポジオン（饗宴）の習慣はペリクレスが始めたものであるが、彼はアスパシアをその席に参加させたので物議をかもしたというエピソードも伝えられている。村川が外国生まれということに注意しているのは、ポリスはギリシア人同士でも自国と外国の区別を厳しく守る閉鎖的体制をとっていたからである。何十年もアテナイに住み、ペリクレスの政治的相談役だったアナクサゴラスも、外国生まれであったために晩年国外追放になっている。

ツキジデスは、ペリクレスがペロポンネソス戦争開始後まもないころ行なった有名な戦没者追悼演説を克明に伝えている（ツキジデス、巻二）。民主体制であるから、ペリクレスは議会参加者全員の指名を受ける形で壇上に立っている。この演説を読むと、当時のアテナイの緊迫した気分が伝わってくるが、この演説のことは後にふれる。村川は、この演説の終りの方で、女性たちに対してよびかけた短い言及に注目している。ペリクレスは言う。今後、未亡人になる人たちの婦徳について一言ふれる必要があるとすれば、それは、あなた方が生まれつきの本性に反することなく、またあなた方の友達が、善きにつけ悪しきにつけて男たちの噂になることが少なければ少ないほど、それはあなた方未亡人となるべき人の最高の名誉であると心得てほしい（ツキジデス、巻二）。村川は、長文の演説の中から最後の女性にふれた部分を引いているだけで、政治論の見地からこの演説を取り上げているわけではない。彼は言う。ペリクレスの短い言及には、当時のアテナイにおける女性の地位と男性の女性観が表現されている。ペリクレスの言葉は、未亡人ばかりでなく、夫のある女性にも未婚の女性にもそのままあてはまる。アテナイ人の家庭では、娘は幼少のころから世間知らずに育てられ、女子教育の機関は全くなかった。一般男子との社交の機会はもちろん、家族の男子と接する機会も少なかった。上流家庭には特別な女子だけの部屋があって、母親や家内奴隷の女中たちに囲まれて機織りや家事を手伝ったりするだけの毎日であった。クセノフォンの『家政論』によると、イスマコスが結婚したとき、彼女はそれまで「見たり聞いたり尋ねたりすることがなるべく少ないように注意して育てられてきた」という。ホメロスの時代には、男の方が新婦に莫大な贈り物をする習慣であったのが、アテナイ時代は逆に、新婦の持参金が娘をもつ親たちの苦労の種になる状態になり、法律によってその額を規制せよという議論まで起こっていた。こういう状態になった原因は言うまでもなく、アテナイが富強になって、支配階級の財力が大きくなったところにある。彼らにとって、娘は権力の階段を登るための大事な道具になったのである。このような状況では未婚の男女の恋愛などは滅多にないのも当然である。これに対して男子の方は外へ出て遊女を相手とすることができる。もうひとつ重要なのは同性愛の風習が広まったことである。近代のホモセクシアルの習慣には後ろめたい感じがつきまとうが、ギリシアの少年愛はこれと違って、大っぴらであからさまものだったようである（もっとも職業的男娼は非難されていた）。ギリシアにおける少年愛の習俗は、哲学研究者にもよく知られていることだが、従来の哲学研究では簡単にふれるだけで、それも男同士で知的論議を戦わせる関係としてのみ解釈されてきた。私は、プラトンのエロス批判の背景には、ひとつはこの問題があったのではなかろうかと思う。後に検討しよう。

村川の解説をつづける。夫は遊女を相手に家を明け、それが何も社会的非難を浴びることもないとなれば、女にとって落ち着く先は不倫姦通ということになる。『女の議会』の中でも、リュシストラテーが女の伝統固守を礼賛して、「間男を家の中に引き込むこと昔に変わらず」と語っている。当時このような事件が頻発していたことは、リュシアス（前四五〇－三八〇、有名な演説代作者）の演説「エラトステネスの殺害について」によっても明らかである。これは姦夫殺害を主題にした演説で、エラトステネスという男はなかなかの女たらしで、現場を押さえて彼を殺害したエウピレートスの妻を始め多くの女と関係していた。この演説の中には、一般民家の居住状態、姦夫が女奴隷（女中）を買収して忍びこむ手口、事実を知った主人が女中を拷問で脅して白状させる様子、現場を発見された間男が金銭による示談を哀願して却下され殺される様子、この種の殺人についてのアテナイ古来の法のことなどについて述べられている。男が女の家に忍びこむという形になるのは、家の外には適当な密会の場所がないからである。姦通の現場で間男を捕えた夫は彼を殺しても罪に問われない、という掟はソロン（前六四〇－五六〇、政治家）が定め、リュシアスのころにも行なわれていた。またデモステネス（前三八四－三二二、法廷弁論家）の演説によると、夫は、裁判所で刃物を使うこと以外なら手段を選ばず姦夫に処罰を加えることが許されていた。姦通した妻となお同棲をつづける夫は市民としての名誉を喪失し、姦婦の方は神域への立入りを禁じられ、死に至らないかぎりどんな懲罰を与えてもよいと定められていた。むろん示談で収まるケースもあった。

このような状況が広がっていたとすれば、プラトンとアリストパネスが性と国家の関係について取り上げたのも、性の氾濫が当時市民の関心をひく重大な社会問題になっていたからだと考えてよいだろう。家族内部の争いを主題にしたギリシア悲劇が流行した背景もそんなところにあったのではないだろうか。当時の観客は悲劇を見ると大声で泣くことが多かったという。プラトンが「女というものは、人間の中で、非力なために陰険な連中」（『法律』）とのべ、アリストテレスが「男子は優位に立って支配する者、女子は劣等であって支配されるべき者」（『政治学』）とのべたのは、当時女性がおかれていた実情であり、社会通念でもあった。

少年愛

『饗宴』には「エロス（恋、愛）について」という副題がついている。アリストパネスはこの中で、愛について奇妙な珍説をのべている。太古のころ、人間には三種類あった。ふつうの男と女のほかに、男女の両性をそなえた球形人間のような男＝女（アンドロギュノス）がいた、というのである（ギリシア語では、男はアンドレー、女はギュネーという）。この名称は今も残っているが悪口にしか使われていない、とアリストパネスは言っているので、あるいは神話時代の伝承にこれに通じるようなイメージがあったのかもしれない。そういう憶測をのべている研究者もいる。もしあったとすれば、両性具有人格のイメージが古く存在していたことになるが、残念ながら詳細は不明である。アリストパネスによると、このほかにも男=男と女=女という全部で三種類の球形人が居た。これらの球形人は、頭が二つ、手と足は四本ずつあって、背骨は外側にあった。このため、前後左右に自由に歩けるばかりでなく、急ぐときは軽業師のように全身を回転して運動できたのである。彼らの性質は非常に傲慢であった。そこでゼウスは、彼らを、髪の毛でゆで卵を二つに切るように分割して、後の処置はアポロンに任せた。アポロンはまず頭の向きを変えて背骨の反対側につけ、皮膚を引張り寄せて胸と腹をつくったが、寄せ集めた皮膚をまとめて結びあわせた部分、つまり臍を昔の思い出になるように残したのである。分割された球形人たちは「失われた半身」を求めて互いに抱き合って離れようとしない。ところがアポロンはうっかりして、身体の秘所(性器)を外側につけたままにしておいたので、子供がつくれず、だんだんと死んでいった。そこでゼウスがあらためて、秘所を前につけ直した。男と女であれば子供ができるし、男同士、女同士でも充足感が得られるので、しばらく抱き合った後は恋にばかり夢中にならず、ほかの仕事に心を向けることができるからである。ただ、この球形人の子孫たちは自分の半身になる相手を求める心が異常に強い。男=女の子孫の男はひどく女好きで、姦夫とよばれているのはこの連中である。男=女の子孫の女たちは男が大好きで、姦婦とよばれているのである。少年愛に熱心なのは男=男の片割れだった連中で、少年のうちは大人の男を愛してまつわりつく。彼らを恥知らずというのは間違いで、その証拠に、こういう人が成長すると政治家として有能になる。彼らは男ざかりになっても結婚とか子供をつくることにはまったく無関心で、少年を恋する者になる。以上がアリストパネスの球形人間説の梗概である。当時のアテナイに姦通不倫と少年愛が流行していた実情をよく伝えている話であるが、現代の先進国家における性問題の状況を連想させられるところがないでもない。

プラトン初期の対話篇『カルミデス』の初めの部分に、次のような光景が描かれている。戦場から一年ぶりで帰ってきたソクラテスが体育場を訪れると、その姿を見つけたカイレポンとクリティアスが戦場の様子を聞く。この二人はソクラテスの運命に深い関係をもった人である。この場面設定はペロポンネソス戦争開始直後のことで、プラトンはまだ生まれていない。ソクラテスは三十八歳。カイレポンは例のアポロンのご神託をわざわざデルポイまで出かけて聞いてきた男で、何事にも熱中する気質だったという。クリティアスはプラトンの親戚に当たる。クリティアスはソクラテスに引き合わせたい少年がいると言う。そこへ一群の少年たちがドヤドヤと入ってきた。彼らの人気の的になっているのがカルミデスである。彼はプラトンの叔父に当たる。その様子を見たソクラテスは、ぼくは美少年に弱い、年ごろの少年はみな美しくみえると言う。あの子の身長や美しさに、ぼくは眼を見張った。子供たちは皆、あの子を恋して大騒ぎしている。まるで神聖な像でも見ているようだ。カイレポンが「どうです、いい顔立ちをしているでしょう」と言う。ソクラテスがその通りだ、と言うと「この子がその気になって着物を脱げば、あなたはもう顔立ちなど問題でなくなりますよ」とカイレポン。子供たちは大騒ぎで、ベンチに座ったソクラテスの傍らにカルミデスを座らせる。座れない子供たちは押し出されてまた騒ぐ。「あの子はもの問いたげに、えもいわれない眼差しでぼくをじっと見つめた。……そのときだよ。上着の奥に秘められたその肌をかいまみただけで、ぼくはカッとなってもう我を忘れてしまった。」プラトンはこの叔父をよく知っていた筈であるから、この話はソクラテスの性格の一面を伝えているのだろう。当時の少年愛の風俗の雰囲気がいきいきと伝わってくる。カルミデスの描写に現われているように、少年愛の風俗の背景には、少年が年長者を敬愛してその教えを受けたいという社会心理的雰囲気があったのである。

クセノフォンによると、ソクラテスは対話や弁論には自信があると言っていた。「私はとらえたいと思う人間があると、彼らを愛することによって彼らから愛を報いられ、慕うことによって慕い返され、交わろうと願うことによって交わりを願い返されるように、私の全力を傾倒することにかけては大したものだから」（クセノフォン『ソクラテスの思い出』巻二）[11]。ソクラテスは著作をしなかった人であるが、対話と弁論の達人で、教育者としてきわめて有能な人だったらしい。カルミデスは後に政治家になったが、清廉で温和な性格の人物だったという。政治家としても有能であったが、議会で演壇に立ったり、政治に深く入り込むのは好まなかった。ソクラテスは彼を激励したが、カルミデスは、議会の連中は正論を語る人たちを笑い者にする、と言っている。当時のアテナイの政界の空気が察せられる（クセノフォン、巻三）。彼は敗戦後のアテナイの内戦でソクラテスよりも早く戦死する。

プルタルコスの英雄伝によると、ペルシア戦争に勝ったころのアテナイの指導者テミストクレスとアリスティデスは、ケオス生まれの美少年ステシラオスを愛して争い合った関係だという。またアレキサンドロス大王がペルシア王ダレイオスを破って有名になったとき、ある男が美少年二人を買わないかと言ってきたので、大王が怒ったという話も伝えられている[12]。要するに少年愛の習俗は、元来は女性を対象にする場合と同様、権力者階級の性的欲望に応えるために始まったものらしいが、黄金時代のアテナイの上層階級の間では、それが世代間に教育的価値のある人格的師弟関係をつくり出すものとみなされるようになっていたわけである。

戦友の心と心は――

このように考えれば一応納得のゆく説明はつくが、一体どうしてこのような風習がギリシアで特に発達したのかという疑問は依然として残る。調べているうちに、J・A・シモンズというギリシア文学研究者の『ギリシア倫理の一問題――性倒錯現象の研究』[13]（一九〇八）の内容を詳しく紹介した伊藤勝彦氏の著作に接して、年来の疑問が氷解したような感じがする。当時はこのような主題を正面から取り上げるのは憚りがあったようで、シモンズのこの著作は私家版の形でひそかに出版されたものだという。

まず言葉について説明しておくと、少年愛の習俗はパイデラスティアと言い、年長者をフィレトール（愛者）、年少者をパラスターテスという。パイデラスティアという言葉はパイデイア（教育）とつながっている。このことは、この習俗がギリシア文明圏に入ってから独特な変化が生まれた事情を示している。アッシリアの刻銘や古代ユダヤの記録から、東方の諸民族の王たちの間では古くから異常性欲の習慣が行なわれていたことがわかるが、ホメロスの叙事詩時代のギリシア人の間では、まだこの習慣は知られていない。ギリシア人の間に少年愛が広まるようになった歴史的原因はドーリア人の侵入にある。ドーリア人とは、前十四世紀から始まる暗黒時代に北方から侵入してきた野蛮な部族で、先住民のミケーネ文明を破壊した戦士集団である。彼らは、若者集団から成る戦士あるいは海賊として海を渡り、ギリシアの山々や平原で戦いつつ前進し、武力によって土地を占領した。こういう生活が長く続いたために、兵営が彼らの毎日の住居となった。流浪の生活では、女が十分いるわけではないし、家庭生活の神聖といった考え方も生まれようがない。彼らは伝説的祖先のヘラクレスやアキレスの記憶に鼓舞され、英雄崇拝の理想を実現するという思いにかられ、敵と戦う生活の中から男同士の強い友情が生まれてきたのである。見知らぬ遠い国への移住、敵の海岸への上陸、町々の襲撃、燃える篝火《かがりび》の傍らでの不寝番、食糧徴発、敵襲の監視、などといった冒険の連続が友情にロマンの光を投げかける。男と男の間には、欲望の満足でしかない男女の愛とは違った熱狂的な心の結びつきが生まれる。愛するということは、必要があれば愛する者のために自分を犠牲にすることを意味する。また愛されるということは、相手が自分の身代わりになって死んでくれるほどの友情を自分に認めてくれていることを意味する。そこに誇り高き感情が呼び起こされる。

プルタルコスが引用しているパルメニデスの言葉に次のような一節がある。「愛し合っている軍隊は乱し難く破り難い。何となれば、愛する者は愛の対象に執着し、愛される者はおのれを愛する者の眼前で面目を失うことを恐れるがゆえに、この軍隊の各員は、いかなる危険をも辞さないからである。」こうしてパイデラスティアは、恥を知る（廉恥）、名誉を尊ぶ、勇気と力、といった倫理的徳性を示す言葉になる。スパルタの国制を定めたといわれるリュクルゴスは「市民は男性の愛人を持たなければ真に立派な市民とは言えないし国家の役に立たない」、と言ったという（リュクルゴスの年代は前八世紀とも六世紀ともいわれる）。「少年を愛する者は、その愛する少年と恥辱・名誉を共にした。……彼らは競ってその愛人（少年）を徳高き者にしようと努めた。」

しかしながら、戦いと流浪の時代が終わるころになると、英雄時代の考え方にも変化が生まれてくる。クレタに移住したドーリア人はフェニキアの習俗の影響を受けてアジア的快楽の味を覚え、これがやがてギリシア本土に持ち込まれた、というのである。以上に紹介したシモンズの分析は、ギリシア史の特質の一面をよくとらえているように思う。日本の戦国時代の武将たちの間にも、少年を傍らにおく習慣が広く行なわれていたことはよく知られている。この習慣は「衆道」とよばれている（衆は「若衆」の意味らしい）。江戸時代初期の『葉隠』は、主君に対する思いを「忍ぶ恋」にたとえている。『葉隠』は衆道を描いたものではないが、戦国時代の武士の気風を伝えた書である。江戸初期は主君の死に殉死する例が非常に多かったが、これは戦国時代の武士の心理が平和の時代まで受け継がれたためである。

ソクラテスの若者教育

ところで、ソクラテスの若者教育とはどのようなものなのか。この問いに答えるプラトンの対話篇は『アルキビアデス1』である。アルキビアデスは、ソクラテスの生涯に深い関わりをもった人物である。彼の父はスパルタとの戦争で戦死したため、彼はペリクレス一門の家で育てられ、富豪の娘を娶った。天性の美貌で運動競技の名手、オリンピア競技に七頭の馬を連れて現われ、馬車競技に優勝した。アテナイの女性たちの憧れの的であったという。彼はペリクレスのような大政治家になりたいという望みを抱いて、ソクラテスに入門した。

プラトンがこの対話篇に託した意図は、ほぼ次の三つであると言えるだろう。まず一般論としてみれば、国家の政治に参与する者の心構えを説いた書である。後の『国家』にみえる構想を先取りするような感じもうかがえる。第二に、少年愛の正しい理念を説いた書という側面がある。そして第三は、ソクラテスを弁護する意図があるということである。アルキビアデスはペロポンネソス戦争の末期に殺されるが、戦後のアテナイで敗戦の主な責任者とみなされ、このことがソクラテスの告発につながったのではないか、という議論がある。(なおこの対話篇は偽作説もあるが決定はできないようである。)

作品の年代設定では、アルキビアデスは十八歳とされている。アテナイでは、上流家庭の子弟は十八歳になれば軍隊に入って訓練することが許され、二十歳になると議会の議員になれる。ソクラテスはまず、以前ダイモンの声が君に近づくなと言ったのでしばらく会わなかったが、もう長くその声を聞かない、と話し始める。ついでアテナイの現状について、ギリシア語も満足にしゃべれない者たちがやってきて、国民を指導するようなことを言いながら実は民衆に迎合している、と言う。これは、当時外部のポリスからアテナイにやってきた知識人学者たち(ソフィスト)を指している。ソクラテスやプラトンのようなアテナイ生まれの人々の間には、気に入らないところがあったのだろう。ソクラテスは言う。大事なことはデルポイの神殿に掲げられた言葉に従って「汝みずからを知る」ということである。これは、ぼくの後見人は神様だということだ、とソクラテスは断言する。国家は、そこに何が宿り何が去って行くかによって政治が変わるものである。大事なのは、国民全体の間に親しみの気持ちがあること、心が一つになることである。それはどういうことか。それは各自が自分の魂について正しく気づかうことである。われわれは、自分自身が何であるかということを知らないで自分をよくするための技を知ることはできない。人間は身体を使用するが、その使用者は魂（プシケ）なのである。人間とは本来魂にほかならない。アポロンの神殿に掲げられた「汝自身を知れ」という言葉は、自分の魂のありようを自覚せよということを教えているのである。君の立場から言えば、君を愛する者とは君の魂を愛する者のことである。魂を愛する者は、その魂が向上の道をたどっているかぎり、離れることはない。アルキビアデスを愛する者はソクラテスただ一人しかいない。ほかの人はただ君の「付属品」（肉体）を愛しているにすぎない。君の付属品は今、最盛期を過ぎようとしているのだが、ほんとうの（魂の）開花期は今始まりかけている。私は、君が民衆の恋人（人気者）になって腐敗させられないか、と心配している。アポロンの神は「汝自身を知れ」と言われたが、それは自分自身をかえりみよ、という意味である。魂は自分自身を知らねばならない。つまり、魂のすぐれたはたらき（徳性）がそこから生まれてくる深い根底を見なければならないということである。国家の政治を志す者にとって、最も必要な徳性はソフロシュネー（思慮）である（この言葉は克己・節制といった意味も含んでいる）。殺人や略奪など、戦争の場面で善きことと悪しきことを判断するのが「思慮」である。人間が神に似ているといわれるのは、心のこの部分のことである。国家は城壁も三段櫂の快速艦隊も必要としない。徳が伴わなければ、数が多くても規模が大きくても何にもならない。大事なことは、国民に倫理的徳性について教えることである。それは、正義と節制を保つ思慮の深さである。したがって、徳をしっかり身につけていない若いころは自分よりすぐれた者に従う方がよい。

『アルキビアデス1』はここで終わっている。この作品を読んでいると、ソクラテスの考え方について、いくつか印象に残る問題点がわかってくる。まず第一は、アポロンの神とソクラテスのつながりが強調されていることである。「汝自身を知れ」という言葉は、当時のギリシアの賢人たちの間でいろいろな解釈があったものである。ソクラテスはこれを、自分の魂（プシケ）について自覚するという意味に解している。これは、ダイモンの声にみられるような彼自身の体験に基づいて生まれてきた考え方だろうと思われる。つまり、自分の心の深い根底にある霊性のはたらきは神に通じていると信じることから、心と身体の関係も、国家の正しいあり方も、おのずと知られてくる、とソクラテスは説いているのである。第二に注意されるのは、人格がそなえるべき倫理的徳性の構造についての考え方である。人間はまだ若いうちは、すぐれた徳性を身につけることはできない。徳を身につけるためには、自分の心理状態（願望、能力、性格など）について反省し、自覚する心構えが必要である。心の深い根底には神に通じるはたらきがそなわっている。それが自己自身を知るということなのである。こういうソクラテスの信念は、心理学的にみれば、意識が自覚できない無意識の根底に霊性（スピリチュアリティ）がそなわっていることを意味する。ここにはまた、若さのもつ可能性と危険性についての発達心理学的な見方がある。人格の倫理的徳性が成長してくる可能性はそこに求められるのである。

もう一つ、私が注意したいと思うのは、第一章第二節「古代哲学と西洋思想の伝統」に引用したアリストテレスのソクラテス評価である。学者としての能力を考えた場合、プラトンとアリストテレスがソクラテスにまさっていたことは疑いない。アリストテレスは、哲学は言葉を正確に定義することから始めなければならない、と考えている。彼がソクラテスの功績を認めたのはこの点だけである。倫理学はアリストテレスにとって、最重要な問題ではなかった。ソクラテスの基本姿勢はこれとは違っている。若者を愛し、彼らをすぐれた徳性をそなえた人間に育てること、これがソクラテスが彼自身に課した仕事であり、また人生の生き方であった。ソクラテスにとって、哲学は単なる知的思索から生まれるものではなかった。われわれはこのことの意味について考えなければならない。

アルキビアデスが軍人政治家として活躍していたころの姿は『饗宴』の終りの部分に出てくる。一同の談論が終わりかけたころ、家の外から大声で酔っぱらって何か言いながら、アルキビアデスが姿を現わす。このときの宴会は、悲劇作者のアガトンがコンクールで初優勝したのを祝って集まったものであった。アルキビアデスはお祝いの花冠をアガトンに贈るためにやってきたのである。時代設定は開戦から十五年たった前四一六年で、ソクラテス五十四歳、アルキビアデスは三十四歳である。彼は戦場でさまざまの武勲を立て、今はアテナイを代表する有力な政治家の一人に数えられる地位にあった。彼は座ってから、おやソクラテスもいたのか、と言って話し始める。諸君も知っているように、この人は美しい人と恋におちいりやすいたちなのだが、ほんとうは、われわれを無にひとしいと思っていながら、ふざけたことばかり言っている人なんだ。ぼくはこの人と会うと何だか恥ずかしい気分になる。この人から離れていると名誉心に負けてしまう。この人を見ただけで、昔自分がいろいろ教えられたことを思い出して恥ずかしくなってしまうのだ。ぼくはそのころ、この人が若いぼくの美しさに夢中になっていると思っていたし、自分は美少年だとうぬぼれてもいた。一対一で長く話し合ったり、組み討ちをして一緒に身体を鍛えたこともある。それでぼくは、この人をデートに誘った。すぐには承知しなかったが、その後、家に来てくれた。しかし食事がすむともう帰ると言う。ぼくも恥ずかしかったから、その時は帰ってもらった。しかしこうなったら、もう後へはひけない。あるとき食事を済ませたあと、もう遅いからと強引に泊まらせ、食事に使った寝椅子に寝てもらった（ギリシアでは、横になって食事する習慣であった）。ここまでのことなら別に話したってどうってことはないが、その先は酒の勢いでしゃべってしまおう。（当時のワインはアルコール度がつよく、ふつう水割りにして呑んだものである。）ぼくは言った。ぼくから見たら、あなたはぼくを恋する資格のある唯一の人です。ぼくの後援者としてあなた以上の人はいないのです、と言って、両腕でこの人に抱きついて寝たのだ。ソクラテス、あなたはぼくが嘘をついているとは言わないだろうね。「裁判官諸君、……よく肝に銘じてくれ。数々の男神に誓い、女神に誓って言うが、ぼくはソクラテスと一緒に寝て一夜を過ごしたが、父や兄と一緒に寝た場合と同様、別に何の変わったこともなく翌朝起きたのだ」（219C–D）。恥をかかされたと思いながらもこの件だけは忘れられない、とアルキビアデスは語っている。笑いが起こった、とプラトンは書いている。ソクラテスに接していると自分が恥ずかしくなるというアルキビアデスの述懐には真実味が感じられる。

ソクラテスの女性観

しかしアルキビアデスは野心家だと言って、彼を嫌う人たちも多かった。クセノフォンは、アルキビアデスは荒淫、傲慢、圧政の固まりのような人物だったと言っている。彼は少年時代から名誉欲と政治的野心が強く、ペリクレスといつも政治の話をしていた。ソクラテスに入門したのは政治に役立つ弁論を学ぶのが目的だったので、同輩を越えた後はソクラテスから離れてしまった、と評している。クセノフォンの『ソクラテスの思い出』は思想的内容を取り上げたものではないので、哲学研究者からは軽く見られているが、この作品には素顔のソクラテスの人となりや生活態度などがよく描かれている。クセノフォンはプラトンよりずっと年長で、ソクラテスとの交流も長かった人である。軍人としての経験も長く、部下に信頼された誠実な人柄のすぐれた指揮官であった。彼の証言によって、ソクラテスの人柄や、彼が家族や友人知人などに対して日常どのように接していたかという様子がよくわかる。ソクラテスの哲学というのは頭で考えただけの理論ではないから、彼の実際の行動から考えて行く必要がある。ここでは少年愛と女性に関連する一、二のエピソードを紹介しておこう。

ソクラテスの生活ぶりは質素で、世間の標準からみれば、ほんのわずか働くだけで暮らしてゆけるほどである。食事は空腹を満たして楽しめる程度しかとらず、ワインは喉の乾きをいやす以上は飲まなかった。彼は冗談を言うのが大好きな人で、魔女キルケが豚をつくったのはご馳走をたらふく食べさせるためだった、などと言っていた。彼の口癖は、美貌から刺激される欲求は注意深くさける必要がある、いったんこの誘惑におちいると思慮を保つことが非常に困難になる、というものであった。あるとき、クリトンの息子クリトブロスがアルキビアデスの美しい息子にキスしたと聞いて、彼はクリトブロスのいる前でクセノフォンに話しかけた。（クリトンはアテナイの富裕な商人で、ソクラテス一家の暮らしを助けていた人として知られる。）「私はこれまでクリトブロスは考え深い若者だと思っていたが、実は熱しやすい無鉄砲者らしいな。この男は白刃の中でもとんぼ返りしたり、火の中にでも飛び込むだろうね。」「どうしてそんな風に言われるのです」とクセノフォンが聞く。

「この男はアルキビアデスの息子にキスしたらしい。とても美しい魅力ある少年だよ。」

「それじゃ、私だって危険を犯しかねませんね。」

「可哀相だね。美少年にキスしたらどうなると思うかね。自由人はたちまち奴隷になり、快楽のために財産を失い、有益なことに使える多くの時間を失い、狂人も問題にしないような事柄に熱中するようになるんじゃないかね。」

「キスがそんなに恐ろしい力をもっている、とおっしゃるのですか。」

「君は、小さな蠍《さそり》が人間に耐え難い苦痛を引き起こし、正気を失わせることを知らないかね。」

「知ってますよ。蠍が何か毒を注ぎこむんでしょう。」

「阿呆。君の眼に見えないからといって、美貌がキスとともに何かを注ぎこんでいるのがわからないのか。美貌と若さという動物は、蠍よりもはるかに恐ろしい。蠍のように触れなくたって、見ただけで、遠くからでも何か発射して気を狂わせるのさ。クセノフォン、ぼくは君に忠告するよ。美人を見たら一目散に逃げることだ。それからクリトブロス。君は一年間外国に行くようにしなさい。君の病気が治るにはそれくらいは必要だろう。」

ソクラテスはこのように、情念と欲望が若者の心を狂わせることをよく観察していたが、絶対的な禁欲を強制するような人ではなかった。肉欲に負けそうな性格の人に対しては、肉体がよほどの要求を感じないかぎり精神が誘惑に負けないようにしてゆくこと、またどうしても誘惑に負けてしまうような場合には、後で厄介な問題が起こらないような相手を選ぶのがよいと言っていた、とクセノフォンは伝えている（巻一、第三節）。

読者の中にはソクラテスが女性についてどう考えていたのか関心をもつむきもあるかもしれない。クセノフォンは面白い証言を残している（巻三、第十一節）。アテナイにテオドテーという美しい遊女がいた。ソクラテスの弟子の一人がその話をして、彼女は言葉では言い尽くせないほどの美人で、画家たちがその姿を描くためにその家を訪れている。彼女は風俗の許すかぎり身体を露出して見せてくれる、と言った。話を聞くとソクラテスは言った。「それじゃ行って見学するほかないね。なぜって、言葉を絶した美しさというのでは、聞いただけではわかりっこないからね。」先生がそう言うのだから若い弟子どもは大喜び。一同、その男の後についてテオドテーの家に押しかける。ソクラテスが若者の心をつかむのにたけた人柄だったことがわかる。彼女は画家のモデルになっている最中で、一同その姿を眺めさせていただく。画家が一休みすると、ソクラテスは早速しゃべり出す。「諸君。テオドテーがわれわれに彼女の美しさを見せてくれたことに対して、われわれの方が礼を言うべきだろうか。それともわれわれが見てやったことに対して、彼女の方が礼を言うべきだろうか。もし見せることが彼女の利益になるのなら、彼女はわれわれに感謝しなければならないし、もし見たことがわれわれの利益になるのならば、われわれがこの人に感謝しなければならないわけだ。」

その通り、と誰かが言った。ソクラテスはつづける。「この人は既にわれわれの称賛を獲得した。われわれがさらに多くの人々にこのことを吹聴すれば、この人はもっと多くの利益を得るだろう。しかしわれわれは、見たものに対して早くも触れようとし、煩悩を抱いて立ち去り、恋慕の情に堪えないことだろう。その結果、われわれはこの人の崇拝者になり、この人は崇拝される本尊になるわけなのである。」

すると、テオドテーが言った。「まあまあ。それがほんとでしたら、私の方が皆さんにお礼を言わなくてはなりませんわね。」彼女のまわりには大勢の侍女が仕え、母親が世話をしている。彼女らの豪華な衣装を見て、ソクラテスはテオドテーに暮らしのことをいろいろと尋ねる。彼女は貧しい家の出である。ソクラテスは友達を大事にしなさいと言い、客に接するときの心構えを説いてきかせる。「満腹している人々に対しては、満腹が終わって再び欲しくなるまではこちらからは何も提供しない。欲しくなっている人々に対しては上品に交際し、承知することを渋る様子を見せて、最大限に欲しくなるまで逃げておればよい。そのときには、欲しくないときに与えるよりも同じ贈り物でも値打ちがまったく違うのだよ。」テオドテーはソクラテスの軽妙な話しぶりに引きこまれて「私の協力者になって」と言う。「それが残念なことに、私にはかわいい娘たち（弟子ども）がたくさんいて離れないのだよ。ここにいるアポロドーロスやアンティステネス、テーバイからはるばるやってきたケベスとシンミアスなどはそうだ。これは私が使う惚れ薬や呪文のおかげなんだよ。」このようなソクラテスの態度を何と評すべきか、私ごときには言葉もないが、若者の心をつかむのに巧みだった快活で陽気な人柄が伝わってくる。

ソクラテスの妻クサンチッペについては、あまり根拠のない悪妻話がいろいろ伝えられているが、クセノフォンは、ソクラテスが息子のランブロクレスに対して、母親というものの意味について教えた話を伝えている（巻二、第二節）。ランブロクレスが母親に対して腹を立てているのを見たソクラテスは息子に話しかける。お前は、世間には「恩知らず」といわれている人間がいるのを知っているか。

「わかってますよ、そんなことくらい。よいことをしてもらって感謝する力があるのにしない人のことです。」そういう行いは正しくないね、と言って息子がうなずくと、まず「忘恩はよくない（不正である）」という結論を引き出してから、彼はおもむろに親というものの意味について話し始める。われわれは、子供が親から受けた恩よりも大きい恩を人から受けた人間など見たこともない。子供は親のおかげで初めてこの世に存在を得、神々の与えたたくさんの美しいものを見、たくさんのよいことを楽しめるのである。人間は情欲のために子供をつくるのだ、などとはお前だって思わないだろう。欲望を満足させる方法なら巷にみちみちているし、そのための家だっていくらもある。われわれは、どういう女性がよい子供を生んでくれるかと考えて、これと一緒になって子供をつくるのだ。男は自分と協力して子供をつくる相手を養い、いずれ生まれてくる子供の利益になるように準備する。女は子を宿し、その重い荷を苦しい思いをしながら担い、自分を養う滋養分を分け与え、あらゆる苦労をして産み落とすと、何の恩義も受けているわけでもないのに養育し、恩を受けていることもわからない赤子の喜ぶことを察してそれを満たしてやろうと努める。長い年月、骨身を惜しまず養育して、お礼を受けることなど考えもしないのだ。しかし息子は反論する。「だけど、母さんがそういうことをしてくれたとしても、あんなひどい性質は誰だって我慢できませんよ。」

「野獣の残酷と母親の残酷と、どちらが我慢するのが難しいかね。」

「私は母親の方だと思います。うちの母さんのような場合は――」

「しかしお前は小さいときからどれくらい悪戯したり、いけないことを言って母さんに面倒をかけたと思うかね。」息子はなおもいろいろ言うが、次第に父親の言葉に同意することが多くなってくる。「お母さんはお前に好意をもっているのだよ。お前が病気になったときは早く治るように世話をし、お前の身の上によいことがあるようにいつも神様にお祈りしているのに、それでも残酷だと言うのかね。この母親が我慢できないと言うのなら、お前はよいことを我慢できないのだ。お前は知らないだろうが、国家も、ほかの忘恩は問題にしなくても親を大切にしない者には罰を加え、人の上に立つことを許さない。親の墓をきちんと祭らない者があれば、国家は任官の際に身元調べをする。お前がもし母親を少しでも粗末にしたら、私は神々にお許しを乞わねばならない。神々がお前を恩知らずだとお考えになって、お前のためによくしてくださるのをお嫌いになっては困る。それに世間の人の気持ちにも注意することだ。お前が親をおろそかにするような人間だと知ったら、お前を軽蔑してお前は一人も友達がいなくなるかもしれないのだよ。」

ソクラテスの言葉には知識人めいた理屈などはない。現代の若者には古くさいお説教と受け取る人もいるかもしれない。そうだとしたら、人類の倫理感覚は二千年昔よりも低下しているということである。ソクラテスの言葉は、親に孝行という儒教の教えと全く違わない。ここに伺えるソクラテスの態度には、プラトンが提案したような女性と子供の国家管理というような考え方に通じるところは何も見られない。女性を特に尊重しているわけではないが、プラトンやアリストテレスのように女性を軽蔑しているわけではない。

筆者としては次の二点に注意しておきたい。初学者が倫理についてのソクラテス（プラトン）の考え方を学ぶとき、よく「徳は知である」とか「徳は教えられる」というように、知徳合一主義がその思想の基本であると教えられる。そういう解釈は誤りではないが、見方が知的方向に片寄っていると思う。ソクラテスが教えたのは学問的知識としての倫理学ではない。彼は、道徳や倫理についての知識を与える学者ではない。彼は、人生経験の浅い若者が実際にその人生を生きて行くためのモラル感覚を身につけさせる教育者であり、自分自身の日常の言行を通じて若者に人格教育を行なっていたのである。先に言ったようにアリストテレスは、ソクラテスが倫理問題に重点をおいたことは哲学の本来とるべき道ではなかったと考えている。そこで、ソクラテスから哲学が始まったと見る場合は、この点をどのように理解するかが重要な考え方の分かれ道になるだろう。

もう一つクセノフォンの証言からわかるのは、神々への信仰に関するソクラテスの態度である。『ソクラテスの思い出』の開巻には次のように語られている。「彼は何度も自分の家で、また何度も国家公共の祭壇において、犠牲の祭りを行なったことが誰にもわかっており、また占いを用いたこともよく知られていた。ソクラテスがダイモニオン（神霊）が彼に諭しを与える、と言っていたことは広く言いはやされていた」（巻一、第一節）。ここにみられるソクラテスは、神々について知的な議論をするソフィストのような知識人とは違って、伝統的な民衆心理そのままに生きている庶民の一人である。

女性性は底流化する

われわれは、ホメロスの叙事詩にみえる神々の男性性と女性性という主題を追って、ソクラテスとプラトンの女性観まで来てしまった。歴史的にみると少々進みすぎである。ギリシアの思想史について考える場合、ソクラテス以前の前七世紀から始まる自然哲学の発展を無視することはできないが、これは次章の課題とする。この章を終わるに当たって、これまで考えたことをまとめておくことにしよう。

ソクラテスが生まれたのは前四七〇年である。アテナイが前四八〇年に第二次ペルシア戦争に勝利を収めた少し後に当たる。ペリクレスが政権を握ったのは前四五九年、ソクラテスは十歳を越えたばかりの少年である。政権を握ったペリクレスはペルシア戦争の際に破壊されたアクロポリスの神殿を再興する計画に着手する。今も残るパルテノン神殿がこれである。この神殿の前庭には、高さ九メートルに達する青銅の巨大なアテネの女神像が立っていたという。黄金時代のアテナイを象徴する記念碑と言ってよいだろう。しかしそれは、甲冑に身を固め、槍と盾をもった戦士の姿であった。神としてのアテネは両性具有人格であるが、この姿は軍事国家を象徴する男性性のイメージそのものである。アイスキュロスの三部作が示していたように、国家としてのアテナイの公共的秩序は、アテネとアポロンの合作によって確立されたものである。古い伝統を伝える女神エリニュスに代表される女性性の立場は、国家の下におかれた家庭の守護神に変貌することによって、その価値を承認されたのであった。

ポリスの形成と発展という歴史的観点からみれば、ここで結論は出ているわけである。その点から見れば、女性と子供の国家管理というプラトンの提案は必要の限度をこえている。彼がこのような提案をした理由は、先にのべたような、アテナイにおける性の氾濫の状況に対して警告の意味をこめたものではなかったか、と考えられる。彼の場合、国家論は同時に倫理学を意味するからである。性というテーマは元来国家論や政治論の文脈には収まらない性質の問題であるが、国家の理念を倫理的正しさ（正義）に求めるとすれば、性の混乱状況を問題にしないわけにはゆかなくなる。もう一つ理論的理由として考えられるのはイデア論との関係である。国家の指導階級は哲学を必要とするという彼の主張の背景にはイデア論がおかれているが、それはエロスの問題と深い関係がある。

プラトン哲学の初期と中期の過渡期に書かれたと推定されている『メノクセノス』という対話篇がある。この対話篇は、ソクラテスがペリクレスの夫人アスパシアの戦死者追悼演説を再現して伝える趣旨で書かれていて、対話の部分はほとんどない。またソクラテス死後の事件のことまで記されているために、かつては偽作とされたこともあったが、今ではプラトンの真作であることが確認されているという。クセノフォンによると、ソクラテスはアスパシアと知り合いだったようだし、ペリクレスの養子になった小ペリクレスはソクラテスの教えを受けたことがあるので、この対話篇でソクラテスが彼女の代弁をする形になっているのもおかしくはない。この対話篇はアテナイの発展の歴史を回顧して賛美したもので、ペルシア戦争からペロポネソス戦争、さらにその後のことまで及んでいる。アスパシアは、アテナイの国土が野獣を生まず人間の種族のみを産み、美しく養育してきたと語り、そこに他のポリスにはない優れた特性があると言う。「このような証拠は、女よりも先に、むしろ大地にあてはまる証拠として受け入れるべきものである。なぜなら大地が女をまねて孕み生むのではなく、女が大地をまねてそうするのだから」（238A）。この対話篇に流れている感じは、『国家』にみえる女性論とは全く違った感じを与える。女性性は底流となってなお社会の底層に生き続けているかのようである。その力は大地、母なる自然の生命力につながっている。

神的狂気とイデア界

『国家』は中期対話篇に属するが、同じ中期に書かれた『パイドロス』及び『饗宴』の中では美とエロスの問題を扱っている。この二つの対話篇については先にもふれたが、その内容は人間性についての心理的考察と言えるだろう。私は、この二篇でソクラテスがダイモンに言及している部分に興味を感じる。『パイドロス』では、対話が佳境に入るあたりで、ソクラテスが話相手のパイドロスに対して、さっき川を渡って向こうへ行こうとしたとき、ダイモンの合図があった。ある声が聞こえて、神聖なものに対して何か罪を犯しているから、それを清めるまでは立ち去ってはいけないと命じた気がする、と言う。「ぼくは占いができるのだ。あまりうまくはないが、しかし字の下手な人と同じで、自分だけのためなら結構間に合うんだ」(242C)。ソクラテスは次いでデルポイの巫女やドドネの聖女のことを話し始める、ドドネの聖女というのはゼウスに仕える巫女のことである。彼女らは「その心の狂ったときにこそ、ギリシアの国々のためにもギリシア人ひとりひとりのためにも、実に数多くの立派なことを為し遂げた。だが、正気のときは彼女たちは、ほんのわずかのことしか為さなかったか、あるいは全然何もしなかったと言ってよい」(244B)。ソクラテスはさらに、神に憑かれた予言者のことを語る。ひとしきり神的狂気について説明した後、先にのべた有名な二頭の馬の比喩が語られる。人間の魂は、翼をもつ二頭の馬をあやつる翼ある御者のようなものである。一頭は血統も資質もよい馬であるが、もう一頭は逆である。この対話篇は「美について」という副題がついていて、二頭の馬の比喩は天上の美と地上の美を求める心理的葛藤状態を示している。ソクラテスは魂が次第に高く登って行く過程についてのべ、知を愛し求める精神のみが翼をもち、神がそこに身をおくことによって神としての性格をもち得るかのもののところへ自分をおく、と言う。つまりそれは神性の次元であり、魂はそのはたらきの「秘儀」に与るのである。人がこの世の美を見て真実の美を「想起」し、翼で駈け上がろうとし、下界のことをなおざりにするとき、狂気という非難を受ける。しかしながら「この狂気こそは、すべての神がかり状態の中で、みずから狂う者にとっても、この狂気にともに与る者にとっても、最も善きものであり、また最も善きものから由来するのである。そして美しい人たちを恋い慕う者がこの狂気に与るとき、その人は〈恋する人〉とよばれる」（249E）。

ここにはプラトン哲学の基本概念がいくつかちりばめられている。神がそこに身をおくことによって神としての性格をもち得る「かのもの」というのはイデア界のことである。つまりイデア界というのは、神話の神々が生きていた自然界を知的観念でおきかえたものである。また、この世の美を見て天上の美を思い出すという「想起《アナムネーシス》」の考え方は『パイドン』で語られている輪廻転生の考え方につながるものである。このような神的狂気についての説明には、女性性に基礎をおく神秘的ないし霊性的雰囲気が流れている。ソクラテスの発想には、理性と霊性、合理性と神秘性という対抗的緊張関係があるように私は思う。男性性と女性性の問題はこの点に関連しているのではないだろうか。

次に『饗宴』はエロスを主題にした対話篇である。一同の談論の最後にソクラテスが話をする。それは、彼がマンティネイアのディオティマという巫女のような女性から聞いた話を伝える形をとっている。研究者によれば、彼女はプラトンの創作した人物ではないかという。エロスとは何かというソクラテスの質問に対して、ディオティマは、それは死すべきものと不死なるもの、つまり人間と神の中間にあるダイモン（神霊）のことであると答える。「偉大なダイモンですよ、ソクラテス。そして神霊的なものはすべて神と死すべきもの（人間）の中間にあるからです」（202E）。ディオティマはさらに、ダイモンに関わる事柄として、卜占、犠牲式、秘儀、呪禁《まじない》、予言や魔術などをあげる。これらは神と直接交わることではなくて、中間的なダイモンに関わる事柄である。「これらの神霊は数も多く、種類もありとあらゆるものがあります。その中の一員としてエロスもあるのです」（203A）。プラトンがこのような事柄に対して積極的な関心をもっていたかどうかはわからないが、先にのべたクセノフォンの証言で明らかなように、ソクラテスはこういう伝統的習俗を大事にしていた人で、占いや犠牲式などを忠実に実行していた人である。プラトンがそういう師の姿をよく知っていたことは確かである。

ディオティマはエロスの誕生についての神話的伝承を語る。エロスは神の子とされている（ローマでいうキューピット）。神々がアフロディテの誕生を祝って祝宴を開いたとき、ポロス（豊かさ）という男神は酒に酔って寝てしまった。そこへペニア（貧しさ）という女神がやってきて男神と添い寝してエロスが生まれた。だからエロスは豊かさと貧しさの中間にあり、したがってまた知と無知の中間的性質をもっている。神は既に知をもっているから知を求めたりしないし、人間の知者も自分は知をもっていると思っているから知を愛し求めることはない。一方、無知な人々は知を愛せず、知者になろうと望むこともない（203C–204A）。この説明は、フィロソフィア（知への愛）の考え方の具体的意味を明らかにしている。フィロソフィアとは神的狂気の中に潜んでいる神々の世界へ至る道を歩むことなのである。それには知性よりも霊性のはたらきを目覚めさせなくてはならない。ソクラテスが説いた「魂の気づかい」とはそういうことだった、と筆者は思うのである。

近代の研究は、ダイモンに関連するこれらの事柄を軽視する傾向がある。近代哲学の基本にある啓蒙的合理主義は、このような事柄は理性とは相容れないと考えて、その意味を否定したからである。しかし今日では、伝統医学、医療人類学、臨床心理学などの発達にともなって、古代社会の信仰習俗のもっていた意味があらためて見直されるようになっている。理性的意識の底に隠れている深層心理的経験の領域とそのはたらきについて探求することが、現代の新しい研究課題になってきているのである。

ディオティマはつづける。ポイエシス（制作、創作）とは、音楽のリズムやメロディを新しく作り出すことであり、非存在から存在へと移行することである。エロスの交わりはこれと同じことであって、新しいものを生み出すはたらきなのである。「ソクラテス。すべての人間は肉体的にも精神的にも妊娠して生むものをもっているのです。そしてある年齢に達すると、われわれの本性は自然に産むことを熱望します。ところで、産むことは醜いものの中ではできないことで、美しいものの中でなければなりません。つまり男女の交わりが結局出産になるからです。そしてこの行為は神的なものであって、それは死すべきものである生物のうちに不死なるものとして内在しているのです」(206C)。若い男女にとって性の交わりを求めるのは自然なことである。新しい生命が誕生することは新しい魂が生まれることを意味するが、その魂は神性の次元につながっている。その魂が生むにふさわしいものを身ごもっている人々は確かにいる。そして生み出すにふさわしいものとは、知恵や多くの倫理的徳性なのである。特に国家と家庭を正しく整える知恵(徳性)は最大で最も美しい。それは節制と正義によって育てられる。若さの中にそういう素質をもった魂は、醜い肉体よりも美しい肉体を喜ぶが、その上さらに高貴で素姓のよい魂に出会うと心身両面の美を悦ぶようになる。魂と肉体の美は他の人々のものと同じものであっても、魂の中にある美を肉体の中にある美より貴重なものとみなし、肉体の輝きは乏しくても魂においてすぐれた者がいればその人に従い、若者たちをよくする言論を生み出すべきである(209A–210C)。

ここにあげられている倫理的徳性は『国家』であげられているものと同じである。そのような努力の道の目的地とされる「かのもの」の美しさは、人間の顔のような格好をして現われるわけではなく「単一の形相(イデア)」をもって永遠に存在する。この美は黄金や衣装の美にも、世の美少年にも比較できない。今のあなたは美少年を見て有頂天になっているし、それは他の人々も同様ですね、とディオティマは言う。神的な美を見るということは美そのもの(美のイデア)を見ることであって、それは徳の幻ではなくて真の徳であって、それをそなえることによって魂は不死となる(211D)。つまり永遠の神性の次元につながった魂にまで成長するのである。

以上にのべた考え方は次のようにまとめることができよう。われわれは人間性の根底にある神的素質、つまり霊性を育てて行く努力によって精神の成長を達成することができる。それは、自分自身の中に倫理的人格を形成し、それを向上させてゆく努力の過程を意味する。神的狂気に関わる事柄はそういう道を指示している。つまり、われわれは倫理的人格を形成する過程を通じて宗教的経験の領域に入ってゆくのである。心理学の観点から言えば、性愛すなわちリビドの変容を通じて徳性をそなえた人格がつくり出される過程を意味している。

国家におけるロゴス

ディオティマの教えの中には、『国家』で説かれている倫理的徳性がすべて説かれている。プラトンの理想国家は霊魂三分説に基づいている。霊魂（Psyche, ラテン語 Anima）という言葉は広い内容をもっていて、表面の部分では「心」とか「意識」を指すが、その根底には「魂」（プシケ）とよばれる霊性的経験の領域がある。三分説は、霊魂を頭部を支配する理性的ロゴス的部分、胸部を支配する気概的部分、腹部を支配する情欲的部分の三つに分ける考え方である。個人の場合はこの三部分がそれぞれ知恵、勇気、節制の徳性を身につけることによって、人間として正しい生き方（正義）が実現される。

正義（ディケー）というギリシア語は、辞書をひくと（1）習慣、マナー、（2）秩序、きまり、（3）きまりを破った場合に罰を加える、といった意味がある。したがってディケーを身につけるということは、古い言葉でいえば君子とか紳士になるといった感じである。これを内面的精神的な人柄、人となりの問題としてとらえれば、人間としてのすぐれた徳性をそなえた人になる、ということを意味するわけである。

国家の場合は、この三つの徳性が階級に割り当てられる。指導者階級には知恵（ソフィア）、戦士階級には勇気（テュモエイデス）が必要である。しかし節制（エピュティメティコン）という徳性は生産階級ばかりでなく、すべての国民に求められる。性の問題は言うまでもなくこの徳性に関係している。性の氾濫が社会の精神的心理的基盤を揺るがす状態にあると考えられた場合、ディケー（秩序の正しさ）を保つには法的手段を必要とすることになる。女性子供の国家管理という提案は、そういう国家論の理論構成から出てくる論理的に避けがたい結論だとも言えるかもしれない。

プラトンの国家論で最も議論が多いのは、指導者階級に求められる知恵の具体的意味である。彼はそれを哲学と結びつけて、哲学者が指導者になるか、指導者が哲学を身につけることが必要であると言う。この問題はポリスの発達というギリシア史特有の歴史的状況から生まれてきた。他の古代文明圏では王や皇帝が統治者になるのが当然とされていたし、彼らはエジプトのファラオのように神とみなされるか、中国の皇帝のように「天子」とみなされた。しかしギリシアではポリスの数が多く、そこには王政、貴族政、寡頭政、民主政、僭主政（独裁）などさまざまな政治形態が現われた。アテナイの場合は民主政治が早くから発達したが、これは近代的意味の民主制ではない。それは、前七世紀のソロンの改革によって、資産の額に応じて権利を定めたいわゆる財産政治《ティモクラシー》であった。民衆の要求が反映しやすいという意味で、それは民主制《デモクラティア》とよばれたのである。したがってポリスの歴史では、政治指導者というものの精神的意味は不明のままであった。プラトンが取り組んだ仕事の意味はそこにある。彼のいう哲学者とは、神や天子のような神聖な人格に代わって神的なイデア界を愛し求める人を意味する。それは「美しくまた善である」（カロス・カガトス）永遠なものを追求する人間である。プラトンは彼の議論を空想的なものとは考えていなかったようで、晩年に二度もシケリアを訪れて理想国家を実現する計画を夢見たが失敗に終わる。

理論的観点からみた場合に問題になるのは、知恵を求める理性的霊魂のはたらきがロゴス的（logistikon）とされていることである。右にのべたディオティマの教えにも見えるように、知恵を愛し求める心は元来「神的狂気」の性格をもつ事柄である。プラトンはそれをロゴス的理性の問題としてとらえたのである。ここには理性と霊性の緊張関係があるが、その緊張関係を支えているのは身体性（エロス）の問題である。イデアについて語るソクラテスの姿にはプラトン自身の考え方が重ねられている。イデア論の発想はイタリアのエレア学派との交流から得られたものらしい。これは次章の課題としよう。

第三章　哲学誕生

1　運命からの救済

救済神を待望する

ホメロスの叙事詩が成立したのは前九世紀ごろと推定されているが、前八世紀以降、ポリスの思想状況には大きな変化が生まれていた。第一章（第1節の「神話と民衆宗教」）でのべたように、前八世紀以後、エレウシスの密儀宗教やオルペウス教の運動などに代表される民衆宗教の運動が活発になってきた。これらの民衆宗教ではゼウス宗教以前の先住民の信仰が再生しているので、一見したところ新しい感じを受けないのだが、われわれは信仰の心理の内容が非常に変わってきたことに注目しなければならない。前章（第1節の「ゼウス宗教の本質」）で紹介したロイド－ジョーンズの研究が明らかにしているように、ゼウス宗教の信仰の本質は人間を救済するところにはない。それは神々のための宗教であって、人間はただ神々が与える運命を受け取って人間の分際を知ることを求められるだけである。その信仰の本質は、人間は「死すべきもの」であるのに対して神々は永遠な存在である、というところにある。暗黒時代の戦争も遠い思い出となり、ポリスの統治体制が充実してきたこの時期、平和と安泰を願う集団心理が高まってきた状況をうかがうことができる。先住民の信仰の伝統には母性的性格が強く、そこには愛の心情が強調されている。

この時代の心理状況の変化を示すもう一つの動きは悲劇の流行である。それとともに、アポロンの信仰が盛んになってきたことが注目される。「オレステイア」物語の原形は前八世紀ごろアポロン崇拝者の間でつくられ、これが悲劇の流行を生み出すに至った。アポロンはかつての戦いと疫病の神からオレステスの苦悩を哀れむ救済神になっている。悲劇が大流行するようになったのは、アテナイの僭主ペイシストラトス（前六一二―五二七）が国費を支出して、国家行事として悲劇の上演を奨励してからのことである。観劇料は無料であった。こうして多くの劇作家が次々に現われて、ギリシア悲劇の黄金時代が開幕する。悲劇は人間の欲望や憎しみなどが生み出す悲惨な結末を描いて、人々に倫理的反省をうながす。その集団心理的効果が人々の間に広まってゆくとき、モラルの感覚が成長してくる。

しかしながら悲劇の場合、民衆宗教と違って直ちに神の救済を期待するのは難しい。三大悲劇詩人といわれるアイスキュロス（前五二五―四五六）、ソフォクレス（前四九六―四〇六）、エウリピデス（前四八六―四〇六）の作風には多少の違いがあるが、前二者の場合はほぼ同じ論理にもとづいて劇が展開している。アイスキュロスの『アガメムノン』では、王家の歴史の背景に潜む怨霊の呪いが悲劇を生み出す。ソフォクレスの『オイディプス王』は、神の予言を正しく理解できなかったために、呪われた運命に陥る人間の姿を描いている。そこに共通しているのは、人間を支配している運命（モイラ）の神的な力である。人間は神々から与えられた運命の外に逃れるすべはない。アイスキュロスの三部作「オレステイア」物語では、アポロンは救済者として活躍しており、その役割はわりに論理的に描かれているという感じはするが、救済神としての力には限界があり、最後は女神アテネに頼らなくてはならない。悲劇詩人の最後を飾るエウリピデスの作品については、よく「機械仕掛けの神」Deus ex Machina という批評がされている。これは、人間が陥る悲劇的苦悩に対して現われる神の救いが唐突であって論理性を欠く、という点に向けられた批評である。悲劇というものは本来人間の欲望や愛憎の情念が生み出すものであって、神に責任があるわけではない。これに対して神の救済を期待するのは道理に合わない。ゼウス宗教の伝統では、神の救済を求めても、神々の論理は直ちにこれを認めることが困難なのである。そういう意味で、エウリピデスの悲劇はゼウス宗教の破産を象徴していると評される。

悲劇詩人の活動を当時のギリシアの歴史状況を重ねてみると、アイスキュロスは、アテナイがペルシアとの戦争に勝利したマラトンの戦い（前四九〇）とサラミス海戦（前四八〇）のころに活躍している。アテナイが発展の頂上に登りつつある時期である。ソフォクレスとエウリピデスは黄金時代のアテナイに成長し、晩年は悲惨な民族内戦（ペロポンネソス戦争）の時代を迎えている。ソクラテスは彼らと同じ時期のアテナイで、やや遅れて生きた人である。思想史の観点から見ると、ギリシア悲劇は倫理的反省を求める社会心理を示しているが、芸術によって神の救済に至る道を見出すことは難しい。これに対して心の平和を求める民衆宗教は、ポリス崩壊後のヘレニズム・ローマ時代まで発展を続けている。

ポリスの発達と哲学誕生の背景

タレスとピタゴラスから始まるギリシアの自然哲学は、右にのべた民衆宗教や悲劇の発展から少し遅れて、前六世紀からギリシア本土を遠く離れた東方のイオニアと西方のイタリアで誕生する。その発展の波は、前五世紀になると黄金時代を迎えたアテナイに流入してくる。われわれはここで、「哲学」がギリシア文明圏に誕生した事情とその歴史的意味についてどのように考えたらよいかという重要な課題に出会う。考えなければならないのは、「哲学」がこの時期のギリシアに誕生した歴史的社会的条件はどういうところにあったのか、ということである。

言うまでもないことであるが、この時代は後の時代のように諸科学が分化していたわけではないし、「哲学」という概念（考え方）が確立していたわけでもない。一般的に言えば、この時代には、民衆とは違った考え方をもつ知識人が現われてきた。われわれはここで、他の文明圏の場合と比較しながらその意味を考えてみる必要がある。神話時代から歴史時代へと移る段階で、ギリシア以外の文化圏では、一定の思想的内容をもった「宗教」が出現してくるのが通例である。知識人と民衆の区別はそれにともなって生まれてくる。したがってこの時期の知識人は、神話の知識をもった宗教的知識人という性格をもっている。釈迦や孔子の弟子たち、あるいはローマ時代のキリスト教の教父たちはそういう性格をもっている。知識人はその知識によって、民衆に思想的指導を行なう。他の文明圏にみられるこういう通例のパターンと比較した場合、ギリシアでは、知識人は神話の考え方を疑問にし、その価値を否定することによって登場している。ゼウス宗教は、ポリスの発展という独特の歴史的状況から生まれてきたため、その信仰は戦いと争いと死の問題を中心にしており、救いを求める心理的要求に対して答える性格が欠けていた。この時代の知識人が求められていたのは、そういう新しい時代における人間の生き方であった。

自然哲学の発達について考える場合、もう一つ生まれてくる疑問は、それがギリシア本土から遠く離れた周辺地域から起こったのはなぜだろうということである。この答えはわりに簡単で、周辺地域が発達する条件をつくり出したのはエーゲ海が占めている地理的位置にある。この海域は、南方のエジプトと東方のメソポタミアという二つの古い大文明が交流する十字路に位置している。前七世紀ごろから航海術が進歩し、海路による交易や人の移動が発達してきた。陸上交通にくらべて、海上交通は大量で迅速な交流ができる。さらに前七世紀になると、オリエントで誕生したアケメネス朝ペルシアの勢力が西に勢力を伸ばしてきた。ペルシア帝国の西方進出は、キュロスの後を継いだカンビセスとダレイオスの時代には小アジアからエジプトにまで及ぶようになる。このような国際状況の変化はエーゲ海地域に大きな経済的繁栄をもたらす結果になった。海上交通の術に長じたギリシア人やフェニキア人が国際貿易の主要な担い手として活躍するようにな

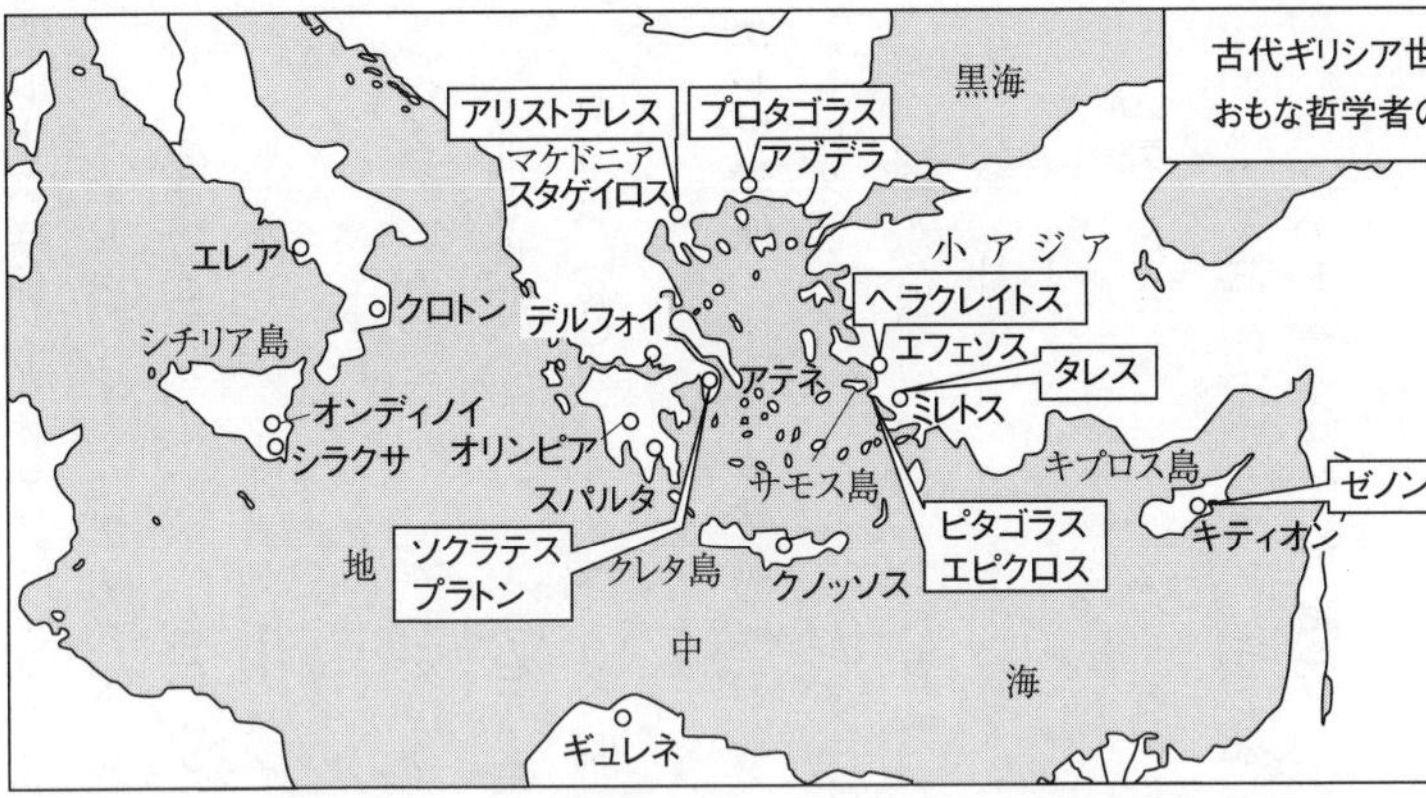

った。ギリシアの諸ポリスが海上帝国として発展する時代が来たのである。ペルシアの勢力は前五世紀に入ると小アジアのギリシア人ポリスに及び、やがてギリシア全体を相手にする対立の時代を迎えるのであるが、前六世紀の時点ではエーゲ海のポリス群は繁栄の頂上にあったのである。

新時代の精神的指導者

ところで、一括して「ソクラテス以前」とよばれている哲学者たちは、タレスから始まるミレトス学派（イオニア・トラキア学派）と、ピタゴラスの流れを継いだパルメニデスから始まるエレア学派（イタリア学派）の二つの流れに分けられている[1]。似たような名前がたくさん出てくるので、われわれのような初学者は名前を覚えるだけでも一苦労である。そこでまず主な人々を一覧表にして掲げておくことにしよう。名前の下に記した語は彼らが唱えたとされる自然界のアルケー（元のもの）である。これについては後に説明しよう。生没年代でa.475などと記してあるのはアクメー（働き盛り）という意味で、そのころ壮年だったという意味である[1]。

ミレトス学派（イオニア・トラキア学派）

タレス	アナクシマンドロス	アナクシメネス	クセノファネス
640 - 546	611 - 546	585 - 524	前6世紀
水	ト・アペイロン	アエール（空気）	（神話の否定）

ヘラクレイトス	アナクサゴラス
前6世紀	500 - 428
ロゴス（火）	ヌース（理性）

エレア学派（イタリア学派）

ピタゴラス	パルメニデス	ゼノン	エンペドクレス
582 - 497	a. 475	a. 460	493 - 433
数、音階	オン（ある）	運動の否定	愛と憎しみ

レウキッポス	デモクリトス
a. 440	460 - 370
アトム（分割不可能性）	

われわれはまず、彼らを近代の哲学者のようなイメージで見ないように注意する必要がある。わかりやすい言い方をすれば、彼らは民衆を指導する政治家の立場にいた人々だと言うのが最も適切である。政治は人

間生活のすべての場面に関係するからである。ポリスの発展は思想状況の変化に対応する新しい指導者を求めていた。たとえばタレスはエーゲ海に臨む小アジアの都市ミレトスの人で、ヘロドトスの『歴史』にもその活動が記されている。彼はミレトスの有力政治家であった。本業は農園経営者で、オリーブの豊作を予想して絞り機を借り集めて儲けたという話が伝えられている。後世に残されている伝承によると、彼は日食を予知したり、エジプト人から測量技術を学んでピラミッドの高さを測る方法を工夫したと言われている。プルタルコス英雄伝によると、アテナイの政治改革者ソロン（前六四〇－五六〇）はタレスを訪ねて、その考え方を聞いたという。ほかの哲学者の場合も基本は同じで、彼らはそれぞれのポリスの有力政治家である。彼らの関心の対象は自然観察に限られていたわけではない。世界と人間に関するあらゆる事柄が彼らの関心事だったと言った方がいいだろう。

ヘラクレイトスはミレトスの北にあるエペソス（エフェソス）の王族で、王位を望まず、弟に譲って隠遁生活を送った。友人がエペソスから放逐されたのを怒って、「エペソスの連中など、皆首をくくって、若者に国家を譲るがいい」と言った、という。彼はアルテミスの神殿に引退し、子供たちと遊んでいた。エペソスの人たちから新しい法律をつくってほしいと頼まれたとき、彼は、この国は悪い政体に毒されていると言って言下に断った。人々は彼を「暗い人」とよんだという。人間嫌いとも言うべき性質の人だったようだが、ポリスを指導する社会的地位にいたことがわかる。彼はエペソスの人々が贅沢な生活をしているのを嫌い、簡素な食生活をする運動をしたことが伝えられている。のちにペルシアの勢力が迫ってきてから、人々は彼の訓戒を思い出したといわれている。

エレア学派の人たちも政治を指導する地位にいたことは同じである。パルメニデスはエレアのポリスのために法律をつくり、市民たちは毎年役人たちに対して「パルメニデスの法」を守るように宣誓させる習慣だったという。彼の年少の友人だったゼノンは、独裁的僭主の政治のやり方に憤慨して陰謀を企て、捕えられて拷問にかけられたが屈せず、自分の舌を嚙み切ってそれを相手に吐きかけて死んだ、と伝えられている。またエンペドクレスはシケリア（シシリー島）の南の海岸にあるアクラガスの人であるが、彼の言動については多くの伝承が残されている。穀物をダメにする激しい季節風が吹いたとき、彼はろばの皮を剝いだ皮袋をたくさんつくらせ、風をとらえるように山の頂上から尾根に張り巡らせたので、風が収まったという。そのため彼は「風封じの人」とよばれた。彼はまた医術に巧みな人で、医者たちが絶望視した女性患者を治療してお祝いの犠牲式を行なった。エンペドクレスは弁論術の開祖とされているので、雄弁家だったのだろう。弁論術は当時の政治家にとって必ず習得しなければならない技術であった。エンペドクレスは、外出するときはアポロンの冠をかぶり、紫の衣に黄金のベルトを締めて青銅の履物を履いた。その後に子供たちがついて歩くのを見た町の人々は、王様みたいだと言った。彼がアクラガスの人々から尊敬されている自分の様子を語った断片が残されている。「私が繁栄の町々に到り着くとき、私は敬い崇められる。彼らは幾千人もの数を成して私の後につき従っては、利得にあずかる道のあり方をたずね、あるいは予言を求め、またある人々はさまざまの病気を癒すにはどうしたらよいか、私の託宣を聞くことを願う。あまりにも長い間、むごたらしい苦しみにさいなまれ果てて」（断片112）。また、この時代に生まれてきた新しい知者たちについて、彼は次のように記している。「彼らは地上の人間どもの間に来《きた》って、予言者、吟遊詩人、医者、政治指導者となり、さらにそこから栄誉をきわめる神々として立ち昇るのだ。彼らは不死の者たちと共に住み、竈《かまど》を分けあい、食卓を共にし、人間たちの苦しみにあずかることなく、不死の身となる」（断片146-147）。これらの例に示されたこの時代の哲学者たちの行動と生活態度には、古いものにとらわれない精神をもった新しい時代の精神的指導者のイメージを見ることができる。

神話を否定することの意味

自然哲学の動向については、よく「ミュトス（神話）からロゴスへ」という標語で語られる。ロゴスという言葉の意味内容は、必ずしも明確に定まっていたわけではないが、この言葉は近代語の「論理」logic の語源になっていて、知性とか理性のはたらきに関係して使われる場合が多い。右の標語は自然哲学者が神話の価値を否定したことを意味する。

このような態度が最もよく示されているのはクセノファネス（前五三〇頃）の場合である。彼はエペソスに近い小アジアのコロポンというポリスの出身であるが、各地を流浪遍歴して生涯を終わったと伝えられている。ただしこれは、後のソフィストのように、知識を教えることをビジネスとして遍歴したわけではなく、前五四六年に故郷がペルシア帝国の支配下におかれたためである。パルメニデスに教えたこともあるといわれ、イタリア学派に入れられていたこともあるが、学風はミレトス学派に近い。彼はホメロスやヘシオドスが描いた神々の振る舞いを非難した言葉をいろいろ残している。「彼ら（ホメロスとヘシオドス）は神々のあらんかぎりの無法な行いを物語った。盗むこと、姦通すること、互いに騙し合うことを。だが人間どもは思い込んでいる。神々は生まれたものであり、自分たちと同じ衣服、姿、声をもっている、と」（断片12–14）。神々の無法な行いとは、たとえばゼウスの父クロノスが自分の父親を去勢し、子供たちを飲み込んだり、息子のゼウスがクロノスから権力を奪って父を大地の底に投げ込んだ、といった伝承である。また神々の姦通といえば、『オデュッセイア』第八歌にみえる楽人の吟唱の中に、軍神アレスと女神アフロディテの不倫の光景が歌われていたのを思い出す読者もあるだろう（第二章第1節「神話世界の激情」）。プラトンの『国家』第三巻（390C）では、ソクラテスが、この姦通の場面や、ゼウスが子供のころ妹のヘラと性戯に熱中した思い出を語る句を引いて、ホメロスの神々の描写を批判している。『オデュッセイア』では、この神々の姦通は、オデュッセウスがパイエスケ人の王アルキオノスの豪華な王宮に招かれ、高名な楽人が竪琴で歌うのを聞く場面で語られている。つまり、歓迎宴のための娯楽として、神々の不倫物語が語られているわけである。この光景は、この出し物を観て喜ぶ当時の観客の心理を反映している。叙事詩がアッティカに導入されてから観客を喜ばせるように改作した一部かもしれない。言うまでもないことながら、不倫姦通を行なっていたのは当時のギリシア人であって、神々の振る舞いはそれを投影した産物にすぎない。

初期の哲学者の中に七賢人とよばれている人々がいる。七賢人といっても別に七人に限られているわけではなく、当時の政治指導者たちの言行を語った伝承である。その中にはタレスやピタゴラスも入っている。代表的人物としてソロン（前六四〇－五六〇）の場合を例にとると、彼はアテナイの民主化に貢献した政治家として知られている。彼の時代のアテナイでは貧富の差が極端になっていたのを改革し、人身売買を禁止し、農民階級の下におかれていた労働者階級も議会に参加できるようにした。財産に応じた穏健な改革方針をとったわけで、彼の政治は財産政治 Timocracy とよばれている。しかし彼の政策は富者貧者の双方から不満をもたれ、彼はやがて政治から引退して国を去り、僭主政治を警告する言動をつづけたという。このソロンの言葉として残されている句をみると、そのほとんどは、人生を正しく生きるためのさまざまな倫理的教訓である。（1）度を過ごすなかれ。（2）人を裁くなかれ。裁かれた者は敵となるだろう。（3）苦痛を生み出すような極端な快楽はさけよ。（4）言葉で誓うよりも信頼される人柄を保て。（5）言葉が大事なのは沈黙する時である。重要な時には沈黙せよ。（6）偽りを語らず、真実を語れ。（7）重大事に専念すべし。（8）両親に勝ることを言ってはならない。（9）急いで友人を得ようとするな。しかし一旦友人となったら簡単に見限ってはいけない。（10）支配される側から学んで支配する術を知れ。（11）他人に釈明を求めるなら、自分も責任を明らかにせよ。（12）市民には快いことを言うよりも、善いことについて忠告せよ。（13）大胆でありすぎてはいけない。（14）悪しき人々と交わるのをさけよ。（15）神々に従え。（16）友を尊敬せよ。（17）見なかったことをしゃべるな。（18）知ったら沈黙せよ。（19）家族には寛大であれ。こういうソロンの言葉を聞いていると、そのまま現代人に対する教訓としてもあてはまる感じがしてくる。

この時代のポリスの新しい指導者たちは、「人間はその人生をいかに生きるべきか」と問いながら学問をしている。指導者には、政治的観点から人間の心理を観察し反省する態度が求められる。この点は、前五世紀以降のソフィストのような、学問的知識を専門の職業とする人たちとは違う点である。時代を指導するような人間は、民衆がそれぞれの人生をどのように生きているかという状態をよく観察して、人間はいかに生きるべきかという倫理の理想を示さなくてはならない。プラトンは、哲学者が政治を指導する体制を国家の理想としたが、彼が模範としていたのは、こういう初期の指導者だったと考えられる。アリストテレスの説明では、初期の哲学者はもっぱら自然研究に関心をもっていたかのように受け取れるが、そういう見方は一面的すぎる。むしろ、人間性についての反省の眼を自然環境に向けるときに、神話の神々の振る舞いに対する疑問が起こってきたと言った方がよいのではないだろうか。言いかえれば、人格形成の倫理と自然への問いはまだ不可分の関係におかれていたのである。哲学者たちが神々の振る舞いを批判したポイントはそこにあった。

クセノファネスが残した有名な言葉として、次のようなものがある。「牛や馬、ライオンが手をもっていたら、……手で描いて人間同様の作品をつくることができるなら、馬は馬に、牛は牛に似た神々の姿を描き、彼らそれぞれがもつ姿と同様に（身体）を作ることだろう。エチオピア人は、自分たちの神々が獅子鼻で色黒だと言い、トラキア人は碧眼で髪は赤いと言っている」（断片15–16）。これと似た趣旨の言葉はエンペドクレスも残している。「（神は）その肢体に人間の頭を備えることなく、その背中から二本の枝（腕）が生え出ることなく、足なく早き膝なく、毛深い器官（陰部）もない。彼はただ神聖で名状しがたい心だけであって、その速やかな想いによって宇宙をかけぬける」（断片134）。このように、新しい精神的指導者たちは人間のイメージをそなえた神々を拒否した。その基礎にはモラル感覚の成長がある。それは物事を理性的に判断し処理しようとする精神的態度と結びついており、ロゴス的思考はそこに生まれてくる。このような精神の「まなざし」を自然界に向ければ、かつて天空、海、太陽、雷電などを動かしていた神々のイメージも消えてゆくのである。

心理学的観点に立ってこの時代の状況を見る場合、大事なポイントになる問題が二つある。一つは、神々の人間的イメージとともに神々の「性」も消えたということである。神々はもはや男性でもなければ女性でもない。このことは、神々がもはや人間の情感に訴える存在でないということを意味する。神々に救済を求めることは不可能である。われわれはここに、知識人層と民衆層の間に大きな心理的ギャップが生まれてきた状況を見ることができる。この時代、哲学史の表面には現われてこなくても、社会の底流には民衆の集団心理から生まれた民衆宗教の力が活発に起こっていた。われわれは哲学に視野を限定しないで、広い観点からこの時代の心理状況を見てゆく用意が必要であろう。ソクラテスの生き方は、知識人と民衆の心理的断絶を埋める努力に貫かれていたように思われるからである。

理論的観点から考えれば、神々の男性性と女性性は、もともと人間心理の投影の産物である。したがってそのイメージの基礎には、人間の心理的本性における男性性と女性性という問題がある。これはローマ時代までつづく古代思想史全体を貫く重要な主題である。もう一つの問題点は、この時代の哲学者たちは、近代の啓蒙的知識人のように、単純に神の存在を否定したわけではない、ということである。彼らは生きた自然の中にはたらいている神性の力を認めていた。そこには神性を感じている心がなお生きている。われわれは自然哲学の基礎にある心理的問題に注目する必要がある。

ソフィストの登場

当時の哲学者の伝記を調べてみると、ソクラテス以前の人たちはそれぞれの故郷のポリスで活動している場合が多い。プラトンの『パルメニデス』は、若いソクラテスがアテナイにやってきたパルメニデスを訪ねる設定になっている。このことは、情報の伝達や人間の交流がさかんになってきた状況を示しているが、パルメニデスは生涯エレアの地を離れたことはなかった人である。しかし前五世紀に入ると、外部のポリスからアテナイにやってきて定住する知識人が急激に増えてくる。よく知られているのはアナクサゴラス（前五〇〇－四二三）のケースである。彼は小アジアのクラゾメナイの出身であるが、長くアテナイに定住して学者活動をしている。悲劇詩人エウリピデスや歴史家として知られるツキジデスに教えたといわれ、政治家ペリクレスの保護を受けて助言者の役割をしていたようである。またソフィストとして有名なプロタゴラス（前四八五－四二〇）はトラキアのアブデラ出身であるが、各地を遍歴して弁論術などを教えて報酬を得ていた。彼はイタリアに新しく建設されたトゥリオイのポリスのために法律を制定している。こういう学者たちが増えてきたのは、ペルシア戦争の勝利以来、ポリスの発展が加速し、エーゲ海の島々を中心にポリスの建設ラッシュが起こり、法律の制定、弁論、討論などの知識と技能に対する需要が増えてきたからである。その中には前章（第3節の「アテナイにおける性の氾濫」）でのべたような、性犯罪に関係するさまざまの問題も含まれていたわけである。

『プロタゴラス』という対話篇は、アテナイの名門の青年たちがソクラテスを訪ねて、あなたは今アテナイに来ているプロタゴラスに会ったそうだから紹介してほしい、という場面から始まっている。彼らはプロタゴラスに入門して知識を授けてもらいたい、と考えたのである。入門には謝礼が必要であるが、一体どれくらいの金額を支払ったものか気になる。『アルキビアデス1』には、アテナイにやってきたゼノンに対して、二人の入門者がそれぞれ百ムナを払った、とある（119A）。この額は『プロタゴラス』の場合と同額であるが、研究者によると、現在の日本のお金に換算すると数十万円になるという。後に言うように、実質的にはもっと高額だったようであるが、一回の授業料にしては大変な金額だったことは間違いない。

アリストテレスはソフィストのことを「偽りの知識によって金儲けする人」(『詭弁論駁論』第一章)と批判している。経済発展によって豊かになったアテナイに大勢の学者知識人たちが各地から押しかけてきたのである。プラトンの『エウテュデモス』という対話篇には、アテナイにやってきて怪しげな議論で金儲けしようとするニセ学者たちの様子が喜劇的に描かれている。第一章(第2節の「哲学の始まりはタレスかソクラテスか」)で、自然哲学に関するアリストテレスの見解を引用したが、彼はソクラテス以後学者たちの関心は自然研究から離れ、市民的徳性に注目するようになったと言っている(『動物部分論』A1, 642, a24)。こういう状況の背景には、政治にかかわる法律的知識、弁論術、討論術などの技能が収入の多い職業として脚光を浴びていた状況があることに、われわれは注意する必要がある。たとえて言えば、現代のアメリカなどで弁護士や法律家が収入の多い職業になっている状況に似ている。日本でも最近は、法科大学院の新設がさかんになっているが、その背景には社会システムの複雑化と経済発展、またそれにともなう犯罪化社会への動向などがあるように思われる。

ソクラテスは一体何を考えて、倫理について教えようとしたのだろうか、と思うことである。割り切った言い方をすれば、ソクラテス以前の哲学者たちは政治家であったのに対して、プラトン、アリストテレス以後の哲学者は学者である。ソクラテスは、学問のあり方をめぐる時代状況が大きく変化する転換点に立つ人物であった、と言えるだろう。もっとも西洋古代では、学問が政治に関わる基本であることはその後も変わらない。ローマ時代、哲学を学ぶことは政治の世界で活躍するための基礎であった。こういう状況は、中国史において、儒教哲学を学ぶことが官僚となり政治に参加するための準備だった状態に通じるとも言えようか。これは仏教や道教とは違う点である。

2　東西の古代におけるイメージ思考

四つのアルケーと人間の魂

初期の哲学者たちは、自然の成り立ちを説明するために、アルケー Archē という言葉を使った。アルケーとは、物事の始まり beginning とか最初の原因 first cause という意味である。ミレトス学派では土・水・火・空気《アエール》の四つのアルケーがあげられるようになった。この場合は自然界を構成している素材《ストイケイア》が念頭におかれているのだから、アルケーは元素と訳すのがわかりやすいだろう。この四元素説は後にアリストテレスの自然学に取り入れられる。ただしアルケーの中には素材とは性質の違ったものもある。アナクシマンドロスのト・アペイロン（無限なもの、あるいは無限定なもの）とかデモクリトスのアトム（分割不可能性）などは頭で考え出した新造語なので具体的イメージをもちにくい。またパルメニデスはオン（ある）をアルケーとしたのであるが、これは素材ではなくて宇宙の存在の基本原理みたいなものである。アリストテレスが、自然哲学者たちは言葉の定義について無原則だと批判した理由はこういうところにある。

四元素説はイメージによる思考という性格を示している。彼らのいう水とか火は、日常生活の中で見る水や火そのものではなく、それらは隠喩として用いられているわけである。タレスの言葉として「万物はダイモーンに満ち満ちている」という句が残されている。これはアリストテレスの証言によって知られたもので、彼は、「ある人々は宇宙全体の中にも魂が混合されていると言うが、おそらくタレスもそのような見方から、万物は神々で満ちていると考えたものだろう」とのべている（『霊魂論』411a）。この時代の哲学は一般に物活論 Hyrozoism とよばれているが、これは、物質には生命や霊的なはたらきが一体になっているという自然観である。現代科学のように自然環境を単なる物質の集積として見ているわけではなく、宗教学でいうアニミズムや汎神論に通じるような考え方である。今日では「汎心論」pan-psychismという言葉でよばれることが多いが、この言葉が適切である。要するに、プシケ（心、魂）のはたらきが宇宙に満ち満ちているという考え方である。このような見方は、自然の中にはたらいている「神性」divinityのはたらきを認める態度を意味する。つまり、物理空間と心理空間は一体不可分の関係においてとらえられている。彼らは、人間的イメージによって神々を見ることは拒否したけれども、神話時代の人々が生きた自然に対して感じていた宇宙の神聖さの感覚はなお保持していたのである。タレスの言う「水」は日常われわれが見ている水ではなくて、自然の中にはたらいているみえない神秘な力を示す象徴的表現だと言うことができる。つまりイメージ思考というのは、直感的情感を主とする神話時代のイメージに代わって、知的思考が発達してきた移行段階で生まれてくる特有の思考形態だと考えられるのである。東洋でも、神話時代から歴史時代へ移行する時期に、ギリシアとよく似たイメージ思考の態度が生まれている。（ユングのいう元型Archetypesの語源は「アルケーの類型」を意味する。彼は神話の心理学からこの概念を考えているので、古代の汎心論的自然観とつながるところがある、とも言えるだろう。）

ここでは自然哲学全体の解説はしない。古代の哲学者たちが残した注解と現代の学者の研究を参照しながら、筆者が重要と思う主題に絞って取り上げることにしたい。ミレトス学派ではヘラクレイトスに注目しよう。広川洋一によると、ヘラクレイトスは、初期の哲学者の中では「魂」psycheという言葉を最も多く使っている人である。[2] 彼の言うプシケには思考と感覚の座という意味が新しくつけ加えられているが、彼は自然に内在する神性について深く考えていた人である。アリストテレスが伝えている有名なエピソードがある。ヘラクレイトスを訪ねてきた客人たちが、彼が竈《かまど》で暖を取っているのを見て遠慮していると、彼は、遠慮することはない、「ここにもまた神々がいるのだから」と言ったという（『動物部分論』A5, 645a17）。ここには汎心論的感受性を見ることができるだろう。東洋の場合は、こういう感受性に基づいて、人間の本質を大宇宙のはたらきに対応する小宇宙としてとらえる考え方が生まれてくるが、これについては後に取り上げよう。ヘラクレイトスはアルケーとして火を最も重視している。あらゆるものは永遠の「火」から転換した産物であって、濃密化と希薄化によって諸元素に変化する。火は濃密化によって水、さらに土に変わり、希薄化によってこれと逆の変化が生まれる、と彼は言う。ヘラクレイトスの考え方の特徴は、諸元素が生成変化する過程を重視していたところにある。「万物は流転する（パンタ・レイ）」という有名な句は、後世の人が彼の思想の特徴を示すために用いたものである。彼はまた、諸元素のもとになる永遠の火をロゴスともよんでいる。ロゴスという言葉は、ヘラクレイトスの場合、論理や理性という意味よりも、これとは逆の霊性に通じる感じがある。ヘレニズム・ローマ時代にさかんになるストア哲学のロゴスの考え方を先取りしている、と見ることもできるようである。ロゴスに霊性に通じる意味が含まれていることは見逃されやすいので、注意しておきたい。

ヘラクレイトスが問題提起した元素間の変化というテーマは、実は、当時の自然哲学全体の根本にかかわる困難な理論的問題であった。というのは、アルケーは元来、自然界の中に永遠に不変に存在しているもの、として想定されていたからである。ヘラクレイトスの思想は当時から難解なことで有名だったらしく、アリストテレスは、人々は彼が矛盾律を否定したかのように評しているとのべている（『形而上学』第四巻第三章1005，b20）。エレア学派のパルメニデスは、永遠の「オン」（ある）をアルケーとしたのであるが、研究者によれば、これはヘラクレイトスに対する批判から生まれてきた考え方だという。要するに、永遠と変化の関係についてどのように考えるかということは、自然哲学の宇宙観の根本にふれる理論的に重要なポイントなのである。プラトンのイデア論は「ある（存在）」の永遠不変性を追求したパルメニデスの影響を受けているのである。

古代インドのイメージ思考との比較

イメージを用いる知的思考の問題は、言語学などの刺激を受けて、現代の哲学でも注目されるテーマになってきている。言語学（ソシュール）では、言語表現における「意味するもの」signifiantと「意味されているもの」signifiéの関係が問われる。言語や文字は「何かを意味するもの」すなわち「記号」signeである。この場合、言語や文字以外のイメージも記号の役割を果たすことができる。したがって、メタファー（隠喩）の問題がこの点に関係してくる。こういう思考の基礎には、知的論理ばかりでなく直感的な心情的要素がはたらいている。近年の身体論研究では、メタファーによる認知の基礎には、心身の統合性に基づく自己と環境世界の心理的関係がおかれている、という見方が強くなっている。主体的身体の観点から考えると、自然の認知に当たっては無意識の領域に関係の深い感情や直観が関係しているわけである。ここでは、東洋の古代哲学におけるイメージ思考の例について、ギリシアの場合と比較考察することにしたい。

神話時代から歴史時代に移ってゆく過程では、記号的イメージを用いて自然を理解する方法的態度がさまざまの文化圏で生まれている。まずインドの例としては、密教を通じて日本にまで広まった「五輪」（五つのマンダラ）の考え方がよく知られている。五輪とは地・水・火・風・空の五つの要素である。五輪のうち、地・水・火・風の四つはギリシアの土・水・火・空気と似たイメージである。第五の「空」はインド独特のようにみえるが、ギリシアでも実はプラトン以後第五の元素を考える動きがあった。これについては後にのべる。自然を五要素によって理解しようとするインドの考え方は、前六世紀以降のウパニシャットにさかのぼるもので、宇宙に存在するすべてのものは空（アーカーシャ）、風（ヴァーユ）、火（アグニ）、水（アープ）、土（プリティヴィ）の五つの要素の結合によってできている、という。これらのイメージはやがてヨーガの修行論やインド医学に結びつけられ、身体を五つの部分に分けて、自然と人体を対応させる考え方が生まれてくる。密教の五輪説はこういうインド古来の考え方を取り入れるとともに、第五の要素を大乗仏教の「空」sunyataと同一視したのである。「輪」の原語はここではマンダラであるが、マンダラは心の本質を示すものであると同時に、大宇宙の基本構造を示す象徴的記号表現とされていることに注意する必要がある。だから「色即是空」という言葉に代表されるような大乗仏教の縁起観はもともと、心理的宇宙と物理的宇宙を一体のものとしてとらえる見方に立っているのである。この場合、修行論ないし身体論は世界認識のための方法論の役割を果たしている。地・水・火・風・空の五つの「輪」は、人体の膝、臍、胸、顔、頭頂に対応させられている。修行者の心身は瞑想の体験を通じて宇宙のはたらきと一体になる、と考えられているわけである。[3] ギリシアのアルケー論では物理的自然を観察の対象にする姿勢が表面に出てくるので、その基礎に認識主体である人間心理の投影があるということは見逃されやすいが、先にヘラクレイトスに関してのべたように、自然についてのイメージ思考の基礎には内面の魂について考える汎心論的態度がおかれている。ただそこには、身体についての関心を切り捨てて、外なる自然の観察に向かう態度がみられる。その理由を考えてゆくと、神話の神々のモラルに反する欲望を拒否したこの時代の哲学者の気分を見ることができるだろう。

究極の元素は考えられるか

ギリシアの哲学史にもインドと同じように、第五の根本元素を考える動きがあったということに注意しておこう。中世の錬金術でよく使われた概念として、第五元素 quintessence とか第一質料 prima materia という言葉がある。これはヘレニズム後期の新プラトン主義から始まる考え方であるが、もとはプラトンとアリストテレスにまでさかのぼる。[4] 錬金術の思想を研究したベルトロによると、第五元素の考え方はプラトンの『ティマイオス』にさかのぼる。プラトンは、水、土、空気、火といった諸元素が変化し生成するものだとしたら、それらのどれも究極の元素（アルケー）とは言えないのではないか、と疑問を呈する。彼は、黄金でさまざまな形をつくるような場合を想定して、これは何かと問われた場合の正しい答えは、それらは黄金であると答えることである、と言う。そこで彼は次のように結論する。「以上と同じことがすべての物体を受け入れるものについても言えます。そのものはいつでも同じものと呼ばれなければなりません。なぜならそのものは、自分自身の特性もしくは機能から離れることが全くないからです。何しろそのものは、いつでもありとあらゆるものを受け入れながら、また、そこへ入ってくるどんなものにも似た姿を、どのようにしても決して帯びることはないからです。というのは、そのものは元来すべてのものの印影が刻まれる受け台をしていて、入ってくるものによって動かされたりさまざまの形を取っているものなのでして、このようにして、入ってくるもののために、時によっていろいろと違った外観を呈しているというわけだからです」（『ティマイオス』50B-C）。

プラトンはさらに、このものは最高のイデアの模像であると言っている。つまり最高の存在である永遠のイデアは、さまざまの物質変化の根底に想定されるものと対応しているというわけである。これが第一質料（プロテー・ヒュレー）の考え方の起こりである。そうすれば、プシケ（心＝魂）の探求の最高位におかれるイデアと、物質界の究極に想定される最低位のものの間には対応関係がある、という考え方になる。この問題は初学者が見逃し易い点である。プラトンのいうイデア（形相）とヒュレー（質料）の区別は、近代的用語では精神（観念）と物質の区別に通じるけれども、プラトンの場合、両者は対等ではない。イデアは真に存在するものであるが、ヒュレーの基本的な存在のしかたは明確には示されていないのである。古代哲学末期のプロティノス（二〇五－二六九）はここで『ティマイオス』に出てくる第一質料の考え方を採用して、これは形相（イデア）と対比される「質料」の真の状態を意味すると解釈する。したがってプロティノスのいう質料は、その存在のしかたについて一切の規定をもたない。空間的性質さえもたない無のような状態である。それが存在の最高位にある光のイデアの流出を受けるときに、さまざまの存在の階層から成る宇宙が形成されてくる、というわけである。プロティノスは最高のイデアを「一者」（ト・ヘン）と名づけたが、これは「神」を抽象的な知的観念として表現したものと言ってよいであろう。世界観という面からみると、ここには一者から第一質料に至るさまざまの存在の段階が区別されてくる。私は、このような存在の段階論の前提に、彼の瞑想体験があったことに注意しておきたい。いわゆる「脱我」ek-stasisとよばれる体験の過程である。プロティノスは生涯に四度見神の体験を得たといわれている。要するに、瞑想は、心身論に基礎をおく世界認識の方法論という意味をもっているわけである。このように、主体の内面的体験に即して世界の事物の存在の状態を理解する態度には、マンダラに基づいて人間と宇宙の対応関係を考える古代インドの思考方法と通じるところがある。

アリストテレスにも、実はプラトンと通じるような考え方がある。『天体論』第四巻第五章で、彼は四元素の基礎に想定される第一質料（あるいは第五元素）ともいうべきものをアイテールとよび、天体の本質はここに求められる、と言っている。アイテール（エーテル）という言葉そのものは初期の哲学者に関する伝承の中にも散見するが、アリストテレス以後は、月より上の天界全体を支配している神聖で純粋な物質の作用と考えられるようになった。天体は重さをもたないアイテールから成る、とアリストテレスはのべている。したがって、物質の究極にあるものは神秘な霊的性質を帯び、天上界と結ばれることになる。こうして、人間界を取り巻く自然界の全体が神聖なはたらきに満たされた秩序になるわけである。心理的宇宙と物理的宇宙はイメージ思考によって一体化する。このアリストテレスの考え方は、ローマ帝国末期、古いエジプト神話の伝統と結びついて起こってくる古代錬金術に影響を及ぼすようになるのである。この問題は後の章でふれよう。

中国の気の自然観

次に古代中国の自然観を取り上げよう。ギリシアの自然観と比べると、ここにはきわめて対照的な性格があるので、東西の伝統的思考様式を比較して考える上で、われわれにとって重要な研究課題になる。

古代中国のイメージ思考の例として五行説があげられる。「行」とは流れ動くものを意味する。この流れ動くエネルギーは「気」Qiという概念で理解されるようになり、自然の見方ばかりでなく、東洋医学や修行法・瞑想法に取り入れられて現代まで受け継がれている。五行説は、木・火・土・金・水の五つの記号の関係に基づいて自然界と人間界の出来事について考える理論である。この考え方は孔子（前五五二－四七九）と老子（前五世紀）に代表される初期の儒教・道教とは元来関係はなかった。それは戦国時代末期（前三世紀）に起こった諸子百家の一つ、陰陽家とよばれた人たちが唱え始めたもので、秦が統一王朝をつくったとき、始皇帝（前二五九－二一〇）がこれを採用したことによって、哲学史の主流に入り込むようになったのである。この時代以後、中国哲学史では『易経』が重要視されるようになり、自然研究と倫理学に共通の基本的古典とみなされるようになる。現行の『易経』は漢の儒家によって編纂されたものであるが、その起源は遠く殷王朝（前十二世紀滅亡）の卜辞にまでさかのぼる。卜辞は神話時代の人々が用いていた占いの言葉である。それは古代ギリシア人が神託を受けたのと同じ心理学的意味をもっていたものである。

古代ギリシアと中国を比較すると、自然と人間の関わりについて非常に違った態度がとられていたことがわかる。古代中国では実用的技術に重点をおいて自然を見る態度が発達しており、観察（テオリア）に重点をおいたギリシアとは対照的である。中国でも観察はむろん行なわれているが、それは常に実用的目的と結びついていた。戦国末期から漢の時代（前三〜後二世紀）は、中国の科学技術が非常に発展した時代である。たとえば天文学について言うと、世界で最初の太陽黒点の観測が始まり、さらに木星の周期（約十二年）に基づく新しい暦が武帝（在位前一四〇－八七）の時代につくられている。年号の制度はこのとき定められている。磁石の利用も戦国末期から始まり、人工磁石がつくられて実用化が進んだ。針灸医学の古典『黄帝内経』は後漢（二世紀）に成立したものであるが、その霊枢編には、月の満ち欠けと海水の干満に関係があることが説かれている。古代中国人がこれらの発見に成功した理由は実用性に重きをおく態度をとってきたところにあるが、このことは、彼らが人間を「世界内存在」としてとらえていたことを意味する。[5]

もう一つ、ギリシアと中国を比較したときに目につく具体的な違いは、中国人の自然理解が波動モデルに立っていることである。このため、離れたものの間にはたらく遠隔作用（磁力、月の満ち欠けと海水の干満の関係など）に早く気がつくようになったのである。月と海水の関係は、人体内部を「気」のエネルギーが流れる速度を計っているうちに発見したものである。気は時空のリズムの変化とともに人体内部に流れている、と考えられたからである。これは、人間を含めた世界の一切のもののあり方を流動性モデルに従って見る態度の一例である。ギリシアでは、デモクリトスがアトム（分割不可能性）という新しい概念を考え出して運動や変化を説明した。これは粒子モデルの自然観である。ただアリストテレスはこの概念を重視しなかったので、アトムの考え方は発展しなかった。波動モデルと粒子モデルが対抗するようになるのは近代になってからである。

このように古代中国では、自然と人間の基本的関係は気の流動という観点からとらえられた。理論的観点から図式化してみると、ここにはまず、万物に生命を与え成長させる根源として「道」（タオ）がおかれている。タオのはたらきは、気の陰陽の作用がたえず変化しつづけるところに現われる。『易経』の「易」は「変化する」という意味で、The Book of Change と英訳されている。陰と陽は明確に分離できる論理的区別ではなくて、メタファーの役割を果たす記号であって、陰陽の位相は刻一刻変化している。それは気の本質が流動するところにあるからである。陰陽の気はさらに「五行」に分かれて、自然界と人間界を支配している。この考え方の基本におかれている陰-陽の区別には、女性性と男性性の隠喩的表現という面がある。

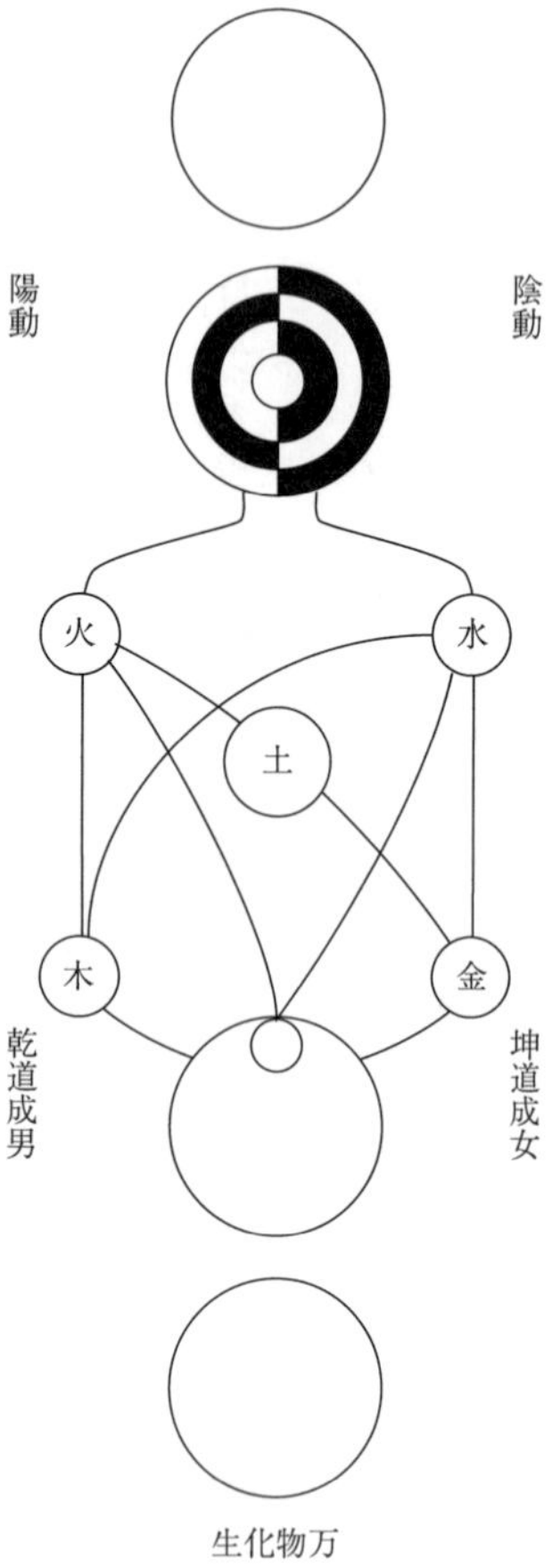

このような関係を簡明な形で図式化しているのは、宋代（紀元十～十三世紀）の理気哲学（新儒教）で用いられた太極図である（上図参照）。この図の上方にある丸は根源のタオを示す。黒白に塗り分けたその下の丸は、タオから発する気が陰陽に分かれて動いていることを示す。その下方に描かれたネットワークは、陰陽の気がさらに木・火・土・金・水の五行に分かれて循環している様子を示している。その下にある丸の両側には、「乾道成男」「坤道成女」と記してあるが、「乾」は天、「坤」は地を意味する。つまり、気のはたらきが陰陽五行に分かれて天地の万物を養い育てているのは男性性と女性性の結合が生命を生み出すはたらきによる、という考え方である。図の一番下の丸は、老子（『道徳経』）に言う「玄牝の門」すなわち一切の生命の根源である「神秘な母性」のはたらきが潜んでいる「根拠の場所」である。「玄牝の門」（神秘な牝の入口）というのは女性性器の隠喩である。

　この太極図は、新儒教の哲学者たちが宇宙の基本的構造を示すものとして用いたものであるが、元来は道教の修行者が用いていた瞑想法のイメージ図解であった[6]。瞑想法の場合、この図は、人体内部における気のはたらき方を意味している。新儒教ではこれを、自然界における気のはたらきを表現したものと解釈し直したわけである。したがって修行法（道教）では、この図を下から読んで、人体内部の気の運動によってタオと合一すると解釈するのに対して、宇宙観（新儒教）を考える場合は同じ図を上から解釈してゆく。つまりここでは、世界の成り立ちを考える宇宙論の観点（気の流出論）とリビドの変容に基づく心理的体験（気の瞑想法）が表裏一体の関係になっているわけである。ここには、いわゆる「天人相関」、つまり大宇宙のはたらきと小宇宙としての人体のはたらきが、対応し共鳴している過程が考えられている。

形而上学とメタフィジクの違い

思想史について少しコメントしておこう。中国哲学史の基本的パターンが定着してくるのは漢代（前二世紀〜後三世紀）のことである。哲学史の最も古い文献としては、周王朝以来伝えられてきた六経とよばれる宗教儀礼、政治、倫理、詩などに関する古典がある。これらは孔子以前のものである。周末の春秋戦国時代（前八〜三世紀）は思想的統一のない長い混乱の時代で、いわゆる諸子百家が輩出した。儒教を国家統治のための基本思想とする政策がとられるようになったのは前二世紀、前漢の武帝の時代からである。この政策を進言したのは董仲舒という人物であるが、彼は呪術者として有名で、祈雨・止雨の呪術をよくしたと伝えられる謎めいた人物である。この時代以後、古い経典である経書に対して新しく緯書とよばれる書物がたくさんつくられた。これは自然研究に関する科学技術書であって、この時代の天文学などの発達を背景にしている。董仲舒は、人間と自然の関係を「天人相関」という言葉で示した。祈りにおいて、天地自然の心が人間の心と感応し共鳴するという考え方である。大宇宙（マクロコスモス）と小宇宙（ミクロコスモス）としての人間は、自然の中にはたらいている「気」の流動によってつながっており、人間の心と身体は技の訓練によって気の流れを自覚することができる。自然と人間の関係を重視する道教（道家）の考え方はこのようにして漢の時代から次第に発達してくる。

『易経』が重要視されるようになったのも漢の時代からである。後漢（一〜三世紀）の魏伯陽の『周易参同契』という本は煉丹術（瞑想法）に基本をおいたものとされているが、ここでは『易経』を頂点にして、その下に儒教と道教を配する見方を取っている。そして瞑想法（煉丹術）は、この三者の思想的統合関係を支える体験的基盤とみなされている。『易経』という本は、昔から非常に尊重されながら理解困難な点では第一の古典とされているものである。ユングは中国の文化的伝統のエッセンスを理解する鍵をこの本に求めているが、これは非常に鋭い着眼であると思う。哲学史の経過が示しているように、「易」の思想は、道教の伝統が生んだ自然学及び身体論の研究と儒教に代表される倫理学と政治論の伝統とを統合する共通の原理になっているからである。ニーダムの研究が明らかにしているように、中国史において科学技術の主要な担い手になってきたのは道教の修行者（道士）たちであった。これに対して西洋哲学史では、アリストテレスによって自然学と倫理学を明確に区別する考え方が生まれた。近代以後、自然科学と社会科学が分かれてきたために、科学技術は倫理問題を無視して発展してきたのであるが、現代は、科学技術のあり方と倫理問題の関係があらためて問われる時代になってきている。

「形而上学」という言葉の由来を調べてみると、東洋と西洋の哲学的伝統の違いがわかってくる。この言葉は、現代の日本・中国・韓国では、アリストテレスの「メタ・フィジカ」Meta-physicaの訳語として使われているが、その出典は「十翼」と総称される『易経』のコメンタリの一つ、繫辞伝にある。この中に「形而上者、これを道といい、形而下者、これを器という」という有名な句がある。（このコメンタリは孔子が書いたものと信じられ、昔から尊重されてきたものであるが、今では漢の儒者が書いたことがわかっている。孔子が易を重視していたのは事実であるが、現行の『易経』が成立したのは漢代である。）先にふれた新儒教の理気哲学では、この句の「形而上者」を「理」、「形而下者」を「気」と解釈している。（この繫辞伝の句が有名になったのは、実は新儒教で重要視されたせいである。）そうすると、「理」は経験をこえた超越的な原理、つまり形而上の領域を示すのに対して「気」は形而下、つまり経験の領域を示すことになるわけである。

これに対してアリストテレスの場合、メタフィジカは存在論であり、経験の領域をあつかうのは自然学（フィジカ）である。存在論 Ontology というのは、存在するすべてのものの存在のしかたを、その形式（内容でなく）において明らかにすることを目的にしている。いわゆる「存在としての存在」（オン・ヘー・オン）を主題にするのが存在論である。わかりにくい言い方であるが、存在するものには物理的なもの、生命的なもの、霊魂的なものなどさまざまのものがあるわけであるが、存在論は、それらの内容や性質は区別しないで、それらがすべて「存在する」（ある）とみなされるかぎりで、その存在の形式をあつかう。これが存在論としてのメタフィジカの目的である。これに対してフィジカ（自然学）の方は、物理的自然の中に見出されるさまざまな存在者の存在のしかたを明らかにする。具体的にいうと、アリストテレスの自然学は、ミレトス学派の四元素説を使って、地球を中心として起こっているさまざまな自然現象を体系的に認識することを目的にしている。これに対してメタフィジカの方は、物理的実体である四元素の上に、新しく四つの原因のシステムを導入している。これが有名な四因説の理論である。彼はまずプラトンが立てた形相（イデア）と質料（ヒュレー）という二つの原理を認める。形相因と質料因である。アリストテレスはさらに、ものを運動させる作用因（運動因）と運動が向かって行く目的因という二つの原理を新しく立てる。この四つの原因が自然を支配している形式的原理になる。こうしてメタフィジカは存在するものの形式を明らかにするのに対して、フィジカはその内容を示すことになり、両者は理論的に不可分な関係におかれる。つまりメタフィジカはフィジカ（自然）の方法論的基礎を明らかにするという役割を果たしているわけで、人間界に関する倫理的事柄とは無関係になるわけである。

世界外存在と世界内存在

この場合、われわれが注意しなければならないのは、自然を観察する方法論的視点がどこにおかれているか、ということである。アリストテレスは何も明言してはいない。しかし彼は、人間を「世界外存在」として、テオリア（理論的観察）の立場に立って自然の状態について考えている。彼は、神を宇宙の存在の第一原因である「不動の動者」とよんでいる。言いかえれば、神とは宇宙を超越した高みに位置して宇宙を動かしている最高存在である。アリストテレスのいうテオリア（観察、理論）は、このような神の位置に身をおいて宇宙を観察することを意味する。

近代科学の方法論は、神を消してはいるが、宇宙を世界外存在の立場から観察している。しかし技術は世界外存在の位置に立つことはできない。序論の初め（第1節「自然内存在と自然外存在」）でのべたように、ここに人間存在の自己矛盾性がある。西洋の伝統は人間に対して自然外存在という特権的地位を与えているのに対して、東洋の伝統は人間を自然内存在としてとらえる態度を基本にしている。

『易経』の伝統に従えば、形而上者とは「道」であり、万物（形而下者）はそのはたらき（気）を受け入れる容器である。形而下者は自然物のみならず人間をも含んでいる。したがってここでは、自然の認識と人間本性の認識とは基本的に一致する。先にのべた太極図の分析からわかるように、物理的自然の認識と人間的自然つまり人間本性の探求としての倫理的実践とは表と裏の一体的関係におかれている。その理由は、自然と倫理を結びつける根底に瞑想主体の心理学がおかれているところにある。アリストテレスにはこういう主体性の心理学と身体論はなく、これに代わって客観的な論理の形式が自然を支配している。彼は、自然の状態をその外側から論理的な形式に従って観察している。そこにテオリア（理論、観察）の知を重視する立場が明確になってきている、と言えるだろう。

老子の『道徳経』に、「道」について説明した有名な句がある。「混沌として一つになった何かが、天地がひらける以前から存在していた。それは、ひっそりして声なく、ぼんやりとして形もなく、何ものにも依存せず、何ものにも変えられず、万象にあまねく現われてやむときがない。かりに呼び名を〈道〉（タオ）としておこう。無理に名をつければ〈大〉とでも呼ぼうか。この大いなるものは大なるが故に流れ動き、流れ動けば遠くはるかなる広がりをもち、遠くはるかなる広がりをもてば、またもとの根源に立ち帰る。[7]」先に引いた『易経』繫辞伝の「形而上者、これを道という」という句は、この『道徳経』の文をふまえたものである。「形而上」という形容は、ふつう形を越えるという意味に解釈され、メタ・フィジカのメタ（Meta）の訳になっているのであるが、『易経』の場合は時間的に「形に先立つ」という意味に解するのが正確である。[8]右の老子の文は、天地分離以前の「混沌」の流動するイメージについてのべており、その根源的はたらきがタオとよばれている。タオのはたらきは万物を養い育てているものであるから、経験の領域を全く超越しているわけではない。宇宙にはタオから発する「気」のはたらきがみなぎっている。形而上者つまり「道」は、形而下者である「器」と対比されている。「器」ははたらきを受け入れる容器、あるいは道具という意味である。形而下者とは形をそなえた万物であるが、それは、形に先立つ混沌から生まれてくる流動によって常に生成変化を続けている。繫辞伝の別の箇所には「一陰一陽、これを道という」とあって、「道」のはたらきは陰と陽の交代によって具体化する、と説いている。これが「気」の流動性である。その基本的な考え方は、混沌から秩序へ、つまり気の流動変化による生成によって万物の状態を理解するところにある。こういう考え方を体用論理などとよぶことがある。「体」は本体とか実体、「用」は作用とか機能を意味するが、この両者は水と波のような関係であって、実際は区別できない。言いかえれば、モノがハタラキをもっているのではなく、ハタラキがモノを成り立たせている、という見方である。要するに、生命を生み育てるエネルギーである気の流動変化がすべてのものを成り立たせている基盤だということである。こういう流動性を重視する古代中国のイメージ思考は、永遠に不変な素材のアルケーを想定する古代ギリシアの場合とは対照的な性格を示している。

3　論理と存在

あるものとあること

エレア学派の活動はミレトス学派にくらべてずっと遅い。この学派の先駆者的存在であるピタゴラスは前六世紀に南イタリアのクロトンに教団を設立したが、先住民の攻撃にあって教団は破壊された。この流れを汲む人々がエレアに移って活動するようになったのが、学派の起こりである。パルメニデスはその基礎をおいた人である。彼は、アルケーとして「オン」(ある)を主張した、とされている。この言葉は存在論《オントロギー》の語源になったものであるし、パルメニデスがプラトンに大きな影響を与えたことは広く認められている。そういう点を考え合わせると、パルメニデスの思想はギリシア哲学の発展にとって重大な役割を果たしたものと考えられる。けれども、初学者にとっては、パルメニデスというのは大変わかりにくい哲学者である。学生のころプラトンの『パルメニデス』を読んでさっぱりわからなかった思い出があるが、今読み直してもまだわからない。ただ、この対話篇が論理と存在の関係を扱っていることは確かである。西洋哲学の伝統の特徴は、論理的推理の厳密さを重視するところにある。東洋の哲学はこの点で劣っている。西洋哲学の伝統の原点について考えるという意味で、この問題は重要である。

初学者にとっては、ミレトス学派のように、水とか火といった具体的な素材のイメージでアルケーが説明されていると理解しやすい。しかし、オン(ある)がアルケーであるというのは一体どういうことなのだろう。おそらくパルメニデスが問題にしているのは、世界の存在の基本原理について問う、といった種類のことだろうと考えられる。まず「オン」onという言葉であるが、ふつうは「あるもの」と訳されている。この言葉はBe動詞「エイナイ」einaiの名詞形である。現在分詞形の「エオン」eonが「オン」と同じように使われることも多い。では「エイナイ」の方はどう訳せばよいだろうか。さしあたり「あること」と訳してよいだろう。だが、実はこのあたりからいろいろ問題が出てくる。鈴木照雄の大著『パルメニデス哲学研究』には、副題として、「ある、その主語、あるもの（こと）をめぐって」という長い説明がついている。[9]パルメニデスの「オン」について考える場合、この「あるもの」と「あること」の関係をどのように考えるか、ということが重要なポイントになる。

「存在」という漢語は実は「あるもの」と「あること」の両方の意味を含んでいる。そこで意味内容を正しく表現しようとすると、漢字表現よりもむしろ日本語の「ある」という言葉を使う方が正確にできるのである。日本語では、「……がある」は「あるもの」を指し、「……である」は「あること」を指すので区別しやすい。ではこの区別を西洋の近代語におきかえるとすれば、どうなるだろうか。序論（第3節の「なぜギリシアなのか」）でふれたように、ハイデガーは『存在と時間』Sein und Zeit において近代認識論のパラダイムに代えて存在論を復興することを企てたのであるが、彼はここで、「あるもの」を Seiende（存在者）とよび、これに対して「あること」を Sein（存在）とよんでいる。しかし Seiende という言葉はふつうに使われているドイツ語にはない言い方であって、これは彼独特の新造語なのである。つまり「ある」の問題について考えるには、まず「あるもの」と「あること」の区別をする必要がある。そのためには新しい用語をつくらないとその意味する状況を説明しにくい、とハイデガーは考えたのである。では英語の場合はどうであろうか。「あるもの」は being と訳すことができるが、これと区別される「あること」はどう訳すべきだろうか。ハイデガーの区別に従うとすれば、be-ness とでも訳すことになるだろうが、これはやはりふつうの英語表現ではなくなってしまう。このあたりの理解と解釈がなかなか難しいのである。というのは、西洋の言語では、Be 動詞は存在判断（……がある）と関係詞 Copula（……である）の両方の意味をもつからである。ハイデガーが考えたこの問題点、つまり、「ある」について、「もの」と「こと」を区別するという論点は、そのままパルメニデス解釈にあてはまるのである。ここでは、言語表現の形式つまり「論理」の問題と事物の「実在」に関する問題とはどういう関係にあるか、ということが問われているわけである。

このあたりの議論は少々わかりにくいかもしれないが、よくわからなければ飛ばして結論だけ知ってくだされば幸いである。パルメニデスの断片2は、真理の道と誤りの道はキッパリ区別しなければならないと主張している。「そのひとつ、すなわち〈ある〉、そして〈あらぬ〉ことは不可能という道は、説得の女神の道である……それは真理に従うものであるから。他のひとつ、すなわち〈あらぬ〉、そして〈あらぬことが必然〉ということの道は、まったく知り得ぬ道であることを汝に告げておく。そのわけは、あらぬものを汝は知ることができず……それは為しえぬこと……また言うこともできぬからである。」

パルメニデスは「ある」の道を真理に従う道、「あらぬ」の道は真理を知り得ない道であると言う。ここで「あらぬ」と訳されているギリシア語は、名詞形ではメー・オンである。もし単に誤りの道を退けるだけなら、こういう言い方はしないで、「ある」に対して「ない」（つまり単純な論理的否定）を対置すればすむ筈である。辞書をひくと、メー（μη）という副詞は not の意味であるが、ただし一定の条件下である事物が存在しない場合を示すときにだけ使われる、とある。これに対して端的に否定を示す場合は、ウー（ου）という副詞が使われる。つまりメーオンという言葉は、論理的否定（not）を表現しながらも、そこには同時に「存在するもの」の否定がともなっているのである。要するにパルメニデスは、存在（オン）を否定することは論理的に誤った知にみちびくから考えるべきではない、と主張しているわけである。ここでは存在と論理は分かれていない。われわれ初学者にとって彼の哲学がわかりにくい理由はここにある。

専門のギリシア学者の分析の内容は、われわれ素人には語学能力からいってもついてゆけないし、個々の断片の解釈もいろいろ意見が分かれているので、詳しくは立ち入らないことにしたい。筆者が指摘したいのは次の三つの問題点である。第一は、パルメニデスの思想が強い影響力をもった一つの理由は、論理的に徹底した思索を展開したところにある、ということである。彼は、自然哲学者の中ではロゴス（論理）の果たす役割について最もよく考えた人だと思う。第二点として筆者が注意したいのは、プラトンのイデア論との関係である。これは専門研究者の間でほぼ見解が一致している。パルメニデスは、ミレトス学派のアナクシマンドロス、及びヘラクレイトスに対する批判から出発している。アナクシマンドロスのト・アペイロン（無限なもの）は、宇宙の発生ないし生成について考えた主張である。（ニーチェは若きギリシア学者時代、ト・アペイロンは無限定という意味に解すべきだとのべた。東洋風に言えば混沌である。混沌から宇宙が生まれてきたという荘子のような考え方であろう。）そうすると、ここでは宇宙は時間的に生成してきた、という考え方になるわけである。パルメニデスはそういう考え方を退けているのである。ヘラクレイトスの場合は、この章（第1節の「新時代の精神的指導者」）でのべたように、諸元素間の変化を非常に重視した人である。変化は時間を前提している。これに対してパルメニデスの基本的主張は、宇宙の基本的なあり方は永遠に不変である、というところにある。「オン」を立てて「メーオン」を退ける態度はそこから生まれてくる。要するに彼は、生成や変化を考えることに対して徹底的に批判的であったわけであるが、このことが論理の形式を重視する態度と結びつく。なぜなら、論理の形式というものは時間や変化を超越している、と考えなければならないからである。プラトンのイデア論には、このように永遠で不変なものを想定するパルメニデスの態度が受け継がれている。

もう一つ筆者がここで考えてみたい問題は、「オン」に関するパルメニデスの議論の意味を明らかにするには、Sein（ある）についてのハイデガーの考察が有益であるということである。ハイデガーは西洋哲学の伝統の起源を問い直して、プラトン、アリストテレス以前に帰って考える必要があると主張し、新しい形の存在論を構想したのであるが、その場合彼の念頭にあったのはパルメニデスだったと思われるのである。

アリストテレスの存在論は、世界に存在するすべてのものを分類し、それらの存在のしかたについて考える理論である。ここではものが存在する様式が問われている。この場合、われわれは「ある」(存在)という言葉を使って表現するほかないのであるが、では、「ある」とはどういう意味をもつ言葉なのだろうか。ハイデガーは、『存在と時間』の冒頭に、プラトンの『ソフィステース』からの引用を原文のまま掲げている。次のような句である。「君たちが〈ある〉(存在する)という言い方をするとき、一体それはどんな意味なのか、君たちはずっと前からむろんよく知っているのだ。ぼくたちも、以前にはそれがよくわかっているつもりだったが、今はてんでわからなくなって困り切っているのだ」(244a)。これは、エレアからアテナイにやってきた客人がソクラテスたちと対話する場面で語られている句である。この引用はハイデガーがこの著作に託した意図を象徴的に示している。序論の第3節(「なぜギリシアなのか」)で取り上げたように、ハイデガーは存在論のパラダイムを復興するに当たって、アリストテレスのように「あるもの」のあり方(存在の様式)を問題にするのではなくて、ものがあることの意味Seins-sinnを問題にしなければならない、と主張した。つまり、哲学が「ある」を問題にする場合、大事なのは「もの」ではなくて「こと」なのだ、というのがハイデガーの基本的主張なのである。だから『存在と時間』の人間(現存在)の考察は、人間がこの世界に生きている(ある)ことの意味についての分析になる。それを基礎にすることによって、人間以外のすべてのものが「あること」の意味が明らかになってくるだろう。『存在と時間』は一般的存在論に至るための基礎になる基礎的存在論である、という彼の哲学の基本構想はここから生まれている。

話が少々こみ入ってくるが、まずプラトンの著作の年代考察に従うと、『ソフィステース』は後期対話篇の最初におかれる作品である。これに対して『パルメニデス』は中期対話篇の最後に属する。ではこの二つの作品にはどういう違いがあるのだろうか。『ソフィステース』には昔から「あるもの(オン)についての論理(ロゴス)的対話篇」という副題がつけられている。この点に関連して、研究者の間では、プラトンはこの作品で、関係詞Copulaの「ある」と実在を示す「ある」の区別をしているのではないかという解釈が出され、多くの議論を生み出している。[10] この問題は、先にふれたように日本語で言えばわかりやすい。「ある」という言葉（表現）については、「……である」と「……がある」の区別がある。関係詞「……である」は言語表現の論理に関連し、「……がある」は実在する対象についての存在判断を示している。前者は「あること」の問題につながり、後者は「あるもの」の問題につながっている。こういう見方に立って考えるとすれば、逆に、『ソフィステース』に先立つ対話篇『パルメニデス』では、まだこの区別がされていないということがわかるのである。つまり、論理と存在は分離できないということである。これはまさしくパルメニデスの哲学が掲げている基本的主張なのである。

世界が「ある」ことを知るとは？

次に、右にのべた断片2の後には、わずか一行の短い断片3がある。これは鈴木氏の訳をあげておこう。
「なぜなら、知識すること（ノエイン）とあること（エイナイ）とは同一だからです。」

このノエインは「思惟（思考）すること」と訳す人も多い。そう訳せばこの句は、思考と存在は一致する、という主張だと解釈することができる。この断片は短いにもかかわらず大変有名で、いろいろな解釈や議論がある。これは、近代になってからノエインという言葉を知的思考による推理という意味に解する傾向が強まったために、近代認識論のパラダイムの先駆的表現と見る解釈がとられたせいである。つまり、この句は意識と実在の一致を説いている、と解釈されたのである。こういう解釈には、デカルト、カント、ヘーゲルなど近代観念論の影響がある。観念論哲学の基本的立場を、ラテン語で「知性と実在の一致」Adequatio intelectus et rei という言葉で示すことがあるが、このパルメニデスの断片2はこういう考え方によく合うようにみえるのである。しかし現代の研究者には、そういう近代的解釈を疑問とする人が多くなっている。鈴木氏は断片2と3にみえるノエインの意味について、西洋の学者らの見解も援用しながら、ノエインは突然の直観 a sudden intuition の意味が強いと解している。もっとも、その上に論理的推論 logical reasoning の性格が加わっていることは認められるが、基本は、存在（ある）の真理を直観的に了解するという意味に解すべきである、というのである（鈴木、p.154ff）。

筆者もこのような理解が妥当だろうと思うが、私はここで、ハイデガーの『存在と時間』の基本におかれている「存在の了解」Seinsverständniss という考え方が、このパルメニデスの句から触発されているという事実を指摘しておきたい。この著作の中にはパルメニデスに言及した箇所が少なくないが、それはほとんど右の断片3に関係させられている。たとえば、アリストテレスの「人間は生まれながら知ることを欲する」という有名な言葉は学問の起源を示しているとのべた後で、ハイデガーは次のように言っている。「このような（ギリシア的）解釈のうちに、既にパルメニデスの命題『思考と存在は同じである』において素描されたものがはっきりと了解に達しているのです。存在は純粋な直観的な認めるはたらき Vernehmen において現われるものであって、またこのように見るはたらき Sehen だけが存在を見出すのです。根源的で真正な真理は純粋な直観の中に潜んでいます」（第三十六節）。「哲学は古くから真理と存在を一緒にしています。パルメニデスによる存在者の存在（あること）の最初の発見は、存在をば、存在を受け入れながら了解するはたらきと同一視しています。したがって思考も存在も同一である、というわけなのです」（第四十四節）[11] このようにハイデガーは、存在（ある）の了解とは知的思考以前に存在（ある）を受動的直観的に受け取るはたらきである、と言う。ではこの場合、そこで「ある」と了解されているのは一体何についての「ある」なのか。それは世界、あるいは自然、あるいは宇宙についての「ある」の了解だと言うほかはないであろう。人間は、この世界に生命を与えられて生まれてきた。その「生まれてきた」ことにおいて、「ある」の直観的了解がともなっているのである。

要するに、ハイデガーがパルメニデスによって考えた問題は、論理と存在（実在）が分かれてくる以前の状態において了解されている宇宙の根源的「ある」の意味を問うことであった、人間は世界に生きていることにおいて、実は、常にそういう根源的な存在の了解の中にいる。ハイデガーはそこで、まず人間自身（現存在）が世界の中に「あること」（世界内存在として生きていること）の意味を明らかにするのが基礎的存在論としての『存在と時間』の仕事である、とする。さらにこの考察を通じて、人間以外のすべてのものが「あること」の意味について明らかにする一般的存在論へ至る道が開かれる、と考えたのである。ここで探求の最終目標として考えられているのは、宇宙の全体が「ある」ということの意味である。

和辻哲郎は早くから、ハイデガーの仕事が論理と存在の分離以前の世界の「根源的あり」の意味を追求するところにおかれていることを見抜いていた。彼は言う。「ある」seinという言葉は日本語では二つの用法が区別される。一つは「SはPである」という場合のように、主語Sと述語Pを結びつける関係詞「……である」として使われる。これに対して、「ここにSがある」という場合の「ある」は、対象についての存在判断、つまりSが実在するという判断を示している。この「……である」と「……がある」の区別は、日本語ではハッキリしているが、西洋の言語では簡単には区別しにくい[12]。

『存在と時間』以後のハイデガーの仕事を調べると、彼は和辻が見た通りの道を進んでいることがわかる。彼は『形而上学とは何か』『ニーチェ』などの中で、「……である」と「……がある」の区別に対応する本質存在（Was-sein, essentia）と現実存在（Dass-sein, existentia）を区別するようになる。彼は、自分が考えている sein（あること）の意味は「Was と Dass を区別する前に横たわっている」と言っている。ここでいう現実存在とは「何かがあること」つまり実在としての「ある」を示し、本質存在とは「何であるかということ」つまり表現の意味としての「ある」を示している。ハイデガーは、人間にとっては、この「……がある」と「……である」の区別以前に、世界全体があることについての受動的な了解がおかれているのだ、と言うのである。

読者は、彼の言っていることはわかるような気もするが、もうひとつピンとこないという感じをもたれるかもしれない。具体的な例でわかりやすく言うと、こういうことである。たとえば、生まれて間もない幼児は、世界が自分のまわりにあること、つまりそこに世界があることを漠然と了解しているだろう。それは世界全体があること(存在)についての受動的で直観的な了解である。幼児はさらに、言葉を覚えることによって、そこに何があるかを知り、同時にそれが何であるかを知るようになる。木という言葉を覚えれば、そこに木があることとともに、それが木であることがわかる。事物の存在についての判断とその意味を表現する形式つまり論理が、分かれながら同時に生まれてくるわけである。前者の問題は「あるもの」の分類としての存在論につながり、後者の問題は言葉(概念)の分析としての論理学に発展してゆく。

ハイデガーはこのような、論理と存在が分化する以前に了解されている世界の根源的「あり」の意味について追求するのが哲学の仕事だ、と考えたのである。しかし『存在と時間』では、彼は意識の知的論理を基本にしたフッサール現象学の方法に頼っていたので、行きづまりを感じるようになった。根源的な「ある」の了解は本来受動的な直観であるから、知的推理によってその意味を説明することは難しい。このため彼は、いわゆる方法論の「転回」Kehre を余儀なくされる。後期の彼の思索は美意識や芸術論の問題に向かい、自然と世界の存在を心情的に理解しようとする方向へ進むようになるのである。

永遠なものと変化するもの

パルメニデスに戻る。最も長い断片8の最初の部分に、彼は次のようにのべている。「あるもの(オン)は不生不滅であること。なぜなら、それは(ひとつの)総体としてあり、不動で終りなきものであるから。それはあったこともなく、あるだろうこともない。それは全体としてあるもの、一つのもの、連続するものとしてあるのだから。それのいかなる生成を汝は求めるのか。いかなる仕方で、またどこからそれは成長したのか。あらぬものからと言うことも、考えることも、私は汝に許さぬであろう。あらぬということは、言うことも考えることもできないからだ」（広川訳）。

この説明は、ハイデガーのいう宇宙の根源的「あり」の状態についてのべているようである。オン（ある）には過去もなければ未来もない。それは永遠に「ある」だけである。メーオン（あらぬ）を考えることはロゴス（論理）が許さない、とパルメニデスは言う。そうすると、時間については一切考えてはならない、という主張になるわけである。先にふれたように、これはアナクシマンドロスやヘラクレイトスへの批判から出てきた考えである。時間を否定するとすれば、変化も否定されなければならない。それとともに運動も否定されることになるだろう。これは彼の友人ゼノンが取り組んだ問題である。

ここで私が考えるのは、時間を否定するという彼の主張をさしあたり認めるとしても、では空間について彼はどのように考えていたのだろうか、ということである。右の引用に次いで、彼は「思考することと、思考がそのためにあるところのものとは同一である」という主張を繰り返した後で、次のようにのべている。「だが、究極の限界がある以上、あるものはあらゆる方向において完結していて、玉なす球の塊のように、中心からどの方向にも等距離にある。なぜなら、あるいはここ、あるいはかしこにおいて、より大きくまたより小さいこともあってはならぬこと。」ここには完全な球体のようなイメージがみられる。宇宙の「ある」は永遠の次元に想定される完全な球体のようなものである、と彼は考えているらしい。われわれはそこに、この時代のイメージ思考の態度を認めることができる。彼の思索は、知的論理による考え方を徹底的に追求して自然の超越的な「神性」を理解しようとした宇宙観である、と言えるだろう。経験の次元を越えた永遠性について問題にするのであれば、彼のような見方も成り立ち得るだろう。しかしながら、感覚の次元でわれわれが経験する世界の出来事の変化や運動については、どのように説明すればよいのだろうか。これは彼の考えていない問題である。

パルメニデスの友人ゼノンは、運動を否定する論法をのべたことで有名である。たとえば彼は「飛んでいる矢は静止している」とか「アキレスは亀を追い抜くことができない」といったパラドックスを主張したといわれる。これは数学的思考に基づいた議論である。現代でも論理学と数学は関係が深いが、これは、論理学と純粋数学の基本的な考え方が時間とは関係なしに成り立つ、と考えられるからである。ゼノンが提出した問題は、今日でも理論的には未解決のままで、哲学研究者の間で議論されているが、ここでは省略しよう。(13)

倫理学と自然学のゆくえ

エレア学派の最後にあげられるのはデモクリトスである。彼はトラキアのアブデラの出身で、エレア学派のレウキッポスから教えを受けたといわれる。アトムについての議論はレウキッポスが最初なのかどうかはっきりしないので、一緒にしてデモクリトスの原子論とよばれている。デモクリトスはソクラテスと全く同世代で、ソクラテスよりも長生きしているが、便宜上ソクラテス以前の哲学者の中に入れられている。彼はソクラテスのことを知っていたが、ソクラテスの方は知らなかったらしい。デモクリトスは、当時のソフィストたちが名声を求めて活動するのを快く思っていなかったといわれる。快活な人柄を伝えるエピソードが多い。著作は非常に多くの書名が残されているが、ほとんど残っていない。残された断片は人生訓のようなものが多く、有名なアトム論の内容は、実はその後の古代の学者たちの報告によって間接的に知られているにすぎない。ところがこのアトム論についての報告は非常に多く、邦訳のディールス・クランツ編『ソクラテス以前哲学者断片集』第四分冊の大部分はデモクリトスで占められている。どうしてこういうことになったかちょっと不思議である。これは、デモクリトスの哲学が後にエピクロス(前三四二-二七一)に大きな影響を与えたためだろうと思われる。つまりデモクリトスは、ヘレニズムからローマ時代になってから重要な哲学者とされるようになった人なのである。

アトムの考え方は運動や変化を説明するために考え出されたものである。これは、パルメニデスのいうメーオン（あらぬ）をケノン（空虚）としてとらえ直すことが基本になっている。ローマ時代のガレノス（二世紀）によると、デモクリトスはアトムを「もの」、空虚を「あらぬもの」とよんだという。パルメニデスが論理の問題を基本にして宇宙について考えていたのに対して、デモクリトスは論理の問題はぬきにして自然の問題に限定して考えたわけである。アトムは空虚の中を動き回り、衝突やからみ合いを永遠に続けている。ものの運動は、無数のアトムのまわりに瞬間的に生まれる空虚を満たすためにアトムが動くことによって生まれる、というわけである。この点についてアリストテレスは、デモクリトスは生成消滅や運動変化について深く考えた、と評価している。

デモクリトスの考えたアトムはいろいろの種類があったようで、味（味覚）とか色彩（視覚）などもアトムの形によって説明している。そればかりでなく、魂（プシケ）もアトムの一種と考えて、これをヌース（知性）とよんでいる。この魂原子は球形で、呼吸はそれが体外に出て行くのを防いでいるのである。アリストテレスが報告しているところでは、死とは体内にある魂原子が出て行くことを意味する。近代的に解釈すれば、心理作用を物質的原子と同じように扱う「唯物論的」見解と解釈できるかもしれない。このため後世の哲学史では、デモクリトスやエピクロスはしばしば唯物論的哲学者のように扱われている。しかしながら、アトムは魂原子を含んだ永遠な運動であるという点から言えば、デモクリトスは自然哲学のアルケー論の伝統を継ぐ汎心論者であると解釈するのが適切である。

問題は、このような観点に立つ場合、倫理学がどのように扱われることになるかということである。デモクリトスは、倫理的教育とは魂を構成しているアトムの団塊の形態や結合のしかたを別の形に変えて行くことであるという考え方を説いていた、といわれる。つまり、倫理学は魂を変容させてゆく人格形成の技を意味するわけである。こうしてアトム論は、自然学と倫理学を一つにする考え方になってゆく。デモクリトスからエピクロスに受け継がれる考え方では、論理学よりも倫理学が哲学にとって重要な第一の課題になってくる。アトムには魂原子が混在しているという点をとらえて言えば、人間と自然は、物質と精神が渾然一体になった世界に生きているという見方が生まれてくる。このような自然観と人間観は、古代中国で漢代以後生まれてきた「天人相関」、つまり大宇宙と小宇宙の対応関係を考える態度に通じるところがあると言えよう。

第四章　理性と霊性

1　平和、戦争、哲学

ポリスの歴史と言論の発達

ギリシア文明の特徴は、神話時代から歴史時代へ移行するに当たって、哲学を生み出したところにある。哲学は、人と人の間で語られる言葉とそれを用いる論理を明確にすることによって成り立つ。宗教においても言葉は重要な役割を果たすが、信仰における言葉は神性と人間性の関係に基づく内面性がつよい。これに対して哲学、殊に倫理学にとっては、人間関係の「間柄」において言葉が果たす役割が重要である。

ギリシアのポリスというものは元来、規模の小さな国家の集合体であって、同じギリシア人がつくっているものであり、言葉の違いは方言の差くらいしかない。文化伝統はまったく同じである。彼らは、何百年にもわたって北方からギリシアに侵入し、各地にそれぞれのポリスを作りあげ、お互いに戦いを繰り返してきた。このためポリスの歴史では、平和と戦争の区別がないという奇妙な状況が長い伝統になっていた。戦争をしているポリス相互の間で、同時に公開の外交交渉をくり返すことはごくふつうに行なわれていた。また、ポリス内部の争いに破れた人が別のポリスに逃れて再挙をはかることも珍しくはない。そういうポリスの独特な歴史が、対話と弁論の技術を広く発達させたのである。

国家間の戦争というものは政治と不可分である。戦争が国家全体のあり方についての総合的判断に立って遂行されることは昔も今も変わりはないが、ギリシア史では、政治家の弁論による外交と内政の指導という要素が決定的なウエイトを占めていたわけである。弁論や討論の場面では、用いる言葉の意味が明確に定まっていて、誰にも理解できるものでなくてはならない。ロゴス（言葉）を重視する態度が発達した背景には、そういう長い歴史があったわけである。また、女性性が軽視されるようになった歴史的背景も、おそらくこの点に求められる。戦争と政治は男の仕事であったからである。知的論理は男性にのみ属する。

前章で取り上げた初期の哲学者たちは政治指導者であった。ポリスの規模は小さく、せいぜい町か村のような大きさしかもっていなかった。このため、人々は指導者の個人的な人となりをよく知っているし、指導者の側も住民の状況をよく知っている。哲学はそういう緊密な人間関係を背景にして誕生した。そこでは人格と人格を結ぶ心理的な「間柄」、すなわち倫理が大きな役割を果たしていた。ところが前六世紀の終りごろから、オリエントに生まれたペルシア帝国の力が次第に西に進出し、小アジア沿岸につくられていたギリシアのポリス群に圧力を加えるようになった。ペルシアは言うまでもなく、ギリシアとは人種も言語も文化もまったく違う民族であるし、国の大きさからいっても個々の小さなポリスが対抗できるような相手ではない。前五世紀の歴史状況は、次第に強まるペルシアの圧力に対してポリスが新しい対応を迫られるという形で展開する。時代の思想状況はそれとともに大きく変化してくる。

戦争と神託

前四九九年、ペルシアに支配されたイオニア地域の諸ポリスは連合してペルシアに対する反乱を起こし、アテナイを始めギリシア本土の諸ポリスに対して救援を求めた。アテナイは艦艇を派遣してこれを助けた。

当時の軍制では陸軍と海軍の区別はない。艦艇は戦闘と兵員輸送を兼ねている。アテナイの指導者テミストクレス（前五二八－四六二）は外港ペイライエウスの防備を固め、ペルシア側はギリシア本土への進攻作戦を始めた。第一次ペルシア戦争である。前四九〇年ペルシア軍は本土に攻撃を加えたが、アテナイを主力とするギリシア連合軍はマラトンの戦いでこれを破った。しかしテミストクレスは、ペルシアが再び攻撃を加えてくることを予想していた。彼はひそかに海軍の充実を計画し、堅牢な三段櫂船を作らせていた。三段櫂船というのは、漕ぎ手が三層に配置された大型の船で、合図とともにオールを一斉に漕ぐように訓練された艦隊である。いわば当時の快速戦艦の艦隊である。この艦隊の攻撃方法は、敵艦に近づいたころあいを見計らって急旋回し、相手艦の横腹に激突して沈めてしまうものだったという。

前四八〇年、ペルシア王クセルクセスは自ら数十万の軍勢を指揮してアテナイ攻撃に乗り出した。第二次ペルシア戦争の始まりである。ペルシア軍はトラキア地域のポリスを次々に占領して次第に近づいてくる。海からは約一千隻もの艦隊がギリシア本土へと迫ってくる。アテナイは恐怖におびえた。このときテミストクレスは、デルポイのアポロン神殿に使者を送って神託を伺わせた。神託の内容はヘロドトスの『歴史』（巻七、一四〇節以下）に記されている。使者はまず神域に入って儀式を行ない、本殿に入ってから神託を受けた。このとき巫女のアリストニケは次のような託宣を告げた。「あわれなる者どもよ、何故ここに座っておるのじゃ。家屋敷も、輪形の町の聳え立つ頂き（アクロポリス）も捨てて、地の涯に逃れよ。そなたらの町は頭も胴体も無事にはすまぬ、足のつま先、また手も胴も余すところなく亡びゆくぞ。町は火に焼かれ、ひシリアの戦車を駆って進み来る猛々しき軍神に踏みにじられる。軍神の手に亡びゆく塁域は数を知らず、ひとりそなたらの城のみではない。またその神により劫火に委ねらるべきあまたの神殿は、既に今恐怖にふるえて汗をしたたらせ、その天井からは逃るべくもない災厄を告げる黒い血が溢れ落ちている。さればそなたらはこの社殿を去り、心ゆくまで悲嘆にくれよ。」アテナイの使者は絶望に悲しんだが、その様子を見てデルポイのある名士が忠告して、もう一度神託を乞うようにせよと言った。使者は嘆願者のしるしであるオリーブの枝を捧げて出直し、必死でお願いした。アポロンの神が巫女を通じて告げた二度目の託宣は次のようなものであった。「パラス（女神アテネ）がいかほど言葉をつくし、賢しき才覚を用いて嘆願しようとも、オリンポスなるゼウスの御心を動かすことは叶わぬぞ。されどわれは、ここに再び汝のため鋼鉄にも比すべき硬く破れぬ言葉を告げてとらせよう。ケクプロスの丘と聖なるキタイロンの谷の間に抱かれる土地ことごとく敵の手に陥るとき、遙かに見はるかし給うゼウスはトリトゲネス（アテナイ）がために、木の砦をば、唯一不落の塁となり、汝と汝の子らを救うべく賜るであろうぞ。また汝は陸路迫り来る騎兵の群れ、歩兵の大軍を安閑として待ってはならぬ。背を翻して待避せよ。やがてまた反撃に立ち向かう時もあろうぞ。おお聖なるサラミスよ。デーメーテル（炬火をもつ穀物の女神）の賜物の蒔かれる時、あるいはその取り入れの時に、そなたは女らの子らを亡ぼすであろう。」この二度目の神託は最初の神託より穏やかに感じられたので、使者はそれを文書にして引き上げた。神託の意味をどう解釈するかで議論は百出した、とヘロドトスは記している。この文の中の「木の砦」という言葉が何を意味するのかということが難問で、ある人々はアクロポリスの丘は無事に残るという意味だと主張し、別の人々は「木の砦」とは艦船のことだと主張して議論は分裂したという。

この記事は、当時神託というものがどのような社会心理的役割を果たしていたかということを教えている。当時の神託術は、国家や政治にかかわる重大事件の際に下されると限ったものではなく、ふだんは人々のさまざまな日常的個人的相談に応じることの方が多かったものである。神託所は到るところの村々にあったし、託宣の方法もさまざまあった。ひとつ注意すべき点は、神託の言葉というものは右の託宣の句にあるように、一種の謎ときのようなところがあったということである。このときの託宣は、巫女がトランス（神憑り）状態になって語るのであるから、その言葉について説明するなり記録するなりして伝える介添え役がいた筈である。アテナイの使者は神託を文書にして持ち帰っている。日本の神話時代の習俗をみても、魏志倭人伝にみえるヤマトの女王ヒミコは「鬼道」に仕えるシャーマン的女性であった。彼女は人々の前に現われることはなく、男弟が神霊の言葉を伝えたという。時代は三世紀、弥生時代末期である。また古墳時代初期（四～五世紀）の神功《じんぐう》皇后は、神憑りして海神の託宣を告げ、朝鮮出兵を命じたことが記紀に伝えられている。彼女の場合は、大臣の武内宿禰《すくね》が審神者《さにわ》の役目をしている。審神者というのは、降臨した神霊と問答してその意思を確かめる役である。こういう神話時代の習俗には世界的に共通した点が少なくない。古代社会では、神託は民衆に対して重大な心理的影響力をもっていた。ヘロドトスが記しているところでは、陸路ギリシアに侵入したペルシア兵は各地の神域でさまざまな異変に出会ったという。デルポイまでペルシア軍が押し寄せるという噂があって人々は狼狽したが、神託は「神の財物はみずから守る」ということだったので避難するのはやめたという。アテナイはじめ全ギリシアがパニック状態におちいっていた様子がうかがわれる。

テミストクレスはアテナイの女子供は国外に避難させ、アクロポリスの周辺に柵をつくって守備兵を配置したが、これはいわゆる焦土作戦で、兵員の主力は海軍に回してサラミス湾に艦隊を集結させた。陸戦ではスパルタ王レオニダスが戦死し、ペルシア軍はアテナイに乱入して市街を破壊し放火した。アクロポリスの神殿も炎上した。次いでペルシア艦隊はサラミス湾に向かい、クセルクセスは付近の小島に陣を張って観戦した。サラミス湾は前面にたくさんの島が点在していて、湾内に入る水路は狭く複雑になっている。湾内の状況を初めて見たであろうペルシア艦隊が侵入に手間どっているのに対して、アテナイやコリントスの艦隊がこれを迎えて海戦になった。百八十隻用意されたという三段櫂船の威力は破壊的で、ペルシア艦隊の多数は撃沈されてしまった。これが史上有名なサラミス海戦である。三年にわたる第二次ペルシア戦争はこうしてギリシアの勝利に終わった。

アテナイの民主政治

サラミスの勝利はギリシアの全ポリスに対するアテナイの声威を一挙に高める結果をもたらした。戦後二年目の前四七八年、デロス同盟が結成され、三百余りのポリスが加盟した。同盟の名前の由来になったデロス島はエーゲ海の中心部にある島で、アポロンの神殿があった。この同盟は、参加したポリスが一定の貢納金をアテナイに納める代わりに、アテナイは軍事上の安全を保証するという趣旨で、同盟の金庫がデロス島におかれたのである。アテナイの経済発展は加速し、地中海貿易の中心としての地位はゆるぎないものになった。たとえば現代のニューヨークのような国際ビジネスの中心になったのである。「アテナイ帝国」というのはこのような状況につけられた名前である。

では一体、黄金時代の盛期アテナイの都市の規模はどれくらいだったのだろうか。研究者の推定はまちまちで、多く見積もる人は人口五十万人をこえていたというが、二十〜三十万くらいと言う人もある。多くみる人は、市民階級（家族も含めて）の人口を十万人前後と推定している。このほかに市民権をもたない奴隷階級が市民の数倍はいた。古代の奴隷というのは人種の差別はないので、いわば下層階級と考えておけばよいだろう。資産階級の家庭では数十人に及ぶ奴隷がいたようで、家事使用人といったところである。いずれにしても、国家としてのアテナイの規模が他のポリスとは比較にならない巨大なものだったことは間違いない。

ポリスの歴史の一つの特徴は、政治形態が多様な形をとっていたところにある。王政、貴族政、寡頭政、民主政、僭主政などさまざまな形があり、しかもたえず政体が変化する。こういう状態が生まれたのは、ポリスの規模が小さく、小人数の力で国家全体を動かすことができたからである。アテナイは民主政治が発達したことで知られているが、近代の民主主義体制とは違っている。先にのべたように、当時のアテナイの政治制度は、ソロンの改革以後成立した財産政治 Timocracy であって、重要な政治的地位に就けるのは資産階級に限られていた。軍人としては騎兵になるが、当時のポリスでは兵器の装備はすべて自己負担であった。市民は資産に応じて、重装歩兵、軽装歩兵のクラスに分かれる（奴隷階級は軍務には服さない）。ただアテナイの特徴は、成年男子の市民全員が参加できる議会（民会）が立法を行ない、政治指導者クラスの任免もできたところにあった。サラミスの勝利を収めたテミストクレスでさえ、デロス同盟結成後七年目（前四七一）に貝殻追放の制度によって罷免されている（これは貝殻状の陶片を用いる信任投票の制度）。当時のアテナイには大統領に当たるようなポストが設けられていたが、これは毎年交代する形式的なものである。実権を握るのは軍事を指揮する十人の将軍職（ストラテーゴス）で、その中の実力者が最高権力者になる。これは議会から毎年承認を得なければならないが、再選可能なので長く地位を保つことができる。そういう意味で、世界史上最初の民主主義的政治システムができていたと言ってよい。ただしむろん欠陥もある。貝殻追放にも票の買収がよく行なわれていたことが知られている。また国家の規模が大きくなった場合、軍事や政治の専門職の地位がそういう事柄のわからない素人の市民多数の群衆心理で左右されることになる。

ソクラテス時代のアテナイ

この章では当時の歴史的状況を調べながら、その背景の中でソクラテスの人生の生き方について考えてゆきたい。この時期、ギリシア文明は繁栄の絶頂を迎えた後、その中心になっていたアテナイは、悲惨な民族内戦（ペロポンネソス戦争）に敗北した。その後まもなく、全ギリシアはアレキサンドロス大王の支配下に飲み込まれてポリスの歴史は終りを告げる。アテナイは国際政治の中心的地位を奪われて、思想と文化の中心へとその役割を大きく変えるわけである。哲学とは時代のものの考え方を代表するものだとも言えるだろうが、ソクラテスは大きく変化したこの時代の思想状況を象徴する人物である。

ソクラテスが生まれたのは、テミストクレスが追放された翌年（前四七〇）である。前四五七年、ペリクレス（前四九五-四二九）が三十八歳でアテナイの権力の地位に登りついたとき、ソクラテスは十四歳の少年である（ペリクレス時代とよばれているのは彼が将軍職に選ばれた前四四三年以後で、初めはまだ彼に対抗する有力者がいた）。少年時代のソクラテスは、国運上昇いちじるしいアテナイ帝国の繁栄の真っ只中で育ったわけである。

ペリクレスは民主主義を確立した政治家として有名である。思想や文化の面からみると、彼の政策としては、まず知識人学者を優遇する方針が目立つ。アナクサゴラスはこのころアテナイに定住して、三十年間学問を教えている。各地のポリスからソフィストがさかんにやってくる。前章でのべたように、彼らは多額の入門料を取っていた。この場合の学問は当然自然研究よりも、法律、裁判、弁論などに関する事柄が中心になる。思想界の動向と関心は、政治社会問題へと大きく変わっていた。倫理の問題はまさにその中心にあった。平和はその後、二十年近くつづいた。ペリクレスは彼の生涯の仕上げとして、戦争で破壊されたアクロポリス神殿の再建を始めた。今も残るパルテノン神殿である。その前庭には、盾と槍をもち、兜をかぶった巨大なアテネの女神像（アテナ・パルテノス）が守護神として立てられた。この神殿は黄金時代のアテナイを象徴する記念碑である。ワインを飲みながら議論するシンポジオン（饗宴）の習慣がさかんになったのもペリクレス時代である。現代風に言えば、知識人文化人が政治家を囲んで現代世界の動向を論じ、将来を考えるシンポジウムといった趣きである。ペリクレスはその席に夫人のアスパシアを列席させて物議をかもした、という話もある。当時、女性がそういう席に出ることなど考えられなかったからである。このような長い平和の間に、学問はビジネスとなった。新しい立法、そのための弁論、討論などの会がさかんになった。第二章（第3節の「アテナイにおける性の氾濫」）でのべた性犯罪をめぐる立法や裁判記録はその一端を伝えている。こういう歴史を考えていると、現代日本の性犯罪や売買春の状況と似た感じを受けてしまう。文明の発展が欲望の肥大と結びつくことは昔も今も変わらない人間性の一面だろうか、と考えさせられる。

一国主義の問題点

ペリクレスの晩年、宿命的なペロポンネソス戦争（前四三一－四〇四）が起こるが、その歴史的背景を考える場合、アテナイの状況を見ているだけでは不十分だと感じる。ペリクレスは権力を握ってまもない前四五四年、デロス島におかれていたデロス同盟の金庫をアテナイに移すとともに、加盟ポリスの貢納金を三分の一増額している。金庫を移転したのはペルシア海軍の攻撃から安全を確保するというのがその理由であった。プルタルコスによると、ペリクレスは、われわれは加盟ポリスのためにペルシアと戦っているのであって、彼らは兵力を提供するわけではない。お金は、安全を守ってやるアテナイに入るのが当然であって、余剰があればそれを産業発展に向けるべきであると説いたという。こうしてアクロポリスの神殿再建工事が始められ、アテナイ市街と外港ペイライエウスを結ぶ長壁の建設が進められた。現代風に言えば、雇用を増やし経済発展をめざす大型公共投資というところである。しかしこういう政策は、アテナイ以外の他のポリスからみれば超大国の一国主義的な勢力拡大政策とも言えるわけで、不満をもつポリスが出てくるのも当然である。

もうひとつ、この時代にさかんになったのは軍事植民政策である。これは、エーゲ海の島々、イタリー南部、シケリア島の各地に本土のポリスから武力をもった屯田兵を送りこんで新しいポリスを建設する政策である。この場合、本土のポリスと新しいポリスの間には母ポリスと子ポリスという関係ができる。もっとも、この政策はアテナイだけがやっていたわけではない。有名なソフィストのプロタゴラス（前五世紀ころ）は南イタリアに建設されたトゥリオイのポリスの憲法をつくってからアテナイを訪問している。ゴルギアス（前四八四－三七五）はシケリアのポリス出身で、戦争初期、外交使節としてアテナイを訪れている。ペリクレスが学者知識人を重要視した背景には、この問題があったものと思われる。アテナイは、ギリシア全民族の国際社会において突出した巨大国家となっていた。この超大国の一国主義政策が不幸な戦争をひきおこす遠因になったのではないかと思われる。

予期しない開戦

ペロポンネソス戦争の始まりは前四三一年とされているが、この前後にはさまざまの事件が起こって、状況が非常に錯綜している。戦争への口火になったのは、コリントスとケルキュラの紛争である。コリントの地峡から西のイオニア海・アドリア海に出たあたりに一群の島々がある。この一帯の島々のポリスはコリントスの子ポリスであった。母ポリスが軍事植民によって子ポリスをつくった場合、部族の歴史の伝統によって、母ポリスは子ポリスを指導監督する権限があるとされていた。しかし実際はポリスの母子関係は多様で、形式的なものにすぎない場合もあり、時間がたつにつれて子ポリスが独立的傾向をもつようになってくることもある。ケルキュラはこの付近の島々の中では大きい方で、かなりの海軍力をもっていた。それが付近の小島のポリスを自分の勢力下に収めようとしたために、母ポリスであるコリントスがこれに干渉した。両者の対立は既に前四三六年ごろから始まっていたが、前四三三年にケルキュラはついにアテナイに援助を求め、アテナイ・ケルキュラの連合軍とコリントス軍の間で、二度にわたる海戦が行なわれた。ここで問題は、アテナイ対コリントスという本土のポリス相互の対立に拡大したのである。

この対立は思わぬ方向に飛び火する。ギリシアの中心部からマケドニアの方にゆく途中に三叉状に分かれた半島があるが、その一つにポテイダイアというポリスがある。ポテイダイアは歴史的にコリントスの子ポリスであったが、デロス同盟にも加盟していたのである。この付近には銀鉱山があって、経済的にも重要な地域であった。このポテイダイアが前四三二年、デロス同盟を離脱してアテナイに反抗する姿勢を明らかにしたのである。アテナイは軍を送ってコリントスとの戦争に突入する。このポテイダイア戦は三年つづけられるが、ペロポンネソス戦争の正式開始はその二年目、前四三一年とされている。

ボテイダイアの祈り

ソクラテスはこの戦いに動員されてボテイダイアに赴いている。彼が三十八歳のときである。彼はこの戦場で二十歳になったばかりの初陣のアルキビアデスと出会っている。アルキビアデスは負傷したが助ける人もなかったとき、ソクラテスが彼を見つけてその武器などを自分が背負って引き上げた。将軍たちは家柄のよい自分に褒賞を与えようとしたが、ソクラテスこそ褒めるに値する、と彼はのべている。アルキビアデスはまた、この戦いの間に、ソクラテスの奇異な行為を見ている。ソクラテスは朝早くから何か考えながら、同じ場所に立ち続けていた。兵士たちは彼の様子を不審に思って話し合っていたが、ある連中が一晩中立っているかどうか見張っていた。ソクラテスは朝が来るまで立っていたのだ。二十四時間立ちっぱなし、ということになる。「それから暁がやってきて太陽が昇るまで、この人は立っていた。それから、太陽に向かって祈りを捧げ、そして去って行った」とアルキビアデスは言っている（『饗宴』220D–E）。

この話について、神話学者ケレニーが面白いことをのべている。ギリシアの北方テッサリアにトリッカというポリスがある。ここは、前二千年ごろから南下を始めたギリシア人が最初に定住した場所で、医神アスクレピオスの故郷とされている。この地の女たちは、夜明け前に、病気平癒に感謝する犠牲の雄鶏を連れて糸杉の林の中にあるアポロンの神殿にやってくる。太陽が昇ると雄鶏は一斉に声をあげ、女たちも大声をあげる。「もう太陽が昇ったわ。神殿の扉が開いた。幕があがったのよ。」ケレニーによると、この光景は、アスクレピオス崇拝における太陽と昼の宗教的意味を示しているという。彼はここで、ソクラテスが敗戦後裁判を受けて死ぬ直前に言った最後の言葉に注意している。「おおクリトン。アスクレピオスの神様に雄鶏を一羽お供えしなければならなかった。その責任を果たしておくれ、きっと忘れずに」（『パイドン』118–a）。

つまりソクラテスは、ポテイダイアの戦場でアポロンの神に祈っていたのである。(1) 一体何を祈ったのだろうか。これは想像するしかないことだが、私は、戦争と平和にかかわる祈りだったのではないかと思っている。

開戦前後の状況

このころポリス同士の連携と対立は次第に深まっている。コリントスと親しいメガラが反アテナイの姿勢を示した。メガラはアテナイの西方にあるポリスで、昔からサラミス地域の支配権をめぐって争い合ってきた関係である。アテナイは海軍を送ってメガラを海上封鎖した。これは食料や物資の補給を断つねらいである。コリントスはスパルタの決起を求める。スパルタを中心とする高原地帯のポリス群の間には、前六世紀（前五四六）にペロポンネソス同盟が結ばれていた。これはデロス同盟よりはるか以前にできていたもので、元来はアテナイに対抗した性格のものではない。しかしここに至って状況はデロス同盟対ペロポンネソス同盟という形に拡大し、ギリシア史始まって以来の大きな民族内戦に拡大していったわけである。ペロポンネソス同盟に加盟したポリスの人々はラケダイモン人とよばれている。

開戦に至るこのような経過を調べていると、アテナイの帝国主義政策がみえてくる。アテナイがコリントスとケルキュラの紛争に介入した理由は、西方地域に対する勢力拡大にあったと思われる。先にのべたプロタゴラスのトゥリオイ憲法の制定はアテナイ政府の意向に合致するものだったというし、ゴルギアスは開戦初期に外交使節としてシケリアからアテナイを訪れ、その政策を変更させたことが知られている。ケルキュラはちょうどイタリアの長靴の踵付近と向かい合った位置にある。もしアテナイがケルキュラと同盟関係を結ぶことができれば、西方海域の制海権を握ることが可能になる。東方エーゲ海方面の制海権はほぼ確立しているから、西方海域を支配下に収めることができれば、アテナイ帝国の地位は全ギリシアを支配できるようになるわけである。アテナイ人の間に、そういう帝国主義的拡大の心理が広がっていたとしても不思議ではない。少し後の話になるが、戦争十五年目に、アテナイはシケリア遠征の大軍を送る。これは、アテナイ人の間に西方支配に対する関心が長く続いていたためと考えてよいだろう。

ペリクレス失脚運動

コリントスとケルキュラの紛争にアテナイが介入したのは、ペリクレスが権力を握っていた晩年である。開戦して一年あまりの間に、アテナイには注目すべき事件が二つ起こっている。一つはペリクレスの失脚を狙った運動、そしてもう一つはアテナイを襲った疫病である。第一の問題から調べてみよう。戦争が起こってから、ディオペイデスという職業的呪術者が、神々を信奉しなかったり、天体に関する学説を説いたりする人々を罪に問う法案を議会に提出し、これが立法化された。狙われた人々としては、まずアナクサゴラス、ペリクレス夫人のアスパシア、パルテノン神殿建設の総監督フェイディアス、それにプロタゴラスなどが知られている。この顔ぶれをみれば、このときの立法がペリクレスを標的にしていたことは明らかである。アナクサゴラスの学説については、彼は、太陽は灼熱の鉄の塊であるとか、月には人の住めるところもあれば、山頂や峡谷のようなところもあると説いた、と伝えられている。またプロタゴラスは「万物の尺度は人間である」という言葉で知られている。彼は「神々については彼らが存在するということも、存在しないということも、またその姿がどのようなものであるかということもできない」とのべたといわれる。彼はこの著作のためアテナイから追放され、その著作は集められて焼却された。アスパシアは、ペリクレスの弁論によって無罪とされた。ペリクレスは、アナクサゴラスの告発に対しては、内密に金を払って国外に逃れさせた。フェイディアスの場合は、その地位を利用して公金をくすねたり、神殿の彫刻に自分の名前を入れたことが問題にされたという。彼は有罪とされ、まもなく死んでいる。

これらの事件について、ギリシア学者のスネルは、このような宗教裁判はアテナイでしか行なわれなかったし、それもごく短い期間に限られていたと主張している。[2] 彼はまた、思想史の観点からみれば、啓蒙的知識人の活動がもたらした影響の広がりに対して、保守的な人々が危機感を抱いたのが原因であろうと言っている。同じギリシア学者のドッズは、この法案制定を推進したディオペイデスという人物は職業的予言者であって、その背景には保守的な民衆感情があったらしいと言っている。[3] ただスネルがこれらの事件は当時のアテナイの特殊状況にもとづく一時期的な問題だと見ているのに対して、ドッズはこの件は戦争後のソクラテス裁判まで影響を及ぼしたらしいとのべている。この点については、どうもスネルの意見が当たっているように思う。ソクラテスの告発はこの法律によったものではない。アテナイ敗戦の後、スパルタの支配下でアムネスティ（大赦）協約が結ばれ、戦時下における告発はすべて無効にすることが決められているからである。ディオペイデスの立法の動機がペリクレス個人の失脚を狙ったものだとすれば、問題の意味は簡単明瞭である。彼は実際、開戦の翌年（前四三〇）将軍職から落選している。しかし戦争の指揮を取れる者がいないというので翌年復帰しているが、まもなく病死している。ペリクレスの失脚が目的だとすれば問題は片付いたことになる。その後の状況を総合してみると、この時期のソフィスト追放運動は収まったようで、彼らの活動そのものはなお続いていたようである。ただよくわからないのは、絶大な声望を誇っていたペリクレスの開戦決定に対して、なぜ突然その足下から失脚運動が起こったのか、ということである。

疫病とアポロンの神託

次に、もう一つの疫病の問題はどういう状態で起こったのであろうか。ペリクレスはスパルタとの戦闘を予想して、アッティカ平野の住民をアテナイと外港ペイライエウスの間に築かれた長壁の内側に移住させる措置をとった。食料その他の物資補給は海上輸送に頼る計画であったらしい。ペリクレスが長期戦を覚悟していたことがわかる。この時代の戦闘はふつうは夏しか行なわれず、冬はお休みである。開戦一年目にスパルタ側との初戦があり、農地が荒らされた。その冬が過ぎ、ペリクレスの有名な戦死者追悼演説が終わった後、夏の始まりとともに突然疫病が襲ってきた。病原菌は輸入食料に入っていたのではないかと考える人もいる。ペリクレスの戦略は思いがけない打撃を受けたのである。人口が密集状態になっていたところに疫病が広がったため、深刻な事態になった。この疫病は二年間蔓延し、一時小康状態になったあと、第五年目(前四二七)に再発、約一年間続いた。この結果アテナイは重装歩兵四千四百名以上、騎兵隊三百名を失い、十八歳以下の未成年者、女子、居留民、奴隷など軍事登録されていない人々の死亡は数え切れない程であったという。疫学的説明の詳細は省略するが、このときの疫病はギリシア史で最初のものだったこと、そのため医師たちも予備知識がなくて死んだ人が多かったこと、動物にも伝染したが動物は病気がわかるらしくて死体は食べなかったこと、また回復した人は二度とかからなかったこと、などが知られている(4)。ペリクレスの死が疫病と関係があるのかどうかはわからない。以下ツキジデスの記述によって、疫病に襲われた人々の状況について見ることにしよう。

「(病気は)患者から看護人へと伝染し、羊が死ぬように死んでいった。……多くの家は病人も看護人も死んで空き家になったし、とりわけ徳行を重んずるような人々が患者を訪問すれば、感染して死んでいった。……息絶えてゆく者の死体は次々と積み重ねられ、瀕死の人々は路上に累々と横たわり、水を渇望してあらゆる泉のまわりに群がって小屋がけしていた聖域は、そこで息絶えた者の死体で一杯になってしまった。人間というものは、災厄の暴威に打ちのめされると何が起こるか判断できなくなり、神聖なものも人間界の掟も等しく無視するに至ってしまうものだ。……この疫病はさらにこのほかに一層の無秩序を広める端緒となった。これまでは快楽のみを求めて行動するものではないと隠していたことを、人々は公然とやってのけるようになったのである。……こうして健康も富もその日限りと考える人々は、すぐ手に入る快楽をとり、享楽に耽ることを重視するようになった。そして誰一人として従来立派だと考えられていたもののために耐え忍ぶ意欲をもたず、徳に達する前に死んでしまうかもしれないと考え、目前の快楽および何であれ、それに役立つものを善であり有用である、と決めたのである。神々への畏怖も人間社会の掟も、誰を拘束する力ももたなくなった。人々がすべて死んでゆくのを目撃して、信仰心があろうがなかろうが同じことだと判断し、また法を犯しても裁かれて刑を受けるまで生命があるとは誰一人望めない、というより自分たちは既に疫病という死の判決が下され、いまや刑の執行に脅かされているという現実の方がはるかに重大であり、それが下る前に人生をなんとか楽しんでもよいのではないか、と考えたのである。」

ツキジデスはさらにスパルタ側の心理にもふれている。スパルタは開戦に当たって、デルポイに神託を求めていた。「人間というものは体験したことに記憶の方を合わせてきたものである。……ラケダイモン人（スパルタ側）が受けていた神託を知っていた人々にも記憶がよみがえった。ラケダイモン人が開戦すべきか否かをアポロン神に問うた時、神は『全力を尽くして戦うならば勝利を得るであろう。そして神みずからも援助する』と語ったというのである。彼らは、この神託と現実の事態とが一致していると考えた。」

迫り来る死の恐怖にとらえられた人々が、信仰心も倫理感覚も失って目前の快楽追求に走るという心理は、現代人にもそのままあてはまるだろう。とは言うものの、疫病でアテナイの人間全部が死んでしまうわけではない。思想の動向をみるに当たって重要なのは、社会心理的な影響である。ツキジデスの記述を医学的および倫理的観点から考察した免取《めんじゅ》慎一郎は、古代ギリシアにおけるミアスマ（汚れ）という概念に注意している。ミアスマとは罪による汚れというような意味の言葉であるが、自己の行為ではなくて自己の外部に起源あるいは原因をもち、それに接触、接近した人々に災いをもたらす力を意味する。ミアスマは広い宗教的道徳的な文脈からとらえられる概念であって、禁忌《タブー》への関わり、罪、過ちが当事者以外の人々に伝染する汚れであり、それに関わりをもった個人に不幸を招くものと考えられていた。そればかりでなく、ミアスマは「天変地異、飢饉、戦争、事故、そして病気の流行など、多様な形態で、時として不条理に共同体全体を襲う。ホメロス以来お馴染みの概念である。例えばソフォクレスにおけるオイディプス王支配下のテーバイ市民を苦しめた疫病。[5]」

ギリシア学者の研究では、ヘラクレイトスやエンペドクレスらの自然哲学者たちは、ミアスマの考え方の適用を自然現象に限定し、特に流行病の原因となるような何らかの汚染を説明しようとしている。いわば近代的な細菌学の見方に通じるような解釈をとったわけである。ところが免取の研究によれば、経験を重視するヒポクラテス医学派の方は、こういう抽象的思弁によって合理化する考え方には批判的であった。大気、風などの自然現象を媒介にして伝わる汚染や「罪汚れ」が人間に伝わって災いをもたらすという考え方は、人類の古代社会では根強い。それによって汚された人たちは、社会から隔離され、精神的にも排除されるのである。日本古代の大祓詞にも、母子相姦、獣姦、虫害、病気などを罪汚れとして、川から海の神々に祈って放逐する儀礼がある。アテナイを襲った疫病に対する一般民衆の受け取り方には、古代人特有のこういう考え方がともなっていたものと思われる。

ソフォクレスの『オイディプス王』は、前四三〇年の疫病からほど近い時期に上演されたものと考えられている。[6]アテナイ市民にとってこのときの疫病の印象が強烈なものであったことが察せられる。この作品の設定では、倫理に反する国王オイディプスの近親相姦が神々の怒りを招いて疫病という災厄を引き起こしている。ミアスマの考え方に従えば、疫病は神々への信仰の有無と無関係ではない。デルポイのアポロン神は、『イリアス』では、疫病を敵陣にまき散らす神であったことが思い出される。アテナイ人には、ホメロスの叙事詩以来のこの二神に関わる数々の伝承が思い出されたことであろう。しかも開戦当時、スパルタ側に対するアポロンの神託は「全力を尽くすならば勝利を得るであろう。そして神みずからも援助する」とのべていた。スパルタ人はアテナイの疫病について、神託は現実と一致していると考えていたのである。われわれはこの戦争に関連する情報をアテナイ側からしか得られないため、スパルタ側の状況をあまり知ることはできないが、伝統的な信仰が強く支配していたと考えられるスパルタ人にとって、神託は大きな心理的影響をもったものと思われる。

私がこの問題について考えたのは、先にのべたディオペイデスの宗教法のことが気になったからである。この法律が議会に出された時期がはっきりしないので、疫病発生との時間的前後関係は明らかではないが、ペリクレスの失脚を狙った運動がその戦争政策そのものに向けられていたとは考えにくい。保守的な民衆層は愛国的心理に動きやすいだろうと思う。提案者のディオペイデスは職業的予言者であるというから、民衆層の間に、疫病を神々に対する不敬の罪と結びつけて理解する考え方があった、と見ることができるのではあるまいか。いずれにしても、ソフィスト追放と疫病という二つの問題は、知識人層と民衆層の間に生まれていた大きな心理的感受性の違いを示している。私は、この思想的分裂がアテナイ社会に特有の状況だったことに注意したい。ソクラテスは、この社会心理的分裂状況を一身に引き受けたような人物だったと言えるからである。

戦争の長期化と国論の分裂

ペロポンネソス戦争は、前期の十年と後期の十七年に分けられる。前期は前四二一年にニキアスの和約が成立するまでである。以下、ツキジデスの『戦史』に従って戦争の経過を調べてみよう。この中にはプラトンの対話篇に登場するソクラテスと関係のあった人々がよく出てくるので、この点に注意しよう。ニキアスは『ラケス』にソクラテスの知人として登場するが、穏厚な性格の軍人として描かれている。彼は後にシケリア遠征の司令官になる人で、前線部隊を指揮するタイプの軍人である。このような人物が和平工作を進めるということは、開戦当初から戦争政策に疑問をもつ人たちが指導層内部にもいたことを示している。戦争初期、北ギリシアの戦闘でスパルタ側のプラシダス、アテナイ側のクレオンのような主戦派指揮官が戦死しために、和平の気分が生まれたようである。和平提案は前四二六年、スパルタ側から出されたが、このときはアテナイが拒絶している。ポリスの歴史から考えれば、平和と戦争の共存は昔からの慣習みたいなものであるから、いずれ和平に落ち着くというのが一般の見方だったであろう。経済的実力はアテナイの方が圧倒的優位の状態にあったし、デロス同盟への貢納金も開戦後少しずつ値上げされている。長期戦になれば勝てるという目算が、アテナイにはあっただろう。

しかし二年後の前四二四年、スパルタ側はマケドニアの要衝アンピポリスを奪い、さらにボイオティアの東海岸にある聖地デーリオンを攻撃した。このとき、ソクラテスは四十七歳で二度目の出征をしている。この戦いは激戦の後アテナイ側の敗北に終わるが、アルキビアデスはこの戦場で、馬上からラケスとソクラテスが殿軍を勤めて退却する様子を見て激励し援護している(『饗宴』220E7–221C、『ラケス』181b1–4)。ラケスは勇敢な軍人として描かれている人だが、アルキビアデスは、ソクラテスの沈着さはラケスに優っていたとのべている。ラケスもニキアスらに向かって、ソクラテスの戦いぶりを絶賛している。殿軍というのは、戦闘が敗北状態になったとき、追撃してくる敵と戦いながら味方を退却させる困難な役目である。注意したいのは、指揮官のラケスがソクラテスとともに歩いていたことである。ラケスはソクラテスの戦闘指揮のみごとさに感銘したのであろう。この時のソクラテスの活躍ぶりは非常に注目を浴びたらしい。ソクラテスはさらに一年おいた前四二二年、アンピポリス奪還のための戦闘に召集されている。アンピポリスの争奪戦は長く続けられており、ツキジデスは救援に失敗して前四二四年に軍務から追放されている。(彼はその後、戦況を調査して名著『戦史』を執筆することになる。)四十八歳にもなったソクラテスがこの戦いに召集されたのは、デーリオンでの戦いぶりが注目され、兵士でありながら指揮官クラスの扱いを受けたのではないかという人もいる。彼がアテナイで有名人になったのはこのためと思われる。

ソクラテスが戦場を駆け巡っていた前四二三年に、アテナイでアリストパネスの喜劇『雲』が上演された。

これはソクラテスを茶化したと言うべき内容のもので、ソクラテスは天上や地下の事柄について論じる自然哲学者であるとともに、白を黒と言いくるめる詭弁家の代表とされている。ソクラテス学校に入った若者が父親を殴っておいてそれを理屈で正当化するといった調子のたわいない内容であるが、この上演は、ソクラテスが当時アテナイで有名人になっていたことをうかがわせる。研究者によると、『雲』の中にはアナクサゴラス、ディアゴラス、ゴルギアス、プロディコスらの学説に言及した箇所が認められるという。[7] 彼らの著作は当時自由に読まれており、ソフィストの活動は変わりなく続いていたことが察せられる。プラトンの『ソクラテスの弁明』(18b-d, 19c) には、ソクラテスがこの作品にふれて、自分に対する理由のない偏見が長く広まってきたとのべている。この点については次節であらためて検討しよう。ソクラテスが有名になるとともにこういう戯画化されたイメージが広まってきた背景に、われわれは当時のアテナイ市民の気分をうかがうことができる。情報管理など全くない時代だから、この時期、スパルタ側と和平交渉が進められていたことも人々はよく知っていた筈である。田中美知太郎は、この作品には、一般市民たちの間に、知識人と若者世代の無責任な態度に対する反感が広がっていたことが感じられると言っている。当時アリストパネスと対抗した喜劇作者エウポリスの「おしゃべり乞食のソクラテスを憎む」という言葉が残されている。ソクラテスの戦場での活躍ぶりと若者相手の教育活動の奇妙なコントラストが市民の間で評判になっていた様子を感じさせる。繁栄の頂点にあったアテナイの人々にとって、戦争はまだ遠いところで行なわれている実感のもてない出来事だったようである。

ニキアスの和約が成立したのは『雲』の上演から二年後、前四二一年のことである。スパルタ側のプレイクスアナクスとニキアスの間で、ほぼ開戦前の状態に戻すという条件で和平が成立した。しかしこの平和は一年で崩れてしまう。和約の項目を実行するのに手間どっているうちに、戦争継続派が力をもってきた。アテナイでは民主派のヒュペルボロスとアルキビアデスが連合して、ニキアスに対抗する勢力をもつようになった。これは一つには、このときアテナイにとって非常に有利な状況が開けていたせいもある。スパルタに近い高原地域のマンティネイアなど三つのポリスがアテナイ側と同盟する約束ができたのである。こうしてアテナイは和約を破棄し、増援の兵力を送る。マンティネイアは山々を越えた高地にあるが、アルキビアデスは手兵を率いて遠征している。三年後の前四一八年、マンティネイアで大会戦が行なわれた。この会戦はギリシア史始まって以来の大規模なものだったとされるが、スパルタの防備を破ることはできなかった。デーリオンでソクラテスとともに戦ったラケスはこのとき戦死している。この会戦は和平へ後戻りすることがもはや不可能になった状況を示している。戦争の長期化はさけられなくなったのである。

後半期に入るにつれて戦争の様相は次第に激化し、アテナイ社会の心理状況には混乱が目立ってくる。前四一六年には有名なメロス島の虐殺事件が起こっている。メロスはクレタの西にある島で、西方海域に至る中間点にあるが、戦争に対しては中立の姿勢を取っていた。そこへアテナイの使節団が乗り込んで、アテナイ側につくことを要求した。ツキジデス（巻五）には両者の外交交渉の議論が長々と記されているが、結局交渉は決裂し、アテナイ側はメロス島の成人男子全員を殺し、女子供は奴隷として売り払い、アテナイ人が新しく軍事植民している。この事件はアテナイの帝国主義的姿勢を象徴する例としてよく引き合いに出される。いつの時代でも戦争で戦う双方には一定の論理があるものだが、戦争の本質はその論理よりも、集団を支配する心理状況に最もよく現われるものだと思う。

次いで前四一五年、アテナイはシケリア遠征の大軍を送る。これはシケリアのあるポリスが付近のポリスと争いを起こし、アテナイに救援を求めてきたのがきっかけである。ツキジデス（巻六）の記述によると、当時のアテナイには遠征ブームとも言えるような昂揚した気分があったようである。アルキビアデスは議会で演説し、遠征軍の総司令官に任命された。数百隻の艦隊には、兵士ばかりでなく、石工、大工、料理人などや、多数の貨物船が従っており、その費用は莫大な額にのぼった。この作戦が結局は失敗に終わったことから、戦後アルキビアデスは敗戦の最大の責任者として非難されることになるが、それでは、アテナイの人々がこのときの軍事行動を熱心に支持した理由はわからない。これは先にのべたように、西方支配に対する関心と願望が古くからあったためと考えられる。遠征軍の艦船は、戦争の発端になったケルキュラに集結してシケリアに向かった。

アルキビアデスが出発する直前、ヘルメス像破壊という奇妙な事件が起こっている。ヘルメスは神様であるが、その石像は家の戸口や神殿の入口などに飾り物としておかれているものである。このとき、アテナイの町にある多数のヘルメス像の顔が傷つけられたのである。犯人はアルキビアデスの配下の者たちではないか、という噂が広まった。彼はそれを否定し、自分の遠征中に告発などせぬよう約束を取りつけて出発した。反対派はこの事件を種にして策動を始めた。アルキビアデスがシケリアに到着して軍の配置を終わり、シラキュサイ（シラクサ）との外交折衝を始めたところ、アテナイから司令官を罷免し法廷に出頭を命じる通告が来た。不敬罪であるから、出頭すれば当然死刑である。彼は帰国途中で下船し、手兵を引き連れてスパルタに乗り込む。シケリアの戦争はそのまま継続されているところからみて、ヘルメス像事件がアルキビアデスの失脚を狙った策謀であることが察せられる。

この一件はアテナイの国論が分裂し、党派争いが烈しくなってきた状況を示している。議会に集まる市民たちの関心は、権力を握った相手を叩き落とすことに向けられていたことがわかるのである。クセノフォンの『ソクラテスの思い出』（巻三、第七節）によると、カルミデスは「議会の連中はしばしば正当な議論を述べている人々を笑う、とは思えませんか」とのべている。アルキビアデスの人物評価はともかく、彼が戦闘場面で有能な指揮官だったことは疑いない。古代の戦争というものは、指揮官の個人的能力に依存する点が非常に大きい。指揮官は最前線に立って敵を攻撃するアキレスの役目をするので、部下はその勇気につられてついてゆくのである。アルキビアデスが罷免された後、シケリアの戦争は二年続くが、前四一三年指揮官ニキアスは日食の予言に行動をためらっていたため、不意を突かれて大敗北、彼自身も戦死した。これ以後、戦局の大勢はアテナイ側に不利に傾いてゆく。プルタルコスはアルキビアデス伝の中に、ソクラテスには馴染み深い守護霊（ダイモン）が現われて、先々のことを告げ知らせたらしい、と書いている。

敗戦をめぐる心理状況

スパルタに入ったアルキビアデスは、スパルタ側のために戦うかたわら、ペルシア王から派遣されていた外交使節ティッサフェルネスに接近した。ティッサフェルネスは、戦局を観望しながら、どちらに軍事援助するかを決めようと考えていた。アルキビアデスはアテナイにいる仲間のクリティアスらとひそかに連絡を取り、シケリアの敗北から二年後の前四一一年、アテナイから赦免の通告を得て帰還した。彼は海軍司令官に任命され、次々にスパルタ艦隊を破ったが、前四〇六年、ノチウム沖で敗北した責任を咎められて失脚し、トラキア方面に逃亡する。情報管理がまったく行なわれていないから、勝っているうちはよいが、一度でも負ければ市民の怒りを買ってたちまち罷免されてしまうわけである。戦局の不利が明らかになってきたころから、アテナイ人の心理には自暴自棄的な傾向が目立ってくる。アルキビアデスが復活した前四一一年に、アリストパネスの『女の平和』が上演されている。この喜劇は、長引く戦争に嫌気がさしたアテナイとスパルタの女たちが密約を結んでセックス・ストライキを行なって平和を実現させるという筋書きの厭戦劇である。戦争の前途に絶望した自暴自棄的な気分がうかがわれる。

前四〇五年、ペルシア王キュロスは小アジアでスパルタの使節と会い、軍事援助を決めている。敗戦二年前の前四〇六年、小アジアのアルギヌーサイという島々の近くで海戦が行なわれた。この海戦はアテナイ側の勝利に終わったのだが、暴風雨に会って溺れた兵士たちを救うことができなかった。この知らせが届いたとき、議会は怒って指揮官の将軍たちを告発した。その審議会が開かれたとき、たまたまソクラテスの所属する部族が議長団を勤めていた。議場は怒号に包まれ、将軍らを一括死罪にせよという声が起こった。死罪の場合は一括審議ではなくて個別審議する規定だったので、ソクラテスは反対した。結局、翌日別の議長団の決定によって将軍七名に死罪が執行された。その中にはペリクレスの養子になった小ペリクレスも含まれていた。彼はソクラテスの教えを受けたことがあった人である。ソクラテスは十年後、告発された法廷でこのときの様子に詳しくふれている（『ソクラテスの弁明』32b）。彼にとって強い印象を残した事件だったことは間違いない。

前四〇四年、戦争は終わる。陸ではスパルタ軍は既にアテナイの近くまで迫っていたし、海では、ペルシアの援助で勢力を増したスパルタ艦隊が攻勢に出ていた。アリスポダモイ（現在のダーダネルス海峡付近）で行なわれた海戦で、アテナイ艦隊は奇襲攻撃に会って大敗した。敗報がアテナイにもたらされたのは夜であったが、悲しみの声は外港ペイライエウスから長壁を経てアテナイ市内へと波のように伝わったという。アテナイはスパルタに対して降伏を申し出るほかなかった。アルキビアデスはこのころ、ペルシア王が送った暗殺団に殺されている。

アテナイにやってきたスパルタの将軍リュサンドロスは、まず外港ペイライエウスとの防壁の撤去と艦船数の制限を求めた。次にアムネスティ（大赦）協約を取り決めて、戦時中における告発は一切無効として、その罪を問わないことをアテナイ側に約束させた。さらに三十人の政権担当者を選ぶように指示した。このときの政権担当者を三十人僭主というが、そのリーダーになったのは、ソクラテスの昔の友人クリティアスであった。アルキビアデスをアテナイによび戻す工作をしたのもクリティアスである。少年時代ソクラテスの教えを受けたカルミデスも三十人の内に入っている。彼らは寡頭派とよばれた。この政権は戦時中に非行を行なった者を処罰する権限が与えられていた。クリティアスはこの権限を使って、危険分子を除くという名目で、外国人の処刑と民主派の財産没収に乗り出す。僭主三十人の中にはスパルタとの講和の中心になった穏健派のテラメネスがいて、クリティアスを説得したが、彼は「革命には流血はつきものだ」と言ってきかず、議場に警官を呼び寄せてテラメネスを逮捕し、死刑に処した。毒杯を飲ませる刑である。こうして、敗戦後のアテナイはクリティアス独裁下の恐怖政治の状況におちいった。後にソクラテスを告発するアニュトスや、ソクラテスと親しかったカイレポンらの民主派はアテナイから逃亡した。(カイレポンはデルポイのアポロン神殿まで出かけて「アテナイにソクラテス以上の賢者はいるか」と問うた人である。この件についてては次節であらためて検討したい。)彼らはテーバイに逃れ、トラシュマコスという有能な指揮官の下で、テーバイとの国境付近に砦を築いて三十人政権に対抗する勢力を作りあげた。彼らは次第に外港ペイライエウスまで進攻し、ここで最後の決戦が行なわれた。市民の間にはペロポンネソス戦争の時以上の多数の死者が出た、とさえいわれている。クリティアスとカルミデスはこのとき戦死、政権はわずか八か月で崩壊した。

この時期のソクラテスに関しては、いくつかのエピソードが伝えられている。一つは、クセノフォンが伝えているクリティアスとの対決の様子である。ソクラテスはクリティアスが美少年エウテュデモスとの同性愛に耽っているのをやめさせようとしたが、彼は品行を改めなかった。ソクラテスはエウテュデモスのいる前で、あの男には豚の気質がある。豚が身体を石に擦りつけるようにエウテュデモスに擦り付ける、と言った。これを伝え聞いたクリティアスはソクラテスを憎んだ。彼は「言葉の技術を教えることを禁ず」という法律を制定し、三十人僭主の仲間カリクレスと二人でソクラテスを呼び出した。押し問答が続いたが、ソクラテスは言論活動はやめなかった(『ソクラテスの思い出』巻一、第二節)。もう一つはプラトンの『ソクラテスの弁明』にのべられている話である。これはソクラテス自身が法廷で語ったものであるが、当時の政権がサラミス人レオンを逮捕する命令を発し、ソクラテス以下五人にサラミスまで出張するように命令した。他の四人はサラミスに行ってレオンを連行してきたが、ソクラテスは命令を守らず、そのまま家に帰った。「もしあの政権が速やかに打倒されていなかったならば、以上のことのために、おそらく私は命を失っていたでしょう。これらのことについては、多くの証人が皆さんの前に現われることでしょう」(32d)。

革命とは同じ国家内部の武力による政権争奪である。こういう場合には近親憎悪の心理がかきたてられるために、他国との戦争以上に激しい感情的対立が生まれやすい。恐怖政治的状況はそこに生まれる。近代のフランス革命から二十世紀のロシア革命、中国の文化大革命などはその例証と言えるだろう。ソクラテスにとって、この内戦は大きな打撃だったのではないかと思われる。他国との戦争ならばともかく、自分の友人知人や弟子たちが敵味方に分かれて殺し合ったのである。最後の法廷での弁論の中で、彼は、政治に関わるなといったダイモンの禁止が適切だったことは後になってわかってくる、とのべているが、その述懐にはこのときの内戦の記憶がよみがえっていたような気がする。

このような敗戦時の混乱した状況下で、彼は一体何をしていたのであろうか。クセノフォンは次のような話を伝えている。そのころアリスタルコスという男が浮かぬ顔をしているのを見て、ソクラテスは「心に重荷があるのなら友達に話すことだ、重荷を軽くしてあげられるかもしれない」と言った。アリスタルコスは、全く困り切っているんだ、と話し出す。内戦がはじまってから大勢の者がペイライエウスに逃げ出し、残された女たちが姉妹、姪、従姉妹まで転がりこんできた。奴隷は別にして、十四人もの女たちの生活の面倒をみなければならない。反対党が土地を没収したので地代は一文もあがらない。市内の住民が減ったので家賃も入らない。家財道具など誰も買う者がない。自分の家の者が死ぬのを傍観しているのは全く辛い。これに対してソクラテスは、いろいろの知人たちが奴隷を使って仕事をしている例をあげて、君も頑張れと勇気づける。アリスタルコスは、彼らは奴隷を働かせているが、自分の家にいる者たちは自由民で身分が違う、と言う。「自由民で食って寝るだけの生活をしている者の方が、生活に役立つ仕事をしている者よりも高等で幸福な生活をしている、と君は思うのか」とソクラテス。今の状態では、君は彼らを愛せず、彼らも君を愛さないだろう。彼らに仕事を与え、働かせることがお互いのためだ。アリスタルコスは話していうちに元気づけられて、元手を借りて羊毛を買い、女たちに仕事を与えたので、彼女らは喜び、彼を保護者として敬愛するようになったという。クセノフォンはこのほかにも、敗戦後の困窮の中で失意にとらえられている人たちを励まして歩くソクラテスの様子をいくつか記録している（巻二、第七節）。

戦争と政治に対して何を語るべきか

敗戦後の状況下に伝えられているこれらの断片的伝聞は、戦争と政治に対するソクラテスの基本的姿勢をよく示していると思う。彼は自分の言論活動の基本的目的を、私的な日常生活の領域における倫理的教育に限定していて、自分自身は政治運動には関わらない態度を守っていた。『ソクラテスの弁明』の一節で、彼は裁判員たちに向かって次のように語っている。「私が人々の間を教えてまわりながら、公の場では壇上に上って国家のために皆さんの利益になることを助言しようとしないということは、ひょっとすると奇妙に見えるかもしれません。その原因は、私が到るところで話すのを皆さんが再三聞かれたことのあるものにあるのです。すなわち、私には何か神と神格に関わりのあるもの（ダイモニオン）が生じるのです。そしてそれこそは、訴状においてメレトスが茶化して書いたところのものなのです。それは子供の時以来私につきまとい、ある種の声として生じるのですが、それが生じるときにはいつでも、それが何であれ、私がまさに行なおうとしていることを、私にやめさせようとするのです。それに対して、決して何かをするように促したりはしないのです。それこそが、私が国政に関与することに反対している当のものなのですが、その反対はまた実に適切であるように私には思えるのです。というのも、アテナイ人諸君、よくわかっていただきたいのですが、かりに私が以前から国政に関わる事柄に手を染めていたならば、とっくに破滅して、皆さんを益することも全くできなければ、私自身を益することもできなかったことでしょう。私が真実を語っても、私に腹を立てないでください。なぜなら、皆さんに対してであれ、他のどんな群衆に対してであれ、誠心誠意反対し、多くの不正と違法なことが国家において生じるのを妨げようとして生き永らえられる者は一人もいないのであって、正義のために本当に戦おうとする者は、たとえ少しの間でも生き長らえようとするならば、公的に活動するのではなく、私的な形で活動せざるを得ないのです」(31c-32a)。

ソクラテスは市民の一人であるから、しようと思えば政治の場で発言したり、その影響力を行使して政治運動をすることもできた筈である。戦争後半期から戦後期にかけて、アテナイの政治は混乱し、さまざまな不正や違法が横行していた。彼は、こういう状況下では、たとえ誠心誠意反対したとしても生命を永らえることはできない、正義のために本当に戦うつもりなら、公的活動には一切関係せず、私的な場面で倫理に関わる仕事をしなければならない、と言っているのである。このような彼の政治不介入の姿勢については、現代の研究者の中からいろいろな疑問や批判が出されている(8)。アテナイの誤った戦争政策に対して、彼は思想家としてなぜ反対しなかったのか。身に危険が及ぶからといって、政治の不正から退くことが人間として取るべき態度なのか、といった批判である。近代人の考え方や倫理感覚からみれば、そういう疑問が生まれてくるのも当然かもしれない。しかしながら、筆者の考えるところでは、こういう受け取り方はソクラテスという人間を全く理解することができないことを意味する。彼はこの場合、自分の理性の立場ではなく、ダイモンの言葉が自分に何を教えているのか、という霊性の観点から考えているからである。ソクラテスの生き方は「人間はその人生をいかに生きるべきか」という倫理への問いから出発しており、さらに「人は究極において一体何を信じるのか」という信仰への問いに導かれている。これらの問いの本質は、戦争という一時的状況に関わる問題ではなく、人間の本性そのものに関わる永遠に変わらない問題なのである。ダイモンの声はそのことを教えている、と彼は考えている。政治に基本をおいて人間性を考えたのでは、倫理と信仰の本質は明らかにならないのである。

これまで考えてきたように、この時代のアテナイ社会を支配していた心理的状況を顧みると、アテナイは戦争以前に精神的に内部崩壊していた、と言ってよいのではないだろうか。アテナイが圧倒的な優位に立ちながら次第に敗戦へと追い込まれていった本当の原因は、その精神とモラルが内部崩壊していたところにあったのではないか、と私は思うのである。結果論的な言い方を許していただくとすれば、アテナイは、「われわれは人間としていかに生きるべきか」という倫理の基本について、ソクラテスから教えを聞く必要があったのである。要するに、時代が彼を舞台に呼び出したのである。そしてそれが哲学（フィロソフィア）の始まりになったのである。哲学とはそれぞれの時代のものの考え方であり、いかに生きるべきかという倫理への問いはその中から生まれる。そして、人は結局において何を信じるのかという問いは永遠に関わる問いである。

2　政治と倫理

ソクラテス問題

この節では、あらためてソクラテス自身がおかれていた位置から振り返って、古代ギリシア史の発展がソクラテスのような人物を生み出した歴史について考えたい。われわれはそれによって、この人の生涯の生き方と思想とを深く理解することができる。彼の哲学は、平和から戦争へ、という歴史の大きな転換期をぬきにしてはあり得なかっただろう。このことを深く知ることによって、哲学（フィロソフィア）の営みが人間性にとって何を意味しているのか、ということについて探求したい。

筆者は、ソクラテス問題には、現代の私たちが直面している思想的問題に通じる課題があると思う。ここには、人間性の深い本質に関わる霊性（スピリチュアリティ）の問題があるのではないだろうか。それはソクラテスのいう「プシケ（魂）の配慮」についての問題である。

筆者が考えたいと思うもう一つの問題は、自然研究と倫理学の関係について見直すことである。西洋哲学の伝統は、中世以後アリストテレスによって方向づけられてきた。これまでにも述べてきたように、古代思想史では自然研究と倫理学は初めは表裏一体の関係で発展してきた。ソクラテス以後、倫理学が自然学から分離して行ったとき、プラトンとアリストテレスの間に生まれたソクラテス理解の食い違いはどういうことを意味しているのであろうか。ここには、西洋哲学史の理解にとって理論的に重要な研究課題がある。これはヘレニズムからローマ時代の哲学へと受け継がれている問題であるが、私は、この時代の思想史には東洋の哲学的伝統と通じる問題が少なくないように感じる。

数年前、ブリックハウス／スミス両教授の『裁かれたソクラテス』という本が刊行されて評判になっている（巻末文献注、参照）。この本の基本的な論点は、ソクラテスとプラトンを区別して、ソクラテスの人間像とその思想の意味を明らかにしようとするところにある。われわれは従来、主にプラトンの対話篇を通じてソクラテスを見るよりほか方法がなかったので、専門家もこの二人の思想を区別するのに困難を感じてきた。まして私たちのような初学者は、そういう区別をすることなど考えもしなかった。この二人の教授は、プラトンの『ソクラテスの弁明』を中心にしながら、関係する文献について、これまでのギリシア研究の専門家たちの見解をすべて詳しく検討した上で、取るべき解釈を採用し、疑問点のあるものは退けるという研究方法を取っている。その徹底した努力と厳密な推理には敬服した。この本の結論は魅力的である。そこに浮かび出てくるのは、ふつう言うような哲学者とか思想家といった風貌のソクラテスではない。私たちがそこに見るのは、神が与えた運命を守りつづけ、自己一人の信念に基づいてその生涯を生きた人物の姿である。以下では、この著作から教えられたところを基本にして、ソクラテス問題について考えてみたい。日本の学者の著作では、田中美知太郎『ソクラテス』（岩波新書）や『弁明』の解説などよい手引きがあるので、合わせて参照すれば深い理解を得ることができると思う(9)。

人の師となること

ソクラテスが生まれたのは、サラミス海戦の勝利の八年後、前四七〇年である。父親のソフロニコスは彫刻家（石工）だったと伝えられる。石工というのはこの時期のアテナイでは、非常に需要が多かった職業である。アテナイが急速な経済発展の道を上り始め、建築や彫刻に対する注文が激増していたからである。母親のパイナレテは産婆をしていたという。これは職業ではない。当時、助産婦の仕事は経験を積んだ年配の女性がする習慣であった。ソクラテスの生家はアテナイ郊外の高級住宅地域にあって、政界の有力者たちが住んでいた。ソフロニコスは当時アテナイで有名な政治家アリスティデス（前五二〇－四六八）と親しかった。アリスティデスはサラミス海戦の直前に帰国を求められ、プラタイアの戦いで陸軍総司令官になって勝利を収め、最高権力者テミストクレスと協力してアテナイ防壁を再建、さらに海軍を指揮してエーゲ海の諸ポリスをアテナイの傘下に集め、デロス同盟の結成に努力した人である。当時の政治家の中では、その清廉潔白な人柄でよく知られていた。

プルタルコスのアリスティデス伝から印象に残るエピソードを紹介しよう。彼が陶片追放にあってアテナイから追放されたときのこと、見知らぬ男が彼に向かって、アリスティデスと書いてくれと頼んだ。彼は黙って自分の名前を書いてやった。追放されたとき、彼は両手をあげて「神様。アテナイが私を呼び戻すようなことがありませんように」と言った。自分が呼び戻されるのは戦争に必要だからである。彼はサラミス湾口の小島をペルシア側から奪還した。テミストクレスは策謀家で、デロス同盟がアテナイ中心になるよう計画したが、アリスティデスは「それは有利ではあるが不正である」と主張した。デロス同盟に加盟した諸ポリスは、アリスティデスの人柄に深い印象を受けたといわれる。プルタルコスは、権力と地位を極めた生活を神々しいものにするのが正義（倫理的な正しさ）であり、逆に猛獣のようにするのが不正である、と言っている。アリスティデスはまた、権力の地位に上っても貧乏暮らしをしているので有名であった。アテナイ第一の富豪カリアスは彼の従兄弟で、援助を申し出たが、「君が富を誇りにするように、私には貧乏を誇りにするのがふさわしい」と言ったという。ソクラテスの生き方はこのアリスティデスの生き方に学んだところがあるような気がする。

ソクラテスの家は重装歩兵クラスで、市民の中ではわりに上層である。民主制下のアテナイでは、上流階層の人々とも対等につきあうことのできる地位と言ってよいだろう。後年の彼の弟子たちにも上流階級出身の子弟が少なくない。そういう環境から考えると、幼少年時代のソクラテスは、豊かな家庭で何の不自由もなく成長していたのだろうと思われる。アリスティデスはソクラテスが三歳のときに死んでいるが、家庭同士のつき合いはなお続いていたようである。ソクラテスがアリスティデスの娘ミュルトと結婚したことがある、という説がある。田中美知太郎によると、この説には多くの疑問があって否定されているが、こういう話が生まれてきたのは、ソクラテスの家とアリスティデスの家の親しい関係がつづいていたために違いない。アリスティデスの清廉な人柄から考えて、彼の家はその死後、アテナイの経済発展の中で貧しい状況におかれたのではないかと思われる。アリスティデス一家とソクラテスの関係を示す記事が『ラケス』（180E-181C）に見える。それは、ラケスとニキアスがデーリオンの戦場でのソクラテスの戦いぶりを称賛しながら、アリスティデスの息子リシュマコスに向かってソクラテスの教えを受けるように勧める場面である。リシュマコスは、私の父とあなたの父は親しかったのですから、今でも家族同様に思って家に来てください、と言っている。デーリオンの戦場でのソクラテスの戦いぶりがアテナイで評判になっていたことを示唆する記事である。

このような家庭環境から考えると、幼少年時代のソクラテスはわりに裕福な生活を送っていたと考えられる。彼の母親の名前パイナレテと妻の名前クサンチッペは、いずれも上流身分の出身を示しているという。彼が十四歳のとき、ペリクレスが政権を握った。アテナイには、外国のポリスから知識人学者たちがさかんにやってきた。新しい法律をつくる必要が生まれ、弁論や法廷の討論がさかんになってきたため、彼らの学識が必要とされたのである。『パルメニデス』には二十歳の青年ソクラテスがパルメニデスに教えを請う姿が語られているが、彼はそういう時代の雰囲気から影響を受けて学問の勉強を始めたのであろう。クセノフォンは、彼が仲間と勉強会をつくって読書や古人の言葉の抜粋などをしていたことを伝えている（『ソクラテスの思い出』巻一、第六節）。勉強好きの少年だったと思われる。

一つの問題は、若いころのソクラテスが自然研究に対してどれだけ関心をもっていたのか、ということである。プラトンの『パイドン』（96a 以下）によると、ソクラテスは若いころ自然研究に熱中したと語っている。彼はアナクサゴラスの弟子アルケラオスから自然研究を学んだという伝えもある。これに対してアリストテレスは、ソクラテスにはそんな関心は全くなかったと言っている。ブリックハウスらは後者の解釈を支持している。クセノフォンによると、ソクラテスは天文学（地理学）を学んだが、それは実用的目的に役立つ程度にとどめていたという。たとえば、旅行の際に必要な距離の計算、季節の変わり方、船旅の心得、夜間の警備や狩猟のための注意といった事柄に限られていた（『ソクラテスの思い出』巻四、第七節）。

このことからもわかるように、ソクラテスが学問に励んだのは学者を志したからではなかった。彼の心をとらえたのは、若者に教える人間になりたいという希望であった。クセノフォンの伝えているところでは、ソクラテスは、対話や説得の能力には私は自信がある、と語っている。これに対して、学者的関心は彼にはなかったようである。彼が一冊の著作も書こうとしなかったことを考えても、このことはわかる。学者としての能力が一流かどうかというようなことはソクラテスの真価とは関係がない。『テアイテトゥス』（149a 以下）で、彼は、自分の役目を母親の産婆術になぞらえて次のようにのべている。「産婆たちと同じようなわけで、私は知恵を生めない身なのだ。多くの人たちは私を非難して、他人に質問するばかりで、知恵がないものだから何事についても自分一個の見識を示さないと言ったのは、いかにも彼らの非難する通りなのだ。しかしこれには次のようなわけがある。私は取り上げ役をやるようにと神様が決められて、生む方の役目は封じてしまわれたのだ。だからこそ私は、私自身には全く少しの知恵もない身なので、自分の心が生み出したもので、これといって学者のような発見などは何もない。ところが、私と交際する者はどうかというと、初めのうちは全く無知と見える者もいないではないが、やがて交際が進むにつれて、神様のお許しさえあれば、すべての者が、わが目にも他人の目にも驚くばかりの進歩をとげることは疑いない。しかもそれが、これは紛れもない事実なのだが、ついこれまで何ひとつ私から教わったわけではなく、ただ自分の力だけで、自分自身の中から数々の見事なものを発見し、出産するということなのである。ただしそうは言っても、そのとき取り上げをなさるのは神様なので、私もそれには微力を尽くしているわけである」(149a–150CD)。

このようなソクラテスの言葉は素直に受け取るべきだと思う。自分には他の学者のような新しい発見や知識は何もない、と彼は自認している。しかしながら、自分の生まれついた素質と能力は、若者を教育し、その精神を進歩させるところによく発揮される。これが彼の自己評価なのである。要するに、教育者として人の師となることが彼の志であり、それには自信がある、と彼は言っているのである。

ソクラテスの皮肉

ソクラテスは若者の教師となる道を志した。この時代は学校の制度も施設もない時代なので、教育の場はさまざまである。『パルメニデス』や『プロタゴラス』では、教えを乞う者は相手のいる場所に出かけていって教えてもらっている。『饗宴』でアルキビアデスが語っているところでは、ソクラテスが彼の家を訪れている。上流の資産家の場合は、教師が教え子の家に行くという形があったのだろう。『雲』では私塾のような形がとられているので、自分の家に教え子を呼ぶ形もあったと思われる。『カルミデス』や『ラケス』をみると、体育場のような公共施設で対話をしている光景が描かれている。当時の教育はこのようにさまざまな場所で行なわれていたのである。

　ソクラテスの対話について考える場合、われわれは次の二つの場合を区別しておかねばならない。一つは若者相手の対話である。この場合は『メノン』あるいは『カルミデス』の最初の部分に描かれているように、教師が若者に質問して答えさせる形で対話が進んでゆく。途中で年配者が口を挟むこともあるが、このタイプの対話には心理的緊張関係はない。冗談が入るとしても、それは心理的結びつきを強めるものである。もう一つの対話は、ソフィストのような学者相手の対話である。この場合は、対話に一種の心理的緊張が支配しており、そこにソクラテスの皮肉《アイロニー》とよばれる問題が生まれてくる。この主題は検討してみる必要がある。

　多くの研究者は、ソクラテスの対話には学者知識人に対する彼の皮肉がこめられていると評する。ここにはたしかに一面の真実がある。彼は相手の学識に対してお世辞を言う。質問するばかりで、最初のうちは自分の意見はのべようとしない。当時の代表的学者として、たとえばアナクサゴラスやプロタゴラスなどを例にとってみると、前者は自然研究で有名であり、後者は国家や政治に関する考察や言論術などで知られている。著作も多く、人々に読まれていた。そういう当時の有名な学者たちに比べれば、ソクラテスは学者として評価される人ではなかった。彼が自分には知恵がない、と言うのはそのような意味に受け取ってよい。しかしながら彼は、相手の議論の進め方の中にある論理の飛躍や矛盾にはすぐ気がつく人だったらしい。だから彼は、学者相手の場合にはもっぱら聞き役にまわるとともに、冗談めかして相手の議論の矛盾や論理の飛躍、前提の不確実さなどを突くことになる。相手が不愉快になるのは当然である。厭な奴だ、と思われたことについてはソクラテスにも責任がないとは言えない。

　ただ、ここで考えるべき大事な問題はそういうことではない。アリストテレスがソクラテスは言葉の定義を初めて問題にした人だと言っていることについて、どのように解釈するかということである。対話の場面で、お互いの議論の進行を確実にするために何が必要かといえば、それは言うまでもなく、お互いが話すときの言葉の意味を正確にきめておくということである。この場合、ソクラテスは、自分と交際した若者は驚くほど進歩し、自分自身の中から見事なものを生み出す、と自負している。これは学識が進歩するという意味ではない。ソクラテス流に言えば、若者自身の魂（プシケ）が成長する、ということである。前にのべたように、プラトンの初期対話篇は、もっぱら倫理的徳性について対話をもっぱら扱っている。このことは、教師を志したときのソクラテスの関心がどこにあったかということをよく語っている。言葉を定義することは論理学の出発点になることではあるが、ソクラテスの場合、それは対話者である若者の魂を、その倫理的徳性に関して成長させることを目的としている。言葉は自他の人格的関係としての「間柄」の中ではたらくものであり、その基礎には倫理と人格形成の問題が見出される。現代のカウンセリングを見ても、相手の心をよく理解して語る言葉は深く響くものである。

この点に関連する主題として、近年ギリシア学者の間で議論がさかんになっている「エレンコス」（論駁法）の問題がある。これは言葉の定義の問題を中心にして、ソクラテスの議論の論理的妥当性について分析する研究である。このような研究は初学者には理解困難だし、私は十分理解できないので、ここでは立ち入らないことにする。[10] こういう研究には西洋の現代哲学における論理学重視の傾向が影響しているようである。ここではただ、言葉の定義をめぐる議論はやがてプラトンのイデア論へとつながってゆくという点にだけ注意しておきたい。プラトンの場合、イデアが存在する場所は天上のイデア界に拡大され、人間の住む現実世界と対比されるようになる。これに対してアリストテレスは、イデアを言葉の定義（概念）に関する事柄とし、論理学の問題に限定してゆく。その結果、彼の形而上学は自然研究と結びつくことになり、エロス論や身体論からは離れてゆくのである。

ここでちょっと、ソクラテスの饒舌《おしゃべり》を、ブッダの沈黙と対比してみたい。かりに、想像の世界でこの二人の賢者が対話するとしたらどうなるだろうか。おしゃべりに自信があるソクラテス先生がお釈迦様に対してどんなに質問してみても、釈迦は黙ったままである。これではソクラテス先生もお手上げだろう。これは「ブッダの沈黙」といわれる有名な伝承である。釈迦は、学者たちが哲学的（形而上的）な質問をしても何も答えなかったのである。しかし、相手がなぜ答えないのかと追求したところ、釈迦は重い口を開いてこう言ったという。今ここに毒矢に刺されて苦しんでいる人がいるとする。その場合、まずしなければならないのは、毒が身体にまわらないように手当することである。この毒の種類は何か、矢の羽は何でできているか、というような問題は後回しにすべきである、と釈迦は答えたという。この釈迦の態度は、ソクラテスのおしゃべりとは正反対であるにもかかわらず、そこには共通したものを感じとることができる。それは思い悩んでいる相手の心を思いやる心である。われわれはソクラテスのおしゃべりに、ロゴス（言葉、理性）を重視する西洋の伝統を見ることができる。これに対してブッダの沈黙は、言葉というものの本質についての東洋の伝統的考え方を象徴的に示している。禅の教えに「言語道断」という言葉がある。近代日本語では、この言い方は「けしからん」とか「理不尽な」というような悪い意味で使われているが、元来は、悟りの境地における心理的体験は言葉では表現できない、という意味である。このことを考えれば、西洋にも「沈黙は金、雄弁は銀」という格言があるから、東洋の心を理解できる人はいる筈である。ソクラテスが彼ひとりにだけ語りかけるダイモンの声を常に聞いていたことは、彼の人生の生き方と思想を考える場合、重大な研究テーマである。要するに、ソクラテスのおしゃべりとブッダの沈黙は、表面的にみれば反対であるにもかかわらず、そこには共通して、人と人の「間柄」における心の結びつきを大切にしなければならないという思いが流れている。倫理の本質にふれる問題はそこにある。

民主主義と徳の教師

ソフィストという言葉は、今では、詭弁を弄する者というような一種の悪口になっている。これはプラトン以後定説化した見方であるが、当時はアリストパネスの『雲』に描かれているように、ソクラテスその人も詭弁家の一人だと思われていた。彼が若者の教師をめざした背景には、当時、アテナイを中心として民主主義の思想が時代の先端を切っていた歴史的状況がある。それとともに、言論のもつ重要な力が人々に認識されるようになっていたのである。この点にポイントをおいて見れば、ソクラテスとソフィストの間には共通点が見出される。彼らは「徳の教師」とよばれていたことからもわかるように、倫理的問題についても新しい考え方を主張していたからである。このことについて考えるには、当時の歴史的状況について調べてみる必要がある。

古代ギリシアと現代の違いは、まず次のような点にある。この時代は、慣習や倫理から区別された法という観念はまだ確立されていない。法学の用語に法源という言葉がある。これは法律の根拠になる基本的原理という意味である。倫理は法源の基本である。ギリシア語のエートス ethos は「住み慣れたところ」つまり慣習を意味する。エートスはまた倫理 ethics の語源でもある。このことからもわかるように、慣習と倫理は元来深く関連しているとともに、法律の根底には倫理がおかれているわけである。倫理と法は、人間が社会において生きるために守らなければならないルールである。すべての犯罪が処罰されなければならないのは、それが人間関係を破壊し倫理を破壊するからである。

古代ギリシアの歴史を振り返ってみると、前六世紀の七賢人の時代には、倫理と法はまだ分離していない。ソロンの教えは日常生活の心構えを説いたものであるが、その中に流れているのは倫理的な精神である。たとえば、親に勝るようなことを言ってはならないという教えをとってみると、この教訓を守らない心がやがては重大な犯罪に導く原因になることもある。友人は簡単につくらないが、一度友になった場合は簡単に見限ってはならないという教えは、政治家にとって重要な心構えである。初期の哲学者は同時にポリスの政治的指導者でもあったが、彼らの生き方の中にはこのような倫理的心構えが生きている。前六世紀は倫理と法や政治の領域がまだ分かれていない時代であった。

ペルシア戦争の勝利とともにポリスの発展は急速になった。東はエーゲ海の島々から西はイタリアに及ぶ広い地域に新しいポリスが次々に建設され、植民活動がさかんになった。こういうポリスの拡大発展がさまざまの政治体制を生み出すことになった。その先頭に立ったアテナイでは、民主主義を基本において新しい法律が次々に制定され、政治改革が進められたのである。古代ギリシアの民主主義は、今日でも人類史の歴史的記念碑とみなされている。しかしながらわれわれは、プラトンの民主主義批判は受け入れたくないとしても、その批判の中に、現代の国家と政治における人間性のあり方を考える上で大事な問題が示されていることを認めることができるのではないだろうか。

ソフィストの出現は思想史の大きな転回を示しているばかりではない。学問の歴史にとっても大きな変化を示している。前六世紀の自然哲学を見る場合、私たちは宇宙観のような大きな問題に注目するようになりがちであるが、実際は、この時代に各分野の実用的技術が非常な発達をとげていたのである。ギリシアにおける幾何学の発達が理論的考察態度(テオリア)を生んだことは知性の進歩にとって大事な意味をもっているが、彼らは実用的技術を無視していたわけではない。この時代は、例えば航海術が発達したが、それには当然、造船技術などの進歩がともなっていたわけであり、地理的な距離の計算、季節による昼夜の交替の変化などといった事柄についての知識も進歩していたことは明らかである。建築や彫刻といった技術の発達はいうまでもない。プラトンの対話篇の中にも、医者、軍人、種々の職人の仕事などを話題にしていることは少なくない。この時代、各分野の専門的技術が分化し発達してきた状況がうかがわれる。これに対して、これらの技術と区別される政治と法律の分野には、まだ専門的技術と言えるようなものはなかった。その意味でソフィストの出現は画期的な思想状況の変化を意味しているわけである。

現代風な言い方をすれば、時代の動きは専門技術を重視する時代から、人間の生き方と思想が新しく問われる時代へと変わってきたのである。プロタゴラスの「万物の尺度は人間である」という有名な言葉は、こういう時代状況の変化を背景にしている。言ってみれば、歴史は二十一世紀を迎えた現在と同じように、科学技術の時代から人間の思想と生き方が問われる新しい時代へと変わってきつつあったわけである。この場合、彼らが新しい技術として提出したのが弁論術（レトリケー）、つまり言論の技術であった。法や政治が伝統的な慣習に依存していた古い時代には、人間の生き方があらためて問われることはなかった。しかし今や、人間そのものの生き方があらためて問われる時代になってきた。「哲学（フィロソフィア）」つまり知を求め愛する心はここから生まれてきたのである。

プラトンの対話篇の中でソフィストや弁論術をあつかったものとしては、『プロタゴラス』と『ゴルギアス』の二つがあげられる。前者には「ソフィストたち」という副題が、また後者には「弁論術について」という副題がついている。いずれも倫理的問題をあつかった初期対話篇に入れられる作品である。この二つの対話篇は、政治や法との関係から人間の倫理的徳性について考えている。ここにはそれとともに、民主主義社会における言論の意味や役割について考えるという、現代に通じる論点がある。このことに注意して、この二編の作品を読んでみたい。

言論の力と人間の心理

まず弁論術（レトリケー）という言葉が意味する内容について説明しておこう。それは次の四つに分けられる。

（1）修辞としてのレトリケー：この場合の弁論は、文章法とか、言葉の使い方、言い回し、洗練された語句の使用といった事柄を指している。したがって、文学の古典や詩、あるいは言語についての素養が要求される。古代文学を代表するのは詩であるが、これは音楽を伴うこともある朗唱による「語り」であって、現代の詩歌のように読むものではない。文学が弁論術の起源になった理由はここにある。

（2）雄弁としてのレトリケー：これは語り方によって人々に感銘を与え、その心を動かす弁論である。これには演劇性が入ってくる。発声や話し方の抑揚などが重要になる。多数の人々に訴える必要がある民主主義の社会では、政治家にとって特に重要な問題である。

（3）法廷のレトリケー：この場面では言うまでもなく、弁論の内容における論理の一貫性が重要な問題になる。

（4）批判としてのレトリケー：これは他者の弁論を評価したり、その中にある矛盾や飛躍などを明らかにすることである。民主主義時代のアテナイでは、国家の各種の審議会から民間のシンポジウムまで、この種の言論術が非常に発達している。哲学でいう弁証法（対話術）はこの意味のレトリケーから生まれる。

以上は言葉の使用に即した区別であるが、次に、言葉を聞く他者（聴衆）の側からみた区別をしてみよう。ここでは、言葉に含まれたロゴス（論理）の役割が問題になる。

（1）演説のロゴス、あるいは雄弁のロゴス：これは多数の人々に対して語りかける言論、すなわち言葉の力によって人々を説得し、感銘を与え、行動の方向を指し示す言論である。これは政治の言論に代表される。心理学的観点からみれば、これは大衆の感情に訴える言論なので、ここには世論操作の可能性ないし危険性も含まれてくることに注意しておきたい。たとえば、現代史ではナチズムの宣伝技術などにその早い例がみられるだろう。つまり雄弁のロゴスというものは、大衆が政治にかかわる状況下で必ず起こってくる問題であって、民主主義社会に限られたことではない。ギリシアの民主主義は大衆が政治に関わるようになった人類史上最初の事例として注目されるのであるが、ここに現われてきた問題は民主主義社会に特有のものというわけではないし、また古代社会に限定される問題でもない。たとえば、マスメディアやジャーナリズムの功罪といった現代的問題にも、雄弁のロゴスと同じ性質の心理学的、したがってまた倫理的な問題が含まれてくる。雄弁のロゴスは、表面には一定の論理（ロゴス）がそなえられていても、内実は集団心理を動かす意図に立っている場合が少なくないからである。ここでは論理学と心理学は分離できない。

（2）法廷のロゴス：ギリシアの裁判制度は陪審制をとっていた。現代の司法制度とは違って、判事、検事、弁護士といった役はない。また裁判員（陪審員）の数は非常に多く、アテナイでは定員五百一人と決められていた。多数の裁判があって、市民は次々に行なわれる裁判に出席することになるので、一定の順序にしたがって出席し、出席した者は少額の日当をもらえることになっていた。告発者（原告）と告発された者（被告）は直接に法廷で言葉をやりとりして争う。双方が証人に証言させることもできるようになっている。したがって法廷のロゴス（言葉、論理）には（1）と同様に、多数の人々に感銘を与え、その心を動かす必要があったわけである。

（3）討論のロゴス：これは国家の各種の審議会のように、専門知識をもったメンバーが選ばれて、一定の問題を処理する場合の言論である。この場合は（1）（2）に比べて、事実の認識と知的論理に比重がかけられるようになる。国家政治と無関係な各種のシンポジウムも同じである。現代ではこれにも聴衆が参加するが、古代ギリシアでは上流家庭の邸宅などに仲間が集まって知的議論を交わす習慣であった。これは言論術の中の（4）批評ないし批判としてのレトリケーに対応する。

（4）教育のロゴス：これは一対一の人格的関係を基本とする言論である。聴衆は複数であってもよいが、そこには対話者相互の間柄を結ぶ一定の信頼関係がなくてはならない。この教育のロゴスが展開される典型的な場が「少年愛」すなわち年長者と年少者の師弟関係であった。ソクラテスが教師として志したのは言うまでもなくこの（4）の場合である。これは（3）の討論のロゴスの範囲には属しない。哲学でいう弁証法はここに起源をもっているが、これは論理の矛盾を互いに批判しあう関係であって、相手に対する信頼の心情とは無関係な純粋な論理相互の関係である。これはプラトン後期の『ソフィステース』から生まれてくる問題で、歴史的ソクラテスとは関係はない。

ソクラテスは（1）の雄弁のロゴスには全く関心を払っていない。（2）の法廷のロゴスについては、生涯にただ一度、死刑の宣告を受けた法廷で自分の主張をのべただけである。同じく言葉（ロゴス、理性）の問題を重視していても、ソフィストとの関心の違いは明らかである。

さて『ゴルギアス』は、ソクラテスがゴルギアス及びその二人の弟子ポロス、カリクレスを相手に順次に対話する三部構成になっている。ゴルギアスはシケリア（シシリー）島レオンティノイの出身で、ペロポンネソス戦争の初期、外交使節としてアテナイを訪れ、その外交政策を変更させた経歴が知られている。政治家の職務をしていたわけであるが、元来は文章法、つまり右に言った「修辞としての弁論術」の専門家で、演劇のことにも造詣が深く、即興演説にすぐれた弁論家だったといわれている。したがってこの場合の弁論術は、右に言った「演説（ないし雄弁）のロゴス」つまり多数の聴衆の心を動かす論理を意味する。この作品の年代は戦時中に設定されていて、ペリクレスが最近死んだと語られているところからみて戦争前半期と考えるべきである。

ゴルギアスは弁論術を定義するように求められ、ソクラテスとの対話を通じて結局、それは「人間に関する最も重要で最もよい技術」であること、またその技術は言論によって人々を説得するところにある、とのべる。「それはね、ソクラテス。本当の意味で最高の善いものなのだよ。つまり、それによって人々は、自分自身に自由をもたらすことができるとともに、同時にまた、めいめい自分の住んでいる国において、他の人々を支配することができるようになるものなのだ。……私が言おうとしているのは、言論によって人々を説得する能力があるということなのだ。つまり、法廷では裁判員たちを、政務審議会ではその議員たちを、民会（議会）ではそこに出席する人たちを、またその外、およそ市民の集会であるかぎり、どんな集会においても、人々を説得する能力があるということなのだ。しかも、君がその能力をそなえているなら、医者も君の奴隷となるだろうし、体育教師も君の奴隷となるだろう」（452E）。ゴルギアスはさらに、実業家が商売で金儲けする場合でさえも、弁論の能力があれば、それが自分のためでなく他人のためであることを大衆に説得できる、と言う。わかりやすく言えば、これは現代のテレビを埋めているCMのような宣伝である。つまり、自分は消費者という他人の利益のために働いているのだ、という説得の技術である。ソクラテスはこれに対して、弁論術の本質をこのような説得の技術とする場合にはそこに展開されている言論と論理（ロゴス）は、実は、正しいことと不正なことの知識に基づいた言論であるよりも、大衆の心理を動かし、人々を信じ込ませる言論になってしまう、と批判する。

こういう議論に接していると、現代の状況に通じる問題があるという気がしてくる。現代の先進諸国の司法界では、法廷弁論におけるいわゆるソフィスティケーションが積極的肯定的な意味で語られている。つまり正不正の事実認識よりも、説得のための論理と法解釈の技術が重要視されるようになっているのである。アメリカはデモクラシーの国というよりもロゴクラシー（言論支配）の国だと言ったアメリカ研究者がいるが、人間性の真実を知るにはロゴスとともにロゴスの限界を知らなければならない。

ここで議論は、政治的人間と専門技術者の関係に移る。ゴルギアスは、たとえばアテナイの防壁、港湾施設、軍隊の配置といった事柄はそれぞれの専門技術者だけでできることではなくて、テミストクレスやペリクレスのような政治家が立案し、人々を説得することによってできたものである、と言う。つまり、政治的人間は大衆を支配し動かすことができるという点で、専門分化した技術者的人間よりも、人間としてすぐれた徳性（アレテー）をそなえていることになるわけである。

現代の読者は、言葉についてのこのような議論がどうして倫理学と結びつくのか、不思議に思われるかもしれない。実は筆者も、学生時代ギリシアの倫理学を学び始めたころ、この点がよくわからなくて疑問をもった覚えがある。徳とか徳性、あるいは「よさ」と訳されるギリシア語のアレテー（近代語ではvirtue）は、元来、魂の卓越性とかすぐれた資質、能力などを意味する。古代人の世界では、すぐれた人間的能力や力量と倫理的な「よさ」とはまだ明確に区別されていない。アキレスが示す英雄的身体能力（卓越性）は同時に勇気という倫理的「よさ」を意味している。つまり、人格的徳性について評価する倫理的尺度は、同時に、人間のさまざまの能力や心理的特性について評価するものだったのである。倫理的評価は、心理特性や身体能力や技の優劣に関する評価とまだ分かれてはいない。ソクラテスの時代は、そういう素朴な形で前提されていた卓越性（よさ）の意味があらためて問われるようになってきた時代だったのである。あらかじめ言っておけば、ソクラテスはここで、人間の倫理的徳性（よさ）の根拠は内面的な魂（プシケ）のよさ、つまりスピリチュアリティ（霊性）の問題にあると考えているのである。

ソフィストは、人間の卓越性について考える場合、これまで人々が追求してきた専門技術者的人間に代わって、個人として自由であるとともに他者を支配する政治的人間の中に、新しい時代の理想的人間像を見ている。彼らはどうして政治的人間に新しい理想像を見出したのであろうか。その心理は現代人には少々理解しにくいが、西洋の近代に例をとって、ルネサンス時代の理想像であった万能人・普遍人（ウオモ・ウニヴェルサーレ）のようなイメージに近づけて見るとわかるだろう。たとえば、レオナルド・ダ・ヴィンチは芸術・文化のあらゆる分野に通じた達人であるとともに、新時代の多くの学問領域の先駆者でもあった。それと同じように、この時代のギリシアでは、政治的人間とは一種の万能人、また普遍人ともいうべき理想のイメージでとらえられていたようである。一体どうして政治的人間が普遍的理想像になってきたのであろうか。

思想の歴史を考える観点に立った場合、ギリシア史の特異性はこの点にある。エジプトやペルシアに代表されるような古代の諸帝国では、帝王の統治権力は神に由来する神聖な力とされていた。古代における戦争は、人々の集団心理においては神々の戦いを意味していた。これに対してギリシアは、ペルシア戦争の勝利によって、いわば、人間の力が神々の力に勝るということを事実によって示したのである。ギリシア神話の神々は、前六世紀の知識人の世界では国家や政治に対する影響力を失い、既に悲劇や神殿芸術の中に閉じ込められていたからである。その思想的発展を受けて、アテナイを中心に団結したギリシアは大帝国ペルシアを破った。言いかえれば、政治的人間は神の力を背後に負うことなしに、自分自身がそなえている人格的卓越性によって人間社会のすべてを支配する。そういう普遍的人格となるための手段がロゴス、すなわち言論の力だったのである。

政治学と倫理学の対決

この『ゴルギアス』という対話篇は、三人のソフィストが次々にソクラテスと論争する形をとっている。最後に出てくるカリクレスは現実政治家であるが、その前に二番手として登場したポロスに対して、ソクラテスは、弁論術は実は技術ではないと主張する。それは政治術の一部門の映像（見かけ）、つまりにせの政治技術であって、その本質は醜いものなのだと断定する（463D 以下）。人間の身体と魂は、外見上はよく見えていても内実は腐って悪くなっている場合がある。それと同じように、国家もそうなることがある。政治は立法と司法によって行なわれる。国家を人体にたとえると、立法は体育術のようなもので、法は国家をよいものにする。司法は医術のようなもので、国家のわるいところを治療する。政治の目的は、この二つの手段によって人間の魂のアレテー（卓越性）を実現するところにある、とソクラテスは言う。ソフィストの弁論は、大衆を説得する雄弁のロゴスは、見せかけの理想と倫理を人々に信じこませようとする詭弁である。人間の魂のよさ（倫理的徳性）はそこには見出せない。これがソクラテスの考え方だ、とプラトンは解釈しているわけである。このような彼の主張は、現代の社会に対して、われわれに教えるところがある。現代は新しい形の弁論術の時代である。大衆を説得する技術としてのマスメディアが非常な発達をとげたために、それは新しい形の「雄弁のロゴス」として政治、経済、社会のすべてを支配しているが、現代のマスメディアの中に、われわれは「人間としてどのように人生を生きるべきなのか」という倫理への問いを見出すのは困難である。

三番手に登場したカリクレスは、ソクラテスの議論は政治の現実を知らない哲学者の戯言《たわごと》にすぎない、と論争を挑む。カリクレスは、政権の座を求めて争う当時のアテナイ政界をまとめて表現したような人物である。彼は言う。若いときに哲学を学ぶのは結構だが、「いい年になってまだ哲学をしていて、それから抜け出ようとしない者を見たりするときには、ソクラテスよ、そんな男はもうブン殴ってやらなければならない、とぼくは思うのだ」(485D)。カリクレスは、政治の現実とは弱肉強食の争いであって、ここでは力が正義なのだ、と言い切る。ペルシアの王たちは正義を掲げて他国に攻めこんだではないか。「正義とは強者が弱者を支配し、弱者よりも多く持つことであるという風に、既に結論は出てしまっているのだ」(483D)。プラトンがカリクレスのような人物を登場させたのは、戦争中の衆愚政治を批判するためだろうが、われわれはここに、国家の力によって道徳的正義という結論を出す戦争そのものに対する批判を見ることもできるだろう。対話はここから次第に倫理的徳性の問題に入って行く。

カリクレスは、自分のいう強者とは「国家公共の事柄に関して、どうしたらよく治められるかということに〈思慮〉のある者」(491B)である、と言う。思慮(フロネシス)とは、バランスのとれた判断力とか、経験の積み重ねから生まれた能力というような意味であるが、カリクレスが念頭においているのは、アテナイ帝国を築き上げてきたテミストクレスやペリクレスのような実力政治家の能力である。ソクラテスは反撃する。ペリクレスも晩年、公金を費消して罰金刑を受けたではないか。現実政治は人間を堕落させる。政治を批判することのできる学問の基本は、人間性の本質を問う倫理学の中に求めなければならない。倫理的徳性を身につけた人物は、かつてはギリシアにもいたし、これからも各地域から出てくるに違いない。「カリクレスよ。不正をやれる自由が大いにある中にいて、生涯を正しく送り通すことは難しいし、それは称賛に値することだ。」かつてのアテナイには、そういう高潔な人格をもった政治家たちが居た。「中でも非常に評判が高く、遠い他の国々のギリシア人の間にまで名声が及んでいた人があった。リュシマコスの子アリスティデスがその人である」(526A–B)。アリスティデスは先にのべたように、ソクラテスの父ソフロニコスと親しかった政治家で、その清廉潔白な人柄はギリシア史の中でも有名である。プラトンがこのくだりを書いていたとき、彼は、アリスティデスのイメージを師ソクラテスの清貧の生涯と重ね合わせていたのであろう。かつてのアテナイにはこのように、金銭のことや自己の利害など全く考えず、国家に一身を捧げる人たちがいたのだ。しかし、ペルシア戦争の勝利とともに転がり込んできた繁栄がアテナイ人の倫理感覚を堕落させ、ついには惨めな敗戦にまで転落してしまった、とプラトンは考えているのである。人類の国家史をみても、戦争に勝った国家が戦争について反省するのは難しいものである。ただし、ここでもっと難しいのは、一体何について反省するのかということである。戦争反対を言うだけでは、人間性について反省することにはならない。

ソクラテスは言う。大事な問題は「人生をいかに生きるべきか」ということなのだ。「すなわち、君がぼくに勧めているような、それこそ立派な大の男のすることだという、弁論術を修めて民衆の前で演説するとか、君たちが現在やっているような仕方で政治活動をするとかして、そういう風に生きるべきか、それとも、このぼくが行なっているような、知恵を愛し求める哲学の中で生涯を送るべきか。そのどちらかにすべきであるということであり、そしてまた、後者の生活態度は前者にくらべて一体どこにその優劣があるのか、ということなのだ」(500C)。人間性の本質は言論と政治活動の中に求めることができるのか。それとも人生をいかに生きるべきかという倫理的理想の中に求められるのか。これは二者択一の問いであって妥協はあり得ない。言うまでもなく、ソクラテスは後者の道をとる。ソクラテスとプラトンが政治を批判しても、人類の歴史は現代までカリクレスの道を歩んでいる。だがしかし、われわれはソクラテスの批判精神を受け継がなければならない。そこには、政治の次元を越えた人間性の本質についての問いかけがあるからである。

快楽と人間の徳性

ソクラテスとカリクレスの対決には、人間の徳性に関する言葉がたくさん出てくる。ソクラテスはカリクレスに向かって、政治家は自分自身のことについてどう考えているのかと問いかける。カリクレスはこの質問の意味がわからず、それは一体どういうことだと反問する。ソクラテスはソフロシネー（克己節制・思慮分別）のことだと答える。自分自身の欲望に負けない、という意味である。カリクレスは答える。「およそどんなものにせよ、何かに隷属しているのでは、どうして幸福になれるだろうか。いやむしろ、こういう風にするのが自然本来の美しいこと、正しいことなのだ。それを今、ぼくは君にざっくばらんに話してみよう。つまり正しく生きようとする者は、自分自身の欲望を抑えることはせず、欲望ができるだけ大きくなるままに放置しておくべきだ。そして、できるかぎり大きくなっているそれらの欲望に、勇気と思慮をもって十分に奉仕できる者にならなければならない。そして、欲望が求めるものがあればいつでも、どんなことをしてでもその充足をはかるべきである、ということなのだ」（491E–492A）。これに対してソクラテスは言う。「もろもろの欲望のなかでも、それが満たされるときに人間をよりすぐれた者にするような欲望は満たすけれども、より劣悪な者にするような欲望は満たさないということ、これこそが本当に人間の徳であって……」（503C–D）。このあたりの両者の問答は入り組んでいて、間に別な話が長々と入ってくるので、議論の進行がまわりくどく読者は頭が混乱してしまうが、対話の基本テーマは魂（プシケ）のあり方である。ソクラテスは言う。「魂が劣悪な状態にあるかぎり、つまり無思慮で、放埒で、不正で、そして不敬虔なものであるかぎり、そういう魂には欲望の満足を禁じるべきであり、そしてその魂がよりすぐれたものになるのに役立つこと以外は何ごとも勝手にさせないようにすべきである」(505B)。

このあたりの議論では、「快」あるいは「快楽」(ヘドネー)と「善さ」(アガトス)の関係が中心テーマになっている。「善」という言葉は「快」と対応させて用いられているが、これは実は非常に意味内容の広い概念である。アガトスは日本語の「よい」や英語の〈good〉にあたる言葉である。たとえば日本人の女性の名前で「よしこ」という場合、漢字では、美子、良子、芳子、佳子、吉子、淑子、義子、喜子、善子などという風に、多くの字が使われる。これらはすべて「よい」という言葉に対応しているわけである。言いかえれば、「善」はこれら多くの人間的「よさ」の中の一つである道徳的「よさ」を意味するわけである。したがってアガトスを直ちに「善」と訳すと意味が限定されてしまう。「善」をギリシア語で言うときは、エティケー・アレテー(倫理的卓越性)という言い方になる。つまりアレテーとはさまざまの「よさ」(卓越性)を意味するわけで、倫理的よさ(善)は内面的な「魂のよさ」につながっている、とプラトンは解釈している。師匠のソクラテスが追求していたのはこのことなのだ、と彼は考えている。心理学的観点に立って考えれば、これは人間性の内なる霊性の成長を指している、と言ってよいであろう。

ソクラテスがここで問題にしているのは「快」と「よさ」の関係はどう考えるべきかという問題である。「快」は心身にもたらされる状態であるのに対して、「よさ」は魂の性質、つまり内面的な心理的特性を指している。ソクラテスはまず「快とよさは同じものであるか」と設問し、同じではないとする。この両者の関係について、さらに「快がよさのためになされるべきか、それとも、よさが快のためになされるべきか」と問い、「快はよさのためになされるべきである」と言う。つまり、心身にとって快い状態が魂のよさをもたらすわけではなく、逆に、快は魂のよさに仕えるための快として初めて認められる、というのである(505C–E)。具体的にいうと、ここで「快」の実例としてあげられているのは、音楽、演劇、料理といった例である。そういう快楽は魂の成長に役立つかぎり認められる、とソクラテスは言うわけである。要するに、目標とされるべきなのは魂のよさなのであって、快はそれに従属する場合に認められる。この場合の「魂のよさ」が「善」すなわち倫理的よさとしてのさまざまの徳性（エティケー・アレテー）なのである。

ソクラテスによれば、身体と魂のよさ、すなわちアレテー（卓越性）あるいは能力としての徳性は、規律と秩序と身体を使う技の訓練によってそなわってくる。この場合、心身のよさの中には一定の秩序が保たれているので、そこに魂のよさ（善）が生まれてくる。反対に、無秩序な魂はわるい状態（悪）におちいることになる。この場合、心身の状態に秩序をもたらすのは思慮（フロネシス）ないし克己節制（ソフロシュネー）の徳性能力である、と彼は言う。カリクレスの考え方との違いは、人格の基礎におかれる心＝魂（プシケ）のあり方がさまざまの徳性を一つに統合しているところにある。思慮とは、そういう統合的人格の中心におかれる能力である。カリクレスの場合、思慮という言葉は先にのべたように、政治家の判断力とか能力という意味で使われている。心＝魂は外界の事柄との交渉によって活動するので、快がよさをもたらすということになり、欲望は全面的に肯定されることになる。この場合は、欲望の対象はいろいろに分散するから、さまざまのアレテー（卓越性）を一つにまとめる中心がない。心＝魂は外界からの刺激によって無秩序におちいってしまうのである。このような方向に進んでゆく場合、倫理学は結局政治学に還元されてしまうことになる。つまり、ソフィスト的議論は国家の政治的発展を目的とする立場を基本にしているため、人間の生き方としての倫理がもっている本来の役割を消滅させる危険がある。これに対してソクラテスのいう思慮は、逆に、自己自身に克つことによって、われわれの心を内面の魂の次元へと方向づけ、人格の成長をめざすのである。ソクラテスの「魂の配慮」という考え方はそこに生まれてくる。このように『ゴルギアス』では、対話は政治と倫理の対決になり、議論は物別れに終わっている。

理性と法

『プロタゴラス』は『ゴルギアス』と同じく初期対話篇に入れられる作品であるが、ソフィストに対する取扱いはかなり違った印象を与える。『ゴルギアス』では政治学と倫理学が真っ向から対決する形になっているが、『プロタゴラス』で主に問題にされているのは、弁論におけるロゴス（言葉、理性）の役割であり、それは法において実現されるというのがプロタゴラスの基本的立場である。したがってこの対話篇では、ロゴス（論理、理性）とアレテー（徳性と能力）の関係が中心テーマになっている。ソクラテスが若者の教師をめざしたのはこの時代に言論が流行してきたためであり、その意味では、彼はソフィストと同じ出発点に立っていたと言える。われわれはここで、両者の関係について掘り下げて考えてゆくことを求められる。

この対話篇の年代設定は、ペロポンネソス戦争が始まる少し前におかれている。アテナイの繁栄が絶頂期を迎えていたころである。プロタゴラスはトラキアのアブデラ出身と伝えられ、当代随一の大物ソフィストとして有名であった。アテナイには何度か訪れているが、このときは第二回目の訪問である。先にもふれたが、そのころ彼は南イタリアのトリュオイに新しく建設されたポリスの憲法を制定したことによって評判を高めていた。この事業はアテナイ政府の意向に合致するものだったという。現代風に言えば、彼は時代の国際社会を代表する最大の法学者であり、また政治家でもあった。年齢はソクラテスより十五歳から二十歳くらい年長と推定されている。ソクラテスは三十代後半であるから、プロタゴラスは五十代の円熟期にあったことになる。

この作品の開巻は、軽い文学的タッチで当時のアテナイの言論隆盛の雰囲気をよく伝えている。ヒポクラテスという青年が早朝ソクラテスを訪ねてきて、興奮した様子で、プロタゴラスが今アテナイに来ている、自分を連れて行ってほしいと言う（この青年の名前はギリシア医学の祖と同名だが無関係）。ソクラテスは、魂の世話をソフィストに委ねることに疑問を呈し、彼らは魂の食物になるものを商品として売り歩いている者ではあるまいかと言いながら出かける。目ざすはアテナイ第一の富豪カリアスの邸宅である。門内に入ると、柱廊をめぐらせた広壮な建物のあたりに多くの人々が集まっている。ソフィストのプロディコスやヒッピアスのほかに、ソクラテスの友人や教えを受けた若者たち、アルキビアデス、パイドロス、カルミデス、後年ソクラテスと対立するようになるクリティアスも若者として入っている。ペリクレスの二人の息子もいる。彼らはアテナイの上流社会を代表する子弟たちである。

プロタゴラスはまず、政治的技術というものは算術、音楽、幾何学、天文学などといった専門的技術とは性質の違ったもので、家庭をととのえるとともに、国家公共の事柄について有能な人間となるための道である、と言う。これは『ゴルギアス』の項で説明したように、政治における弁論術が専門的技術者の道とは性質の違った、普遍的人間となるための道を示しているという主張である。ソクラテスはこれに対してまず、アレテー（徳性、能力）というものは果たして教えられるものなのかどうか、と問いかける。ここにはペリクレスの息子たちもいるが、彼らはよい教育を受けているにもかかわらず、父親の後を継げるほどの力量はない、と言う。（ペリクレスは晩年息子たちとの不和に悩んで、親戚から養子を迎えていた。ペロポンネソス戦争末期にアルギヌーサイ海戦の責任者の一人として死刑に処せられた小ペリクレスである。）プロタゴラスは、君の質問は大事なポイントをついているとほめてから、アレテーは教えられると断言する。このことを諸君に理解してもらうために、人間社会の成り立ちをわかりやすく説明してあげよう、と彼は言う。プロタゴラスは大衆を説得する弁論術の大家として有名であった。彼は長い弁舌を振るって次のように論じる。

はるかな神話時代の昔、大地に動物たちが生まれたとき、神々はエピメテウスに命じて、それぞれの動物たちに生きるための手段を与えたが、人間の種族には何の装備も与えなかった。「人間だけは裸のままで、履くものもなく武器もないままでいるではないか」（321C）。そこでプロメテウスは、神々の住む宮殿へ行って、鍛冶屋の神へパイストスと女神アテネのところから、技術と火を盗み出して人間に与えた。生きるための知恵はこれで何とかできたものの、人間は最初のうちはあちこちにバラバラに住んでいて、国家をもっていなかった。人間の力は獣より弱かったので、その餌食になって滅亡しかけた。彼らは集まってみても、政治技術をもたないために、互いに争って一つにまとまることができない。この様子を見たゼウスは人間の種族が絶滅するのを心配して、ヘルメスの神を遣わして「人間たちに〈羞恥感〉（アイドース）と〈訓戒〉（ディケー）をもたらすことにした。この二つが国家の秩序を整え、友愛の心を結集する絆となるようにはからったのである」（322C）。ヘルメスはこのときゼウスに向かって尋ねた。この技術は専門技術として一部の者だけに与えるのがよいでしょうか。それともすべての人間に与えた方がよいでしょうか。ゼウスは答えた。「すべての人間に与えて、誰もがこれを分け持つようにした方がよい。そうしないと、その他の技術と同じように少数の者だけがそれを分け持つだけなら国家は成立しないだろう。それればかりではない。これに加えて〈羞恥〉と〈訓戒〉を守る能力のない者があれば、国家の病根として死刑に処するという法律を私の名によって制定してもらいたい」（322D）。正義、節制、敬虔などの徳性は万人が可能性としてもっているものであるが、それは生まれつきの素質ではなくて、教えられて初めて身につくものである。そして国家の法律はこのことを可能にする。法律は、それを犯した者を処罰する。言いかえれば、刑罰は倫理的教育を行なうために最も効果のある方法なのである。

国家社会の成り立ちについてのべたこのプロタゴラスの物語はなかなかよく考えられている。研究者によると、プラトンはプロタゴラスの著作を参考にしてこの部分を書いたのではないかといわれている。[11] ここには、ホッブスからロックに至る近代の社会契約説の考え方に通じるような趣きがある。社会契約説の考え方では、自然状態では人々は争い合って無秩序におちいるので、これを契約によって制限し、国家統治のための権力を政治家に与える。この理論の基礎には、人間はすべて自由で平等の権利（自然権）をもつこと、また理性によって相互に契約を結び、これが法律になるという考え方がある。プロタゴラスは神話的説明をしているが、その基本的趣旨は、国家社会の存立の基礎はロゴス（理性、言葉）の支配にあること、そして支配は法律の形式によって保証される、というところにある。ここでは『ゴルギアス』の場合のように、現実政治と倫理とが直接対決させられているわけではない。同じロゴス（言葉、理性）に基づく倫理と法の関係が議論の中心になっている。

政治的人間は技術者的人間とは違った普遍人であるというソフィストの基本的主張は、当時アテナイに民主主義的風潮が隆盛になってきた状況を反映している。要するに、人は政治的人間になることによって、自然と社会に関するすべての技術的事柄をその支配下におくことができる。そして民主主義的体制は、市民すべてにその機会を与えている。「万物の尺度は人間である」というプロタゴラスの有名な言葉は、このような思想状況を背景にしてみると、その意味がよくわかるだろう。アテナイの青年たちが熱狂したのは、そこに新しい時代の理想の人間像を感じていたためと思われる。

徳は教えられるか

プロタゴラスの理論と近代の社会契約説の違いは、前者が倫理を重要なテーマとしているところにある。社会契約説では、個人の権利意識と理性の論理を基本にして国家の成り立ちを考えているので、倫理の問題は直接入ってこない。これに対して古代ギリシアでは、法はまだ慣習や倫理と密接な関係をもっていた。また、古代社会では、倫理と法は個人意識を基本にして考えられているわけではない。そこでは「間柄」が個人に優先している。プロタゴラスはここで、政治的技術の基本として。人間は神から羞恥感（アイドース）と訓戒（ディケー）を与えられた、と言っている。前者は倫理の、そして後者は法の起源を示している。「羞恥」の感覚は、道徳意識について取り上げる場合、重要なポイントである。序論でのべたように、人体の裸体性は動物と違ったヒトに固有のものである。性器崇拝の習俗や陰部を隠す習慣は、太古の世界諸民族に共通している。そこには、生命の誕生に対して彼らが感じていた神秘感を見ることができる。そしてまた、そこに愛情が芽生えて、人と人をつなぐ心の結びつきが生まれる。モラルの感覚と倫理はその母胎から育ってくるのである。また第二章「意識の発達史」でのべたように、『イリアス』では、恥の意識は倫理的感情を生み出すために重要な役割を果たしている。戦場に出て敵を恐れるのは仲間に対して恥ずかしいことである。そこに勇気が生まれ、友情が育ってくる。「アイドース」すなわち他者に対して恥じるという意識がさまざまの倫理的徳性を育てるのである。これに対して「ディケー」は、ここでは岩波書店版全集の訳に従って「訓戒」としたが、この言葉は正しさ、正義などとも訳される。人間関係の秩序をキチンと整える、という意味である。国家の法律はこれを具体化する技術である。

プロタゴラスはここで「徳は教えられるか」というソクラテスの最初の質問にふれて、国家が成立するためにすべての国民がもたなければならない一つのものは何かと問い、それは大工や陶工の技術のようなものではなく、正義、節制、敬虔など「一言でいえば人間としてもつべき徳」であると言う。「この徳を分け持っていない者は、長幼男女を問わず懲戒によって人間が改善されるまで、かつは教え、かつは懲らしめ、もし懲らしめても教えても聞き入れぬ者があれば、癒すことのできない病根としてこれを国から追放するなり死刑にするなりしなければならないだろう」(324A-B)。この原則は子供の教育にも適用される。親が子供たちを先生のところにやる場合は、「読み書きや音楽よりは、むしろずっと子供たちの品行方正の方に気をつけてくれるように先生に頼むし、先生たちの方でもよくこのことに気をつけるのである」(325E)。このくだりは注意する必要がある。ロゴス(言葉)について取り上げる場合、ソクラテスの対話は師弟の人格的ふれあいに基づく一対一の関係を基本にしているのだが、子供とのふれあい教育まで国家の法律の中に取り込まれたのでは、ソクラテスが得意とする教育のロゴスは出番がないわけである。長い弁論を終わったプロタゴラスは、私は私が要求した報酬以上のものをアテナイに教えている。金銭を要求するのは当然のことである、と言い切る（328B）。

プロタゴラスの演説に対して、ソクラテスはまず、徳性（アレテー）は多数あるのか、それとも全体で一つのものなのかと質問する。全体としては一つだ、とプロタゴラス。では徳の多数性と全一性の関係はどう考えればよいのか。ソクラテスは、内面における魂の配慮を念頭において、個々の徳性の根底には人格の内面的統一性があるべきだと考えているのに対して、プロタゴラスは法律による規制を根本にして徳性のあり方を考えているので、対話はうまく進まない。徳の全体と部分の関係をよく説明できないプロタゴラスは苛立って、徳性のよさ（善）はそれが人々にもたらす有益さによって説明されると言って、またも長い演説を始める。これは先に述べたように、アレテーという言葉が徳と能力という二つの意味を含んでいるためで、プロタゴラスは倫理的徳性が育ってくる内面的根拠は問題にせず、政治的支配を基本にして徳性のあり方を考えているからである。

ソクラテスはここであらためて一問一答の方式で議論したいと提案する。プロタゴラスが難色を示すので、ソクラテスは議論を打ち切って去ろうとするが、皆に引き止められる。カリアス、アルキビアデス、クリティアス、それにソフィスト仲間のプロディコスやヒッピアスが次々に発言し、自分の感想や意見をのべる。ソクラテスは、一対一で対話しながら議論することと大勢を相手にして演説をぶつことでは、言論（言葉）の役割と性質は全く違ってくると言う。アルキビアデスはこれに応じて、ソクラテスは長い演説は苦手だが、問答による対話では彼にまさる人はいないと言う（336B）。先にふれたように、当時さかんになった弁論術（レトリケー）は、大衆を説得する雄弁のロゴスがその代表的なものであった。これは政治的技術としてのロゴスである。これに対してソクラテスが得意とする一対一の問答は、心と心が結びついた人間関係においてはたらく教育のロゴスを意味する。われわれはここで、同じように言葉（ロゴス）の問題が取り上げられていても、両者のよって立つ基盤が全く違っていることを教えられる。

プロタゴラスはここで一転して、文学的修辞法の問題を持ち出し、シモニデスの詩を取り上げてソクラテスをやりこめようとする。ソクラテスはプロディコスに助けを求め、詩の言葉の意味や用語法についての細かな議論がつづく。このあたりの議論は、私のようにギリシア語の素養のない者には意味がよくわからない。結局、ソクラテスはこのテーマを論じるのはやめて、最初にあげた徳の多数性と全一性の議論に戻る。ここで新たに、快と魂のよさ（善）の関係が論議の対象になる。この問題は『ゴルギアス』で詳しく取り上げられていたものである。『ゴルギアス』では、ソクラテスは、快が直ちに魂のよさをもたらすわけではなくて、魂のよさに役立つ快（たとえば音楽）にのみ価値がある、とのべていた。ソクラテスのここの説明では、快は分量の問題であるとされている（356E 以下）。ギリシア倫理思想史では、この快楽論の問題はソクラテスの弟子アリスティッポスから始まり、その流れから出たエピクロスがデモクリトスの説を大幅に取り入れて深めていったものである。プラトンの見方は、これに比べるとやや禁欲主義の方向に傾いている。

よさの量の問題をめぐって議論がつづく過程で、プロタゴラスは、勇気の徳だけはアレテーの全一性には属さない、と言い始める。プロタゴラスがなぜこんなことを言い出したのか説明はないが、法による処罰だけでは勇気を育てることができないことはたしかである。ソクラテスはこれに対して、勇気とは知であり、その反対の臆病は無知であることをプロタゴラスに承認させる（360D）。ここで議論はようやくソクラテスがめざす内面の魂の知と無知という問題にまでたどりついたわけであるが、ソクラテスはこのとき、私たちの対話は最初の問題提起とは逆の結論になってしまったと言う。ソクラテスは最初プロタゴラスに対して、徳は教えられるものなのかと疑問を呈していたのに、いつの間にか、徳は教えられるという考え方になり、徳は教えられると言っていたプロタゴラスが徳を教えることは困難だ、という考え方になってしまった。討論はこれで終りにしたい、と言う。ソクラテスが最初「徳は教えられるか」と質問したのは、倫理を法律に還元するプロタゴラスの議論を引き出して批判するためであった。しかしソクラテスは、問題を大衆を説得する雄弁のロゴスの立場から個人の魂の内面に配慮する教育のロゴスの立場に切り替えてしまったために、「徳は教えられる」という結論になってしまったわけである。プロタゴラスは最後に「君の熱意と議論の進め方を称賛したい。私ほど人を妬むことから縁遠い人間はいないと思っているのだが、私の出会う人間の中で誰よりも感心するのは君だ。君が知恵に関して有数の人物になっても、ぼくは驚かないだろう」(361E)とのべて終わっている。

学道の人は貧なるべし

以上のべてきた『ゴルギアス』と『プロタゴラス』の考察を通じて、われわれはソクラテスの生き方と考え方について、かなり明確に知ることができたと思う。それとともにわれわれには、彼の選んだ道が非常な矛盾と困難を抱えていたことがわかってくる。当時のアテナイでは、学問を学ぶことのできる若者は上流階級の子弟に限られていた。しかも国家の制度として、市民の男子全員は軍人となる義務があった。たとえば、今日では歴史家として記憶されているツキジデスの本職は軍人で、デーリオンの戦いの指揮官であった。詩や戯曲のような、後の時代なら政治とは無関係な仕事も、この時代は全く逆で、政治と深く関わる事柄であった。それらは、政治を動かす言論の技術、いわゆる修辞学(レトリケー)の基本となっていたからである。若者たちが政治に関わるのは最初から決められた人生コースのようなものであった。

ソクラテスが政治の世界に関心をもったのは、若者の教師の道を選んだとき、それ以外に道はなかったからである。しかし、彼自身は政治の世界に関係しようとはしなかった。その理由は簡単で、彼のダイモンがそのことを禁止していたからである。『アルキビアデス1』は、ダイモンが君に近づくことを禁止していたが、もう長くその声を聞かないという説明から始まって、国家において政治家として取るべき道を教えている。そういうソクラテスの姿に、われわれはソフィストと同じ政治への関心を見ることができる。この時代のアテナイでは、民主主義の普及によって、誰もが人間性に関わる共通の課題に直面していたと言うことができるだろう。それは、新しく開けてきた時代状況の中で、「人間としていかに生きるべきか」という問いに対して答えを求めることである。ソフィストは新時代の理想の人間像を、ロゴス（言論）によって民衆を支配する政治的人間に求めた。ソクラテスはこの点について、ソフィストとは全く相容れない。人間は、自分自身の魂の内面に配慮することによって、はじめて、いかに生きるべきかという問いに対する答えを見出すことができる。それが倫理というものの根本である。したがってわれわれは、政治状況へ身を委ねるのでなく、政治状況の中で自己の魂に配慮する生き方を守らなくてはならない、と彼は考えている。彼の考え方をつきつめれば、アテナイの民主主義の基礎におかれていた人間観につき当たるだろう。

ソフィストに対する彼の直接の疑問は、『プロタゴラス』の開巻にのべられているように、彼らが言論に関する技術をビジネスの対象とみなしていることに向けられている。伝説化され戯画化された彼の貧乏生活は、このような時代全体の風潮に対する批判を示しているのではないだろうか。彼はソフィストと同じくロゴス（言葉、論理）を重視しながら、当時の弁論術の中心になっていた大衆を説得する雄弁のロゴスには全く関心を払っていない。彼が重視していたのは、一対一の人格的関係において、ひとりひとりの若者の心の内面に、その魂（プシケ）の配慮を育てるという人格教育のロゴスである。東洋風に言えば、「一箇半箇の説得」（道元）の道であったとも言えるだろう。彼が選んだ道を政治の世界で実現するのは非常に困難である。政治に関心をもちながら自らは政治に関与しないということは、論理的には矛盾している。われわれが知るのは、そういう矛盾の中から、魂に関する「知への愛」すなわち「無知の知」としての哲学が生まれたということである。

ソクラテスの貧乏暮らしは、さまざまの伝説によって戯画化されている。われわれはそれを何となく彼自身の個人的性格から出たことのように受け取る傾向がないでもないが、ここには、人生を生きて行くに当たっての彼の確乎とした信条があったように思われる。彼が貧しい生活をしていた理由は、教師の道を志してから、報酬を一切受け取らなかったためである。この点については、金銭は受け取らなかったが、食べ物やワインのような品物は受け取っていただろうという説もあるし、ソクラテス・ファンともいうべき友人の中にはクリトンのような裕福な商人もいたから、大事なときには彼らがソクラテス一家を支えていたであろう。しかしそういうことは枝葉末節である。入門料を取るのが当然とされている社会常識の中で、報酬を一切受けないで教育をするというのは異常と言ってもいい態度である。この問題はむしろ、当時のアテナイの市民たちの生活ぶりとの対比から考えてゆくのが適切だろう。

クセノフォンの『ソクラテスの思い出』(巻一、第六節)に、この問題をめぐってソフィストのアンティフォンとソクラテスが交わした問答が詳しく紹介されているので簡単に紹介しよう。アンティフォンはソクラテスの弟子たちを自分のところへ取ろうとして、彼のところへやってきて、一同の前で次のように言った。「ソクラテス。私は、知恵を愛する者は幸福にならなくてはならんと思っている。君を見ると愛知のために逆の結果を得ているようだ。君は、奴隷ですら主人にこんな扱いをされたら逃げ出すような暮らしをしている。」食物も衣服もお粗末のかぎりではないか。「それからまた、金は取ることは既に嬉しいものであり、取ればまた生活を一層自由な楽しいものにするのであるが、君は金も取らぬ。ほかの仕事の師匠たちは、弟子たちを己の模倣者に仕立てあげるが、君もそれと同じように自分の弟子たちを扱うとしたら、君は不仕合わせを教える先生であると思うがよろしい。」ソクラテスは言う。「アンティフォン。われわれの仲間では、美貌と知恵とは、これを人に与える場合、どちらも同じように、美しくも醜くも与えることができると考えている。なぜなら、美貌を金で誰にでも売る者があれば、これは売春とよぶのである。しかし愛人があって、それが君子人(人格者)であると知るとき、これと親密な友人になることは立派なことだ、とわれわれは考えるのだ。知恵もまた同様であって、これを誰にでも金で売る者は[売春と同じに]学問屋と呼ぶのである。」ソクラテスがソフィストに対して感じていた根本的な疑問は、学問が金儲けの手段になっている点に向けられていたように思われる。われわれはそこに、当時のアテナイ市民たちの間で一般化していた生き方や考え方を見ることができるだろう。金銭欲は一切の欲望の象徴である。ソクラテスはそこに、欲望が肥大することによって倫理的感覚そのものが失われてゆく状況を感じていたのではないだろうか。ここには学問の本質についての問いかけがある。それは「人生をいかに生きるべきか」という倫理的感覚を喪失した学問に対する疑問である。学問の根本には倫理性がなければならない。ソクラテスは言葉でこのことを主張するよりも、自分の日常生活において示したのであろう。

プルタルコスは、アリスティデス伝の中で、権力と地位を極めた生活を神々しいものにするのは正義（正しさ）である、と言っている。それはその人の人格そのものにそなわった精神の高さである。金銭や地位が無価値だと言うのではない。人格の価値はそういう事柄を越えている、ということである。

このようにソクラテスの清貧の生涯をみてくると、私は現代のアメリカや日本など先進諸国の金銭欲の氾濫を連想して考えさせられてしまう。現在のビジネス社会は、お金が人間の価値を決める社会になっている。この原稿を書いていたころ、たまたま新聞に、UFJ総合研究所主席研究員の森永卓郎さんという方の「二極化、日本文化の危機」という談話が載っていた（読売新聞夕刊二〇〇四年二月二十三日）。森永さんによると、日本が現在模倣しているアメリカ型の企業社会は殺伐とした心理状況にあるという。「偉くなろうとして同僚の足を引っ張り、上司に取り入る。地位を守るために心の休まることのないカネの亡者の世界。それが日本にも広まりつつある。」自由競争原理というものは、一人の勝者があれば、その背後に多数の敗者を生み出すシステムである。そこにはホッブスのいう「万人の万人に対する戦い」という、人間愛の失われた心理状況が支配する。社会全体がカネの亡者になって来れば、金銭目当ての犯罪化社会になるのは当然の成り行きである。

「学道の人は貧なるべし」というのは中世の禅僧道元の言葉である。「道を学ぶ」とは、人間としていかに生きるべきか、ということを知ることである。それは自分の人格をつくりあげてゆくことなのである。

3　ソクラテス裁判

ダイモンの声

プラトンの『ソクラテスの弁明』（以下『弁明』と略記した場合が多い）は、ソクラテスが多数の人々を相手にして生涯にただ一度行なった演説の記録である。しかも、著者であるプラトン自身がその裁判に参加してソクラテスの言葉を直接聞いていたという点からいって、第一級の資料的価値がある。前節の始めにふれたように、ブリックハウスとスミスはこの対話篇に的を絞ってソクラテスの思想を分析している。ここにはソクラテスの生涯を貫く信念と思想が明確な形に凝縮されている、というのが二人の著者の結論である。従来さまざまの解釈が分かれて理解が難しかった多くの問題が、こういう観点から徹底的に解明されているので、読者は新しく眼を開かれた思いがする。この節では彼らの主張に従いながら、心理学的観点から考察を進めてゆくことにしたい。心理学的観点が重要なのは、それによって、ソクラテスの問題が現代のわれわれに通じる問題になると考えられるからである。

ソクラテスが告発されたのは、ペロポンネソス戦争終結の六年後、寡頭派と民主派の内戦が終わって五年後の前三九九年である。裁判手続きの問題は後回しにして、まず告発の理由としてあげられた箇条を見てみよう。プラトンが記しているところでは「ソクラテスは若者を堕落させ、また国家が認めるところの神々を認めずに、別の新しい神格（ダイモニア）を認めることによって不正を犯している」（24b）というものである。ディオゲネス・ラエルティオス（三世紀）が伝えている正式の告発文では「ソクラテスは国家が認める神々を認めることを拒否し、他の新しい神格を導入していることの故に罪がある。彼は若者たちを堕落させていることからも罪がある。求められた刑罰は死刑である」となっていた。この文はクセノフォンが伝えているのとほぼ同文である。ブリックハウスらはこれを次の三箇条にまとめている。（1）国家が認める神々を認めていない。（2）新しい神格を導入している。（3）若者たちを堕落させている。この三箇条がどういう関係にあるのかということは、告発文には正確には述べられていない。ブリックハウスらによると、これは告発者側の戦略によるもので、すべてはほのめかしによってのべられ、論理的明確さをさけて裁判員の心理に訴えることを目ざしていたのである。ただ、若者を堕落させたという箇条は神の問題とは無関係に出されていることが注意をひく。

この三箇条の中で、一般に最も理解が難しいのはダイモンに関連する事柄であろう。ダイモンのことはプラトンの初期・中期の対話篇にもしばしば出てくるのであるが、それがプラトン哲学の基本的思想であるイデア論とどういう関係があるのかという点になると、わからない点が多い。他の対話篇に描かれた限りでは、議論は理性（ロゴス）による論理の展開が根本になっていて、ダイモンの声のような非合理な事柄は、理論的に重要な役割を果たしていないと言ってよいだろう。だからプラトン哲学について考える研究者は、従来この問題には深く立ち入らないことが多かった。広くギリシアの哲学史全体を貫く考え方について論じる場合は、当然、ロゴス（理性）によって真理を探求するという態度が重要視されるので、論理によって理解困難なダイモンのような問題は無視されてしまう。しかしながら、もしソクラテスとプラトンを分離して、ソクラテスその人の生き方と人間性についての彼の考え方を理解しようとする場合には、われわれはダイモンに関連する問題をさけることはできない。『弁明』に語られているソクラテスの体験と思想は、この問題をはずしては理解できないからである。

ソクラテス自身によるダイモンの説明は決して理解困難なものではない。むしろ単純で明瞭な内容である。彼は言っている。「私には何か神と神格に関わりのあるもの（ダイモニオン）が生じるのです。……それは子供の時以来私につきまとい、ある種の音声として生じるのですが、それが生じる時はいつでも、それが何であれ、私がまさに行なおうとしていることを私にやめさせようとするのです」（31d）。プラトンの他の対話篇やクセノフォンが伝えている内容も、ほぼこれと同様である。ダイモンの声は特に重要な問題と限らず、日常の些細な事柄についても彼に指示を与えたり、行動を禁止したりしたようである。彼は言う。教師として若者たちを指導するようになってから、私は、世間で知恵があると思われる人たちと対話し、実際はそうでないということを明らかにしたし、そのことは弟子たちを喜ばせた。彼は法廷で裁判員に対してこう語っている。「しかし……私は主張したいのですが……私にとってそうすることは、神によって命じられたことなのです。それは神託や夢の中のお告げや、またその他にも神が遣わされる運命が、人間に対して何事であれ為すように命じられるあらゆる仕方によって、命じられたのです。以上のことはアテナイ人諸君、真実であり、そうしようと思えば容易に検証できることであります」（33c）。ダイモンの声は神託や夢告などと同じ種類の経験であって、それらは人間に対して神の意思が示される方法である、というのが彼の説明であるが、これは当時の人々の通念でもあったと言ってよいであろう。われわれ現代人の立場から理解すれば、ダイモンの声のような現象は心理学や精神医学でいう幻聴などに類似した経験である。今かりに視野を広げて宗教史の領域を調べてみるとすれば、ソクラテスが語っているような体験の事例は何ら珍しいものではない。われわれはこれらと類似した事例を世界の宗教史の中にいくらでも見出すことができる。たとえば旧約聖書の歴史には多くの予言者の例を見出すことができる。旧約の予言者には幻聴型の言葉の予言と幻視型の黙示予言とがあるが、実際には両者が混じっている場合も多い。ソクラテスの場合も、夢告のような形でダイモンの姿を「見た」と語られている場合もある。たとえば『クリトン』の初めの部分には、明け方の夢に白い衣をつけた美しい女性がよびかけて、「ソクラテス。あなたは三日目に豊かなプティエーの島に行き着きますよ」と言った、とある(44a-b)。ソクラテスはこれを死の予言と解している。

この時代のギリシアでは神託や夢占いその他の習俗は広く行なわれていたのであるから、告発者の立場に立ってみたとしても、ソクラテスがダイモンの導きを信じていたということ自体を信仰上の罪とみなすことはできにくかっただろう。中世キリスト教の異端審問のような場合ならばそういう信仰を罪とすることもあり得たであろうが、古代ギリシアではそんなことは考えにくい。『弁明』の中でも、ソクラテスは告発者のメレトスに意見を求め、ダイモンは神々ではないとしても神々の子供のようなものと考えてよいのではないかと問うて、肯定の答えを得ている(27c-e)。これは、当時の人々に認められていた一般的な考え方だったと見てよいだろう。ただしソクラテスは宗教家ではないし、予言や夢占いなどを職業としていたわけでもないから、この問題は彼個人の人生の生き方に関係しているとともに、ソクラテスの哲学のあり方に関連している事柄であると考えなくてはならない。

われわれはここで、ダイモンをめぐって次の二つの問題にぶつかっている。一つは裁判に直接関連したことで、告発者たちがこの件を持ち出した意図はどういうところにあったのか、という問題である。この点を突き詰めてゆくと、そもそもソクラテスが彼らの敵意の対象になった理由は一体どこにあったのか、ということを明らかにする必要が出てくる。もう一つの問題は、裁判と直接の関係はないが、われわれにとっては重要である。ダイモンの声に示されているような経験は、ソクラテスの思想形成にとってどういう意味合いをもっていたのだろうか。言いかえれば、彼が人間の本性について考えたとき、ダイモンの声に代表されるような非合理な経験が非常に重大な意味をもっていたのではないか、という一般的な問題である。

何のための告発か？

ソクラテスの告発に関して従来一般に広く行なわれてきた解釈として、彼が敗戦後に成立した寡頭派政権のリーダーたち（クリティアス、カルミデスら）と近い関係にあったことや、アテナイを敗北に導いた最大の責任者とみなされたアルキビアデスが彼の弟子であったということがあげられてきた。しかし、クリティアスとアルキビアデスをソクラテスに結びつける見方は、実は、ソクラテスの死後六年たった前三九三年に、ポリュクラテスが『ソクラテスの告発』という文章を発表してから広まったものである。クセノフォンやプラトンはこれに反発して、ソクラテスを弁護する文章を次々に発表するようになったのである。この点についてブリックハウスらは、ポリュクラテスの暴露文が発表されるまではアルキビアデスがソクラテスの弟子であったことは誰も知らなかった、というイソクラテスの証言を重要視している。アルキビアデスのシケリア遠征のころまで、彼とソクラテスの交流がつづいていたという証拠は何もない。またソクラテスが寡頭派政権に協力的でなかったことは民主派の人々にもわかっていたことで、熱心なソクラテス・ファンとして知られていたカイレポンは、告発者の黒幕であったアニュトスとともに寡頭派と戦っているのである。ブリックハウスらの考察は、告発の動機がもっと広い思想的歴史的状況に根をもっていたということを明らかにしている。(12)

ブリックハウスらによれば、寡頭派の支配から起こった動乱は、敗戦という痛恨事と不安に満ちた状況に対して、さらに恐怖政治と思想的不確実さをもたらした。「このような雰囲気の中で、アテナイが、自国の若者たちを堕落させ、神々の怒りをアテナイに向けさせた者たちを探索しようとしたのは何ら驚きではない。」つまり、告発者たちの見方によれば、アテナイを敗戦に導いた根本的な原因は、ペリクレス時代にソフィストらによって広められた、神々に対する不信仰の風潮にある。いわば、神々の怒りが敗戦の悲運を招いた、というのが彼らの心理の基礎に流れている受け取り方であった。これに加えて、ソフィストの思想に熱狂した若者世代の精神的堕落が現在の混迷を生み出した、というわけである。彼らがそういう風に歴史的総括をしたかった気持ちは理解できないことではない。ブリックハウスらは告発者メレトスとその黒幕であるアニュトスの経歴について調べている。それによると、メレトスは「誠実な宗教的熱狂者」であり、アニュトスは大きな政治的影響力をもった人物で「ソフィストたちに対して無分別で激しい憎しみを抱いていた」。表面に現われた寡頭派と民主派の争いという状況を見ているだけでは、ソクラテスが告発された理由は説明しにくい。告発が若者を堕落させたということを特に強調しているのは、戦争時代の若者世代の心理状況についての彼らなりの歴史的総括に基づいている。それはアリストパネスの『雲』に描かれたような若者世代の姿である。

前節でのべたように、ペリクレス時代のアテナイには多くのソフィストたちが集まってきて、若者世代の熱狂の対象になっていた。当時の代表的学者としては、アナクサゴラスやプロタゴラスなどがあげられるが、両者の学説はいずれも保守的な人々の眼からは無神論的とみなされていた。ペリクレスの政権末期、彼の失脚を狙ってディオペイデスの宗教法が制定され、アナクサゴラスは国外に逃亡し、プロタゴラスは著書を焼却されて国外追放された。この法律は無神論を有罪としたものであって、ソクラテスの告発者たちはこの法律の先例を思い出していたようである。ただし、敗戦時にスパルタとの間で結ばれたアムネスティ（大赦）協約によって、この法律は無効になっていた。メレトスらのソクラテス告発は、アテナイ古来の伝統に基づくバシレウス（宗教一般を管轄する役所）に対して行なわれている。ブリックハウスらによれば、告発はアムネスティ協約に違反しているが、彼らはこのことが裁判員たちにはわからないような形をとったのである。そうすると、告発の最初の箇条である「国家の神々を認めない」という主張は、ソクラテスは無神論者であるという意味になってくる。ソクラテスもこの点を明確にするために、メレトスを呼び出して問答している。「ゼウスにかけて、君にはぼくがそんな風に見えるのかね。いかなる神も認めていない、と。」「いかにも。

ゼウスにかけて、いかなる仕方においても全然（神を）認めていないのだ」（26e）。この点は実は、告発者側にとっても気になるところだったと思われる。というのは、当時のギリシア人の考え方では、神々を敬う（敬虔さ）というのは、犠牲式その他の定められた儀式を行なうという行為の形式について言われることであって、後のキリスト教時代のように思想や信仰内容を問題にしていたわけではない。クセノフォンの『ソクラテスの思い出』は、まず最初に、ソクラテスが国家の定める犠牲式その他のきまりをきちんと守っていたことをあげ、さらにダイモンにふれて、占いなどで神意を問うことは普通に行なわれていることであって、神々に代わって新しい神格を導入したということではない、従ってソクラテスは無罪であると主張している（巻一、第一節）。こういう理解は当時の常識であった。ソクラテスの告発が民主派政権の成立から五年以上もたってやっと行なわれたということは、彼を有罪に追い込む決め手が簡単には見つからなかった状況を示していると思われる。そうすると結局のところ、ダイモンの導きを信じていることは国家の神々とは違った新しい神格を導入していることである、したがってソクラテスは無神論者である、というのが告発者側の論法だということになる。

われわれにとって重要なのは、『弁明』に語られたソクラテスの信念はダイモンの問題をぬきにしては理解できないということである。ダイモンの声に示されるような霊性《スピリチュアル》的な事柄は、プラトン中期のイデア論の考え方とは十分に一致しないところがある。『パイドロス』にのべられた人間の見方では、エロス（愛）は天上のイデア界の美を求めるエロスと地上の肉体的美を求めるエロスに分裂している。前者はロゴス（理性）による「知への愛」であるのに対して、後者はそれに反抗する身体的欲望としての愛を示している。ここには理性と非理性（身体性）の対立がある。これに対して『弁明』のソクラテスにおいては、理性の知的はたらきは魂の内面に見出されるダイモン的なもの、すなわち霊性のはたらきとの均衡の上に成り立っている。むしろ理性は霊性の導きによって正しくはたらくことができるのである。心理学的観点から言えば、ロゴス（理性）に基づく意識は意識下に潜在するはたらきと統合されなくてはならない、というのがソクラテスの考え方であったと言えるだろう。

神と自己の関係

さて、ソクラテス裁判はどのような手続きで行なわれたのだろうか。告発者はメレトス以下三名で、告発状はバシレウスの長官に提出された。バシレウスという役所はアテナイの王政時代からあったもので、宗教問題全般について扱う機関である。バシレウスでは告訴者と告訴された側の双方を呼び出して、予備的審査を行なった後に告訴を法廷に送る。『エウテュプロン』の始めの部分には、バシレウスに出頭したソクラテスがエウテュプロンに出会って話す場面がある。ソクラテスは、告訴したメレトスの名前も初めて聞いたような始末で、私が新しい神を創作したというのだ、と言う。エウテュプロンは、それはあなたがいつも言っている例のダイモンのことですよ、私の場合にしても議会で神々のことについて発言したり予言したりすると私を気違い扱いにして嘲笑するのですよ、と言う（3b–c）。ソフィストに代表される当時の啓蒙的知識人の間では、予言のような古い宗教的習俗に対する懐疑的あるいは嘲笑的な風潮が起こっていた状況を察することができる。告発者側にはそういう気分を利用する意図があったかもしれない。

当時のアテナイの裁判は陪審制である。毎日多くの裁判が行なわれるので、あらかじめ六千人をクジで選んでおいて、順番にいろんな裁判に出ることになる。出席者には低額の日当が払われたので、仕事のない老人などが出ることが多かったという。裁判員の数は時によって違うが、ふつうは五百一人で、端数があるのは賛否同数にならない配慮であった。裁判は二段階に分けられていて、最初の段階では有罪か無罪かだけを決める。まず告発者側が起訴状を朗読してその趣旨を説明し、一定の刑罰を要求する。次いで告発された者がこれに対する弁明を行なう。告発された方が告発者を呼び出して証言を求めたり、自分の弁明内容についいて証人を立てることもできる。その後に第一回の投票が行なわれるが、これは有罪か無罪かを決めるだけで量刑はしない。この場合、有罪票が全体の五分の一以下であると告発者側は罰金を支払わなければならない（これは告訴がつまらない問題に乱用されるのを防ぐためである）。そのあと第二段階に入り、告発側と弁明側の意見表明が行なわれるが、弁明者はこのとき量刑について自分の対案を提出できる。たとえば死刑を要求されている場合、これを罰金刑とか追放刑に変えるように申し出ることができる。こういう場合には、死刑を免除してもらうために弁明者の家族などが出席して助命嘆願をすることもよくあった。このあと裁判員はどちらの提案を選ぶか、第二回の投票をする。最後は弁明者による最終弁論になる。

ソクラテスの裁判には、彼の友人や弟子たちがかなり出席していたことがわかっている。これは彼らが関心をもって詰めかけたもので、ソクラテスは、自分が頼んだわけではないと言っている。告発者の黒幕であるアニュトスも出席していたことが知られているので、その支持者たちもいたと思われるが、裁判員の数は五百名にも上るから浮動票も多かっただろう。プラトンの『弁明』はソクラテスの発言部分だけを記録したものである。その発言内容については昔から、ソクラテスの「高言」（メガレゴーリア）という批評が広く行なわれてきた。高言というのは高慢な調子で語るという意味で、ソクラテスは裁判員の心理などお構いなしに横柄な調子で自分の主張をのべた、というのである。このような見方はクセノフォンの『ソクラテスの弁明』にも報告されているもので、この裁判に出席したりその内容を伝え聞いた人々の間でそういう評判が広まっていたのである。当時から既にこういう見方が定着し、近代の研究者もこれをそのまま受け継いできたわけであるが、これに対してブリックハウスらはこういう伝統的見解を真っ向から否定し、ソクラテスの弁明は真剣で率直な内容のものであって、裁判員に対して誠実に自分の真情を語ったものである、と考えている。彼らの結論は画期的なものであるが、分析は的確で、その著作が高い声価を得たのは当然と思う。この点に関連することであるが、ソクラテスは告発された三箇条のうち、若者を堕落させたということとダイモンの見方については自分の考えを詳しく説明しているのに、最も中心になるべき「国家の神々を認めない」という箇条については何の弁明もしていない。クセノフォンはこの点に関して、ソクラテスから直接聞いたというヘルモゲネスの証言を報告している。それによると、ソクラテスは最初弁明のしかたについて二回も検討しようとしたが、ダイモンがそれを禁止したのだと語っている。[13] ソクラテスはさらに、自分が神に対して敬虔に生きてきたことについては誰にも負けない自信がある、と言っている。

もしふつうの形で弁明するとすれば、先にふれたクセノフォンの意見のように、国家が定めた犠牲式などのきまりをキチンと守っていたということを主張するところであろう。ところがプラトンが伝えているところでは、ソクラテスは、神の問題については、最初からいきなり、自分のこれまでの活動は「神が命じていらっしゃること」なのであり、「皆さんにとって、私の神に対する奉仕より大きな善は、この国においてこれまで一つとして生じたことがないのです」(30a)と語り出している。要するに彼は、ふつうの形の弁明は一切行なわず、最初からただ神に対する自分の信念について語っているだけなのである。彼の弁明が「高言」と受け取られた基本的な理由はここにある。そういう受け取り方がされるだろうということは彼自身も承知していて、裁判員に対してしばしば「皆さん、騒がないでください」とくり返している。われわれはソクラテスのこの率直な言葉によって、彼が内心にどんなことを考えてその生涯を送ってきたのか、ということを知ることができる。神と自己との関係は元来個人の内面的体験に属する事柄であって、本人の体験告白がなければ外部から判断することはできない性質のものである。プラトンの『ソクラテスの弁明』はそういう意味で、ソクラテスの思想を知るための希有の記録であると言えよう。

デルポイ神託の解釈

以下は『ソクラテスの弁明』にのべられた順序に大体従って説明しよう。ソクラテスはまず、アリストパネスの『雲』を取り上げて、この喜劇が長い間に自分に対する誤ったイメージを広めてきた、とのべている(18a–19e)。彼はこの作品の及ぼした影響を、正体不明の「最初の告発者」とよんでいる。『雲』が上演されたのは前四二三年、ソクラテスが四十七歳のときである。彼はこの前年行なわれた聖地デーリオンの争奪戦に参加し、その沈着な指揮ぶりがラケスらの指揮官から絶賛されていた。この件は彼の名前をアテナイ人に広く知らせる結果になった。この時期スパルタとの間に和平交渉が進められており、前四二一年にはニキアスの和約が成立する。社会的気分としてやや安定の兆候が生まれていたころであり、アテナイが敗北するなどとは誰も予想していなかったころである。多くの研究者によってこれまで明らかにされていることであるが、この作品の中に取り上げられているソフィストの思想は、ソクラテスのものではなくて、プロタゴラス、ゴルギアス、ヒッピアスその他のものであり、クセノファネスやアナクサゴラスなど自然哲学者の考え方を取り入れた部分もある。アリストパネスがソクラテスをこの喜劇の中心人物として登場させたのは、彼がこのころたまたまアテナイで有名になっていたという状況によるものであろう。ソクラテスも『弁明』の中でプロタゴラスらに言及しているが、彼らは外国出身者である。当時、喜劇作者エウポリスが「おしゃべり乞食のソクラテス」という言葉を使ったことが伝えられているが、彼の貧乏暮しのスタイルは喜劇には適切なものだったろうと思われる。作品の中に取り上げられている対話は戯画化された詭弁であって、ソフィストの議論内容を伝えたとは到底言えない程度のものである。田中美知太郎も言っていることであるが、この作品は当時の若者世代のソフィストに対する熱狂ぶりや国家への無関心にうんざりした一般市民の気分を反映したものとみるのが適切だろう。

ソクラテスは次いで、自分はこれらのソフィストと同じ知者なのだろうかと問いかけてから、自分はある特別な性質の知恵をもっているという意味で知者であるらしい。そのために「デルポイにおわす神を証人として皆さんに提出する」とのべてから、友人のカイレポンが神託を受けるためにデルポイまで出かけたという有名な話を始める（20e–21a）。このときカイレポンは既に死んでいるので、ソクラテスは、このことについては彼の家族が証言してくれるでしょう、とのべている（説明は省略されているが、ここで証言が行なわれている）。わざわざ証人まで立てたことは、ソクラテスがこの件を非常に重視していたことを物語っている。この話は無論裁判員には初めて聞くことだったわけであるが、列席していたソクラテスの友人弟子たちも知らなかった可能性がある。「ソクラテスにまさる知者はアテナイにはいない」という神託の答えはその後の彼の哲学者としての活動の出発点になったものであり、現代のわれわれも初めて哲学を学ぶときには必ずこの話を聞くのであるが、一体この話はどのように受け止めるべきものであろうか。

カイレポンがデルポイに出かけた時期については二説あって、一つは前四三一年以前、つまりペロポンネソス戦争以前とする説。もう一つは前四一三年から前四〇四年の間とする説で、これはシケリアの敗北以後の戦争末期になる。前説を取ればソクラテスは三十代前半であろうが、後説を取れば五十代から六十代くらいの年配になる。ブリックハウスらは資料不足のためどちらとも決定できない、としている。またこのときのデルポイの巫女の占いについては、ヴラストスは黒い豆と白い豆を混ぜ合わせて、お祈りをしてから選ぶやり方だろうと言い、ブリックハウスらはクジで選ぶ方式だろうと言っている。いずれにせよ、質問に対する答えは「イエスかノーか」のどちらかしかない簡単な形の占いということになる。近代人の感覚からみれば子供だましのような感じもするが、古代人の受け取り方は違っていたであろう。カイレポンのデルポイ訪問の時期については専門研究者の意見に従うしかないが、後説を取る研究者が注意しているのは、『雲』の中にカイレポンという名前の人物がソクラテス学校の係員として出てくることである。この作品が上演されたおかげでソクラテスが戯画化された「有名人」になったことは、カイレポンにとって心外なことだったろうと思われる。また前の説を取る場合は、ソクラテスがまだ教師になって間もない無名の時代のことになる。この神託が彼の哲学者人生の出発点になったことを考えると、この説にも魅力がある。

第一章（第1節「心理学的観点」の「神託と予言の心理学」）で既にふれたことだが、ソクラテスはこの神託の答えを知らされて疑問をもち、その意味を明らかにするために政治家、詩人（作家）、職人（技術者）たちを訪ね歩いて話を交わした（21b–22e）。このことは、彼が、この神託は彼個人に関する事柄を教えているものではない、と解釈したことを示している。「一体何を神は言おうとされているのだろうか。一体何の謎をかけておられるのだろうか。……神は、私のことを最も知恵があるとおっしゃることによって、一体何を意味しておられるのだろうか」（21b）。ソクラテスはここで、神託を「反駁」するために知者と言われている人たちを訪ね歩いたとのべているので、近代の研究者の間ではこの点をめぐっていろんな解釈が出ている。筆者は、古代の神託というものは一種の謎ときであって、答えを得た人はその意味を解釈する必要があるという見方が適切だろうと思う。古代の占いとしては中国の『易経』の例がよく知られているが、この場合にも、与えられた答えは、質問者がその意味を解釈する必要があるのである。ここで注意すべきことは、神託を得たソクラテスが学者（ソフィストら）を訪ねたわけではないということである。つまり、ここで知恵（ソフィア）があるとか無知であるというのは学識のことを指しているわけではないのである。筆者が注目したのは、詩人たちと話した結論として、ソクラテスが次のようにのべていることである。「彼らがその作品を創作するのは知識によるのではなく、ある種の生まれ持った資質によるのであり、ちょうど神託を告げる者や予言者がそうであるように、神がかりの状態で創作することを悟ったのです」（22c）。これは、芸術家の創作活動が霊感とかインスピレーションによって行なわれることを指している。心理学的観点から言えば、無意識から生まれてくる直観と言ってもよいだろう。詩人たち自身はそのことを自覚せず、自分の能力や資質によって創作しているものと思っているが、実はそうではない。意識のレベルではたらいている思考（知恵）よりも下の潜在的領域には直感的な感受性のはたらきがそなわっており、そのはたらきは神託や予言などの神がかり状態（トランス）と類似した性質のものである、とソクラテスは考えている。ダイモンの声はこれらと同じ種類の経験である。しかし神託や予言を語る人たちにしても、また自分自身も、そういうはたらきが何に由来し、その本質がどこに求められるのかということはわからない。魂（プシケ）に関する事柄についてはわれわれは無知なのだ、というのが彼の得た結論である。「神こそが真に知者なのであり、その神託においても次のこと、つまり人間の知恵というものはごくわずかの価値をもつにすぎないか、何ら価値のあるものではない、ということを言おうとされているらしいのです。神は私を一つの例として用いるために、このソクラテスを指して、私の名前を引き合いに出されているように思われるのです」(23a-b)。

ソクラテスは、教師としての自分の活動はこの自覚から生まれてきた、と言う。アテナイ人だろうが外国人だろうが、誰か知恵があると思われる者があれば問いただして「神のお手伝いをして、その人が実は知者でないことを明らかにしているのです」(23a-b)。神託は無論命令ではない。ソクラテスが教師の道を選んだことは彼自身の理性に基づく決定である。宗教家の場合には、神の召命（Calling, Beruf）の体験によって神の教えを説くようになる事例があるが、ソクラテスの場合、神の導きと人間としての自己自身の意志決定との間にはある自由度がある。彼が人間の倫理に関心をもったのは、彼自身の関心とアテナイの社会状況に対する問題意識から生まれたことである。しかし、人間として誰もがそなえるべき倫理的徳性（アレテー）について考える場合、それは啓示の体験が示しているような霊性的次元につながるものでなくてはならない。ソクラテスはデルポイの神託からこのことを学んだのである。つまり、人間の本性は理性と霊性の統合において成り立っている、というのが彼の人間観なのである。前節のプロタゴラスの項で考えたように、もし倫理的徳性のあり方が法的規制に還元されてしまえば、それは魂（プシケ）の内面の問題とは無関係になってしまう。そして、多数の徳性（アレテー）を一つにまとめる人格的中心は失われてしまう。彼の言う「魂の配慮」とはこのことであり、「無知の知」というのもこのことなのである。個々の倫理的徳性の基礎にはそれらを一つに統合する人格的中心がなければならない。それが魂（プシケ）の「よさ」に配慮することである。ソクラテスの道は倫理の追求から信仰の領域へとつながっている。

魂について何を語り得るか

神託について自分の考えをのべた後、ソクラテスは、若者を堕落させ、国家の認める神々の代わりに新しい神格を導入したという告発の箇条を取り上げる。彼は告発者のメレトスを呼び出して問答し、メレトスが太陽や月に関するアナクサゴラスの無神論的教説をソクラテスのものと勘違いしていることを明らかにする(26c–d)。メレトスはこれに対して、ソクラテスは全くの無神論者であると主張する。この部分は、告発者側に、ペリクレス時代にもてはやされた知識人たちに対する遺恨の記憶があったことを語っている。ソフィストを憎悪していたアニュトスと宗教的熱狂者メレトスは、ソフィストの中に、アテナイに「神々の怒り」を招き寄せた無神論者たちを見ていたのである。

ソクラテスは次いでダイモンの問題を取り上げ、メレトスに、ダイモンとは神々の子供のようなものだということを承認させる(27c–d)。彼はここでさらに死の問題を例に取って、魂に関する「無知の知」とはどういうことかを説明する。彼は三度にわたった自分の戦場経験についてふれ、そういう場面で死を恐れないという覚悟は、実は哲学を説くことと同じなのだと言う。「神が、哲学しながら、つまり自分自身と他の人々をともに吟味しながら生きるように命じられた——と私は考えているのですが——その時、死や何か他のことを恐れて持ち場を放棄するとしたら、私は恐ろしいことをしでかしたことになるでしょう。……諸君。死を恐れることは、実は知者ではないのに知者であると思い込む以外の何物でもないからです。すなわち、知らないことを知っていると思い込むことなのです」(29a)。われわれは死の世界については何も知らないのに死を恐れる。それは「知らないことを知っていると思い込んでいる無知」にほかならないと彼は言う。死とかあの世といった霊的世界のことについては、われわれは知ることはできない。それは理性(ロゴス)

の手が届かない問題である。理性のみに頼る近代人はそこで問題を打ち切ってしまうことになるが、ソクラテスの言いたいことはその先にある。われわれはさまざまな種類の神的啓示を通じて霊的な導きがあることを知っている。そのはたらきを知り、常にそれを思うことが「魂の配慮」であり「無知の知」ということなのである。「人間はいかに生きるべきか」という倫理についての反省は、人間心理の根底にそなわった霊性のはたらきに導かれるものでなくてはならない。

ソクラテスはここで、教育者としての自分の活動にふれたあとでこう言っている。私は皆さんに愛情と親しみを抱いている者ですが、皆さんよりは神に従うでしょう。そして自分が生きているかぎり、哲学し、皆さんに訴え、誰に会おうと自分の考えを語ることをやめはしないでしょう。私はこう言います。「最も優れた人よ。君は知恵と力にかけては最大にして最も誉れある国アテナイの国民でありながら、どうすればできるだけ多くのお金が自分のものになるか、お金のことを気に掛けて恥ずかしくないのか。名声と名誉については気にかけながら、思慮と真実について、どのようにすれば最も優れたものになるかを気にかけることもなければ、思案することもないとは……」(29a–b)。彼はさらに、自分がこれまでやってきたことは神が命じられたことであって、「私の考えるところでは、皆さんにとって、私の神に対する奉仕より大きな善は、この国ではこれまで一つとして生じたことがないのです」(30a)と宣言している。これが彼の内面に秘めていた確信だったのである。この言葉を聞いた議場が騒然としてきたのに対して、彼は「アテナイ人諸君、騒ぐのはやめてください」と制止し、私が行なっている弁明は実は私自身のためではなく、皆さんのために行なっているのです、「もし皆さんが私を殺されるならば、他にこのような人間を見つけるのは容易ではないでしょう」とのべ、「私がまさに神によってこの国に贈られたというにふさわしい者である」ということは、これまで私がやってきた数々のことをみればおわかりでしょう、と言っている(30e–31a)。このような彼の言い方を「高言」とみなした者は多かったかもしれない。しかし、これがソクラテスの本心であったことは疑いない。

ソクラテスの確信は、彼が生涯を送った平和と戦争の歴史がなければ生まれなかったものである。この時代の人々のさまざまな生き方が生んだ思想状況について考えるとき、われわれは、ソクラテスの語る言葉が重く響いてくるのを感じる。アテナイ帝国をとらえた悲劇の真相は、敗戦と内乱という物理的破壊より以前に、倫理と信仰の精神的内部崩壊の中に求められるのではないだろうか。歴史を支配する神は、ソクラテスを呼び出してこのことを語らせているかのようである。

高言に埋もれた真実

このように自分の信念を語ったあと、ソクラテスは自分のダイモン経験について説明し、それが政治に関わるなと警告していたことを語り、それは実に適切であるように思えると言っている（31d）。ここで彼は、戦争末期のアルギヌーサイ海戦の責任追求事件や寡頭派政権時代の状況などにふれて、国家に不正が生じるのを妨げるために生き延びようとすれば、国政に直接参与しないようにするほかはなかった、と回顧している（31e–32d）。このあたりのソクラテスの議論に対しては、現代の研究者には疑問を感じる人が少なくない。国家の政治に不正が行なわれているのが明らかであるならば、哲学者として、なぜそれに対して戦おうとしないのか、と。たしかに、政治に対するソクラテスの行動には矛盾がある、と言えるかもしれない。彼は若い弟子たちが政治に参加することを奨励していたし、アテナイの民主政治に対しては、『クリトン』に語られているように、高い評価を与えていたようにも思われる。アテナイの政治に対して彼が疑問をもつようになったのは、ペロポンネソス戦争とそれにつづく内戦の体験を通じてではないかと思う。ただし、彼が政治に関与しなかった基本的理由はダイモンがそれを禁止したからであって、彼の理性的判断に基づくものではない。このことの意味を理解できないかぎり、われわれはソクラテスの思想と哲学について理解することはないできないと思うのである。ダイモンの禁止は適切だという彼の述懐は、敗戦につづく内戦の悲劇から生まれた言葉だったように私には思われる。彼は決して弱音を吐かないタイプの人であるが、若者を愛し育てることに生涯情熱を傾けてきた人である。内戦の時代、彼の友人や弟子たちは敵味方に分かれて殺しあった。内心に痛恨の思いがなかった筈はないだろう。これがアテナイの政治の本質だったのだ、と思い知ったとき、ダイモンの禁止は自分にとって適切であったと思い当たったのではないだろうか。ソクラテスの理性的判断よりも、彼のダイモンの方が歴史の将来をよく見通していた、という感じがする。告発を受けたとき、彼は、神は自分に対してかねてから使命を与えていたのだ、と思いあたったのではあるまいか。

ソクラテスは次いで、自分が教師として若者を指導してきたのは「神によって命じられたことである」と言う。それは、神託や夢の中のお告げや、その他神が人間に命じられるあらゆる方法によって命じられたものである（33c）。次いで、若者を堕落させたという告発にふれると、彼は、聴衆を見渡して、ここには私の教えを受けた者たちが頼みもしないのにたくさん来ていると言って、その名前を次々にあげる。プラトンとその兄アディマントス、クリトンその他多くの名前があげられている。もし私が若者を堕落させているというのなら、告発者はまずこれらの人たちの名前をあげるべきではないか。もし私によって堕落させられた者がいるというのなら、私の席をしばらく譲るからここで証言させてほしい、と彼は言っている（33d-34e）。最後に、私は裁判員諸君に懇願はしない、とのべて弁明の第一段階は終わる。

ここで第一回の投票が行なわれた。結果は有罪であったが、その票数の差は有罪票の中から三〇票が逆に流れれば無罪になるところであったとのべているから、ほぼ二六五票が有罪、二三五票は無罪という投票結果になる。つづいて審理は第二段階に入る。この段階では、有罪とされた人が量刑の内容について提案することが認められている。この場合は告発者側から死刑の要求が出されているので、これに対して国外追放とか罰金刑を申し出ることができるわけである。その際には家族や友人らが助命嘆願をすることも認められていた。ソクラテスの支援者たちは国外追放を考えていたらしい。アテナイでは学者が死刑になった例はこれまで全くなかったし、ペリクレス時代のディオペイデスの宗教法では、アナクサゴラスやプロタゴラスは国外逃亡ないし国外追放で事は収まっている。アテナイの外に出た者にはその法律は適用されない、というのは当時の常識であった。『クリトン』では、クリトンがソクラテスに対して国外逃亡の手筈を整えたと言っている。しかし第一回投票の結果を知ったソクラテスは、このように票差が接近していることは私にとって驚きである、と感想をのべてから、量刑についての自分の提案と意見をのべている。最初彼は、自分にとっては国家の迎賓館で食事をさせるのがふさわしいだろう、とのべる。迎賓館での食事というのは、オリンピアの競技などで優勝して人の栄誉をたたえるときに行なわれる習慣である。これは、自分のやってきた仕事は国家から讃えられるに値する、と冗談まじりに語ったものである。そのあと彼は罰金刑と追放刑のどちらを選ぶかについて意見をのべ、国外追放という意見があるが自分はそれを望まない、とのべて罰金刑を提案する。自分は貧しい生活をしているので一ムナくらいしか払う能力はないが、ここにいるプラトンやクリトンらが三〇ムナを用意してくれたのでこの額を提案する、と言っている(38b)。近代の研究者の間では、三〇ムナはごく少額であって、これは裁判員を馬鹿にした金額であるという見方が強かったのだが、ブリックハウスらは決してそうではなかったということを、当時の購買力の水準を詳しく調べて明らかにしている。当時の物価では、一ムナ(銀貨)だけでも小さな山羊の群れか二頭の雄牛か、あるいは三〇〇ガロン近いオリーブ油か、一二〇ガロンの国内産ワインを買うことができた。三〇ムナでは、六人のシリア人奴隷か、高級技術をもった四人の金細工師を買うことができたし、三〇人の戦争奴隷を買い戻すか、富裕な階級の若い花嫁の持参金の額くらいになる。熟練した職人の給料に換算すれば、ほぼ八年半分に相当するという(14)。提供者の三人の中に、富裕な商人であるクリトンのほかに、プラトン(当時二十八歳)の名前が特にあげられていることは、彼のソクラテスに対する心情の一端を示すものとして興味深い。要するに、この罰金刑の提案は、ソクラテスにとっても支持者たちにとっても真剣なものであったのである。この後、第二回の投票が行なわれ、罰金刑の提案は拒否されて死刑が確定する。二度目の投票の票数は記されていない。ディオゲネス・ラエルティオスは二度目の投票では圧倒的大差で死刑支持の結果が出たと記していて、従来はこれが通説として行なわれてきた。ブリックハウスらは、この通説には深い疑問があるという意見である。当時の確実な資料に従えばそういう見方を支持する根拠は何もない。こういう推測は、当時既に広まっていたソクラテスの「高言」という伝説が生み出した伝説らしい。もしそうだとすれば、有罪無罪の票差は第一回目とさして変わらなかったということになる。このことは、ソクラテスの弁明の内容に対して共感を覚えた人たちもかなりいたということを示している。私はこの解釈を支持したい。学者がその思想によって死刑に処されることは前例のない出来事であったし、彼の死がその後大きな思想的波紋をよび起こしたことは、彼の弁明にこめられた真実を感じとった人々が少なくなかったことを示している。

死を越えるもの

死刑確定後、ソクラテスはまず有罪票を投じた人たちに対して、あなた方は厳しい報いを受けるでしょう、これで失礼すると短くのべる。その後で彼は、彼を支持した人々に対して、友人である皆さんには是非お話しておきたいことがあると語り始める。私の身の上には「何か驚くべきことが起こった」と言って、次のような話をする。ダイモンの予言は、これまでは、私が何か間違った行いをしようとすると、頻繁に些細なことまで反対してきた。私の身の上には今、皆さんが目にされたように、ふつうなら一番悪いと思われることが起こった。「ところが、今朝がた私が家を出ようとした時にも、神の合図は反対しませんでしたし、こちらの裁判所にやってきてきて出廷した時にも、また弁論の中途で私が何か言おうとした時も、一度も反対しなかったのです。実際、他の話をしている際には、その途中到る所で私が話すのを止めさせたのに、今回のこの一件に関しては、行動についても発言についても、一度も私に反対しなかったのです。何がその原因であると考えればよいか、それを皆さんにお話しします。つまり、この結末は善いものであるらしく私には思えるということです。そして、死ぬことを悪いことだと考えるとするならば、そういう人は皆（問題を）正しく理解していないのです」（40b）。

このようなソクラテスの言い方について、その意味を十分に理解できないとする研究者は少なくない。死後の永遠の世界を信じている彼の信念をそこに見ることはできるとしても、そのこととダイモンが何も語らなかったこととは、一体どういう関係があるというのであろうか。この彼の言葉は、論理的に説明しようとしても意味がない、と私は思う。実を言うと、ここで私が連想したのは中国の『易経』の考え方である。一言で言えば、『易経』は「汝自身を知れ」という精神に基づいた神託の方法である。孔子は晩年易を愛用したと言われるが、それは、中国風に言えば「天」の心を知るという意味をもっている。この場合、占いによって与えられる答え（卦の説明文）は質問者が現在おかれている「状況」を教えるだけであって、科学的未来予測のような決定論によって答えを与えているわけではない。人々が誤りやすいのはこの点である。神託の答えが解釈を必要とするのと同じように、質問者は与えられた答え、つまり自分が今おかれている「状況」の意味について解釈しなければならない。それは質問する者を中心にして変化しつつある現在の状況について教えているだけなのである。それは因果的未来予測ではないし、まして命令でもない。自分がおかれている状況に対してどのような決定を下すかは、すべて質問者自身の自由な責任に任せられている。そこに人間の自由がある。つまり、自分自身を知るというのが易の基本精神なのである。『易経』が古来倫理学の古典とみなされてきた理由はそこにある。「天」の心を知る人間だけが、自己の自由に基づいて正しい決定を下すことができる。ソクラテスの言葉は、これと通じる意味合いをもっている。理性の根底には神の心に通じる霊性のはたらきがそなわっている。それは誤った行為に対しては警告を与えるが、道徳的に正しい心をもっている人間が自由な決定を行なうのを妨げることはない。道徳的決定とは霊性と理性のはたらきを結びつける人間の自由を意味する。つまりソクラテスにとって、ダイモンの沈黙は、自分が人間として自由に決断することを承認されたことを意味するわけである。

ソクラテスはこの後、死とは夢を見ない熟睡のようなものかもしれないと言い、また神話伝説の話をしている。これをただのお話として受け取るかどうかは無論聞く人の自由であることは、彼も承知している。しかし、彼が魂の永遠を信じていることは明らかである。「次の一つのことについては、それを真実であると考えていただかなくてはなりません。すなわち、善良な人には生きている間も死んでからも、何一つ悪いこともなければ彼の身に関わることが神によってないがしろにされることもない、ということです」(41c–d)。最後は次のような言葉で終わっている。「諸君。私の息子たちが成人した暁に、もし彼らが徳に配慮するより先にお金や他の何かの方を気にかけているように諸君に見えたり、全然中身がないくせにひとかどの者であるかのように思っている場合には、まさに私があなた方を苦しめてきたと同じことで苦しめながら、仕返しをしてください。そしてちょうど私が諸君にそうしているように、彼らを非難してください。すなわち、彼らは関心を払うべきものに関心を払わず、その値打ちもないくせに一かどの者であると思い込んでいる、と言ってください。もしあなた方がそうしてくださるならば、私自身も私の息子たちもあなた方から正当な仕打ちを受けたことになるでしょう」(41e–42a)。

ソクラテスからプラトン、アリストテレスへ

まずこの節でのべたことをまとめておきたい。結論を先に述べると、人間の本性についてのソクラテスの考え方は、人間とは理性と霊性との矛盾的統一の中にある存在である、というところにある。人格のアイデンティティ(自己同一性)の根拠は、理性と一見非合理にみえる霊性(スピリチュアリティ)のはたらきと

の矛盾的統一の中にある。デルポイのアポロン神殿の入り口には「汝みずからを知れ」（グノーティ・サウトン）という言葉が刻まれていた。七賢人時代、この言葉は「人間の分際を知れ」という意味に解釈されていた。神々は永遠な存在であるのに対して、人間は「死すべき存在」であるからである。これに対してソクラテスは、この句はわれわれ人間にそなわっている「内なる魂（プシケ）」のはたらきについて教えている、と解釈し直したのである。

社会的観点からみれば、人間が身につけなければならない倫理的徳性はいろいろある。しかし人格の根拠には、それらの徳性を一つにまとめるはたらきがなくてはならない。それが魂のあり方、すなわち霊性である。そのはたらきと声に耳を傾け、反省を続けてゆくところに、「人は人間としていかに生きるべきか」ということがわかってくる。これは、自分の人格をつくりあげてゆくことを意味する。その先に、「人は人生において、一体何を信じて生きるのか」という信仰への問いが開けてくるのである。

次に、言葉（ロゴス）を重視するということは、言葉が人間相互を結ぶ「間柄」の上に成り立っているからである。ソクラテスがここで重視したのは、若者との対話のような、一対一の信頼関係の上に生まれてくる言葉である。師匠と愛弟子のように、心と心が通じ合っている間柄では、言葉は聞く者の心情に訴えてくる。これに対して、言葉そのものに注目すると、そこには、言葉を支配しているロゴス（論理）の問題が現われてくる。プラトンは、彼のイデア論によってこの問題を考える第一歩を踏み出す。このとき、倫理とは違った新しい問題が生まれてくる。

プラトンは中期の対話篇から次第に、イデアの考え方を中心にして、論理の問題を考えるようになる。中期対話篇の最大の作品『国家』では、イデア論と国家論が一つになっている。ソクラテスが対決したソフィストの論理は当時の民主主義政治を背景にして生まれたものであり、プラトンが民主主義を批判したのもそのためであるが、このあたりからソクラテスとプラトンの考え方の微妙な違いが生まれてくるようである。

『饗宴』と『パイドロス』では、イデア論はエロスの問題と結びついている。『国家』のあと、彼は『パルメニデス』において、論理と存在の関係について難解な考察を始める。『ソフィステース』からは後期対話篇になるが、この作品は前にのべたように、ハイデガーが『存在と時間』を書くきっかけになったものである。この作品では、「……である」と「……がある」、すなわち言葉の「意味の形式」と言葉が指示する「対象」(実在)を区別することがテーマになる。そして後期対話篇最大の作品である『ティマイオス』になると、イデア論は宇宙創造と世界について考える理論になってくる。プラトンはこうして次第に、倫理問題に関心を集中していたソクラテスから離れていったわけである。アリストテレスは、そういうプラトンの思索の歩みをみながら、別の新しい観点から論理の問題を考え、また自然界の認識について考えていたのである。

イデアという言葉は、エイドス(見られたものの形)に由来する。ゲーテは、ギリシア人は「眼の人」、視覚的人間であると言った。たとえば幾何学の発達とか、ギリシア彫刻の美しさなどはそのよい例である。このことを頭において、イデア論がプラトン独自の理論になってゆく経過について考えてみよう。

彼のいうイデア界は「美にして善」(カロス・カガトス)と形容されているが、具体的に言うと、それは神話的な神々やダイモンの世界を受け継いだ考え方である。中期対話篇の代表作の一つ『饗宴』の中に、ソクラテスが、以前マンティネイアのディオティマという女性からイデア界の様子を聞いたことがあると言って、彼女との対話を再現するくだりがある。彼女はペロポンネソス戦争開戦直後に起こった疫病を早くから予測し、それを遅らせるようにアテナイの人たちに犠牲式を行なわせた人で、恋の道にもくわしい人だ、とされている。彼女は言う。エロスとは偉大なダイモンです。ダイモン的なものは神と人間との中間にあるのです。すべての占い、犠牲式、秘儀、呪術、予言と魔術や、それらの術を行なう聖職者の技が行なわれるのは、このダイモンを通じてのことなのです。これらのダイモンは数も多く、種類もいろいろあります。エロスはそういうダイモンの一つなのです、とディオティマはソクラテスに教える。この場合のエロスは、一般的に「美を求める愛」を意味する。そこで、肉体についてエロスにとりつかれた人々は女性に向かい、肉体を恋する者になるのに対して、魂についてエロスにとりつかれた人々は、知恵、節制、正義、その他もろもろの倫理的徳性を求めるようになる。エロスの自然な進み方を考えると、若いころはまず美しい肉体に向かうものであるが、やがて魂の美を肉体の美よりも貴重なものとするようになる。だから、たとえ肉体の花の輝きは乏しくても、魂の点で立派な者がいれば、その者のために心配し、若者たちをよくする言論を生み出し求めるようにしなければならない。そういうエロスの道の究極において、永遠に存在する美が感得されてくる。「その美は何か顔のような格好をして現われるものでもなく、また手やその他身体に属するいかなる部分の形をとって現われることもないでしょう。……それ自身、それ自身だけでそれ自身とともに、単一な形相（イデア）をもつものとして永遠にあるのです」（202E–211B）。ディオティマはソクラテスに向かって、あなたはまだ若いから少年の美を追っかけているのね、と言う。

ここに描かれたエロスの役割は、同じく中期対話篇とされる『パイドロス』の場合と一致している。『パイドロス』では、神がかりになって予言や神託を下すデルポイの巫女やドドネの聖女たちについて、ソクラテスは次のように評している。「（彼女らは）その心の狂ったときにこそ、ギリシアの国々のためにも、ギリシア人ひとりひとりのためにも実に数多くの立派なことをなしとげた。だが正気のときには、彼女たちはほんのわずかのことしかしなかったし、あるいは全然何もしなかった、と言ってよい」（244B）。要するにダイモンとは元来、神話的伝統に基づくさまざまの儀礼や呪術において見出される霊的存在であって、その導きを受けることは一種の聖なる狂気におちいることであるが、それを通じてさまざまの倫理的徳性を育てることができる。プラトンのこのような説明には、『ソクラテスの弁明』にのべられた考え方を受け継いだところがみられる。この二つの対話篇では女性の果たす導きが強調されているが、これはソクラテスに由来する考え方なのか、それともプラトンの考え方なのか。はっきり決めるのは難しいが、プラトンが女性性を軽視していたことを考えると、ソクラテスに由来するものとみる方がよいという気がする。前にふれたように、『クリトン』には、彼のダイモンは、明け方の夢に美しい女性の姿で現われたと語られている。しかし同じ中期対話篇でも、『国家』は女性性の価値を退けている。

ディオティマがイデア界に見出される永遠の美は顔や身体などはもたない単一の形相であると説明しているのは、プラトンが、神話の神々を否定した初期の哲学者たちの考え方を受け継いでいることを示している。つまり形相（イデア）の考え方は、神々とダイモンの世界を、抽象的表現で知的にとらえ直したものであると言ってよい。『パイドロス』では、プラトンはさらに魂の輪廻転生についてのべ、知を求める哲人の精神は「力の限りを尽くして記憶をよび起こしつつ、常にかのもののところに……神がそこに身をおくことによって神としての性格をもち得るところのかのもののところに、自分をおくように努力する。人間は実にこのように、想起のよすがになる数々のものを正しく用いてこそ、常に完全な秘儀に与ることになり、そういう人だけが本当の意味において完全な人間となる」（249C–D）、と言う。ここでいう「かのもの」とは超越的な神性の次元を意味する。知を愛する（哲学）の目標はそこにある。この輪廻転生の考え方はオルペウス教などに由来するともいわれ、ピタゴラスが輪廻について語っていたことも伝えられている。プラトンはこの場合、前世を知ることを、忘れていた魂の記憶を想起する（アナムネーシス）という意味に解釈している。イデア界を知るということは従って、意識が自覚できない超越的な神性の次元を思い出すという意味をもってくるわけである。心理学的観点から解釈すれば、想起（アナムネーシス）とは無意識の根拠に潜在する霊性のはたらきを自覚することである、と言ってよいだろう。

イデア論の考え方については、よく次のように説明されている。感覚の眼でとらえられるものは変化し消滅するのに対して、イデアは永遠であり変化しない。たとえば個々の具体的な美しいものは、美のイデアが「関与（メテクシス）」する、あるいは「臨在（パルーシア）」することによって美しいものとよばれる。プラトンはここで、永遠に不変な世界と変化し消滅する世界、つまり感覚を越えた霊的超越的世界と経験的な感覚の世界という二つの世界を対比させているわけである。感覚の世界では、イデアが「関与」している個々のものは物質的素材によって形づくられているので、プラトンはこれを質料（ヒュレー）と名づける。つまり、経験的世界の事物は形相と質料の組合せからできている、ということになる。言いかえれば、経験世界に見出される個々のものは形相が質料に「関与」することによって存在しているのに対して、イデア界では形相だけが存在している。二つの世界がこうして分かれるわけである。

アリストテレスはこのプラトンの世界観に対して、イデアの「関与」という考え方に疑問を呈する。「関与」というのは実は、個々のものを認識する場面で見出される観念と実在の関係を意味するのではないのか。アリストテレスの場合、イデアという言葉は近代語の idea（観念）、すなわち主体の内的心理の問題に近づいてくる。従ってイデア（形相）とヒュレー（質料）の関係は、天上界と地上界の問題ではなくて、人間が世界を認識する場面ではたらく観念と実在の関係としてとらえ直されるようになる。そこには、言葉が指示する「意味」の問題がある。彼はここに論理学の問題を見出す。論理学とは、言葉を定義し、言葉と言葉の関係について分析する学問である。したがって論理学は、世界の事物の存在のしかたについて考える存在論とは区別しなければならない。アリストテレスにとって、存在論は、自然界について観察するテオリア（理論）の観点に立つものでなければならない。ここには、主体的実践の立場に立つ倫理の問題はない。したがって、エロスの問題も哲学から消える。彼にとって、ソクラテスは言葉を定義することを考えた最初の哲学者であるが、理論的な哲学の発展には何も貢献していないということになるわけである。

第五章　男性性の帝国

1　ローマ思想史の問題点

キリスト教はどうしてローマを支配したのか

古代思想史にとって最大の事件はキリスト教がローマ帝国を支配したことである。その思想的結果は現代まで及んでいる。この事実は誰もが知っているが、どうしてそうなったのかと問うてみると、いろいろな疑問がわいてくる。イエス（前四－後三〇）が生まれたのは初代ローマ皇帝アウグストゥス（在位前二七－後一四）の治下であり、その死は二代皇帝ティベリウス（在位一四－三七）のときである。イエスはわずか三十歳あまりで世を去っているので、宣教活動をしたのはせいぜい十年くらいだろう。そんなわずかの時間に蒔かれた信仰の種が次第に成長し、彼の死後約三百年たった紀元三一三年、皇帝コンスタンティヌス（在位三一一－三三七）はミラノ寛容令を発して、帝国治下のすべての宗教を公認する。そしてこの世紀が終わる紀元三九二年にはキリスト教はローマ帝国の唯一の国教と定められ、他の宗教は禁止、ローマの伝統的宗教も歴史から姿を消してしまう。西ローマ帝国はこの後百年たらずで滅亡する。要するに、ローマ帝国はキリスト教とともに起こり、キリスト教によって滅ぼされたと言ってもよいだろう。強大な軍事力も権力体制も、次第に成長する信仰の力に呑みこまれていったわけである。この変革を「キリスト教革命」とよぶ史家もある。どうしてこのような成り行きになったのか、信仰の心理学について研究する者にとって、重大な関心をよび起こすテーマであるが、政治や経済を調べているだけではその成り行きはよく呑みこめない。

ローマの思想史を見る視点

ローマの思想史は、ギリシア哲学が行なわれていた前半期とキリスト教の教父哲学がさかんになる後半期とに分けられる。現代の学界ではギリシア哲学とキリスト教学は全く別の研究分野になっているし、われわれ一般の日本人にはどちらも馴染みが少ないので、初学者には両者の関係がすぐにはわかりにくい。哲学の研究者には、ローマはあまり人気がない。この時代にはストア学派とエピクロス学派の倫理学が盛んであったが、この二つはギリシアで生まれたものであるばかりでなく、ローマ時代に入ってもその活動の中心は依然ギリシアにあった。ローマは単にそれを輸入しただけで、ローマ人独自の哲学は何も生まれていない。研究者がローマを軽視するのは当然だとも言えるが、哲学史だけでは時代の社会心理と思想の動向がよくわからない。思想や哲学というものの本質は、わかりやすく言えば、それぞれの時代に生きた人々のものの考え方であり、また人間としての生き方を意味する。これが倫理の問題である。よく言われることであるが、ローマはギリシアと違って、哲学は面白くないが歴史は面白い。そこでこの時代の歴史とローマ人の生きざま、つまり彼らの人間像に注目してゆくと、なぜ倫理学がローマで栄えたかという理由がわかってくる。それによって思想史についての新しい興味もわいてくると思う。

ローマ史でギリシアと違った独特な思想的発展が生まれるのは、紀元三世紀ごろから教父哲学と新プラトン主義が対抗しながら発展した時代である。政治史から見ると、ローマ帝政の末期症状が進行していたころである。教父たちはプラトンやストア哲学などを勉強して彼らの哲学（神学）理論をつくりあげている。この教父哲学と新プラトン主義の対抗的発展の種を蒔いたのはどうやら謎の宗教であるグノーシス教（グノーシス主義）らしいので、問題が複雑になる。二世紀にグノーシス教がエジプトからローマに進出して教勢を拡大したために、教父哲学と新プラトン主義がこれに刺激されるような形で活動をさかんにするのである。グノーシス教はイエスに対する信仰をもっていたために、長い間古代キリスト教の異端派だと考えられてきたが、絶滅した信仰であるために詳細はわからなかった。ところが第二次大戦末期にナイル川中流のナグ・ハマディで古写本が発見され、研究が進んだ結果、今ではキリスト教とは別の宗教だったことが確認されている。注目されるのは、グノーシス教の信仰では女性の力が大きな役割を果たしていることである。男性性と女性性の心理的統合関係に注目する場合、このことは重要な研究テーマになる。（ちなみに、古写本発見以前からグノーシス教の独特な性格に注目していたのがユングである。彼は東洋の瞑想法を研究してから、グノーシス教の瞑想体験に興味をもつようになり、さらにグノーシス教と錬金術の関連に注目するようになる。古代錬金術はやはりエジプトで生まれたもので、エジプトの神話的科学技術を基礎にして生まれている。この問題は後に検討したい。）

なぜ倫理学はローマで栄えたのか

ローマ時代にはストア学派とエピクロス学派の哲学が流行した。いずれも倫理学が中心である。ストア学派の理想は「情念の克服」（アパティア）であり、エピクロス学派は「魂の平安」（アタラクシア）を理想としたといわれる。しかし、こういう言葉を知っただけで情念を克服できるわけではないし、平安な心境になることもない。第一章第2節「古代哲学と西洋思想の伝統」で精神医学者エレンベルガーの説を引いてのべたように、古代世界で哲学を学ぶということは、現代の大学で哲学を教わる場合のように、単に知識を得ることではなかった。それは、特定の思想結社に入門し、その精神を体得して日々の生活の実践に役立てることを意味した。このような形の哲学の学校の始まりはプラトンが創立したアカデミアであるから、ヘレニズムからローマの時代にかけて、哲学は実践的性格を帯びるように変わってきたと言ってよいだろう。ストア学派の集会では瞑想や無言の行が行なわれたという。このことについてはいずれ検討するが、彼らのいう「情念の克服」とは、そういうさまざまの実践的技法の訓練と体験の過程を指しているわけである。

ストア学派の哲人皇帝として有名なマルクス・アウレリウス（一二一‐一八〇）の『自省録』の最初の章に、自分の人生にとってよかったと思うことが列挙されているが、その中に「私が哲学が好きになったとき、ソフィストの手に陥りもせず、論文を書くために腰を据えたり、三段論法を分析したり、天体について観察したりもしなかったこと」という句がある。三段論法とか天体の観測というくだりはアリストテレスを連想させる。自分の人生をいかに生きるべきかという問いを重視したローマ人の気風をよくうかがわせる句である。ローマ人はギリシア人のように思索を好む人間ではなく、行動と実践を重んじる人々であった。倫理学が重要視されたのはそういうローマ人の気風によるのである。

念のため、ストア学派の開祖ゼノン（前三三五‐二六三）とエピクロス学派の開祖エピクロス（前三四二‐二七一）の伝記を調べておこう。まずゼノンはキプロス島の生まれである。アテナイに留学して最初キニク学派のクラテスから主に倫理学を学んだ。キニク学派はソクラテスの弟子アンティステネスから始まっており、簡素な生活を送ることを重視していた。ゼノンはさらにアカデミアに入門してプラトン哲学を学び、またアリストテレスから自然学（物理学）を学んだという。その後自分独自の哲学をつくりあげて、その思想を広めた。ストア学派はアテナイに本拠をおいたほかに、ローマ帝国の各地に支部組織がつくられて入門者が増え、ローマの知識人階級に広まっていった。

エピクロスの方はサモス島の生まれで、やはりアテナイに留学し、主にデモクリトスの哲学を学んだ。デモクリトスはソクラテスと同じ世代で、原子論で有名である。第三章で既に取り上げたので、説明は省略する。デモクリトスは「笑う人」というニックネームをつけられた陽気な人だったという。エピキュリアン（エピクロス信者）という言葉は後世快楽主義者という意味に使われるようになるが、元来は、明るく楽しい人生の生き方を説いたものだったらしい。エピクロス学派も倫理学を最も重視しているが、自然学（物理学）や論理学も教えている。この学派はローマ帝国では最も発展している。各地に支部組織があり、「エピクロスの園」とよばれる共同生活の団地のような施設がつくられた。これは男女ともに教えを受けることのできる生活共同体である。その特徴は宗祖崇拝の風が強かったことで、集会では必ずエピクロスの像を拝んでから始めるきまりであった。学派というよりも、新宗教に似た民衆的性格が強い思想結社である。

エピクロスの倫理学の基本思想は「魂の平安」（アタラクシア）という言葉で示されているが、これは、日々の生活を明るく楽しく生きようという意味だったようである。エレンベルガーは、心理学的観点から考えれば、この学派の思想はフロイト主義のような性格をもっていたと言っている。日々の生活の悩みや苦しみは内心に抑圧するのでなく、集会の席で語り合って慰め励ましあう。そして平和な心で楽しく生きてゆこう、といった雰囲気だろうと思われる。エピクロスの言葉として、「生きているかぎり死は存在しない。死が存在するとき、私は存在しない」という句が伝えられている。サルトルはこれを唯物論か無神論のように解釈しているが、元来はそんな難しい理屈を言ったわけではなくて、死のことなど深刻に考えつめたりしないで、毎日を平和で楽しい心で生きてゆこうという意味だったと思われる。デモクリトスの原子論も唯物論のように解説されていることが多いが、第三章でのべたように、彼の言う原子（アトム）の中にはいろんな種類があって、そこには魂（プシケ）の原子も考えられていたのである。つまり自然界は物質的原子と心理的な魂原子の両方が満ち満ちた空間であったのである。倫理的に生きるということは魂原子の性質を変化させることであって、毎日の生活の実践の中で、自分の魂の内部にある霊性を成長させてゆくことを意味する。また死とは、体内の魂原子が肉体から離れて自然に帰ってゆくことを意味する。

ローマの歴史と人間像

ギリシアとローマを比較した場合、ローマの面白さはその歴史の中にある。ネロのようなとんでもない暴君が出るかと思えば、マルクス・アウレリウスのような人格高潔な皇帝もいる。権力闘争、暗殺、戦争などがたえずくり返される男性性の世界である。ギリシア史には女性はほとんど登場しないが、ローマ史には女性たちもよく現われてくる。思想史について考えるには、その時代の哲学を歴史的社会的背景と重ね合わせてみる必要があるが、ローマの場合は特にこういう配慮が望まれる。

ローマも建国の起源までさかのぼればポリスから出発しているが、それがポリスの閉鎖性を破った巨大な帝国にまで成長した条件はどういうところにあったのだろうか。ハードの面からみると、ローマ帝国の発展を支えたのはまずその軍事力の強さであり、また道路建設や巨大建造物をつくり出した技術力である。これは誰でもわかる。ソフトの面ではローマ法に代表されるような精密な統治制度をつくりあげたことがあげられるが、思想的観点から見て重要なのは、征服した地域に対して同化政策をとり、その信仰の自由を認めたことである。また異民族を征服した場合、ローマの支配下ではたとえ人種・民族が異なっていても、社会的貢献をした人々にはローマの市民権を与えた。そういう人たちの中から支配層にまで登った人も少なくない。ローマの支配機構は実力主義による傾向が強く、オープンな性格をもっていたのである。

宗教に関しては、ローマ統治下に入った地域では従来の信仰をそのまま認める政策が取られた。つまり、帝国の法律と行政指導に従うかぎり、民衆はどんな宗教を信じてもよい、ということである。近代的な信仰の自由と通じる考え方と言うこともできるだろう。一般にはキリスト教の迫害の歴史がよく語られるために、このことがよく認識されていないようである。ただ学問と文化の面からみると、ローマはギリシア文化を輸入しただけ、と言ってもよい。ギリシア全土がローマ帝国の支配に包みこまれて以後、ローマの上流階級の子弟たちは争ってギリシアに留学するようになった。アテナイを始めエーゲ海の島々にあった学園に行って、ギリシア哲学を学んだのである。当然彼らはギリシア語をしゃべれるようになるし、ギリシア語で文章を書けるようになる。またギリシア人の学者がローマに来て、上流階級の子弟に教えるようにもなる。十九世紀から二十世紀の始めごろ、アメリカの青年たちがヨーロッパに留学した状況に似ている。マルクス・アウレリウスは留学はしていないが、『自省録』はギリシア語で書かれている。彼は少年時代、何人もの優秀な先生について各分野の学問をしている。もっとも、こういうギリシア哲学の素養をもった人々はごく少数の上流階級に限られており、その下には膨大な無学の民衆がいたことに注意しなければならない。したがってわれわれは、この時代の新しい思想と社会心理の動きが無学で貧しい人たちの間から生まれ、次第に育っていった状況について考えてみる必要がある。われわれが見逃しやすいのは、次の二つの点である。一つは、この時代の哲学が現代とは違って、学問あるいは知識全般を意味していたということである。もう一つ重要なのは、知識人になることは政治の世界に入って、権力層の一員になることを意味したということである。

社会階層について考えようとすると、その人口比率が気になる。ギボンの『ローマ帝国衰亡史』(中野好夫他訳、ちくま学芸文庫)によると、五賢帝時代以降のローマ帝国の総人口は一億を越えていただろうという。近年の史家の推定はもっと低めで六千万程度としているが、今は階層の区別と比率に注目しておくことにしよう。上層を占めるのはローマの市民権を与えられている人たちで、六百万から七百万。その家族の女子供を入れると二千二百万を越える。第二の階層は属州民とよばれる人々で、ローマ帝国の支配下に入れられた各地域の住民である。ギボンはその数を四千万くらいと推定している。さらに第三の階層として奴隷がいるが、この数も属州民とほぼ同じと推定される。人口比率は大体、二、四、四の割合になる。奴隷の多くは奴隷商人によって上流階級に売却された人々とその子孫である。彼らは上流階級の人々の個人財産であって、資産家は何百人もの奴隷を所有している。家事はもとより、別荘その他の資産の管理、あるいはビジネスを行なわせる場合もある。哲学つまり学問的教養のあった人々は第一階層の成年男子に限られる。歴史に名前が残されているのはこの階層の人たちに限られており、それ以外の人々は文字も読めない無学の人々も多かったことに注意しておかなければならない。

ローマの宗教事情とアジア的寛容

次にローマの宗教事情について調べてみよう。ローマがギリシアを支配下においたとき、古いギリシアの神々はそのままローマに持ち込まれ、名前をラテン語に変えて信仰の対象になった。ゼウスはユピテル（英語名ジュピター）、ヘラはユノー（ジュノー）、アフロディテはヴェヌス（ヴィーナス）、軍神アレスはマルス、女神アルテミスはディアナ（ダイアナ）といった具合である。ギリシアと比べてちょっと変わったのは、これらの神々が占星術と結びついたことである。古代の占星術はカルデア帝国（新バビロニア）からギリシアに入ったが、これはアリストテレス以後のことである。ローマでは、神々は天体のイメージと結びつき、ユピテルは木星、ヴェヌスは金星、マルスは火星となったのである。各都市には、これらの神々の神殿が建設され、民衆が参拝する場所になっていた。このほかにローマ帝国では、優れた皇帝をその死後に神として祭る習慣が生まれた。そういう皇帝を祭る神殿もたくさん建てられていた。何となく日本の神道でいう八百万《やおよろず》の神々を連想させる。神話時代にはどの民族でも、さまざまの自然現象から人間界の事柄まで神々のはたらきとする集団心理があったが、ローマの民衆社会にはそれが古くからの習俗として広く受け継がれていたわけである。

しかしギリシア哲学の洗礼を受けたローマの知識人からみれば、神々を人間のイメージでとらえるのは誤りである。哲学は、知性によって神話の意味と価値とを否定したところから始まっている。神々は既に彫刻、絵画、文学、演劇の中に出てくる単なるイメージにすぎない。このために、知識人の信仰は主にプラトン哲学やストア哲学を基本におく理性的信仰という形をとっている。しかし民衆信仰は哲学とは関係ない。習慣的に神々を祭った神殿や、神になった皇帝の神廟にお参りする。奈良・京都や各地の神社仏閣に観光をかねてお参りするようなものである。

ローマ帝国のもう一つの宗教は、下層階級の人々が出身地からもちこんだ信仰である。これらはすべて東方地域から入っている。これには歴史的起源の古いものもあれば、新宗教もある。ペルシアのゾロアスター教などは起源は古いが、これから分派したミトラス教などは新宗教である。キリスト教やこれから分かれたマニ教は新宗教である。三世紀初めごろにはシリアで生まれた太陽神の信仰がローマに広まっている。エジプトではセラピスという新しい神の信仰が生まれている。これはエジプトの土着神ではなくて、外国から入ってきた神である。ローマの権力はこれを禁止して神殿を破壊したが、たちまち民衆によって再建されたという。民衆は学問には縁がない。何を信じて人生を生きてゆくかということになれば、伝統宗教であれ新宗教であれ、宗教以外に心のよりどころになるものはなかった。ローマ社会の下層には、ギリシアに比べると桁外れに多い膨大な民衆がいたわけで、その底辺から沸き上がってくる信仰の心理が次第に上層に及んでくるのである。

こういう思想状況を簡単に言うと、少数知識人の理性の哲学と膨大な民衆層の非理性的な霊的信仰とに区別することができる。マックス・ウェーバーは、古代ローマの宗教事情をアジアと比較して、ローマ帝国には「アジア的寛容」の精神が支配していた、と言っている。アジア的寛容というのは、さまざまの宗教宗派が互いに争うことなく共存しているという意味である。彼は、多数の神々がいたローマの社会心理的状況をグノーシス的と形容している。これはいわゆるグノーシス教のことではない。ギリシア語では、知識を表わす言葉として、エピステーメとグノーシスという二つがある。エピステーメはふつう言う意味の学識を指す。グノーシスは霊的な直感による知を意味する言葉である。つまり、ローマ帝国の社会にあったさまざまの東方宗教は、全体として心霊的ないし霊性的雰囲気をそなえていたということである。霊性的心理は神話的信仰にともなっているものだが、それは下層民衆の信仰、特に新しく発生した新宗教に強くみられる。ミトラス教、キリスト教、マニ教などはその例である。いつの時代でも、民衆層から生まれる新宗教は既成宗教よりも活気があって霊性的信仰の要素が強い。知性によって煩わされない無学な民衆はそういう感受性が強い。

ユダヤ教の唯一絶対の神

宗教と政治を分離するローマの政策にとって厄介な問題になったのは、パレスチナ（エルサレム）に本拠をもつユダヤ教であった。ユダヤ教は信仰と政治を分離することを絶対に認めない伝統に立っていたからである。なぜユダヤ教はそういう性格をもっていたのか、と考えてみると、その歴史的由来は旧約聖書の出エジプト記にまでさかのぼる。

モーセの時代はほぼ紀元前十三世紀ごろと推定されているが、彼はエジプトの支配下におかれていたユダヤ人を引き連れてエジプトから脱出したあと、シナイ山の神ヤハウェとの間に契約を結び、この神をユダヤ民族の守護神とした。これを旧約（古い契約）というわけであるが、世界の宗教史をみても、このように神と人間が対等の立場に立って約束を交わす形で新しい宗教が生まれた例はほかにない。神話時代の信仰というものは、ふつう部族が住んでいるそれぞれの地域に自然発生した信仰であって、神々と人間の関係は、神々から人間が生まれたというような素朴な形で理解されるのがふつうである。モーセ以前には、ユダヤ人の間でも「族長の神」という部族ごとに特有の神があったようであるが、ヤハウェはそうではない。神と人間は同格の関係に立っていて、神はユダヤ民族を守るのに対してユダヤ人は神との約束を守る、という信仰である。このときの契約の内容がモーセの十戒である。

ここでは、旧約聖書は歴史書として読まなくてはならない。当時の歴史的状況から考えると、ヤハウェは、まだ統一された民族国家をもっていなかったユダヤ人を一つにまとめ、新しく建設されるべき「民族国家の守護神」として選ばれた神なのである。この時代のエジプトとメソポタミアでは、多数の民族がそれぞれの神を信奉して争っていた。そういう状況の中で生まれたヤハウェ信仰は、ユダヤ人を外部の敵対勢力の攻撃から守る神であった。そういう意味で、ユダヤ人にとって神はヤハウェ以外にいなかったわけである。つまり旧約聖書の信仰は、ユダヤ人社会の内部に顔を向けた内向きの信仰であって、外の世界とは関係はない。唯一絶対の神という考え方は、この民族がおかれていたそういう歴史的条件の中から生まれてきた考え方なのである。ところがキリスト教は、唯一絶対の神という考え方を外部に向け直すようになったので、他の信仰との間に摩擦が生まれてくるようになるのである。

メソポタミア文明地域には、紀元前十八世紀ごろ起こったハムラビ王のバビロニアから始まって、ヒッタイト、アッシリア、新バビロニア（カルデア）、ペルシアなどさまざまの民族が覇権を握って、この地域に住む諸民族を隷従させ混血させた。マックス・ウェーバーは、そういう隷属的状況におかれた状態をパーリア（賤民）的とよんでいる。これは古代インドの下層民を指す言葉を借りた用語であるが、オリエント地域を支配したこれら諸帝国の下には、パーリア的状態におかれた無数の民族がいたわけで、しかもそういう状況が二千年近く続いたわけである。歴史心理学の観点からみて注意されるのは、旧約聖書の伝承の中に、賤民的状況におかれた下層民族が支配民族に対して抱いた怨恨や敵意の感情が示されていることである。ニーチェがキリスト教の中に見出したルサンチマン（怨恨の心理）の起源は、この時代に蓄積された集合的心理状況にさかのぼることができるだろう。われわれが驚くのは、この民族がもっている精神的な粘り強さである。神話的古代に栄えた古高文明はすべて廃墟と化し、当時の諸民族は混血に混血を重ねて民族としてのアイデンティティを失い、歴史から消滅してしまったのに対して、ユダヤ民族だけは民族のアイデンティティを保ちつづけて数千年後の現代まで生き残っている。ユダヤ人は内向きに非常に強い。その思想的根拠は、唯一絶対の神とわれわれの間には、神がわれわれを守る約束が交わされているという信仰の心理にあったのである。

ローマ史におけるユダヤ教

旧約聖書の信仰の歴史は二千年近くになるので、その間にさまざまの独特な習慣がつくられている。割礼はその一つで、これはいわば信仰を肉体に刻みつけることを意味する。またモーセの十戒を具体化して日常生活のきまりを定めた律法（トーラー）がつくられた。これは法律と道徳の両方に通じる性格をもった日常生活の細かな規則である。ユダヤ人が民族的アイデンティティを失うことなく長い歴史を生き抜いてきたのも、そういう伝統を守り続けてきたところに理由がある。ローマ帝国の側でもユダヤ人の信仰と歴史が特異な性格をもっていることはよく承知していたので、他の民族に対する場合とは違った例外的措置を取っていた。当時のユダヤ人社会にはサドカイ派とパリサイ派という二つの流れがあって、前者は富裕な上流階級、後者は祭司層を中心とする中流階級である。このほかに無学で貧しい下層民衆があって、彼らは「大地の民」（アム・ハー・アレツ）とよばれていた。イエスに従ったのはこの貧しい階層の人々である。サドカイ派は宗教と政治を分離するローマ帝国の政策を認める人たちで、ローマは彼らの中心になるヘロデ王家の存在を認め、ある程度の自治を許していた。パリサイ派の方はローマの政策を認めず、あくまで信仰と政治の一体性を貫く主張に立っていた。この両派のほかにエッセネ派とよばれる一派があったことは、文献上では知られていたが、実態は長い間わからなかった。第二次大戦末期、死海のほとりでイエス時代の古写本（死海文書）が発見され、ローマ軍が破壊したクムランの修道院跡が発掘調査された。これがエッセネ派の活動拠点で、この派の人々は都市の政治的活動から離れた場所で祈りと瞑想の修行生活を送っていた、と考えられている。イエスの信仰はこの教団に関係があったのではないか、とする意見も強い。こういう問題は専門家でないと判断しかねることなので、ここでは立ち入らないが、イエスの信仰に霊性的傾向が強いのは事実であるし、その教えに従った人たちが教養のない貧しい民衆であったことも確かである。

ローマの歴史にとって、ユダヤ人問題が複雑で重要になった主な理由は二つある。一つはユダヤ民族の本拠地であるパレスチナが、シリアとエジプトを結ぶ中間地点にあったことである。シリア（首都はアンティオキア）は、ローマ帝国が東方のペルシア帝国と対抗する前線拠点になっていた。エジプトの方は経済的にみて重要な地域で、ローマの支配に入ってからは皇帝属州（皇帝一家の私有財産）と定められていた。パレスチナはこの二つの重要な地域を結ぶ中間点にある。ここを平穏に統治することは帝国権力にとって重要な政治的課題だったのである。もう一つの問題はユダヤ人の離散傾向である。これはローマ時代よりずっと以前から始まっていた。紀元前十世紀ごろエルサレムに建設されたユダヤ人の国家は、前五八七年新バビロニア（カルデア）帝国の攻撃によって滅亡し、ユダヤ人の指導層の人々はバビロンの都に連れ去られた。これをバビロン捕囚という。ペルシア帝国が支配した前五三八年、彼らはエルサレムに帰ることを許されたが、彼らは捕囚時代に商業活動に長じた人々に変身しており、多くはパレスチナに帰ることなく、各地に移住するようになった。これを離散（ディアスポラ）という。アレキサンドリアはユダヤ人が多く移住した場所で、このほか小アジア地域の町々には彼らがたくさん移住していた。この離散のユダヤ人はローマの政策を認めてはいたが、ユダヤ教の信仰を捨てたわけではない。キリスト教は最初この離散のユダヤ人の間に広まったのである。ローマ帝国の側でも最初は区別がつかなかったようであるが、キリスト教の方はユダヤ人社会の内部だけでなく、ローマ人社会にまで伝道を始める。これは神の言葉を人々に伝えよ、というイエスの教えから生まれたことである。神は唯一絶対であるという信仰は、内向きに団結したユダヤ人の心理から生まれてきた考え方であるから、それが彼らの社会内部に向けられているかぎり、問題はそれほど大きな政治的影響はもたない。しかしこういう独特な信仰がローマ人社会に持ち込まれると、厄介な思想的問題が生まれてくる。ローマ人は八百万の神々を信じていたからである。

信仰と政治

キリスト教はユダヤ教から分離して生まれた当時の新宗教である。当初その信徒はユダヤ人に限られていたが、パウロがローマ人の間に布教してからローマ人のキリスト教徒が増えていった。ネロ帝(在位五四－六八)による迫害は有名であるが、この時代キリスト教徒の大部分は東方の小アジアからエジプトなどの地域に住んでおり、ローマを中心とする西方には信徒は少なかった。二世紀の五賢帝時代になると、ローマにもかなりのキリスト教徒がいたことが知られている。キリスト教迫害はこのころから問題になってくるが、その前に、ローマ史におけるユダヤ人問題にふれておくことにしよう。ユダヤ教とキリスト教の違いが最もハッキリした形で現われたのは、信仰と政治の関係においてである。キリスト教徒は政治的弾圧に対して無抵抗の態度をとり、絶対に反抗しなかった。迫害や殉教が起こったのはそのためである。これに対してユダヤ教徒の場合は、時には政治的弾圧に対して実力に訴えてでも反抗する場合があった。このような違いはどこから来たのだろうか。これはイエス自身の信仰とその教えに由来する。

ローマ史では、ユダヤ戦争とよばれるユダヤ人の反乱が紀元一世紀から二世紀にかけて起こっている。第一回のユダヤ戦争は紀元六六年から七〇年に起こった。このときの状況をヨセフスというユダヤ人学者が記した『ユダヤ戦記』という記録がある(山本書店発行)。ヨセフスは反乱には反対の意見であったが、仲間の主張に従って反乱に参加し、捕虜になった。ヨセフスを取り調べたのはローマ軍団の司令官ヴェスパシアヌスで、このときヨセフスは「あなたはいずれ皇帝になる」と予言した。ヴェスパシアヌスはヨセフスを幕僚に取り立てたので、彼はローマ側から見たこの戦争の状況と自分の体験をまとめたのである。運命の分かれ道とも言えるような興味ある挿話もあるが、割愛しよう。ヴェスパシアヌスはヨセフスの予言通り皇帝になった。ヨセフスはその後ローマまで行っている。ユダヤ人穏健派の生き方がよくわかる話である。

第二回のユダヤ戦争は紀元一三一年から一三四年まで、ハドリアヌス帝（在位一一七－一三八）の時代に起こった。ハドリアヌスはローマ帝国の周辺地帯をくまなく視察した皇帝であるが、エルサレムを訪れて、軍団の基地に新しくユピテル神殿を建設させた。神殿の周囲には公会堂があって、市場がつくられ、商業活動の中心になるのが慣例である。ハドリアヌス帝はこの地区にユダヤ人が立ち入るのを禁止した。ユダヤ人はこれに怒って反乱を起こした。首謀者の名前をとって、バル・コクバの乱とよばれている。彼はユダヤ人の救世主と称していた。このとき、ローマ軍の攻撃によってエルサレムのユダヤ教神殿は炎上し、徹底的に破壊された。ハドリアヌス帝は、以後ユダヤ人がエルサレムに住むことを一切禁止する。ローマ史におけるユダヤ人問題はこれで一応終りを告げる。

政治権力に対するキリスト教徒の態度はユダヤ教徒の態度とは違っている。彼らは、権力の側からの取締りや弾圧に対しては力で抵抗しない態度を守っている。この違いは一体どこから来たのであろうか。これは、イエスその人の信仰に由来する。「汝の敵を愛せよ」とか「右の頬を打たれれば左の頬を出せ」といった言葉がどこまで正確に彼の言ったことを伝えているのか、私にはわからないが、ユダヤ教の倫理の伝統にはこのような教えは見出せない。つまり、神の愛は神を信じない人たちにまで及んでいる、ということである。心理学の観点に立って考えた場合、われわれはここに倫理と信仰の基本にふれる重要な問題を見出すことができる。それは、すべての宗教と信仰の根拠には人間心理の深層にある霊性が存在するということである。そして霊性は、すべての人間の内にある愛の心の源泉につながっている。そこに問柄の倫理の根本があるのである。

2　ストアの倫理と身体論

武人の倫理意識

この節では、ストア哲学について私が関心をもっている理論的な問題点について考えることにしたい。ローマの統治体制は紀元一世紀に共和政から帝政に変わったが、皇帝は元老院の指名によってきめられるので世襲ではない。これがローマ帝政の不安定の原因だったとも言える。元老院は元来ローマの名門家系の出身者の集まりであるが、後には帝国支配下の属州出身者も増えてくる。皇帝になった人は自分の地位を子孫に継がせたいと思うのが人情だから、男子がいなければ、有能な青年を養子にして自分の娘と結婚させることもできた。マルクス・アウレリウスはハドリアヌス帝が早くから目をつけていた人だが、その死後事情が変わって、後を継いだアントニウス・ピウス帝の養子になり、帝の娘ファウスティーナと結婚した。マルクスは共同統治というやり方を始め、自分と同格の皇帝をおく共治帝の制度をとった。これは、支配する国土が広大になるにつれて、処理すべき問題が増えて一人では手がまわらなくなったからである。

ローマは軍事力の強大さによって拡大した国家である。皇帝《インペラトール》という呼び方は軍隊の最高指揮官を意味する。これに初代皇帝の尊称であるアウグストゥス（神聖な人）という敬語をつける。日本風にいえば、神君・大元帥陛下といった感じである。イメージとしては、皇帝は武装して馬に乗り、紫色のマントをひるがえす。その後に近衛師団の騎馬の親衛隊が皇帝旗をはためかせて続く。三島由紀夫好みの男性性の美といったところである。

初期ストア哲学は共和政時代から帝政初期にかけて流行したが、そこには、思想のために命をかける男たちの生き方を見ることができる。有名人物としてキケロ、セネカ、タキトゥスなどをあげることができる。

経歴を調べてみよう。キケロ（前一〇六－四三）は弁論家として知られる。アテナイとロードス島に留学してギリシア哲学を学び、ギリシア哲学をローマに広めた代表的人物である。ローマ司法界の第一人者といわれた。学風はプラトン哲学とストア哲学から影響を受けている。政治的立場はカエサルと対立していたが、互いに相手を認めていた。カエサルはキケロへの手紙に「私が自由にした人が私に剣を向けることになっても、そういうことに心をわずらわせたくない。私が何よりも自分に課しているのは、自らの考え方に忠実に生きることである。だから他の人々もそうあって当然だと思っている」。キケロはカエサルと対立したポンペイウス派についたが、ポンペイウスが敗れ、カエサルも暗殺された後、後継者アントニウスと戦い、その部下に殺されている。セネカ（前五－後六五）はスペイン生まれ、ローマで修辞学と哲学を学び、皇帝ネロ（在位五四－六八）の少年時代、その教師を勤めた。このころのネロはよい政治をし、セネカは執政官になっている。彼はストア哲学にエピクロスの思想を取り入れたといわれる。ネロは成長後、母のアグリッピナを殺し、皇后をも殺す暴帝となり、既に隠退していたセネカに自刃を命じている。ローマの貴族社会では、皇帝が死を命令するときは短刀を送る習わしだった。これで腕の血管を切るのである。なおネロ帝は、ローマ史においてキリスト教を迫害した最初の人物として有名だが、これは当時ローマで起こった大火がネロの放火だという噂が広がったため、小心な彼は責任をキリスト教徒になすりつけたのである。思想的理由などはない。もう一人のタキトゥス（五五－一一五）は歴史家として有名で、彼の晩年は五賢帝時代に当たっている。タキトゥスは帝政初期のローマ社会の暗黒面、特に性の乱れを非難したことで知られるが、この問題は後に考えることにしよう。

この三人のほかに、マルクス・アウレリウスの『自省録』に出ている共和主義者たちについて、作家の塩野七生さんが経歴を詳しく調べておられるので、簡単に紹介しよう(1)。小カトー：熱心なストア哲学者で、徹底した共和主義者。カエサル打倒をはかって敗北し、降伏すれば助命されるのはわかっていたが、拒否して割腹自殺。ブルータス：ストア哲学に傾倒。元老院議員グループの首領格。前四四年にカエサルを暗殺。アントニウスとオクタヴィアヌス（後のアウグストゥス）に敗れ、敗走の途中、剣に身をなげて自殺。ベトゥス：帝政時代のストア哲学者。小カトーの伝記を書き、ブルータスを尊敬していた。ネロが母親を殺したのに抗議して元老院の議場から退場、その怒りを買って自刃を命じられる。プリスクス：ストア哲学を信奉。共和主義者であることを公言してはばからず、ヴェスパシアヌス帝の怒りを買い、帝政打倒をはかったとして自刃を命じられる。要するに、言論は原則として自由だったわけであるが、死に対する彼らの態度にはどこか日本の武士道を連想させるものがある。

ストア哲学はどうしてローマの武人たちに愛好されたのだろうか。ストア学派の開祖ゼノンは、先にふれたように、キプロス島出身でアテナイに留学し、最初キニク派のクラテスから倫理学を学んでいる。クラテスはソクラテスの弟子アンティステネスの弟子ディオゲネスの弟子、つまりソクラテスから三代目の弟子に当たる。プラトンの『パイドン』の最初に、牢獄で最後の日を迎えたソクラテスを囲んだ弟子たちの名前が並んでいるが、その最初にあげられているのがアンティステネスで、一番年配の弟子である。彼はプラトンのイデア論には反対の意見だったという。実践を重視する態度をソクラテスから学んだのであろう。キニク派は彼から始まっている。弟子のディオゲネスは奇行とユーモアで知られ、樽の中で暮らしていた。アレキサンドロス大王がアテナイを訪れ、ディオゲネスの噂を聞いてやってきて、何か望むものはないかと尋ねたところ、「そこをどいてくれ、日陰になって日向ぼっこができないよ」と言った話が残されている。この学派の著作はほとんど残っておらず、こういう妙な話ばかり伝えられているが、プラトンからアリストテレスに続く流れとは違った人生の生き方をソクラテスから受け継いでいる。

ストア学派が倫理学を重んじたのは、ソクラテスの生き方の伝統を受け継いでいるからだと思う。ローマ時代にも、学者は粗末な衣服を着る習慣があったが、これにはソクラテスの精神を継ぐという意味があったのであろう。先にふれたように、ストア派の教えの基本は「アパティア（情念の克服）」である。アパティアはパトス（情熱）の否定という意味で、無気力などとも訳される言葉である。無気力が人生の生き方というのはおかしいから、情念を克服すると訳しているわけである。昔、大学の哲学の授業でこの言葉を教わったが、何の興味もわかなかった。大事なのは、ローマの知識人がどうしてこの哲学を愛好するようになったのか、という心理について考えることである。このことはストア学派の人々の信念、気質、行動、人生の生き方などについて調べることによってわかってくる。ローマ人は、ギリシア人と違って荒々しい男性的気性の持ち主だった。だからこそ「情念の克服」が彼らの倫理的生き方の理想とされたのである。岩波文庫に入っている『自省録』（神谷美恵子訳）はアパティアを「不動心」と訳している。この訳には禅の瞑想の精神に通じるところが感じられる。この本の英訳名も「瞑想録」Meditationとなっている。

マルクス・アウレリウス帝の侍医をしていたガレノス（一二九―一九九）が『情念と霊魂の誤謬について』という著作の中に、当時の人たちの様子をいろいろ記している。(2) 彼の母親が召使いに腹をたてて嚙みつく（文字通り、実際に嚙みつく）のは毎度のこと、父親の方は怒りが静まるのを待ってから、おもむろに別の召使いに鞭で叩かせるようにしていた。これは父親が冷静であったしるしなのである。またガレノスが友人と二人で旅行したとき、連れていた二人の召使い（たぶん奴隷だろう）が旅行鞄を一個紛失したのを友人が怒って剣で切りつけ、二人に重傷を負わせたという。ハドリアヌス帝は発作的に腹を立てて、奴隷の眼を剣で突き刺したことがある。ハドリアヌスは剣の達人で、皇帝になってからも新兵相手に真剣を使って稽古をつけていたような男だから、やられた方はたまらない。奴隷はどんな乱暴を受けても耐えるしかなかったのである。こういうローマ人の気風が、長い戦いの歴史を通じて育てられたことは間違いない。しかし知識人ともなれば、そういう粗暴な荒々しい振る舞いが望ましくないことはわかっている。だからこそ「情念の克服」が人生を生きて行くための倫理的理念とされたのである。

エレンベルガーによると、ストア学派では、感情を統御するために瞑想して精神を集中し、その体験を文章にしたり、集会で話す習わしであった。また無言の行を行ない、たとえば「死」という主題に心を集めて、死にまつわる記憶を追い払い、恐怖心を去る訓練をした。日本の武士が禅を修めたのと同じ趣きである。彼らはまた、悲しみに沈んでいる友人に対して、慰めや励ましの手紙を送る習慣を大事にした。友情は自分の心と相手の心を結び、自分の倫理的徳性を育てる。瞑想による精神鍛練の習慣や人格形成の努力の中から「情念の克服」という倫理が生まれたのである。そういう背景がわかれば、新しい興味がわいてくるだろう。

ストア学派の身体観

ストア哲学に関して筆者が興味を感じる問題は二つある。一つはヨハネ福音書に見えるロゴス・キリスト論との関係である。これはイエスの人格がロゴスの力によってつくられたとする考え方である。この考え方はストアのロゴス観から影響を受けたものであるといわれている。ロゴスという概念はふつう理性とか論理の意味に解釈されているけれども、ここには理性とは逆にみえる霊性に通じる意味があったのである。もう一つの問題は、ストア学派が瞑想を実行していたことである。この問題を調べてみれば、東洋宗教の哲学と共通した心理学的問題が発見されると思う。まず後者から考えてみよう。ここでストア学派の身体の見方について調べる必要が出てくるが、こういう問題に関心をもつ研究者は少ない。やっとジャン・ブランというフランスの学者がかなり詳しい解説をしている本に出会ったので、これに基づいて解説しよう。(3) ただその前に、ギリシア・ローマ時代の医学における身体の見方をざっと知っておく必要がある。

右に名前をあげたガレノスはローマ時代の最高の医学者とされる人である。彼の考え方はアリストテレスの『霊魂論』(ふつうラテン語で「デ・アニマ」とよぶ)を出発点にしている。なぜ霊魂論が身体論なのかと不審に思う読者もあるかもしれないが、これは訳語のせいである。霊魂に当たるギリシア語はプシケで、ソクラテスが「魂の気づかい」をせよと言った「魂」がプシケである（『霊魂論』のギリシア語は「プシケについて」）。しかし古代思想では心と身体を分けていないので、アリストテレスの場合は、プシケ（魂）といっても主に身体の生理的機能を論じている。彼は霊魂を三つの部分に分け、頭部に理性霊魂、胸部に動物霊魂（運動機能のセンター）、腹部に栄養霊魂（自律系の植物機能のセンター）を考えている。近代生理学の見方と基本は変わりない。ただアリストテレスは解剖はしなかったようだが、ガレノスは動物解剖をして、実験的観察から人体の構造を詳しく考えている。脳の神経について、彼は七種類を区別したという。ただし古代医学では解剖学は未発達だったので、血管に動脈と静脈の区別があることはわかっていたが、血液の循環は知られていなかった。また呼吸器と循環器（したがって気管と血管）の関係もよくわかっていなかった。呼吸法や瞑想法と哲学の関係を考えるには、この点に注意しておく必要がある。ちなみに、中国古代では既に血液の循環を知っていた。

中国医学の身体観の基本になるのは気のエネルギーの考え方である。これに似た考え方はローマにもあって、プネウマとよばれている（ふつう気息と訳している）。ただし中国の気は波動のイメージで考えられていたのに対して、プネウマはガス状の細かい粒子のイメージで考えられている。デモクリトスの原子論が示しているように、西洋の自然理解の伝統は粒子モデルに立っており、中国の波動モデルとは対照的である。

ストア学派の身体の見方は霊魂八分説をとっている。アリストテレスは霊魂三分説をとっていたのに、何でそんなに増えたのかと思ってしまうが、これは人体機能の観察と分類が細かくなったせいである。また霊魂という言葉はここでは、身体の生命活動を示している。まず頭部にある霊魂を指導的部分（ヘゲモニコン）という。この部分は全身の生理心理作用を指導する上位の霊的作用が位置すると考えられている。ただし指導的部分は心臓にあるという説もあって、確定はしていなかった。次に、五つに分類される霊魂として、五つの感覚器官（眼耳鼻舌および皮膚）の活動があげられる。これらの器官はプネウマ（気息）のエネルギーがはたらくことによって活動している。さらに第七の霊魂部分は生殖器で、この部分はスペルマ（種子）とよばれ、指導的部分から流れ出るプネウマは性器まで達して種子のはたらきを活発にする。このスペルマ（種子）の考え方は、心理学的観点から解釈すればリビドに当たるだろう（スペルマは近代語の精液spermの語源である）。要するに、身体の諸器官を活動させている基本エネルギーはすべて霊的性質を帯びたプネウマである、とされているわけである。

残るは霊魂の第八部分である。これは特殊で、ポーネー（音声、発言）とよばれる。ポーネーは呼吸に基づいて考えた霊的な作用で、身体の内部と外部を関連させるはたらきをもつプネウマ（気息）である。つまりポーネーは指導的部分から発して咽喉、舌などの発声器官へと流れ、外界と交流するプネウマなのである。古い日本語でいう言霊《ことだま》のイメージと思えばよいだろう。つまり、呼吸とともに体内に出入りしているポーネー（音声）の中に含まれたプネウマ（気息）が、心身の全体をはたらかせて生命活動を営んでいるという見方である。

以上にのべたプネウマの考え方が、中国の医学・瞑想法・身体技法の基礎におかれている「気」のエネルギーの考え方とよく似ていることはおわかりだろう。プラトンのアカデミアの学頭まで務めたのにストア学派に転じたクリシュッポス（前二八〇－二〇七）という人がいる。彼はプネウマの概念に基づく霊魂のはたらきを次のようにまとめている。「霊魂とは人間に生まれつきのプネウマ（気息）のことであって、連続的に身体に広がり、生命の正常な呼吸が行なわれるかぎり、それは身体にとどまっている。霊魂の各部分は有機体の各部位に分布されている。すなわち、気管（呼吸器）に広がる霊魂の部分は音声（ポーネー）、眼に至るそれは視覚、耳に至るものは聴覚、鼻に至るものは臭覚、舌に至るものは味覚、肉体の全域に至るものは触覚である。生殖器に至る霊魂部分は多少違った特質をもっており、スペルマティコス・ロゴス（種子的ロゴス）である。」

霊魂の第八部分であるポーネー（音声）は指導的部分から発して咽喉や舌などの発声器官へと流れ、さらに外界と交流しているプネウマである。このプネウマの概念が「気」の考え方に似ていることは容易にわかる。「気」はプネウマと同じく、生命体をはたらかせている基本的エネルギーであるとされている。呼吸はポーネー（音声）を媒体としてプネウマを体内に出入りさせる。これに対して中国の道教の呼吸法は自然の中にある「気」のエネルギーが体内を活発に循環するようにする訓練である。この場合、中国医学の身体の見方では、十四本の経絡meridiansのチャンネルが全身に分布していて、「気」はその中を流れる、と考えている。これに対してストア学派では、頭部から蛸の足のように分岐したネットワークを考え、その中をプネウマが流れると考えている。中国の経絡ほど詳細なものではないが、大体の考え方は似ている。筆者がここで興味を覚えるのは、クリシュッポスが、指導的部分から生殖器に至る霊魂の作用に特殊な性質を認め、これをスペルマ的ロゴスとよんでいることである。スペルマは種子、胚などと訳される言葉であるが、この言葉は近代語の精液（sperm）の語源でもある。これは生命を生み育てる種子となるロゴスという意味であろう。スペルマティコス・ロゴスはその意味で、心理学でいうリビドに対応する考え方である、と言うことができる。

中国の気とストアのロゴスを比較する

道教の瞑想法のテキスト『黄金の華の秘密』を手がかりにして、もう少し気とロゴスの考え方を比較してみたい。この瞑想法では、気のエネルギーがふだん下腹に貯められている状態を「精」Chingとよんでいる。下腹部（いわゆる下丹田《かたんでん》）は「気海」つまり気のエネルギーが蓄積されている場所とされている。この「精」の考え方は生殖器にある種子的ロゴスに対応している。瞑想の訓練では、体内を流れている陰陽の気がふだんとは違って逆方向に流れるように意識を集中する。この過程を「回光」（光を回転させる）とよび、

『易経』の卦の言葉を借りて「坎水逆流《かんすいぎやくりゆう》」と言っている。この回光の訓練によって気のエネルギーの性質は次第に変化し、「精」の状態から「神」Shengに変容する。つまり、気のエネルギーは肉体性の強い状態から神聖で清らかな状態へと変化する、というのである。これは実際に瞑想の訓練を続けてみれば、誰もがある程度体験的に理解できることである。瞑想が深くなれば清浄な心理状態を体験する。これが「気」の浄化された「神」の状態に近づくことである。身体論の視点から言うと、瞑想法でいう上丹田、つまり眉間の部位に潜在している霊的本性（元神）が活動し始めた状態が「神」である。この過程は、ユングのいうリビドの変容、あるいはフロイトのいうリビドの昇華の過程と対応する考え方である、と言ってよいだろう。

　この瞑想法は『易経』と老荘思想にみえる「気」の考え方に基づいている。気のエネルギーは陰陽の位相を絶えず変化させながら宇宙に流動している、とされている。「陰」は女性性、「陽」は男性性を象徴している。つまり宇宙にみなぎる「気」とは、女性的性質のエネルギーと男性的性質のエネルギーが不断に交代変化する運動である、と考えられている。これは、気が万物に生命を与える基本的エネルギーとされていることを意味する。われわれはここで、瞑想の訓練が性に関する隠喩的表現によって説明されていることに注意したい。右にふれたように、訓練の過程は「坎水逆流」と呼ばれているが、「坎《かん》」は、易経の六十四の卦の一つで、穴、淵、窪み、水の淀みといった意味の古語。坎水とは女性性器の隠喩的表現である。「坎」に対応する卦は「離」で、瞑想法では「離火」とよんでいる。これは、燃え上がる、輝く、熱気がこもる、といった意味の古語である。つまり「離」は男性性のはたらきの象徴的表現であって、瞑想の過程は「坎離交《かんりこう》媾《こう》」とよばれている。これは男女の性交のイメージを借りた隠喩であって、体内において水と火、男性性と女性性のはたらきが結合することを意味している。このような瞑想の訓練によって「真人受胎」、つまり新しい真の自己が生まれてくる。つまり自分の中に新しい人格が誕生する、というのである。心理学者の用語を借りれば、「個性化」（ユング）とか「自己実現」（マスロー）あるいは自己超越といった意味合いに通じる。瞑想の訓練の究極目標は「練神還虚《れんしんかんきょ》」つまり浄化された「神」Shengの状態からも離れて大自然の空虚に帰ることである。これは仏教の「無我」あるいは「空」に通じる考え方である。

要するに、気のエネルギーの本質は生命を生み育てるところにあるが、それが外部に向かうときは「精」Chingつまりリビド（性的エネルギー）としてはたらく。その方向を内面に向け変え、リビドを昇華し変容して、新しい自己の人格を誕生させる。これが瞑想の訓練の目的なのである。道教ではこれを「真人受胎」と言う。そのとき、「気」Qiは次第に「神」Shengつまり霊的エネルギーの性質を帯びて活動するようになり、身体性の制約を越えて自然のはたらきと一体化するようになるわけである。

中国の身体論と比較した場合、ストア哲学の身体論がわれわれの注目を引くのは、ここに、「気」の変容によく似た「ロゴス」のはたらきという考え方がおかれていることである。種子的ロゴスの説明が示しているように、ロゴスは体内を流れているプネウマ（気息）に含まれているそのエッセンスとも言うべきものである。心理学的観点からみれば、ロゴスは道教の瞑想法でいう「神」の概念に対応している。ロゴスという言葉は論理logicの語源であって、ふつうは理性や知性に通じる意味をもつものと解釈されている。しかしながらロゴスは、遠くさかのぼればソクラテス以前のヘラクレイトスが使い始めた言葉である。ヘラクレイトスは、ロゴスを永遠の火とよび、四元素の中心においた。彼は、「火」に永遠の霊的性質を与えてロゴスとよんだのである。「万物は流転する」（パンタ・レイ）という有名な言葉は、自然におけるすべての出来事の基本には永遠のロゴスがあり、宇宙はその活動によって生成変化する、という考え方に基づいている。ロゴスという言葉には霊性と理性の両方の性質が考えられていたわけである。

われわれはこのような観点に立って、ストア学派の宇宙論について調べてみる必要がある。ミレトス学派は自然界のはたらきを水・火・土・風（空気）の四つのアルケー（元素）によって説明したが、ストア学派では、これらの四元素はすべてロゴス的性質を帯びたプネウマからできていると考えている。つまりプネウマに含まれたロゴスとは、流動的性質を帯びた究極的な霊的物質なのである。ここで、ロゴスのとらえ方をめぐって自然学（物理学）と人間本性の関係が問われてくることになる。

自然に従って生きる――物理と倫理は一体である

ストア学派では、プネウマが発してくる根源をロゴス、あるいは「テオス」（神）とよんでいる。この場合のロゴスはふつう大文字で記すので、ここでは《ロゴス》と書くことにしよう。これは宇宙を支配している神としての《根源のロゴス》である。神は自分の一部を素材として四元素をつくり、これらを混合して万物を形成する。プネウマはこの《根源のロゴス》としての神から流出するはたらきなのであって、これもまたロゴスとよばれる。これは小文字で記されるが、この神のはたらきとしてのロゴスはプネウマ（気息）の中に含まれており、宇宙はその遠心的・求心的な流れの交代によって支配されている。つまり、宇宙はロゴス＝プネウマのはたらきがみちみちた有機的一体であって、万物はそこから生命を与えられて活動するが、根源の《ロゴス》は生成消滅することのない永遠の生命の源泉なのである。この「はたらきとしてのロゴス」は、ガス状の細かな粒子の流れとしてイメージされていたようである（中国の気は波動イメージ）。

ストア学派では人生の生き方を、「自然（Physis）に従って生きる」という言葉で表現した。ここで「自然」と訳されるピュシスという言葉は、物理 Physics の語源であるとともに、人間の本性（human nature）という意味をもっている。つまり宇宙の自然に従うことと人間性の自然に従うことは一つなのであって、自然学（物理学）と倫理学は一体不可分の関係におかれるわけである。アリストテレスでは、自然学と倫理学は無関係であって、自然の理論的認識と人生の生き方は別であると考えられている。彼の考え方は、科学の方法に基づく認識論と人間の生き方を問う倫理学を分離する近代哲学の考え方につながってくるだろう。現代の哲学はこれに対して、科学技術と倫理宗教の関係をあらためて問い直す新しい課題に直面している、と筆者は考えている。ストア哲学はどんな答えを与えているだろうか。

ローマ時代の知識人の間に最も広く普及していたのはプラトンの哲学である。彼は人間的イメージをもった神々や霊的存在の世界に代えて、イデア界という抽象化された知的概念をおいた。これによって「ミュトス（神話）からロゴスへ」というミレトス学派以来の非神話化の過程はほぼ完成したのである。しかしロゴスという概念には理性（論理）と霊性の両方に通じる意味がある。ストア学派では神（テオス）という人間的イメージを伴いがちな表現はなるべくさけて、《ロゴス》という言葉で宇宙の根源に考えられる神を表現したのである。このような考え方は、人間的イメージをもつ神々の姿を拒否する知性の要求に応えるとともに、「人は何を信じて生きるのか」という信仰の要求と心理に応えることができる。宗教学の観点からすれば、ストア哲学は一神教的性格と汎神論的性格を合わせもつ理性的信仰という性質を示している、と言うことができるだろう。

ここで、ヨハネ福音書のロゴス・キリスト論との関係が問題になる。「自然に従って生きる」とは、神から人間に与えられた霊性であるロゴスのはたらきに従って人生を生きて行くことを意味する。そこに人間としての真の本性が現われてくる。ヨハネ福音書の初めの一節にみえるロゴスという言葉はストア学派からの影響だと考えられている。次のような文である。「初めにロゴスがあった。ロゴスは神とともにあった。このロゴスは初めに神とともにあった。すべてのものはこれによってできた。できたもののうちで、一つとしてこれによらないものはなかった。このロゴスには生命があった。そしてこの生命は人の光であった。光は闇の中に輝いている。」このあとに、ヨハネ自身は光について人々に示すために来た、という説明がある。さらにそのあと、イエス・キリストについての説明がつづく。「すべての人を照らすまことの光があって、世に来た。彼は世にあった。そして、世は彼によってできたのであるが、世は彼を知らずにいた」（ヨハネ一章一－一〇節）。要するに、イエスは神のはたらきであるロゴスが人格化した存在を意味するわけである。

「世は彼によってできた」という言い方は、さしあたっては、宇宙の創始者である神、ストア学派のいう《根源のロゴス》から流れ出る霊的な力がイエスに宿ったことを意味するが、この考え方を理論的に拡大してゆくと、イエスと宇宙創造神を一体とみる考え方に発展してゆくだろう。キリスト教の基本教義である「父なる神」と「息子なる神」が同じ本質をもつという考え方（三位一体論）はここから始まる、と言える。この問題の思想史的背景については後に考えたい。

マルクス・アウレリウスの世界

ストア学派の説明を終わるに当たって、『自省録』から印象に残る言葉を少し紹介しておこう。この作品は公表されたものではないので、文中に見える「君」という言葉は、マルクス自身が自分に向かって語っているものである。

「この私という存在は、結局ただ肉体と少しばかりの息（プネウマ）と内なる指導理性（ヘゲモニコン、指導霊魂）より成るにすぎない。書物はあきらめよ。これにふけるな。君には許されないことなのだ。そして既に死につつある人間として肉をさげすめ。」「神々のわざは摂理にみちみちており、運命のわざは自然を離れては存在しない。……宇宙を保存するのは元素の変化であり、またこれらによって構成されるものの変化である。……これをもって足れりとせよ。書物に対する君の渇きは捨てるがいい。そのためにブツブツ言いながら死ぬことのないように、かえって快活に、真実に、そして心から神々に感謝しつつ死ぬことができるように。」マルクスは、自然に従って生きるとは、自分に与えられた運命を自覚し、人生に感謝しつつ死ぬことである、と言っている。

「神々の存在しない宇宙、摂理のない宇宙に生きていることは、私にとって何になろう。いや神々は存在する。……とはいえ、確かに生と死、名誉と不名誉、苦痛と快楽、富と貧苦、すべてこういうものは善人にも悪人にも平等に起こるが、これはそれ自身において栄えあることでもなければ恥ずべきことでもない。それは善でもなければ悪でもないのだ。」「最も優れた人間であるべく努める人間は、いわば一種の祭司であり、神々に仕える者であって、自分の内部に座を占めるもの〈指導霊魂〉にも奉仕するのである。」「実際いかなる所であっても、自分自身の魂の内部にまさる平和で閑寂な隠れ家を見出すことはないだろう。……君は一体何に対して不満を抱いているのか。……次の結論を思い出すがいい。理性的動物はお互いのために生まれたこと、互いに感謝しあうのは正義の一部であること、人は心ならずも罪を犯してしまうこと。また互いに敵意や疑惑や憎悪を抱き、槍で殺し合った人々が、今までにどれだけ墓の中に横たえられ、焼かれて灰になってしまったかを考えるがいい。そして、もういいかげんに心を静めたらどうだ。」「死ぬということもまた人生の行為の一つである。それ故このことにおいても、やはり〈現在やっていることをよくやること〉で足りるのである。」「君の余生が長かろうと短かかろうと、これを自然の欲するがままに生きることができたら、それで満足せよ。自然が何を欲するかをよく考え、ほかのことに気を散らすな。君も経験して知っているように、今まで君はどれだけ道を踏み迷ったかしれない。そして結局どこにも真の生活はみつからなかったのだ。それは富にもなく、享楽にもなく、どこにもない。ではどこにあるのか。人間の内なる自然の求めるところを為すにある。」

周囲に権謀術数渦巻く皇帝の地位にあって、マルクスは、地位も名誉も富も人生を生きて行くために何のよりどころにもならないことをよく知っている。「何よりもまずイライラするな。すべては宇宙の自然に従っているのだ。そして君はまもなく何ものでもなくなり、どこにもいなくなる。ちょうどハドリアヌスやアウグストゥスもいなくなってしまったように。」「激情から解放されている精神というものは一つの城塞である。これを発見しない者は無知であり、これを発見しておきながらそこへ避難しない者は不幸である。」「行動においては杜撰《ずさん》になるな。会話においては混乱するな。思想においては迷うな。魂においては全く自己に集中してしまうこともなく、さりとて外に飛散してしまうこともないようにせよ。人生において余裕を失うな。」

マルクスはストア哲学者らしく死についてよく語っている。「死を軽蔑するな。これもまた自然の欲するものである。歓迎せよ。若いこと、年をとること、成長すること、歯や白髪の生えること、受胎すること、妊娠すること、出産すること、その他すべて君の人生のさまざまな季節のもたらすはたらきのように、分解することもまた同様の現象なのである。したがってこのことをよく考え抜いた人間にふさわしい態度は、死に対して無関心であるのでもなく、烈しい気持ちを抱くのでもなく、侮蔑するのでもなく、自然のはたらきとして、これを待つことである。」「高所から眺めよ。無数の集会や無数の儀式を、嵐や凪のさまざまな航海を、生まれ、共に生き、消え去って行く人々の有為転変を。……どれだけの人間が現在君を褒めていながら、たちまち君を悪く言うようになるだろうことか。記憶も、名声も、その他すべて、いかに数えるに足りぬものであることか。」「怒るのは男らしいことではない。柔和で礼節あることこそ、一層人間らしく、同じく一層男らしいのである。そういう人間は力と勇気を備えているが、怒ったり不満をもったりする者はそうでない。なぜなら、その態度が不動心（アパティア）に近づけば近づくほど、人は力に近づいてゆくのである。」

マルクスの晩年、ゲルマンの蛮族の侵入が始まり、彼は厳寒のドナウ河方面の戦場に赴いた。妻のファウスティーナは夫に従って戦陣に暮らし、その身のまわりの世話をしたが、病を得て夫より先に死ぬ。「この上なく従順で、この上なく情愛深く、そして何よりも飾らない女であった。」そしてマルクスもまた戦陣の中にその生涯を終える。遺言を告げたあと、最後の四日間は食事も薬も拒否して彼は死んだ。彼をもって五賢帝時代の「ローマの平和」は終りを告げる。

3　内乱の時代の社会心理

迫害はどのようにして始まったか

マルクス・アウレリウスが紀元一八〇年に世を去った後、ローマ帝国の政治的思想状況は大きく変わり始める。政治的側面からみると、軍人の力が強くなって権力の争奪をめぐる内乱相次ぐ時代になる。無責任な後世の人間から見れば、何事もない平和の時代よりも面白い時代とも言えるが、われわれは歴史を参照しながらこの時代の宗教と哲学の動向について考えてゆくことにしたい。

ギボンの『ローマ帝国衰亡史』はこの時期から書き始められている。彼は啓蒙時代の人なので、宗教に対しては点が辛いが、すぐれた歴史家であるだけに重要な心理学的事実にはよく注意している。二世紀以後の状況を大きく見ると、三世紀中ごろのデキウス帝（在位二四〇－二五一）による迫害が始められるまで、七十年あまりの間大きな迫害はなく、キリスト教徒の数は急速に増えている。キリスト教教父の中の最高の哲学者オリゲネス（一八六－二五四）はこの時期に活躍しているが、彼は、迫害は信徒たちが言うほど大きなものではないとのべている。

五賢帝時代のローマには、キリスト教徒もかなり住んでいた。彼らは特定の地区に住んでいて、まわりのローマ人とはあまり交際していなかった。彼らは無神論者（アテオス）とよばれていた。現代人からみると、キリスト教徒が無神論者とはおかしいが、これは彼らが八百万の神々や神になった皇帝たちを崇拝しなかったからである。ふだんはそれでも問題は起こらないが、ローマ帝国では時々国家行事として公共の神殿でいろんなお祭りをする習慣があった。また皇帝から市民への贈り物として闘技場での見世物が開かれ、皇帝が姿を現わす。皇帝は形式上ローマ宗教の最高司祭 Pntefix Maximus の資格をもっているので、キリスト教信徒の考え方から言えば、これらの行事は信仰上の問題を意味するわけである。彼らはそういう国家行事に参加しないため、住民との間でトラブルが起こることがあった。祭礼のときなどに、民衆がキリスト教徒の処罰を求める事件がよく起こったのである。ハドリアヌス帝（在位一一七－一三八）とアントニウス・ピウス帝（在位一三八－一六一）は五賢帝に入れられている皇帝であるが、彼らは処罰することを拒否している。こういう信仰上の思想問題でトラブルが起こった場合は、法に基づいて正式の告発手続きを取ることが定められていた。法的手続きに基づく告発によって取り調べられた場合、国家が定めた神々を崇拝しないと言明すれば死刑になる。皇帝の方は信仰について寛容の方針を布告していても、行政の末端までは届きにくい。キリスト教迫害はそういう行政司法の末端から始まったのである。社会心理学の観点からみると、これは社会との心理的同調を拒む人々や閉鎖的集団に対して差別する民衆の集団心理の問題である。こういう類いの問題は現代でもよくあることである。この問題はさしあたり宗教や信仰の観点はぬきにして、社会心理学の観点から扱う方が適切だろう。ただ、そういう集団組織が社会的に大きな勢力になってくると、政治的観点からその思想が問題にされてくるわけである。公認以前のキリスト教人口はローマ帝国総人口の二十分の一程度と推定されている。民衆層にはキリスト教以外にも多くの東方宗教が広まっていたから、社会的勢力としてキリスト教が特に大きなものだったとは言えない。キリスト教が民衆に対して強い心理的影響力をもつようになっていった理由の一つは、迫害にともなう殉教の問題であった。

迫害をめぐる社会心理

イエスの死後七十年くらいたったトラヤヌス帝（在位九八－一一七）の時代、キリスト教信者が無実の罪で処刑されたという訴えが出され、帝は事実調査を命じている。一六七年に殉教するユスティノスはアントニウス・ピウス帝やマルクス・アウレリウス帝、あるいは元老院に対して正式の弁明書を提出して、キリスト教徒の主張について説明している。このことから見ても、帝国権力の上層部は、キリスト教の思想内容や教父たちの動向を知っていたと思われる。五賢帝時代はユダヤ教徒の大小の反乱が続いていたころで、先にふれたバル・コクバの反乱はトラヤヌスの次のハドリアヌス帝の治世に起こっている。こういう大きな政治的反乱に比べれば、キリスト教徒を一人処刑するようなことは大した事件ではなかったであろう。この時代、死刑は日常頻繁に行なわれていた。五賢帝時代、キリスト教迫害はまだ小さな社会的事件にすぎなかっただろう。迫害は民衆の間で起こったトラブルから始まった問題であって、信仰に関して処罰する場合には、正式の法的手続きを踏んで告訴する必要があった。官憲は告発された者を呼び出して調べるが、有罪宣告を下すに当たっては細心の注意を払い、これに対して遺憾の意を表するのが常であった。これは民衆に対して、やたらに告発行動をとるなと警告していたのである。従って処罰は概して寛大で、重くても流刑程度にされるケースが多く、大赦によって無罪とされた場合も多い。

しかし告訴によって死刑になった事例がないわけではない。一般民衆の中から告発する者は絶えることはないし、これに対してキリスト教陣営では、このことを信徒に対して宣伝して死者を讃えた。殉教者を讃える列伝は二世紀ごろからつくられるが、これは死者を記念するキリスト教徒の集会で朗読されたもので、キリスト教文学の始まりとも言えるものである。二世紀のスミュルナの司教ポリュカルポス(六九‐一五五)を讃えた『ポリュカルポスの殉教』という作品はその代表的な例である。それは殉教者の苦難、忍耐、勇気を讃え、神の許に帰ったその死を讃える、というパターンをとっている。信徒にとっては、大きな心理的効果をもったことが察せられる。しかし、権力の側からみると、こういう言動は権力批判とみえるだろう。現代風にとらえれば、言論活動による政治批判というところである。

ギボンは、一般民衆がキリスト教徒をどういう目でみていたかという点について、次のような話を記している。キリスト教徒の集会では暗闇の中であらんかぎりの破廉恥行為が行なわれている、という噂が広がっていた。入信の儀礼では、生まれたばかりの嬰児を小麦粉でくるみ、新改宗者にナイフを渡す。新改宗者がこれを殺すと、信徒たちは嬰児の四肢を引き裂いて貪り食う。やがて一定の時刻が来ると突然明かりが消され、後はおきまりのこと、兄弟と姉妹、母と息子などが区別もなしに近親相姦の乱交が行なわれる、というのである。こういう報告は教父たちが残した文書に記録されているもので、当時のローマ社会がキリスト教徒をどんなイメージでみていたかという心理を伝えている。社会心理学の観点からみると、大衆は社会に対して閉鎖された集団に対して否定的感情をもつ傾向がある。そういう心理が事実無根の噂を広める例は現代でもよくあることである。こういう噂話は宗教団体の場合と限らないが、その場合、最も好まれるのが性的テーマであることは昔も今も変わりない。性スキャンダルは現代でも大衆ジャーナリズムが最も好むテーマである。

殉教をめぐる集団心理

右に名前をあげたユスティノスについては、幸い正確な資料が残されている。彼が死刑になったのは一六七年で、マルクス・アウレリウス帝の治世下、告発者はキニク派の学者である。ユスティノスはギリシア人で、最初ストア学派を学び、次いでアリストテレス、ピタゴラスを学び、プラトン学派をへてキリスト教の信仰に入った。典型的な東方キリスト教の知識人である。彼を取り調べたのは首都長官のルスティクスで、マルクス・アウレリウス帝の信任が厚かった人物。この人もストア哲学者である。この取り調べ記録は塩野さんが全訳してくださっている。(5) 長いので大事な部分だけを紹介しよう。

ルスティクス「ローマの神々を信じ、その神々への信仰によって統合されているローマ帝国の中で、それを拒否するキリスト教徒は、ローマの法では反国家行為を行なったということになる。だがキリスト教を信じていた者でも、棄教すれば無罪放免になる。反対に棄教を拒否した者には、鞭打ちされた後で斬首刑に処せられると決まっている。鞭打ちの後で斬首された場合でも、お前は死後に天に昇れると信じているのか？」

ユスティノス「もしも私の信仰が強固であり続ければ、天に昇れるであろうと思います。ただしこの恩寵はキリスト教の正義にのっとった生活を送った者にだけ、与えられるのです。」

「ならばお前も、天に昇れると確信しているのだね？」

「いいえ。それは望んでいますが、そうなるとの確信まではもてないのです。」

「私はお前に、教えを捨てるように勧めるが、もしお前がそれを拒絶したならば、待っているのは死刑であることは知っているのだろうね？」

「知っています。でも私は、教えを捨てないで死ねば、必ず救済が待っていることも知っているのです。」

ルスティクスは判決を言い渡した。「われわれはローマの神々に犠牲を捧げることを拒否した者に対して、ローマ法（トラヤヌス法）によって、鞭で打たれた後で斬首刑に処す。」このとき、ユスティノスと同時に男四人、女一人が処刑された。男の一人はカッパドキア生まれの奴隷で宮廷で働く召使い、他の四人の職業は不明だがギリシア人である。処刑は公開ではなく、一般の罪人と同じく非公開であった。ユスティノスは最初ストア哲学を学んだというが、彼の態度を見ていると、初期のストア哲学者の死に対する態度が連想される。自分の思想的信念のためには常に死を覚悟して生きる、ということである。

殉教者について正確な記録が残っているもう一つの例として、カルタゴの司教キプリアヌス（二〇〇頃－二五八）のケースをあげることができる。殉教はユスティノスの死後九十年ほどたった二五八年のことである。この場合は公開の処刑である。観衆にとっては興奮を巻き起こす見世物であったに違いない。この時代になると、東方およびアフリカ属州の信徒数は激増しており、一般民衆のキリスト教に対する関心も高まっていた。このころのキリスト教史ではデキウス帝（在位二四九－二五一）の迫害がよく知られているが、オリゲネスの弟子が報告しているところでは、北アフリカ最大の都市アレキサンドリアでも男十人女七人だったというが、社会心理的効果は数では計ることはできない。権力側からみると、当時は激しい内乱が続いている状況だから、百人千人単位の死者が出ることなど珍しくもない状況だった。キプリアヌスが司教をしていた十年間に、デキウス帝を含む四人の皇帝、その家族、家臣らが殺されている。帝国の権力層にとって、キリスト教徒の処刑などとるに足りない事件だったかもしれない。しかしながら、今や大きな社会的勢力に成長した信徒集団にとって、迫害をどのように受けとめるかということは重大な関心事になっていた。殉教は真実の信仰の証しである、という熱狂的な集団心理が生まれていたのである。

　キプリアヌスはカルタゴの名門の家系で、弁論家を志して修辞学の教師をしていたころ入信し、二四八年に司教に就任した。彼はカルタゴばかりでなく、アフリカ全体の司教会議のリーダーとして有名になった。その名声が高まるとともに、彼を処刑せよという声が一般民衆の間からあがってきた。司教就任から三年目のことである。キプリアヌスは一時辺地に避難して世論の高まりが静まるのを待ったが、逆に教会内部の強硬派信徒からこれを卑怯とする声があがる。彼は熟慮の末カルタゴに戻り、司教活動を再開する。その後七年は何事もなく過ぎた。デキウス帝はこの間に殺されている。二五七年、彼はアフリカ属州総督官邸から出頭命令を受け、祖先伝来の信仰に戻れという皇帝からの命令を申し渡される。このとき彼は一切の質問に答えなかった。流刑の宣告を受けたが、その場所はカルタゴから四〇マイル離れた港町で、景色もよい場所だった。広い邸宅が与えられ、信徒の訪問や手紙も許された。一年後、今度は皇帝からの処刑令状が総督に届く。キプリアヌスは覚悟を決めた。二人の高級将校が迎えにきて、彼を戦車に乗せてカルタゴ市内まで連行したが、行く先は将校の一人の私宅で、夜食が出され、友人らと別れを惜しむことが許された。このころから、噂を聞いた信徒たちが集まり始める。翌朝、キプリアヌスは総督官邸に出頭、公開の法廷で斬首刑の宣告を受けた。斬首の場所は郊外の野原と定められていた。弟子の司祭、助祭は同行を許された。処刑場には多くの群衆が集まっていた。キプリアヌスが所定の座につくと、弟子たちは彼の上着を脱がせて地面に敷いた。これは殉教死の際に流れ出す血液を聖遺物として保存するためである。キプリアヌスは最後に、斬首役の刑吏に金貨を与えるように指示した。首がはねられた。跡片づけが終わって、死体は丁重に市内の信徒墓地に運ばれ、夜の灯りの中で盛大な葬儀が営まれた。官憲は一切干渉しなかった。彼らには民衆の心理状況はわかっていたし、迫害が逆効果を生むこともよく知っていたのである。司教キプリアヌスの十年間に対して官憲がとった行動の一部始終を思えば、このことは明らかである。殉教はヴァレリアヌス帝治世の二五八年九月十四日のことである。

一言つけ加えると、アフリカのキリスト教は信仰の情熱が烈しかったことで知られている。官憲は取り調べに当たって、信仰を捨てれば無罪放免、捨てないと答えれば死刑と言うのだから、捨てるという人も当然出てくる。これに対して信徒の中にはこれを非難する人たち、つまり純粋派（強硬派）が出てくる。迫害が収まったころ、棄教した元信者が教会に戻りたいと言ってくるが、純粋派の信徒は、一旦信仰を捨てた連中など受け入れられないと主張する。この問題をどう処理するかということが、カルタゴの司教にとっては頭の痛い問題であった。キプリアヌスのころは、一応、再洗礼を行なって受け入れる方向でまとめていたのだが、この問題はずっと尾を引く。キリスト教が公認された五世紀にカルタゴ司教として活動したアウグスティヌス（三五四－四三〇）が悩まされたドナティスト問題は、このアフリカの教会特有の内紛であった。ドナティストとは純粋派のことである。彼の名著『神の国』が書かれた動機の一つはここにある。

第六章　神の女性性

1　キリスト教と禁欲主義の倫理

民衆の無学と「迷信」

五賢帝時代は紀元一世紀末からの約百年に当たる。首都ローマではこの時代散発的にキリスト教迫害事件が起こっていたが、先にふれたように、これは主に一般民衆の側からの反感による告発が行なわれたためであって、帝国の権力は信仰に対する寛容を基本政策とし、処罰もなるべく寛大にする方針を取っていた。しかし首都から遠く離れた東方地域では、このころ既にキリスト教は発展の兆候を見せていた。イエスの死後七〇年くらいたったトラヤヌス帝（在位九八－一一七）の時代、詩人として知られる小プリニウス（六一－一一四）は、帝に宛てた書簡の中で、彼が総督に任命された小アジアのポントゥス、ビテニア地方ではローマ宗教の神殿が荒廃し、その代わりに「迷信」（キリスト教）が都市や農村に広まりつつあると報じている。ポントゥス、ビテニアというのは現在のトルコ領の黒海沿岸に沿った地域である。またコモドゥス帝（在位一八〇－一九二）の時代、詩人のルキアノス（一二〇－一八〇）はポントゥスの故郷を訪れて、この地域がキリスト教徒とエピクロス宗徒で溢れていることに驚いている。エピクロス派が民衆的新宗教に似た性格をもっていたことは前章にのべた通りである。伝統宗教の神殿が荒廃しつつあったことは、それが民心の支持を全く失っていたことを物語っている。ローマの知識人にとってさえ、神々は既に信仰の対象ではなく、芸術や文化の領域に閉じ込められた存在にすぎなかったのだから、信仰心をもつ民衆が顧みなくなったのも当然である。

帝政前期のローマの知識人は一般に、キリスト教を迷信であるとみている。これには社会心理的理由と理性的理由とがある。キリスト教の信徒にはまだ知識人は少なく、大多数は無学な農民、職人、奴隷、乞食、女子供、といった下層民衆だった。ローマは学問的教養のある少数の上流階級が膨大な無学の民衆を支配していた社会である。民衆層にはさまざまの新宗教が行なわれていたが、上層の知識人にとって神々はもはや信仰の対象ではなかったから、民衆は迷信にとらえられた人間だと見るのが一般的な見方になっていた。新宗教の教えの中には、理性にとって受け入れにくい考え方がいろいろある。キリスト教の場合、たとえばイエスの復活とかマリアの処女懐胎などを、そのまま事実と信じるのは難しいことだろう。

筆者が注目したいと思うのは、この時代のキリスト教徒にみられる禁欲主義的道徳観念の強さと奇跡の信仰である。どちらも近代人にはなじみにくい考え方であるが、ローマの知識人にとってもこの点は変わりなかったと思われる。しかしながら、これらの条件をぬきにしたのでは、キリスト教がローマ社会を支配するようになった理由はわからないと思う。まず当時のキリスト教徒の道徳観念から調べてみよう。

禁欲主義への情熱と性の難問

キリスト教の教えの一つに「原罪」original sin の考え方がある。これは旧約聖書のエデンの園の物語に対してパウロが与えた解釈から始まる（ローマ人への手紙、五章十二節以下）。パウロは、アダムによって罪がこの世に入り、罪によって死が入り、全人類に及んだとのべている。この教えは教父たちによって論議され、最終的には五世紀のアウグスティヌスによって確定した、とされている。それは、性欲を人類の祖先であるアダムから遺伝された「罪に至る傾向性」とする見方である。聖書への信仰をもたない人にとっては無意味な議論かもしれない。しかしながら、性本能の中に罪への傾向性が潜んでいるという見方は、文献学的問題とは別に、人間の本性について考える上で重要な意味がある。たとえば、現代の日本や先進諸国にみられる性犯罪の氾濫状態をみればこのことは明らかであろう。

思想史の観点からこの問題を調べてみることにしよう。ローマ時代のキリスト教徒の間には、性の純潔を尊重する禁欲主義への情熱が非常に強かった。たとえば有名な教父オリゲネス（一八五－二五四）は禁欲主義を貫くために去勢しているし、キリスト教徒の若者世代には去勢が流行したといわれている。ギボンがのべているところでは、当時のキリスト教教会には生涯の純潔を誓った夥しい男女が溢れていた。情熱的な気風が強かったアフリカの教会の処女たちの間では、若い司祭や助祭をすすんで寝床に迎え入れて、燃え上がる情熱の中でなお純潔を守ったことを自慢するのが流行になったという（ギボン、第十五章）。現代人には笑い話に類するように聞こえるかもしれない。しかしオリゲネスの『ケルソス駁論Ｉ』には、イエスの復活についての証言をくわしくのべた後で、無分別な人たちがどんなに私たちを中傷しようとも、放縦である代りに節制的生き方をし、雄々しい忍耐心に富む生き方を選ぶ、と言っている（第二巻、七一－七八）。奇跡の信仰と禁欲主義は深く結びついていたのである。

性の問題を善悪二分法で決めようとすると、解決不可能な難問が出てくる。ホプキンズがあげている一つの例を紹介すると、ある信仰心の篤い奴隷が一度だけ美しい女主人の湯上がりの裸を見て、この女主人のような美しい女を妻にしたいと思ったところ、神が夢枕に現われて、お前は邪《よこしま》な欲望と恥じるべき情欲を心に抱いている、と責めたという。この話は「情欲を抱いて女を見る者は、心の中で既に姦淫をしたのである」（マタイ福音書、五章二十八節）というイエスの教えが当時の無学な民衆の心に深い印象を与えていたことを示している。二世紀の外典『ヘルマスの牧者』（荒井献編『使徒教父文書』所収）は、幻視に現われる女性から導かれて悩みながら信仰の道を歩む人物を主人公にした一種の黙示書である。この物語の最後には、ヘルマスが美しい乙女たちに囲まれ、抱きしめられたりキスされたりしながら夜通しお祈りをする話がある。

禁欲主義への情熱が高まった社会心理的理由は、一体どこにあったのだろうか。私は、こういう集団心理の動向は、ローマの上流社会における性の氾濫に対する民衆の無自覚な嫌悪と反発が生み出したものではないかと思う。人間の道徳感覚というものは、外部からの強制によって教えこまれるだけでなく、内部からの心理的要求として生まれてくる側面がある。ヨハネ黙示録（十七〜十八章）には、大淫婦バビロンが神の力によって滅ぼされる光景が幻視されている。彼女はローマ帝国を象徴している。バビロンは宝石と真珠で身を飾り、黄金の杯を手にし、神を汚す数々の名で覆われた怪獣に乗っている。やがて天使の声が轟き、災害と飢えと死が彼女を襲い、火で焼き尽くす。人々は血の海、地震、雷鳴の中で泣き叫ぶ。最後に、大いなるバビロンは海に投げ込まれた石のように姿を消す。救われるのはただ「女にふれたことのない純潔な者のみである」とヨハネは記している。黙示録は後世のキリスト教界でも論議の多い作品であるが、ドミティアヌス帝（在位八一 - 九六）の末期に小アジアで執筆され、キリスト教徒の間に広まったと推定されている。ここには、熱心な信徒の目に映じたローマ帝政のイメージを見ることができる。心理学的観点からみれば、権力に圧迫された民衆の怨恨感情と禁欲主義の情熱が結びついていると言うことができるだろう。ユングは、ヘラクレイトスに由来するエナンティ・オドローミア（大逆流）という言葉で、ローマ史におけるキリスト教の成長を評している。歴史を動かす社会心理は性の氾濫から禁欲主義へと逆流した。フロイトは性の抑圧は神経症を生むと言ったが、性の氾濫もまた、麻薬中毒と同じくとどまるところをしらないものである。ローマ帝国はその精神が内部から次第に腐敗して行ったのである。

修道院運動について

禁欲主義への情熱を示す代表的な例として、三世紀ごろからさかんになってくる修道院運動の発展について調べてみよう。修道院運動の先駆者とされる聖アントニウス（二五一－三五六）はエジプト出身の無学な農民であった。彼は二十歳ごろ、家族と別れてナイル川の東の砂漠地帯に入り、修行生活に入った。その影響はまたたく間に広がってゆき、ナイル川地域の湖畔、島、砂漠などに修行者の群れが集まるようになった。女性の修行者も多かった。アレキサンドリア南方の砂漠地帯にはアントニウスの弟子たちが指導した修道士が何千人も出て、断食、祈り、瞑想の集団生活を送るようになる。その中から司教に選ばれる者もあり、彼らの行なう祭事や説教には何万人もの信者が集まるようになったという。

アントニウスはアタナシウス（二九六－三七三）とも交友があった。アタナシウスは、ニケーア公会議（三二五）で三位一体の教義が決定されたときの正統派の代表者として有名である。彼はアレキサンドリアの司教を何度も務めている。三位一体論については後に検討するが、アタナシウスはアリウス派との対立で司教座を追われたときには、何度も砂漠の修道士たちのところに避難している。四世紀のローマでキリスト教が伝統宗教を滅ぼしたときには、この問題が一つの決め手になったという。アタナシウスが多数の修道士たちを引き連れてローマに乗り込んだとき、上流社会の貴婦人たちは最初驚いたが、まもなく彼らを熱烈に歓迎し、これがやがてローマ宗教が廃止される原因の一つになったといわれている。

彼らが大きな影響力をもった一つの理由は、その修行によって奇跡的能力をもっていると信じられていたからである。この時代の修行者にはアントニウスを始め聖人とされた人が多いが、古代キリスト教の聖人には知識人はむしろ少なく、実践と修行の体験を積んだ人が多いのである。キリスト教が民衆層に広まるに当たって、彼らの修行体験が大きな心理的影響力をもったことが察せられる。修行者たちの中には、信者のさまざまな相談に応じて、ギリシアの巫女のように神託を与える人もいた。リコポリスのヨハンネスという修行者のことが知られている。彼はナイル川上流の高山に庵室を建て、五十年以上も住んでいたが、全く扉は開かず、女の顔を見ることもなく、火で調理した食べ物は口にせず、祈りと瞑想ばかりしていたが、土曜と日曜だけは小窓を開いて嘆願者の相談に応じた。この人物の名前が歴史に残ったのは、テオドシウス帝（在位三七九－三九五）がエウゲニウス帝（在位三九二－三九四）と決戦するに当たって、はるばる使者をエジプトまで送ってヨハンネスに神託を請うたことがあったためである。テオドシウスは予言通り勝利を得て、帝国の統一を果たした（ギボン、二七章）。

修道院運動がイタリアに伝わるのはベネディクトゥス（四八〇－五四三）以後のことであるが、その後カトリック教会は一般信徒が直接修道士と接するのを禁止するようになってゆく。教皇（法王）庁は、恩寵（神の恵み）は教会が決めた儀礼（サクラメント）によってのみ与えられるとして、修行者の個人的能力に頼ることを禁止したのである。教会の統一組織がまだできていなかった時代は、修道士の体験がそのまま信徒に伝わったので、その影響力が大きかったものと思われる。

私がここで一つ注目しておきたいのは、彼らの修行の様子がインドの古代におけるサンガ（僧伽）の場合とよく似ていることである。サンガは俗世間から離れた修行者の集団で、厳格な戒律を守って瞑想の生活を送った。インド仏教の歴史では上座仏教のサンガにおける修行体験に基づいてアビダルマ論がつくられ、この流れはやがて大乗仏教の唯識論に発展してゆく。アビダルマ論とは、簡単にいえば煩悩の心理学的分析だと言うことができるだろう。言いかえれば、瞑想体験において見出されるさまざまの心理作用（ダルマ）を分類し、無意識の深層に潜在している心の性質や構造について考える理論である。アジアではヨーロッパと違って、瞑想の習慣はやがて世俗の人々にまで広く普及してゆくようになる。禅はその代表的なものである。性の釈迦の教えの基本は、快楽と禁欲（苦行）のどちらにも偏らない中道を守れ、というところにあった。性のような矛盾の多い主題については、これよりほかに賢明な答えはないように思う。

2　文明の進歩とモラルの荒廃

上流社会における家族の崩壊

次には視点を変えて、上流階級の側から禁欲主義の状況を見てゆくことにしよう。歴史家のタキトゥス（五五‐一一五）は、ローマ史に関する彼の著作の中で、上流社会における性の乱れを厳しく批判したことで知られている。彼はネロ帝の時代に生まれ、その晩年は五賢帝の一人トラヤヌス（五二‐一一七）の時代に当たる。ローマ帝国の国運が大きく発展し、繁栄の頂上に登りつつあるころである。彼が批判しているのは、上流階級の間で離婚が流行し、性の頽廃が進行したことである。離婚が流行するようになったのは、権力者層で政略結婚がさかんになったせいである。カエサルが自分の娘の婚約を破棄させて、政治的に対抗するポンペイウスの妻として送りこんだのはその一例である。カエサルはやがてポンペイウスを打倒する。またティベリウス帝（在位一四‐三七）は初代皇帝アウグストゥス（前二七‐後一四）から後継者に指名されたとき、愛妻と離婚することを命じられ、帝の娘ユリアと結婚させられている。こういう結婚がうまくゆく筈はない。ユリアは不倫がやまず、最後は父帝から終身島流しの刑にされている。要するに、家庭の崩壊が上流階級から始まったと言ってもよいだろう。心の結びつきがない家庭に育った子供は非行に走るようになりやすい。これはいつの時代にも変わらないことである。

ロムルスによるローマの建国は前八世紀のことと伝えられている。この最初期のローマでは、ギリシアのポリスと違って、家族を大事にする習慣が強かった。家父長の権威が強く、子供を大事にする倫理教育が伝統になっていた。共和制から帝政初期に移るころは、そういう初期ローマの遺風を尊重する気分がまだ残っていた時代である。アウグストゥスは、ユリウス姦通罪・婚外交渉罪法とユリウス正式婚姻法という法律を制定している。前者は不倫姦通を公的犯罪として処罰するもので、夫のある女性が不倫を行なった場合は資産の三分の一を没収し、孤島に永久追放する。また男性が娼婦以外の女性と性関係をもった場合は強姦罪を適用する。後者は上流階級にのみ適用される結婚に関する規定で、離婚の場合はその理由を公表しなければならなかった。この法律はアウグストゥスがローマ宗教の最高司祭の職についた後に施行されたもので、彼が倫理改革と信仰復興をめざしていたことが察せられる。こういう法律が元老院の承認を得たことは、当時なお古いローマの遺風を尊重する気分が残っていたことを示すものであろう。しかし当時のローマはもはや小さなポリスではなく、ヨーロッパからメソポタミアに及ぶ巨大国家になっていた。その支配権を握っていたのは元老院を構成するわずか数百の上流家族であって、彼らの手中には莫大な富が握られていた。アウグストゥス帝が自分の制定した法によって自分の娘を処罰しなければならなかったことは、上流社会の気風がもはや完全に変質していたことを語っている。四代皇帝クラウディウス（在位四一－五四）の皇后メッサリーナはその並外れた不倫で有名であるが、その地位を利用して、法的手段によって元老院議員らの財産を奪ったり、死刑に処したりしているが、最後は夫である皇帝から自刃を命じられている。

ホプキンズによると、ローマの民衆社会は猥雑な雰囲気にあふれていて、性はきわめてあけすけに語られていたという（第一章）。アウグストゥスやタキトゥスが憂慮したのは、性の氾濫が政治の世界に持ち込まれることであったと思われる。政治家はいつの時代においても社会の最大のスターであり、民衆に注目される存在であるからである。現代の政治家にもそのような例は少なくない。

豊かさは倫理的徳性を低下させる

タキトゥスの『ゲルマーニア』はゲルマンの蛮族の風習を記した著作である。(1) ゲルマン人は当時なお神話時代の習俗と心理の中に生きていたので、この著作の中には貴重な証言が見出される。婚姻関係についてみると、彼らの社会では結婚は生涯に一度とされており、女性は夫の死後も再婚する例は少ない。結婚の際の持参品は夫から妻に贈る習慣で、妻の両親が品物を調べる。ふつうは牛・馬や剣・盾などの武器であるが、妻はその武器の一つを夫に渡して愛を誓う。姦通はきわめて少なく、処罰は夫に任せられている。男たちが大好きなのは戦争であるが、ひまな時は賭博に熱中している。彼らの社会の特徴は女性を尊重することで、大事な問題に出会ったときは、彼らは必ず妻に相談するのが習慣である。これは女性がそなえている霊性を尊重する心理の産物らしい。柳田国男のいう「妹の力」のようなものと思われる。タキトゥスは言う。「彼らは、女には神聖で予言者的なあるものが内在すると考える。そのため彼らは女の言葉をしりぞけたり、その答えを軽んじることはない。われわれはヴェスパシアヌス帝の治世、ゲルマニアの多くの者たちから長い間、神のごとく崇められたヴェレダのことを知っている。」

ヴェレダというのは、紀元七〇年にゲルマンの一部族バターウィを主力にして起こった反乱を指揮した女予言者である（バターウィは現在のオランダ付近にいた部族）。彼女はライン川の支流のほとりの塔の上に住んでいて、そこから身内の一人を通じて予言を伝え、命令を下した。当初ローマ軍の敗北を予言し、それがよく的中したといわれている。日本の神話時代にも、邪馬台国の女王ヒミコが楼閣に住んで、神の言葉を弟を通じて人々に伝えたという有名な話が中国の史書（魏志倭人伝）に見えるし、古墳時代にも、神功皇后が神がかりして朝鮮出兵の指揮をとったという話が日本書紀などにある。神話時代の社会には、どの民族でも、女性のそなえている霊性を尊重する心理が普遍的に存在していたように思われる。ノイマンのいう「太母」（グレート・マザー）が支配する母権制社会である。

新宗教の発展と宮廷の乱脈

紀元三世紀は、セプティミウス・セヴェルス帝（在位一九三－二一一）の治世から始まって、ディオクレティアヌス帝（在位二八四－三〇五）の時代に至る。この百年の間に三十余人の皇帝が出ているが、その大部分は暗殺されている。皇帝在位の期間もせいぜい数年という場合が多い。これは軍部の力が増大し、武力が権力闘争の主な手段になったためである。この百年の間に民衆層から生まれる信仰の心理は次第に上層に及んでくる。民衆は権力闘争には関係ない位置にいるのだが、社会の底辺から起こってくる新宗教の発展は、無方向な政治状況に対する社会心理的反作用のようにみえる。思想の歴史を動かす「時代精神」は、集団を支配する無自覚な集合的無意識から現われてくるものである。

セプティミウス・セヴェルス帝の治世はローマ思想史の転換が起こり始めた重要な時期に当たるので、彼の周辺について少し調べてみよう（セプティミウスと略称）。彼の後しばらくは彼の家系の縁故者が皇帝になるので、セヴェルス朝とよぶ史家もある。その機縁になったのは、彼の妻であったソフィア・ドムナという女性である。彼女は少女時代、シリアの太陽神殿に仕える美しい巫女であった。占星術を信じていたセプティミウスは、幸運をもたらす隕石を求めてシリアまでかけ、ソフィアに出会ったとき、彼女が自分の運命を開く女性だと確信して結婚を申し込んだ。皇帝にまでなったのだから、彼の予感は当たったと言っていいのかもしれない。彼は軍団司令官を長く務めた武断政治家であるが、皇帝としての実績も一応合格と言っていい人物である。彼のことを調べていたとき、たまたまテレビの衛星放送で「遙かなるリビア」という番組を見た。セプティミウスはアフリカ属州出身者で初めて皇帝になった人で、その故郷は現在のリビアにある。彼が建設した都市の中心部分がリビア政府によって砂の中から発掘され公開されたのである。市街の中心にはユピテル神殿があり、その周囲には公会堂や商業地区がある。敷石で舗装された町の通りには、細かな彫刻を施した門が連なっている。昔の皇帝を記念したものが多い。マルクス・アウレリウスは彼の時代既に神格化されていたので、その立派な神廟があって、前庭がレストランになっていたのは面白かった。少々驚いたのは、これらの建築物がすべてこの地の商人たちが寄進したものだったことである。皇帝の地位は莫大な富をもたらす、という実物見本である。付近の海岸にはセプティミウスが建設させた港湾設備の遺跡も残っていた。皇帝の地位を狙って烈しい権力闘争がくり広げられた理由がわかった気がした。

私がこの皇帝に注意をひかれたのは、彼の身辺に男女の奴隷のキリスト教徒が見かけられるからである。彼が病気にかかったとき、キリスト教信者の奴隷が処方した薬がよく効いて快方に向かったという話が伝えられている。また彼の後継者になる後のカラカラ帝の乳母や養育係もキリスト教徒であったという。この時代以後、皇帝の身辺にはキリスト教徒の姿が見受けられる例が多くなるのである。理由はわからない。彼らは名前も残されていない人たちなので想像するしかないが、結局のところ、彼らの人間が信頼されたということだと思う。何の学問もない人たちではあるが、キリスト教徒は死をもって脅かされても権力には絶対反抗しないし、性の純潔を尊重する態度が示すようにモラルへの感受性も強い。皇帝の周辺には陰謀が渦巻いており、現にセプティミウス帝の前任のコモドゥス帝（在位一八〇－一九二）は側近の者から暗殺されている。最高権力者にとって何より重要なのは、彼を取り巻く側近の人間が信頼できるかどうかということである。召使いの心の内面などは問題でなかっただろう。この時期以後キリスト教徒に対する迫害事件は少なくなり、信徒の数は次第に増えてくる。もっともセプティミウス帝は、キリスト教の教理を研究することを禁止する措置を取っている。知識人層にキリスト教が入ることに対して警戒心をもっていたのだろう。

セプティミウスの死後、宮廷は暗殺の舞台になる。彼の後はゲタ帝（在位二〇九－二一一）とカラカラ帝（在位二一一－二一七）の二人が共治帝となった。ソフィア・ドムナはこの二人の母親である。この兄弟は仲が悪く、母親の眼前で兄のカラカラがゲタを殺す。カラカラは夢に出てくるゲタの亡霊に悩まされ、何万人も処刑する暴帝となったが、最後は頼りにした軍の兵士から暗殺される。二人のわが子を失ったソフィア・ドムナは悲しみのあまり自殺した。ソフィア・ドムナには妹がいた。この妹はシリアの首都アンティオキアの宮廷で生活し、結婚して二人の娘がいた。二人とも結婚してそれぞれ男子を生む。ヘリオガバルス帝（在位二一八－二二二）とアレキサンドル・セヴェルス帝（在位二二二－二三五）である。ヘリオガバルスはカラカラ帝の庶子だという噂もある。彼は太陽神エラガバルスの神殿で神官をしていたが、十四歳のとき、反乱を起こしたシリア軍団に担がれて皇帝になった。彼はローマに太陽神殿を建設し、シリアから大勢の舞姫を呼んで盛大なお祭りをしたという。これは新宗教がローマの宗教界から承認された最初の例である。しかしこの少年皇帝は権力の地位に舞い上がって乱行に夢中になり、宮廷は暴走する若者集団の集まりみたいになった。三年後、彼は副帝に起用したアレキサンデルが評判のよいのを警戒し、近衛司令官に暗殺を命じたが、司令官は逆手をとった。ヘリオガバルスは司令官の命令を受けた近衛兵に惨殺され、その死体はローマ市内を引き回しの上、テベレ川に投げ込まれた。彼に代わって皇帝に即位したのがアレキサンデル・セヴェルスである。この人は前任者とは正反対のまじめな人物であった。哲学をよく学び、武術の訓練も怠らず、生活ぶりも質素だったという。これには、皇太后となった母親のソフィア・ママエアの影響が大きかった。彼女は信仰心が深く、キリスト教にも深い関心を寄せていた。アンティオキアの宮廷に里帰りをしたとき、彼女はカエサレア（レバノン付近）に隠遁していた教父オリゲネスを招いて話を聞いたことがある。アレキサンデルがお祈りをする部屋には、ローマの神々の神像に混じってキリストの像も祭られていたという。キリスト教は、上流階級の女性の影響力を通じて次第に支配層に広がって行ったという印象が強い。彼女らにとって、男たちが夢中になっている権力争いや戦争は関係ないことで、日常の平穏な家庭生活の方が大事だったであろう。信仰に対する彼女らの関心はそこから芽生えてきたものと思われる。アレキサンデル帝に関しては、アンティオキアの軍団基地の公衆浴場で兵士たちが女性と混浴していたのを厳しく処罰し、エラガバルス帝時代の乱れた風紀を正そうとした話が残されている。彼は十年以上帝位にあり、善政を行なったと言ってよい人物であるが、最後は母親とともに近衛兵に殺されている。これは次の帝位を狙う人物の策謀だったという。性のモラルの荒廃が兵士たちの層に広く及んできたことは、この時期のいろんな記事からも察せられるが、今は割愛しよう。

セヴェルス朝以後のローマ史は、帝位をめぐる暗殺と内乱の連続で読むに堪えない。暴力と性の荒廃はとどまるところを知らない。たとえばカリヌス帝（在位二八三－二八五）は、民衆の人気とりに公開の大々的な動物虐殺ショーを行なった愚帝として知られているが、女性関係の乱脈もとどまるところを知らず、九人の正妻を次々に離婚、その中には妊娠中の者までいたという。女性の性は権力によって全く蹂躙されたと言ってよいだろう。宮廷は歌姫、踊り子、娼婦であふれ、やくざな取り巻き連中が大臣閣僚になるありさまであった。やがて東方の正帝となったディオクレティアヌス（在位二八四－三〇五）がカリヌスを打倒して、長く続いた帝国の内乱を終息させた。ディオクレティアヌスはローマ史に残る実績をあげた賢帝と言ってもよい人物であるが、キリスト教史では、キリスト教に対する最後の迫害者として知られている。ところが、彼の妻プリスカと娘ヴァレリアのまわりにはキリスト教徒の男女の奴隷が仕えていて、二人は彼らとの語らいを楽しみにしていたという。ディオクレティアヌスがキリスト教迫害策をとったのは二十余年の治世の最後の三年間で、これは副帝ガリレウスの進言に動かされたものである。彼は最後に、自ら皇帝の地位から引退する儀式を行なって、アドリア海の海岸の邸宅に隠退した。こういう例はほかにはない。晩年の彼の望みは妻と娘を手元に呼び寄せることであったが、その希望は果たされなかった。ヴァレリアの莫大な財産と美貌に目をつけたマクシミアヌス帝（在位三〇六－三〇八）が、正妻を離婚して彼女を妻にしたいと所望したのだが、ヴァレリアがこれをキッパリ拒否したため、彼女は母親とともに三十年間各地に流刑となり、最後は斬首された。多くの関係者が殺されたことは言うまでもない。この時代には、キリスト教のほかにもさまざまの新宗教運動が活発になっている。私はそこに、腐敗した権力体制に対する無自覚な反抗とも言うべき集団心理の流れが次第に時代を動かしていったのを感じる。

聖母受胎の伝承と神の女性性

筆者が当時の性風俗に注意したのは、聖母マリアに関する信仰が広まるようになった社会心理的背景として、性の問題があるのではないかと考えたからである。マリアの処女受胎についての伝承は既にマタイ福音書（一章十八節以下）に語られているので、この信仰が早くからキリスト教徒の間に広まっていたことがわかる。処女受胎の伝承について事実のレベルで論議することは無意味だろう。思想史にとって大事なのは、この信仰が人間性について何を語ろうとしているのか、というところにある。私は、人間はその人生をいかに生きるべきかと問うてゆくところから、この信仰に関するさまざまの伝承が生まれてきたのではないかと思う。

ここには次の三つのテーマを見出すことができる。第一は処女性、つまり性の純潔を尊重する心理で、これはモラルの感覚、言いかえれば倫理的意識につながっている。第二は母性にともなう愛の心理である。そして第三は、聖霊すなわち神のみちびきによる受胎という信仰である。心理学の観点からみれば、聖霊とは人間性に潜在する霊性のはたらきを意味すると言ってよいだろう。母性愛の心理と霊性のはたらき（信仰の心理からみれば、神の導き）が結びつくとき、隣人愛つまり人間社会に精神的愛情による結びつきを実現しようと願う心情が生まれてくる。他者への愛は、神への信仰を深め、自己の霊性を育ててゆくところに生まれてくる。

歴史的観点からみると、聖母崇拝を生み出す思想は、実は、新約聖書以前にさかのぼることができる。ユングは、一九五二年に発表した『ヨブへの答え』という著作でこの問題について論じている。彼がこの本を書いた直接の動機は、一九五〇年にローマ教皇庁が聖母の神格化を公認したことに刺激されたためである。

この作品をめぐる問題点については、拙著『ユングとキリスト教』で検討したので、詳しい説明はさけて、心理学の観点から特に注意すべき点についてのべることにしたい。彼がここで主な研究の対象にしているのは、旧約末期の知恵文学と黙示文学に現われてきた聖霊と神の女性性の考え方である。「ヨブへの答え」という題がつけられているので、ヨブ記の考察が中心のように見えるかもしれないが、この題は実は、キリストの誕生はヨブに対する神の答えである、という意味をこめたものである。と言っても、旧約聖書をよく知らない読者にはすぐにはわからないかもしれない。ここでは、旧約聖書の神ヤハウェの強い男性的性格についてどう考えたらよいか、ということが問われているのである。ただしユングが取り上げているのは、人格として見た場合の「神についてのイメージ」であって、神学者のように知的な「神の概念」(考え方)について取り上げているわけではない。

ヤハウェはサタン(ヨブ記では神の子の一人)の誘いに乗ってヨブの信仰心を疑い、道徳的論理的に理由のない数々の災いを彼に下す。思想史の観点からみると、ヨブ記のサタンは悪魔の最初の例であるが、心理学の観点からみると、サタンはヤハウェの人格の内部にある「影」の心理をイメージ化したものと解釈することができる。ヤハウェには強い男性性がそなわっているが、ユングは、そこにはエロスが欠如していると批評している。人間になぞらえて言えば、彼は知的論理によってのみ行為の善悪を判断し、女性性と愛の心情をもたない人格である、ということである。

旧約聖書の時代区分では、ヨブ記のあとは知恵文学と黙示文学の時代になる。黙示文学(エゼキエル書など)は救済の予言をテーマにしたもので、ユダヤ人社会にやがて救世主が現われるという信仰を示している。これに対して、知恵文学は自然界を対象にしていて、宇宙創造における女性原理と聖霊のはたらきがテーマになっている。たとえば次のような句があげられる。「主(ヤハウェ)が昔、そのわざを為し始められる時、そのわざの始めとしてわたし(知恵)を造られた。……また彼が地の基を定められた時、わたしはその傍らにあって名匠となり、日々に喜び、常にその前に楽しみ、その地で楽しみ、また人の世を喜んだ」(箴言八・二二〜三一)。「わたしはいと高き者(ヤハウェ)の口から出た。そして雲のように地をおおう。……わたしはやさしい愛と、畏れと、知識と、聖なる希望の母である。だからわたしは、永遠に、神に選ばれたすべてのわが子たちに献げられる」(集会書、二四・三〜一八)。

「知恵」という言葉はギリシア語ではソフィアで、女性名詞である。「知恵」の女性的イメージは、太古の神話時代の宇宙観が新しい装いをとって復活した姿を示しているようである。一般に神話時代の自然の見方では、男性神と女性神の関係によって宇宙の万物がつくられたとする素朴な考え方がとられている。自然界はそれによって、神から発する霊的はたらきにみたされた生命的自然としてとらえられる。知恵文学に現われた女性原理は、人格的イメージとしては男性神の伴侶ないし協力者であるが、ソフィアのイメージはそれとともに、自然にいのちを与える聖なる霊的はたらきを示している。つまり、神のイメージが男性性と女性性の結合によってとらえられる形に変わってきているわけである。

ヤハウェという神は元来モーセとの契約によってユダヤ人国家の守護神になった神なので、その主な役割は戦争と政治、あるいは社会倫理などの分野に限られていて、自然との関わりは本来なかった。ヤハウェと自然との関係が問われてくるのは実はヨブ記以後のことなのである。ヤハウェは倫理を全く問題にせず、自分は天地を創造した神である、と言う。これは当時ユダヤ人国家が既に滅びていたため、まわりのオリエント神話から影響を受けて、ヤハウェも自然界と関係するようになってきた状況を示しているのである。自然との関係が問われるとき、そこには万物に生命を与える霊的なはたらきがイメージされ、すべての生命を生み育てる根源として、女性性と聖なる霊のみちびきが現われてくる。このような集合心理的状況が知恵文学の流れを生み出したのである。神の女性性は、喜び、希望、愛、楽しみといった生命的感情と結びつく。

要するにユングは、ヨブ記から始まって新約聖書の聖母伝承に至る三百年余りの思想史の成り行きを、一連の文学的な物語としてまとめているわけである。言いかえれば、神はかつてヨブに与えたような、善悪の論理的区別のみを強調する審きを後悔して、みずから処女マリアの母胎に入って、キリスト（救世主）として誕生することを決意した。これが神の「ヨブへの答え」である、というわけである。イメージとしての神の人格は、こうして男性性と女性性を統合する形でとらえられるようになってくる。知恵文学から聖母伝承に至る旧約末期の精神史の動向は、旧約から新約へと移行する思想史の過程を動かしていたユダヤ民族の集団心理を表現しているわけである。

3　人間性と神性

三位一体論をめぐって

コンスタンティヌス大帝（在位三一一―三三七）は、ディオクレティヌス帝の退任以後再び起こった帝国の内乱を鎮めると、新しい首都を現在のイスタンブールに建設する。彼の名前をとってコンスタンティノポリスとよばれる。彼はキリスト教勢力を重視し、古い伝統が残るローマをさけて、新首都にキリスト教勢力を結集する方針をとった。キリスト教の指導者たちはコンスタンティノポリスを中心にして集まってくる。紀元三二五年、皇帝は建設中の新首都にほど近い小アジアのニケーアに彼らを招集し、キリスト教の基本的な教義を制定するよう命じた。これが有名なニケーア公会議である。費用は国庫から支出し、三百十八名の司教のほか、若手の司祭や助祭も多数参加した。皇帝自身もときどき会議に出席して意見をのべたという。

キリスト教の勢力はそれまで各地に自然発生したような状況で発展してきたので、全体として統一された教義はできていなかった。この会議で決定された基本的教義が三位一体 Trinity の考え方である。簡単に言えば、これは「神をどのように定義するか」という問題である。三位一体とは、父である神、その息子である神（キリスト）、および神から人間に与えられる聖霊のみちびきの三つは一体のものである、という考え方である。ただ、その一体性について具体的に説明しようとすると、父と息子の関係をどのようにとらえるかという問題が起こってくる。救世主（キリスト）という言葉はヘブライ語のメシアをラテン語に訳したものであって、元来は、ユダヤ人が待望していた彼らの「苦しみを救う者」という意味である。キリスト教の信徒たちは、人間イエスがキリストであると信じたわけである。ここで、イエスの人格の本質についてどのように考えるのか、彼の本質は神であるところにあるのか、それとも人間であるところに意味を求めるべきなのか、といった難しい議論が生まれてくるわけである。ニケーア公会議では、アタナシウス派の同一本質説とこれに対抗するアリウス派の類似本質説が論争の中心になった。前者は、父である神の本質と息子キリストの本質は全く同一である、と主張する。これに対してアリウスは、息子であるキリストは父としての神と類似した本質をもつ、と主張した。イエスが人間であることにやや傾いた解釈と言ってもいいかもしれない。当時はこのほかにも、イエスは成長してから神の養子になったという養子説、逆に、人間としてのイエスの生涯は単に見かけだけの仮の姿にすぎないと主張する仮現説 Docetism、その他さまざまな意見があったというが、われわれ初学者としては細部に立ち入る必要はないだろう。会議の結論は、アタナシウス説を正統と決定、アリウス説は異端とされた。ただし問題はこれですべて決着したわけではなく、その後両派の勢力争いが起こるのであるが、この対立は教会政治の問題になってしまうので、この争いに宗教の本質を問う霊性と信仰体験の問題を見出すことはむつかしい。

信仰の心理学という観点からみた場合、一つの問題は、神が父と息子という男性的イメージでとらえられていることは何を意味するのか、ということであろう。古典文献学の歴史に即してみれば、「父なる神」という考え方は言うまでもなく旧約聖書のヤハウェのイメージを受け継いでいる。ヤハウェは元来孤独な男性神であった。キリスト教徒は、イエスはこの神の息子であり、したがってわれわれの救世主（キリスト）であると考えたわけである。この場合、イエスは神から来る聖霊のはたらきによってマリアから生まれているのだから、ここで、母親としてのマリアの存在や、その意味について議論してもよい筈であるが、聖母はニケーア公会議の議題にはなっていない。公会議の決議文は残されていないが、その内容を伝えているとされる二世紀の使徒信条には、既に「聖霊によりて宿り、処女マリアより生まれ」という句があるので、公会議に参加した人たちが聖母の伝承を知っていたことはたしかである。そして聖霊とは神と人間を結ぶはたらきであるから、三位一体の考え方の背景に聖霊による処女受胎という信仰があったことも明らかである。では聖母の主題が取り上げられなかったのはなぜであろうか。旧約聖書の伝統を受け継いだからだと言えばそれまでの話であるが、広く言えば、ローマ時代の思想史の背景には、男性性を重視し女性性を抑圧したギリシア以来の思想的伝統が流れていたためと考えられるだろう。

ユングは、三位一体の考え方に対して、四位一体 Quarternity という考え方を主張している（『三位一体論の心理学的解釈』ほか）。これは、三位一体の神に対してさらに聖母を加えることを意味する。ニケーア公会議の論争が神をどう定義するかという点に向けられていたのに対して、ユングは逆に、神の問題を人間心理の観点からとらえ直しているわけである。言いかえれば彼は、神について論理的に定義するのではなく、人間の心理に対応する「神のイメージ」について、われわれはどのように考えたらよいのか、と問うているのである。理論的に言えば、このことは、神性と人間性の関係について心理学の観点から考えてゆくことを意味する。

理論的観点からみると、イエスを父である神との関係だけからとらえることは、その身体性を無視することを意味する。なぜなら、彼の人格の本質は父なる神と一体である点に求められるからである。言いかえれば、母マリアから受けた彼の肉体には神に通じるような価値は認められないという結論になる。つまり、三位一体論に示される人間観は、霊魂にのみ価値を認め、身体には価値を認めないという考え方にみちびくだろう。これがいわゆる霊肉の二元論である。このような霊肉二元論的発想は、その後長くキリスト教史を貫く伝統になってゆく。近代哲学の人間観にみられる心身二分法、あるいはこれと関連する観念論と実在論（唯物論）の対抗関係も、その思想史的系譜を遠くさかのぼれば、霊魂と肉体を分離する古代の二元性の考え方にまで行き着くとみることもできるだろう。これに対して、ユングのいう四位一体性は人間の心理を基礎にした考え方である。つまり、人間性の観点から神性について考える場合、われわれは神の女性性と人間の身体性を重視しなければならない、と彼は言うのである。神と人間を結ぶ聖霊のみちびきは、これによって、心身の統合性とその中に潜在する他者への愛の源泉としてとらえられるようになる。

聖母信仰の歴史心理学

ユングの考え方の基礎には、心理学的観点から見た聖書の思想史がおかれている。前節でのべたように、旧約末期の思想史には知恵文学の発展がみられる。知恵（ソフィア）は宇宙創造の時における神（ヤハウェ）の女性的伴侶であり、また宇宙に生命を与える霊的な息吹き、つまり聖霊のはたらきである。精神史（心理学的観点に立った思想史）の観点に立ってみれば、知恵（ソフィア）という女性的存在は聖母マリアのイメージの先駆者であると言ってもよいだろう。ただし、ソフィアはもともと神話的起源をもつ男性神の伴侶であったのに対して、マリアは人間の女である。彼女が聖母とされるようになった背景にはこの時代の歴史を支配していた社会心理的条件がある。マリアの神話化が具体的な形で表現されたのは、四世紀の外典にみえる被昇天 Assymtio Mariae の信仰が最初である。これは、マリアの死後、その肉体が天上にあげられ、父の神と息子の神の許で復活したという信仰である。この伝承は最初シリアのアンティオキア辺りで生まれたものと推定されている。その後、この信仰は東方地域を中心にしてローマ帝国各地に広まってゆく。

筆者の考えるところでは、聖母に関するさまざまな伝承の背景には、当時の民衆信仰の中に生きていた神話的信仰の心理が投影されている。神話は事実ではないから無意味だというのは近代人の考え方であって、心理学的観点に立って人間性について考える場合、ここには重要な意味がある。なぜなら神話の神々のイメージは、人間の心理を世界に対して投影した産物であるからである。したがって神々のイメージについて調べることによって、われわれは人間性の基礎に潜在する心の構造、つまり霊性のはたらきについて知ることができるわけである。神話の世界では、神が人間の女に子を産ませるという話は珍しいものではない。ホメロス神話にはそういう伝承がたくさん残されているし、日本の記紀神話にも同じような神婚伝説がある（たとえば三輪の大物主神の伝説）。そういう神話的心理に基づいて、初期の信徒たちの中から聖母受胎の信仰が生まれてきたと考えることができるだろう。ローマの知識人の間ではそういう神話的伝承はもはや迷信だとされていたが、民衆の信仰の心理にはなお生きていたのである。

学問的レベルのキリスト教学の研究では、聖母信仰が取り上げられることは少ない。このテーマは民衆の習俗心理と結びついた問題である。民俗心理学あるいは心理的人類学の問題だと言ってもよいだろう。したがってそれは、論理的な教義や思想の研究とはなじみにくい点が多い。聖母の信仰は地中海周辺の古い女神信仰の伝統と結びついていったことが注意される。有名な例としては、小アジアのエペソスを中心とするアルテミス（ダイアナ）信仰のケースがあげられる。アルテミスはホメロスの『イリアス』にもアポロンの姉として登場している女神である。エペソスは哲学者ヘラクレイトスの故郷で、彼が晩年アルテミスの神殿に隠退していたことを思い出す読者もあることと思う。サラミスの司教をしていた教父エピファニウス（三一五－四〇三）の報告では、この地にはコリリディア派とよばれるキリスト教徒がいて、聖母を崇拝する熱狂的な女性信徒が多かったという。同じような例として、エジプト神話のイシス女神の場合があげられる。イシスは有名なオシリス神話に出てくるナイル川の女神である。彼女はオシリスの姉であるとともに妻とされ、悪神セトに殺されたオシリスを再生させ、復活させる女神である。キリスト教がエジプトに入ってから、この女神への信仰が聖母信仰に変容したものと考えられている。またローマ帝政末期の大教皇グレゴリウス（五四〇－六〇四）は、フランス、イギリスなど北ヨーロッパ地域にキリスト教を初めて布教したことで知られているが、先住民の信仰を破壊するようなやり方をとらず、彼らの信仰の聖地をそのままキリスト教の教会にする方針を取った。たとえばパリ郊外にある聖母崇拝の霊場として有名なシャルトルの僧院は、ケルト族の先住民が彼らの女神を祭っていた聖域に建てられている。聖母信仰は、そういう民衆信仰の伝統が地層のように重なった構造から生まれているのである。私は、このように人々の集合的無意識の中に受け継がれてきた心理的伝統には大事な意味があると思う。女神信仰において中心的な役割を果たすのは、地母神つまり「母なる大地」の崇拝である。それはすべての生命の根源を象徴している。このため、地母神信仰は特定の聖地や霊場に対する「場所への信仰」という形をとっている場合が多い。聖母信仰は、現代でも聖地への巡礼と結びついている場合が少なくないことは読者もご存じと思う（たとえばルルドの泉）。

この問題について考えるとき、筆者は、日本の古代にみられる神仏習合の習俗を連想する。仏教が入ってくる以前の日本には神話的信仰が広く行なわれていた。その内容は世界の諸民族の場合と同様、自然界のすべての出来事を男女の神々のはたらきによって理解する素朴な信仰である。日本ではこの場合、山々や海が神々の住む場所とされている場合が多く、日本各地の古い神社には、神話時代からの伝統を伝える聖地が多い。仏教が入った初期、飛鳥奈良時代の寺院は主に政治の中心である首都につくられたが、平安時代から山々に寺院がつくられるようになる。そのため山の神々に対する古い信仰と新しい仏教信仰が結びついてくる。神仏習合とは、神道と仏教が混在している状況と、これに結びついた考え方や習慣のことである。神道は神話時代の信仰の伝統を伝えた宗教なので、キリスト教や仏教のように明確な理論としてつくり上げられた教義はもっていない。このため近代では、神仏習合を論理的明確さを欠いたシンクレティスム（折衷主義）として低く評価する傾向があった。しかし信仰というものの本質は、知的に組み立てられた論理の中に求めるべきものではなく、人間の心理と体験の中に求められるべきものであろう。知性に基礎をおく理論は、信仰を明確な自覚にもたらし他者に伝えるために重要な役割を果たすけれども、それが霊性体験の基礎から遊離すれば空転してしまうだろう。

瞑想とイメージ体験

ローマ帝国の思想史を振り返ると、紀元三世紀は、新宗教が次第に勢いを増してくる時代に当たる。この時期の思想をみると、哲学と宗教の区別はつけにくいが、このころからグノーシス教、教父哲学、新プラトン主義の三つが活発に競い合う状況がみられる。ギリシア哲学との関係からみると、この三者はいずれもプラトン哲学と関係が深い。ここで気になるのは、これらの運動がいずれもエジプトからさかんになってきていることである。最も早くその活動が知られているのは、グノーシス教の代表者とされるヴァレンティノス（一〇〇－一六五）である。彼はアレキサンドリアの出身で、紀元一四〇年ごろにローマに来て活躍したといわれている。これはまだ五賢帝時代のことである。もっともこの人物の著作は何も残っていないし、どんな活動をしたのかもわからないが、教父のテルトゥリアヌス（一六二－二二二）やヒュポリトス（一七〇－二三五）がグノーシス批判の文章を残していることや、逆にオリゲネス（一八五－二五四）がグノーシス教から大きな影響を受けているところからみても、二世紀ごろからグノーシス教の運動が活発になってきたことが察せられる。グノーシス教の思想内容が直接資料によって知られてきたのは第二次世界大戦以後のことであるが、その世界像はエジプト神話の伝統にギリシア思想が重なり、その上にイエスに対する信仰がおかれるという複雑な形をとっている。これについては後でふれることにするが、思想史の展開の順序から言うと、まずグノーシス教の活動が注目を浴び、これに対抗するような形で教父哲学と新プラトン主義が知識人階級の間でも盛んになってきたものらしい。

オリゲネスとプロティノス（二〇五－二六九）の二人もエジプトに縁が深く、ともに若いころアレキサンドリアでアンモニオス・サッカス（一七五－二四二）という謎の人物から教えを受けたという伝えが残されている。サッカスというのは穀物袋という意味で、袋担ぎという意味のニックネームらしい。彼はまた、人々からアレキサンドリアのソクラテスともよばれていたという。しかしオリゲネスは父の代からのキリスト教徒で、アレキサンドリアの教理学校でクレメンスからプラトン哲学を学び、この学校の校長にまでなっているので、サッカスから学んだのは哲学の知識ではないだろう。プロティノスの方は言うまでもなく、新プラトン主義を代表する哲学者である。これは想像の域を出ないことであるが、私は、この二人がサッカスから学んだのは学問的知識ではなくて、瞑想法や修行法だったのではないかと思う。この人物はソクラテスになぞらえられているし、エジプトは修道院運動の発祥の地である。先に名前をあげた聖アントニウス（二五一－三五六）は修道の父とされる人であるが、無学で著作もない。彼が砂漠に入って修行生活を志したことは、もっと古い時期から修行法が発達していたことを示しているのではないかと思う。

オリゲネスとプロティノスには似た特徴がある。この二人はいずれも去勢している。これは禁欲主義的生き方の現れと言えるだろう。プロティノスが瞑想の修行をしていたことは知られている。彼の伝記を書いた弟子のポリュピュリオス（二三二－三〇五）によると、彼は生涯に四度、神と出会う見神の体験をしたといわれている。彼の用語では、瞑想はエクスタシス（脱我）つまり我を忘れたエクスタシーの体験である。これは仏教でいう無我の体験に似た経験であろうと思われる。

グノーシスの人間観と仏身論

グノーシスという言葉は霊的体験の知恵を意味する。これは教父哲学と新プラトン主義にも共通した瞑想修行の体験を指している。その体験内容は教父文書の中にも散見する。主にイメージをともなう幻視体験が多い。先にふれた殉教司教キプリアヌスの書簡にも幻視についてのべたものがある。グノーシス教では、人間を三つのクラスに分けている。低い方から言うと第一は肉的人間で、これはローマ人を指している。彼らは肉体が生きている現世しか知らない。第二は、瞑想によって体験される心魂（プシケ）の次元、すなわち中間界を知っている人々で、これはキリスト教徒を指している。そして第三がグノーシス教徒で、彼らは最高天であるアイオーン界に達した霊気（プノイマ）的人間である。これに対してオリゲネスの分類では、第一は無神論者で、これはローマの一般民衆を指している。第二の中間界はローマの知識人哲学者に当てられている。第三はキリスト教徒が達する次元で、これは中間界でもより上位の次元とされている。第四の最高天にまで到達できるのはキリスト教徒の中でも少数のエリートだけであって、彼らこそ霊気的人間なのである。プロティノスの場合は、最高天を光で示される「一者」（ト・ヘン）または「神」（ホ・テオス）で示す。最低の次元が物質（プラトンの言う「質料」）から成る世界である。

東洋と比較した場合、修行体験のランクを区分するやり方は大乗仏教の仏身論にみられる。その三身説では、応身、報身、法身を区別する。応身は肉体のブッダである。ブッダという言葉は元来「真理を悟った者」という意味なので、釈迦に限られるわけではない。応身はむしろ修行者がそなえている人間一般の身体を指している。第二の報身は瞑想の訓練を積んだ人が得る身体である。グノーシスでいうプシケ（心魂）の次元、つまり中間界に達した身体に対応している。第三の法身（ダルマ・カーヤ）は「真理の身体」を意味する。この仏身論と似た考え方はヨーガの瞑想法にもあって、粗大身、微細身、原因身という三段階の区別をしている（身体の原語は、仏身論ではカーヤ、ヨーガではシャリーラである）。原因身 causal body と訳されるカーラナ・シャリーラは、すべてのものを作り出す最高の身体という意味である）。つまり仏身論は同時に心（霊性）の段階論なのである。

仏教における三つの身体の区分は、グノーシス教の分類法と似ているが、仏身論は他の哲学に対抗する意図はもっていないのに対して、グノーシス教の場合は、自分の宗派の体験が他に優ることを主張している。教父文書の場合は無論、キリスト教の体験が絶対であることを示そうとしている。教父たちが書いた異端反駁書には、グノーシス教の文書を引用して、これに批判を加えている。この場合、旧約聖書が論争の基準テキストになるので、グノーシス文書と教父文書では個々の言葉が意味する内容に全く違った解釈がつけられるようになる。たとえば、創世記のエデンの園でエバを誘惑する蛇は、グノーシス文書では最高天の神からの秘密のメッセージを伝える使者と解釈されている。当時の文献はそういう聖書解釈論争の産物なので、そこに出てくるイエスの姿も文学的想像に基づいてふくれ上がった奇妙なものになってしまう傾向がある。

筆者はここで、祈りと瞑想の体験を取り扱う場合の方法論の違いについて考えさせられる。グノーシス文書や教父文書には、祈りと瞑想の体験そのものを分析するという姿勢はなく、それに基づいて聖書の字句やイエスのイメージについて解釈するという態度をとっている。理論的には、神性の立場から人間と世界の意味を考えるという観点を取っているわけである。これに対して仏教の伝統では、瞑想の体験を分析する場合、ふつうの人間の心理から出発する。したがってその内容は、現代人にとってもあまり違和感は与えない。瞑想について分析したテキストは、人間の心身にともなっている「煩悩」の分析に基づいて、「悟り」の彼岸に至る道を指し示す方法を取っている。煩悩は肉的人間がとらえられている心身の状態であり、悟りは霊的人間が経験する心身の状態を意味することになる。上座仏教のアビダルマ論、大乗仏教の唯識論などはその体験過程を分析したテキストである。ダルマ（法）とは心理作用を分類したもので、その多くは煩悩であるが、悟りの心理も少しは入っている。煩悩の心理作用は有為法（ダルマ・サムスクリタ）とよばれ、悟りの心理作用は無為法（ダルマ・アサムスクリタ）とよばれている。無為とは何も結果（カルマ）を残さない清浄さという意味である。これらの文書には神々のイメージなどは全く登場しないから、現代人にとっても、心理分析のテキストであることはすぐにわかる。現在、欧米の心理学者たちはこれらのテキストとともに継承されてきた瞑想修行の技法を取り入れて、新しい心理療法の技術を開発している。患者にイメージ訓練をさせて治療に役立てるのであるが、治療者である彼ら自身も瞑想修行を実践し体験している場合が多い。その結果として、仏教への関心がだんだん深くなる傾向がみられる。これについては、終りの章で考えることにしよう。

グノーシス教の女性重視

ところでグノーシス教の宇宙論は、根源の八性（オグドアス）とよばれる男女ペアになった存在から始まる。まず原父（プロパテール）あるいは深淵（ビュトス）とよばれる男性性と沈黙（シゲー）とよばれる女性性のペア、つづいて英知（ヌース）と真理（アレテイア）、ロゴスと生命（ゾーエー）、人間（アントロポス）と教会（エクレシア）。これらの言葉はギリシア語で、男性名詞と女性名詞を使って具体的な人間的イメージをさけ、抽象化された知的観念にされている。これらの存在から成る最高天（アイオーン界）はプラトンのイデア界を念頭においたものであるが、ギリシア以前の古いエジプト神話の伝統も入っているようである。最高天であるアイオーン界の中心にはイエス・ソーテール（救世主）がおかれる。この最高天の外に追い出されたのがソフィア（知恵）である。彼女は原父に対する近親相姦的情熱にかられて、ひとりで罪の子ヤルダーバオト（恥の息子、混沌の王）を生む。ソフィアには聖母の処女懐胎のイメージとつながるところがみられるようである。ヤルダーバオトはヤハウェを変形させたイメージである。彼は人間を責める神であって、最高天からくる光のメッセージを遮っている。この光のメッセージをもたらすのがエデンの園に現われた蛇である。ヤハウェをこのように扱ったのでは正統キリスト教徒が反撃したのも当然という気がするが、当時キリスト教の正典（新約聖書）はまだ確定されていたわけではないので、この時期の文書にはグノーシス教に通じるような内容をもつものも多数見出される。正典と比べた場合、その特徴は『ヘルマスの牧者』のように女性のイメージを重視しているところにある。

二世紀の外典『信仰の知恵』pistis sophia『フィリポ福音書』『トマス福音書』などでは、マグダラのマリアが重要な役割を果たしている。マグダラのマリアとはイエスの直弟子だったと伝えられる女性である。イエスはすべての弟子に勝って彼女を愛し、彼女にキスしたとか、ペテロが彼女に対して怒ったというような話が伝えられている。教父エピファニウス（三一五 - 四〇三）の異端反駁書に引かれた文によると、イエスはあるとき、マリアをともなって山上に上り、自分の脇腹から女性をつくり出し、これと交わった。さらに自分の精液を飲んだ。驚いて卒倒したマリアを助け起こしたイエスは、彼女の信仰はまだ不十分だと叱ったという。こういう当時の文書に描かれたイエスの姿は、民衆の感受性に訴えることを意図した文学的フィクションである。このように奇怪なイエス像が生まれてくるようでは、キリスト教会が正典を定めて異端的なイエス理解を排除しようとしたのももっともだという気もしてくる。

筆者がグノーシス教に注意するようになったのは、ユングの研究からである（『アイオーン』）。彼はまた、グノーシス主義者の瞑想体験と東洋の瞑想体験との類似性に注目している。ユングは中国の道教の瞑想法のテキスト『黄金の華の秘密』（『太乙金華宗旨』）を読んで、その瞑想体験の内容がグノーシス教とこれに関係の深い古代錬金術に通じると考えたのである。当時グノーシス教の古写本はまだ発見されていなかったので、彼は古代教父の異端反駁書の中に記されている記事に注意した。ヒュポリトス（一七〇 - 二三五）の『全異端反駁』の中には、グノーシス教各派についての紹介がある。私が調べたことは拙著『ユングとキリスト教』（第二章「グノーシス主義」）に記してあるが、ここではヒュポリトスに見えるグノーシス教の一派ナース派の信仰について少し紹介しておこう。ヒュポリトスによると、彼らは「息子なる神は蛇である」とか、蛇は父なる神のしるしを天上から伝えて彼ら（ナース派の人々）の眠りを覚ます、などと言っている。

その様子は、黒い原油に火がついて燃え上がるようだとか、磁石が鉄を引くようだ、といった説明があって、「私は門である」（ヨハネ福音書、十章九節）という聖書の句の意味はこのことである、と記している。原油が燃え上がるというのは光の幻覚らしい。『黄金の華の秘密』では瞑想法を「光の回転（回光）」とよんでいて、瞑想が深まると体内に黄色い珠が生まれる、と記している。また磁石が鉄を引くようだという説明は、瞑想中にトランス状態になって、身体が動かされるような体験を言っているように思う。筆者は『黄金の華の秘密』を調べていたころ、瞑想法を学んでいたので、その経験からも、こういう記事は瞑想体験の記述であるというユングの説明をなるほどと思ったことがある。修行者の仲間に聞いても、瞑想の訓練を積んだ人たちはイメージをともなった経験をよくするのである。こういう記事は、ふつうの理論的説明として読んだのでは全く意味が通じない。つまりユングが注目しているのは、グノーシス教の思想とか哲学理論ではなくて、彼らの瞑想体験の内容なのである。グノーシスという言葉はもともと神秘的あるいは直観的な知恵を意味する。心理学の観点に立ってみれば、このことは、瞑想体験の基本的性質は二千年前の人間も現代人も変わりがないということを示している。

ユングは教父哲学の文献についても同じような観点から見ている。これは三位一体論に関する彼の論文の中に見える例で、オリゲネスの弟子グレゴリオス・タウマトゥルゴス（二一〇頃–二七五頃）という教父が瞑想中に見た幻視体験についての報告である。タウマトゥルゴスというのはニックネームで「奇跡行者」と訳されている（これはギリシア語の「驚く」［タウマゼイン］から来ている）。グレゴリオスの報告は『三一神の信仰告白』という題がついているが、彼は聖処女（マリア）と聖ヨハネの姿を幻視して、一気にこの文章を書いたと伝えられている。告白文はまず「唯一の神」を知恵と力と永遠の存在とし、次に「唯一の主」（キリスト）を神性そのもの、力あるロゴス、死をこえて存在するものとのべ、最後に「唯一の聖霊」を神から来るもの、息子を通じて現われるもの、完全なる神の完全なイメージ、聖なる命の源泉、とのべている。

「聖霊」のはたらきは、父子一体の神ばかりでなく、時には聖母や聖者などのイメージをともなう心理体験であることがわかる。

参考のため教父事典でグレゴリオスの経歴を調べてみると、当時の知識人たちがどのようにしてキリスト教の指導者になっていったのかという状況がよくわかる。グレゴリオスはシリアの上流家庭の生まれで、キリスト教のことは少年時代から耳にしていた。法律の勉強のために弟と二人でエジプト方面に旅立つが、途中カイサレア（レバノン付近）にいた姉のところに立ち寄る。姉の夫はこの地にあるローマ総督の役所に勤める官吏であった。ところがカエサリアはオリゲネスが隠遁生活を送っていた場所で、二人はその講義を聞いて感動し、キリスト教に入信する。グレゴリオスはやがて故郷の町の司教に任命されるが、当初信徒数は十人あまりしかいなかったという。彼の布教活動で信者が急増してゆくのである。奇跡行者というニックネームは、彼の伝記を書いた四世紀の教父ニュッサのグレゴリオス（三三一－三九六）がつけたものである。こちらのグレゴリオスはカッパドキア三教父といわれる有名な教父たちの一人である。カッパドキアは小アジアの内陸部にある辺境であるが、ここは官憲から処罰されたキリスト教指導者の流刑の場所で、彼らもこの地で祈りと瞑想の生活を送っていた。都市を舞台にして展開されるこの時代の政治や戦争の陰で、信仰体験の心理的影響力が次第に民衆の間に広がっていった状況がわかるのである。

グノーシス教と古代錬金術

古代錬金術はエジプトの神話的科学から生まれている。錬金術の開祖はヘルメス・トリスメギストスという伝説上の人物とされているが、これはエジプト神話の書記神ヘルメス・トトから来た名前である。歴史に名前が残っている人物としては、三世紀のパノポリスのゾシモスという人が最も古い例だという。古代錬金術について私が調べたことは『ユングとヨーロッパ精神』（第一章「錬金術の運命」）に書いておいたが、ここではキリスト教との関係について紹介しておこう。ゾシモスによれば、聖書の中には女と交わったサタン（堕落天使、悪魔）の話が語られており、サタンは女たちに創造の秘密（技術）を教えたので、天国から追放されたという。これは旧約聖書創世記（六章一～四節）に、神の子たちが人間の娘の美しいのを見て自分の好きな女を妻にしたという記事を指している。このあと、文明を破壊するノアの箱舟伝説の大洪水が起こる。さらに外典のエチオピア語エノク書には次のような記事がある。「彼らは妻を娶り、各人一人ずつ女を選び、これと関係をもって交わり始めた。また女たちに医療や呪術を教え、薬草の根や灌木の切り方を教えた。……アザゼルは剣・小刀・盾・胸当ての作り方を人々に教え、金属とその製品、腕輪、飾り、アンチモンの塗り方、眉毛の手入れのしかた、各種の石の中でも選りすぐったもの、ありとあらゆる染料を見せた。その後、甚だしい不敬虔なことが行なわれ、人々は姦淫を行ない、道を踏み外し、その行状はすっかり腐敗してしまった。……バラクエルは占星術を、コカビエルは天体のしるしを、タミエルは星の観察を教え、サハリエルは月の運行を教えた」（七章一－八章三）。このエノク書はヘブライ語からエチオピア語に訳されたもので、アフリカで栄えたマニ教の正典『巨人の書』に影響を与えたといわれている。

教父テルトゥリアヌス（一六二－二二二）は錬金術を強く批判した言葉を残しているが、その内容は右のエノク書の記事とよく一致している。「彼ら（堕落天使たち）はこの世の快楽の秘密をもらし、金銀・化金石（合金）をつくり、髪を染める術を教えた。……彼らはこの世の魅力、黄金、輝く石、彼らの化金石の魅力を地上に発見した。……彼らは金属の秘密を明らかにした。彼らは植物のはたらきと呪文の力を教えた。彼らは、星の科学についても独特の原理を唱えた。」テルトゥリアヌスはさらに、これらの堕落天使を魔術師、占星術師、数学者と同一視して、彼らをローマから追放せよと主張している。彼の見方は、錬金術とこれに関係の深いグノーシス教に対して、アフリカのキリスト教徒が抱いた反感の一端を伝えている。グノーシス思想の最初の提唱者ヴァレンティノス（一〇〇－一六五）はアレキサンドリアからローマに来て活躍したといわれるが、テルトゥリアヌスの錬金術批判もエジプトのキリスト教徒からローマに伝わったものらしい。テルトゥリアヌスはカルタゴの出身なのである。錬金術の中には、エジプト文明の古い伝統とギリシア文化が合流して生まれた装飾品などに関する技術があったわけである。古代の錬金術師としては、先にふれたパノポリスのゾシモスの外にも女予言者マリア Maria Profetissa とよばれるユダヤ人女性の名が残されており、彼らの信仰はグノーシス教あるいは新プラトン主義だったといわれている。キリスト教徒といってもその信仰は人によってさまざまであったろうが、禁欲主義の情熱が強かったアフリカのキリスト教徒は、錬金術によって作り出された宝石、装飾品、染色技術などを嫌ったのではないだろうか。古代錬金術は、キリスト教がローマの国教になった四世紀以後シリア方面に追放され、後にイスラムが起こってからアラビア文明圏で復興し、中世以降ヨーロッパに再び入ってくる。

ユングの錬金術研究は一般の思想史研究からは無視されているので、ここでちょっと説明しておきたい。彼が研究の資料として使ったのは中世のアラビア文明圏およびルネサンス時代を中心としたもので、古代錬金術については資料が少ないために取り上げていない。彼の関心は思想史に向けられているわけではなく、錬金術師が祈りと瞑想の訓練を行なっていたという点に向けられている。彼らは、瞑想の中から現われてくるさまざまのイメージを彼らの化学的作業に投影して、物質変化の過程を解釈していた。ユングが注目しているのは、その錬金術師たちの内的イメージ体験のプロセスなのである。要するに彼が言いたいことは、グノーシス教や教父哲学の場合と同様、昔の人たちが無意識について体験していた内容や性質は現代人の場合と基本的に変わらない、という事実なのである。

聖霊の心理学

このように考えてくると、心理学の観点に立った場合、三位一体論において重要なのは「聖霊」Holy

Spirit の考え方であることがわかる。「父親」と「息子」という形でとらえられる神のイメージにはローマ時代の知的思想が入っているのに対して、聖霊の考え方には時代をこえた人間心理のはたらきが見出されるからである。

アウグスティヌス(三五四-四八〇)の三位一体論は古代キリスト教の教義を完成したものとされているので、その内容について紹介しよう。(拙著『ユングとキリスト教』第三章参照)。彼はまず、外界の事物に向かう人間の心理的態度の中に「外面的人間における三位一体の跡」を見る。そこには対象の「存在」と、それを「知る」はたらきが前提されているが、そのはたらきの底には「自己愛」つまり欲望としての愛がはたらいている。たとえば視覚を例にとると、対象の「存在」は物の「形」visio として与えられている。これを見ているのが自分の「心」mens (mind) である。この「形」と「心」の間には対象を志向するはたらき intentio が見出される。アウグスティヌスは、この志向作用を「精神のまなざし」とよんでいる。志向作用を基本にして、対象の「形」つまりヴィジョンと自分の「心」の関係をとらえようとする彼の方法は、現代の現象学でいう志向性 intentionality の考え方に通じるところがあると思う。彼は、この「精神のまなざし」の底には「自己についての知」と「自己愛」がある、と言う。これは、自我意識とその底にある対象への欲望を指している。

真の三位一体を知るためには、このように外界の事物に向かっている「精神のまなざし」を自分の心の内部へ方向転換することが求められる。これが「精神の訓練」であり、自己自身についての直観知である。彼の言う「精神の訓練」は祈りや瞑想の修行を指している。彼は自伝の『告白』の中でこんなことも言っている。われわれが意志を外界の事物に対する感覚から完全にそらし、内的なイメージに向かって集中するとき、「記憶」memoria (無意識) の中から直観像のようなものが出現してくることがある。それは、理性をもっている人であっても、外的な物体が見られているのか、それとも単に内的なものを見ているのか、区別できないほどはっきりした物体の形のイメージである。そういう直観像を見たとき、人は思わず恐怖の叫びをあげたり、真に迫った女の裸体を見て思わず精液をもらすことさえある。こういう例は、夢、狂人たちのおちいる妄想性幻覚、予言者や占い者のおちいる放心状態などと同じ種類のものであって、それぞれに違った点はあるが比較可能なものである、と彼は言う。現代的観点から見ると、アウグスティヌスは深層心理学や精神医学の視点に立って、霊性のはたらきについて考えていると言ってよいだろう。

アウグスティヌスがキリスト教に回心したときのエピソードとして、次のような話が伝えられている。彼が庭園にいたとき、子供たちが「取って読め、取って読め」と歌っている声が聞こえた。そのとき彼は霊感に打たれた気がして、パウロの「ローマ人への手紙」（十三章十三節）を読んだ。「酒宴と酩酊、淫乱と好色、争いと妬みを捨て、主イエス・キリストを身にまといなさい。欲望を満足させようとして、肉に心を用いてはなりません。」彼は少年時代、両親や裕福なパトロンが彼の才能を認めたおかげで学校教育を受け、十七歳のときカルタゴの上級学校に入学した。しかしこのころは上流社会の気風から影響を受けて、遊蕩生活をしたこともあったらしい。マニ教の信者になった時期もあるが、母親のモニカがキリスト教に入信してから、関心をもつようになったといわれている。このパウロの手紙の一節は、当時のローマの上流社会の状況をよく伝えている。

アウグスティヌスは自己の内部から開けてくる経験の領域を「記憶」memoriaとよんでいる。これは、彼がミラノの大司教アンブロシウス（三三九－三九七）から学んだプラトン哲学のキリスト教的解釈をさらに発展させたものと言うことができる。プラトンの『パイドン』や『国家』の中には霊魂の輪廻転生についてのべた部分がある。霊魂はこの世に再生してくるとき、前世に経験したことの記憶を失っている。その失われた記憶を思い出すこと、いわゆる回想（アナムネシス）がイデア界を知ることにつながる。このプラトンの説は照明説（Illumination theory）とよばれているが、心理学の観点から言えば、無意識から起こってくる直観や霊感のはたらきを指していると言ってよいだろう。このプラトンの霊魂観はオリゲネスに影響を与えたといわれる（霊魂先在説）。当時の教父たちはプラトンをよく研究していたから、輪廻説もよく知っていた筈である。ニケーア公会議で輪廻説をどう扱うかが議論されたという説もあるらしい。アウグスティヌスは輪廻の考えは否定したが、「精神のまなざし」を自分自身の内部に向ける訓練が重要であると考えている。言いかえれば、深い祈りと瞑想の体験は自己の魂の中にもともと先在している記憶を回想することである、と考えているのである。しかしまた霊性の世界というものが単純で純粋なものではないこともわかるのである。そこには肉体の欲望から来る暗い体験の領域がある。アウグスティヌスは「記憶」の世界の状態を説明するために、洞窟、広大な奥の院、隠れた場所などという暗いイメージを隠喩として使っている。ユングの用語で言えば「影」shadow の世界である。そこには悪魔も住んでいるわけである。真の意味の「霊性」はそういう領域をこえて、より深い奥へ奥へと無限に進んで行くときに次第に開けてくる。その「開け」の状態を神性の次元とよぶのである。

再び信仰と政治について

アウグスティヌスが教えを受けたミラノの大司教アンブロシウスは、キリスト教の勝利を確立した人物である。彼は元来俗人で法律の大家だったが、アタナシウス派とアリウス派の対立を調停するように依頼されて、公開の席でみごとに解決したため、その場で司教に就任するように頼まれたのであった。政治的判断力は的確な人だった。当時、帝国の首都はローマでなくミラノに移っていた。宮廷の皇后周辺からアリウス派を重視するようはたらきかけがあったとき、彼はピシャリと断っている。当時の皇帝たちはアンブロシウスに頭があがらなかったようである。

第1節（「修道院運動について」）で既に記したことだが、テオドシウス帝（在位三七九－三九五）はエウゲニウス帝（在位三九二‐三九四）との決戦に先立って、エジプトの砂漠の高山に住んでいるリコポリスのヨハンネスのところへ神託を伺う使者を派遣した。この人物は五十年以上もわびしい庵室に住み、女の顔さえ見ず、火で調理した食物はとらず、祈りと瞑想の生活をしていた。しかし土曜と日曜だけは小窓を開いて、信者たちのさまざまな願い事を聞いていた。彼は修行体験によってその潜在能力を開発し、ギリシアの巫女の神託と同じ性質の答えを与えることができたのである。テオドシウス帝はエウゲニウス帝との決戦場をイタリア内部に選び、宦官エウトロピウスをはるばるエジプトまで派遣して、決戦の予測について聞いた。ヨハンネスは流血の戦いになるが勝利すると答えた。テオドシウスは勇気百倍、敵を破り降伏させた。このとき大司教アンブロシウスは帝を抱いて、ローマ帝国の西半分の支配権を授ける、と彼に告げたという。デルポイの神託を思い出すが、この話は、元来政治とは無関係だった修道院運動の底辺から起こった信仰の熱気が政治の上層部にまで達したことを示している。

三八八年、衝撃的な事件がメソポタミアで起こった。キリスト教徒がユダヤ教の寺院を襲撃して破壊したのである。テオドシウス帝は、キリスト教徒は弁償して寺院を再建すべきであると決めた。しかしアンブロシウスは帝の方針を撤回させた。三九〇年、戦車競技のスターを逮捕した将軍が群衆から惨殺された。テオドシウス帝はこの時、兵力を使って円形闘技場を囲み、七千人を殺した。アンブロシウスは、この処罰は行き過ぎだとして、帝に対して悔悛の式をするように指示した。その二年後の三九二年、テオドシウスはついにキリスト教をローマ帝国の唯一の国教とする皇帝命令を発したのである。

アンブロシウスは政治家だったばかりでなく、司教就任後、キリスト教について深く研究し、多くの著作を残している。オリゲネスはもちろん、ユダヤ教の哲学者フィロンまで調べている。彼はまた、教会音楽に関する作詞作曲もしていて、キリスト教音楽史の草分けとされている。有名なグレゴリオ聖歌は大教皇グレゴリウス（五四〇‐六〇四）が制定したものであるが、その基礎をおいたのはアンブロシウスである。グレゴリウスは中世キリスト教の基礎を定めた人とされている。古代キリスト教の歴史はここで幕を下したと言ってよいだろう。

4 奇跡論の周辺

イエスの癒しのわざについて

キリスト教が広まる過程では、奇跡の信仰が大きな役割を果したといわれている。奇跡は、近代人には容易に受け入れかねることである。哲学者のジョン・ロックは、奇跡は存在しないと言っている。彼の時代はニュートン物理学が確立され、科学革命が完成したところである。科学が宗教に勝った時代だと言ってもいいだろう。だが現在、この問題については学問的方法に基づいた新しい見方が生まれてきている。

奇跡の信仰としてまずあげられるのは、イエスが行なった「癒し」の技の問題である。福音書には、彼が苦しんでいる多くの病人を治癒したことが語られている。これらの記述をすべてつくり話とすることはむつかしい。無学な人々が、言葉による説教だけでイエスの教えに従うようになったとは考えられない。彼らは、何らかの事実を体験し実際に見聞したことによって、イエスの信仰の中にある真実を感じとったのだと思う。現代風の言い方をすれば、新宗教の現世利益と言ってもいいかもしれない。現代では、医療人類学などが発展し、古いシャマニズムの呪術的医療などの意味と価値が見直されるようになっているし、霊性医学 spiritual medicine という言葉も聞かれるようになっている。

われわれが考えなければならないのは、イエスが彼の「癒し」のわざをどのように理解し意味づけていたかということである。彼はそれを、人間に対する神の愛のあかしであるとしている。神は、苦しんでいる人々を哀れみ、愛し、苦しみから救おうとしておられる、とイエスは言う。それは病気の苦しみばかりではない。ここには倫理についての基本問題がある、と彼は言っているのである。彼は、神の愛にならって「自分を愛すると同じように他人を愛しなさい」と言う。いわゆる隣人への愛である。仏教でいう慈悲に通じる考え方であるが、ここで大事なのは、イエスのいう神の愛が、イエスを信じている人々だけでなく彼を信じない人々にまで及んでいる、ということである。右の頬を打たれれば左の頬を出せ、という言葉の意味はそこにあるだろう。われわれは、神の愛は神を信じない人々にまで及んでいると言ったイエスの言葉の意味について、心理学の視点から考えなければならない。そこにはすべての人間の内に霊性のはたらきが潜在するということが示されている。霊性は人間愛につながる、とイエスは説いているのである。

パウロの回心について

次に有名なパウロの回心についての伝承を取り上げてみよう。次の文にあるサウロとは回心以前のパウロの名前である。「サウロはなおも主（イエス）の弟子たちを脅迫し、殺そうと意気込んで、大祭司のところへ行き、ダマスコの諸会堂あての添書を求めた。それは、この道に従う者を見つけたら男女を問わず縛り上げ、エルサレムへ連行するためであった。ところがサウロが旅をしてダマスコに近づいたとき、突然、天からの光が彼の回りを照らした。サウロは地に倒れ、『サウロ、サウロ、なぜ私を迫害するのか』とよびかける声を聞いた。『主よ、あなたはどなたですか』と言うと、答えがあった。『私はあなたが迫害しているイエスである。起きて町に入れ。そうすれば、あなたの為すべきことが知らされる。』同行していた人たちは、声は聞こえても誰の姿も見えないので、ものも言えず立っていた。サウロは地面から起き上がって目をあけたが、何も見えなかった。人々は彼の手を引いてダマスコに連れて行った」（使徒行伝、九章一～八節）。

このような体験について取り上げる場合、信仰の心理に基づいて考えるか、それとも人間性の心理学に基づいて解釈するか、という立場が分かれてくる。しかしわれわれはその前に、まず体験の事実そのものを認める態度を必要とする。哲学の用語を使うと、これは現象学でいう「判断停止」（エポケー）である。判断を停止するとは、そこに見出された「事象そのもの」つまり体験内容を体験の事実として認めることを意味する。事実の「意味」について考えるのは、その後のこととしなければならない。ここで信仰者の心理に立って言えば、イエスは今も天上に生きていて、人間に語りかけている。イエスはその死後も生きつづけ、われわれに語りかけている存在である。これに対して、心理学の立場から考える場合は、この体験はパウロの幻覚である、とする解釈も可能である。精神医学の立場から、幻覚とは病理的な現象であるとみる医学者もあるだろうし、そうとは断言できないという医学者もいるだろう。その判断は各自が決めればよい。そしてもしパウロが体験した事実は病理的なものではないと考える場合は、信仰の心理とつながる考え方をとることになる。そこには、すべての人間がそなえている霊性の問題が見出される。

ステパノの殉教をめぐって

ステパノというのは、キリスト教の歴史で最初の殉教者である。ギリシア語がよくしゃべれる人で、エルサレムにできた最初のキリスト教会の執事だった。彼の説教を聞いていたユダヤ人たちが怒って、石で彼を殺した。その仲間にはパウロも入っており、ステパノを殺すことに賛成していた（使徒行伝、七章五十四節～八章四節）。

テオドシウス二世（在位四〇八－四五〇、東ローマ）の四一五年、エルサレムの長老で郊外のカパルガマラ村の牧師をしていたルキアノスが不思議な夢を見た。この夢は三回もくり返された。長い髭に白い長衣、手に黄金の杖をもった神々しい姿の老人が「私の名はガマリエル」と名乗った。これはパウロの師匠だった人である（使徒行伝、二二章三節）。驚く長老に向かってガマリエルは、私の遺骸はわが子アビバス、友人ニコデモ、および有名な殉教者ステパノの遺骸とともに近くの野原に埋められている。どうか自分たちのことを世の人々に知らせてほしい、エルサレムの長老に知らせる役としてあなたを選んだのだ、と語った。この発掘にはいろんな困難があったが、その後も新しい幻視体験が現われ、エルサレムの長老が、つきとめられた場所を群衆の見ている前で掘らせた。ガマリエル親子と友人の棺はきちんと並んでいたが、ステパノの遺骸を収めた第四の棺に光が当たると、地面は震え、芳香が漂い、発掘を手伝っていた七十三人の病が癒されたという。ガマリエルら三人の遺骸はそのままカパルガマラ村に葬られたが、ステパノの遺骸と遺品はシオンの山上に建てられた教会に祭られ、その血や骨までが奇跡的効果をもったという。この話はアウグスティヌスの著作『神の国』の中に多くの他の奇跡とともにのべられている（『神の国』二十二巻二十二章）。

ステパノの遺骨の一部は、発見の翌年ミノルカ島に運ばれた。このとき、司教セヴェルス、キリスト教徒のテオドラ、それにユダヤ教徒のテオドロスが未来を予知する夢を見た。この島ではキリスト教徒とユダヤ教徒が対立していた。テオドロスはユダヤの獅子イエスの恐ろしい夢を見た。テオドラと司教は寡婦（ユダヤ教の会堂シナゴーグの象徴）が土地を献上する夢を見た。遺骨が到着したとき、ユダヤ教徒とキリスト教徒の争いが起こり、シナゴーグは破壊された。ところが、公開討論の席ではテオドロスの奮闘もむなしく、ユダヤ教徒からキリスト教への改宗者が続出、破壊されたシナゴーグの跡地に教会が建てられることになった。この時代の文献の中にはこの種の話がいろいろ記録されている。後代の人間からみるとたわいもない話と受け取られるかもしれないが、われわれは、そういう事件が民衆社会に与えた心理的衝撃について、感情移入して考えてみる必要がある。第1節（「禁欲主義への情熱と性の難問」）でオリゲネスの『ケルソス駁論』を引いてのべたように、この時代の民衆心理には、復活のような奇跡の信仰が禁欲主義的生き方をえらぶ心理的原動力になっているのである。その心理的波紋が広がってゆくところに社会全体を動かす「時代精神」の波が起こってくるのである。

十字架と背教者

コンスタンティヌス大帝（在位三一一－三三七）がキリスト教の公認に踏み切ったときにも、多くの奇跡が語られている。帝はマクセンティウス帝との決戦の前夜、夢の中で兵たちの盾にキリストの名前を示す組合せ文字を刻むように、という神示を受けたという。十字架刑というのは元来ローマで罪人を処刑するときのやり方だったのだが、帝はこの慣習を廃止して、キリストを象徴するしるしに変えた。ローマ市の中央には右手に十字架を捧げた大帝の像が建てられ、兵士たちの兜、盾、軍旗にも十字がつけられた。ある日の進撃の途上、帝は輝く光の十字架を仰ぎ見た。そこには「これによりて勝て」という文字まで見えたという。こういう記録の中には後になってつくられたものも多く、どこまで事実なのかわからないが、当時の雰囲気をよく伝えている話である。当時キリスト教人口は帝国全体の二十分の一くらいだったといわれるが、奇跡を信じる集団心理が広がっていったことがキリスト教の力を大きくみせたものと思われる。

大帝の没後、甥に当たるユリアヌス（在位三六一－三六三）が皇帝になった時期がある。彼はキリスト教側から背教者とよばれている。少年時代洗礼を受けていたのだが、長じてからギリシア哲学に熱中するようになった。生活ぶりも質素で、女性を近づけることもなかった。彼がキリスト教に疑問をもったのは、小アジアでアタナシウス派とアリウス派の争いを見てからのことであった。ユリアヌスが軍に押されて帝位に就いたとき、ローマ帝国の守護霊が夢の中に現われたという。彼は伝統宗教の復興を志して、新プラトン派の哲学者、呪術者、占い者などを集め、神々の像に神霊がこもるように儀式を行なった。ギリシア学者ドッズによると、新プラトン派ではエジプトから入った降神術（テウルギアー）がさかんであった。これは近代の心霊研究と似たような、霊媒を使って神霊をよびだす儀式だったようである。しかしユリアヌス帝はまもなくペルシア遠征を試みて戦死する。

こういう帝国後半期の心理状況を調べていると、ストア哲学がさかんだった前期とはまったく変わって、理性の時代から霊性の時代へと歴史が様変わりした印象を受ける。ただしそれとともに、この時代の歴史は、霊性の問題が政治の世界にもちこまれると、信仰の心理学とは関係のない党派争いや差別心理などが起こってくることも教えている。そこには知性の考え方が入り込むからである。霊性について考える場合、この点によく注意しなければならない。

古代宇宙論の性格

次に、哲学の観点からこの時代の思想について考えておきたい。グノーシス教、教父哲学、新プラトン主義の三者に共通してみられるのは、プラトン哲学、特に後期の対話篇『ティマイオス』に関心が集まっていることである。プラトンの哲学についてとりあげる場合、現代では中期対話篇にみえる形相（イデア）と質料（ヒュレー）の問題が重視される傾向があり、初学者は後期の『ティマイオス』について教わることは少ない。ところがプラトンは、この対話篇で質料について「第一質料」（プロテー・ヒュレー）という新しい考え方をのべている。これはいわば形のない混沌とでもいうようなイメージで、この解釈をめぐって教父哲学や新プラトン主義などの意見が分かれてくる。彼らの関心は、世界の始まりについてどのように考えるか、という点に向けられている。

キリスト教の宇宙論としてよく知られている「無からの創造」creatio ex nihilo の考え方は、旧約聖書創世記の初めにある、神が「光あれ」とのべたという伝承について、教父たちが与えた解釈である。教父哲学は、第一質料に当たる混沌も神がつくり出したとする。ただその前にわれわれが考えなければならないのは、こういう宇宙創造論は当時の人々にとってどういう思想的意味をもつ問題だったのか、ということである。宇宙論というのはギリシア哲学でいう自然学 physika に対応する理論哲学である。アリストテレスの場合、自然学は天体の運動などの観察に基づいて理論がつくられたのであるが、ローマ時代の知識人はそういう直接観察のやり方を退けた。この時代にも占星術のような天体の観察に基づく知識はあったのだが、彼らはそれを民衆の俗信とみなし、学問的権威を認めなかった。アンブロシウスやアウグスティヌスは、占星術から生まれた地球球形説を聖書にみえる句に基づいて否定している。つまりこの時期の宇宙論は、古典文献学の研究に基づいた各派のイデオロギー闘争だったのである。プラトン哲学は当時最高の学問的権威をもつものとされていたので、その宇宙論が共通の関心の対象になったわけである。もう一つ問題にしなければならないのは、この時代の知識人が、霊性問題の追求から得た心理学な見方をそのまま外界の物理的自然に拡大しているところにある。このため当時の自然観は、ストア哲学のころに比べても神話的性格が強くなるという、一種の思想史的逆行現象がみられるのである。

プラトンは『ティマイオス』の中で、宇宙の始まりについて、これは神話的説明だと断りながら、次のようにのべている。デミウルゴス（工作者）という神が善美なる天上のイデア界を眺め、それをモデルにして、ピタゴラスの数の理論に従って形のない質料（つまり第一質料）に形を与え、これに神の息吹きを吹き込んだ。いわば、陶工が粘土をこねて物の形をつくりあげるような具合である。この第一質料の考え方については、第三章第2節「東西の古代におけるイメージ思考」の「究極の元素は考えられるか」でのべた。中期のイデア論では、質料としてはミレトス派の四元素（土、水、火、空気）が考えられていたのであるが、『ティマイオス』では、この四元素のもとになる共通の土台が想定されている。現代風にいえば、すべての元素のもとになる原子か素粒子みたいなものを考えたわけであるが、それは一切の形をもたない流動的な混沌としてイメージされ「形なき質料」（アモルフォス・ヒュレー）ともよばれる。この時代にエジプトで起こった古代錬金術は、この神秘な究極の物質を求める企てから生まれてくるのである。

ところがこの問題は、単に自然界の成り立ちを考えるだけでなく、善悪についての倫理的問題にまで関連してくる。イデア界は神々とつながる善と美の世界であるのだから、物質からつくられる現実世界には悪につながる要素がある、と考えられるのではないか。プラトンはそういうことまでのべてはいないのだが、ここに善悪に関する問題を取り入れると、自然の問題と倫理の問題が関連してしまうようになる。教父哲学ではこの場合、混沌たる第一質料も神がつくったと主張したが、これが有名な「無からの創造」creatio ex nihilo の考え方である。この場合は、倫理学にとって難問が生まれる。イデア界を善とするプラトン的立場では、質料的（物質的）なものは悪とつながると考える傾向があったから、悪も神がつくったことになりかねない。この難点をさけるために、教父たちは「善の欠如」prevatio boni という理論を考えた。悪は実体として存在しているわけではなく、単に善の分量が欠如していることを意味するにすぎない、という議論である。くわしい説明は拙著『ユングとキリスト教』（第二章「グノーシス主義」）でのべたので今は省略するが、この議論は、論理によって心理問題の存在を否定するという意味合いをもっている。キリスト教徒も悪魔の存在は（心理的に）認めていたからである。ユングはこの点に疑問を向けている。善も悪も人間の心理の産物であるからである。

グノーシス教と新プラトン主義は、宇宙の始まりについて、流出 emanation の考え方をとっている。神々から発する霊的はたらきが流れ出して世界がつくり出されたという見方である。先にのべたように、グノーシス教では、世界は最高のアイオーン（永遠）界、中間のプシケー（心魂）界、そして物質界の三層から成る。アイオーン界はプラトンのイデア界に対応しているが、中間界はプラトンのデミウルゴスに当たる悪神（旧約のヤハウェに対応）がいて、物質界をつくったとされている。心理学的観点からみると、この世界像は、善も悪も人間の心の深層のはたらきに由来する、という見方につながってくるだろう。ユングが注意しているのは、教父哲学の背景には禁欲主義への強い傾向があり、それが「善の欠如」という考え方につながっているということである。禁欲主義も極端に進めば、それは神経症的になってしまうのである。

筆者がここでグノーシス教について注意したいのは次のような点である。一つは、神話時代の男性性と女性性の対応関係が再興されていることである。もう一つは、世界を三つの階層に分ける考え方が何を意味しているのかという点である。先にのべたように、世界を三つの階層に分ける考え方は祈りや瞑想の場面で開けてくる心の内的世界の光景を示している。言いかえれば、男性性と女性性の対応関係は深層心理の内部領域に根を下ろしている、と考えられるわけである。

終　章　霊性問題のゆくえ

人格の形成について

古代の倫理学は、東洋でも西洋でも、人格をつくりあげることを基本的な目標にしている。こういう態度が最も具体的に現われているのは儒教の場合であろう。『論語』為政篇に、孔子が自分の生涯を振り返った有名な句がある。「私は十五のとき、学問に志を立て、二十で成人式を行ない、三十で自立した。四十のときには、もう人生に迷うことはなく（不惑）、五十で自分の使命を自覚した（知命）。六十のときには、他人の違った意見を聞いても反発せず受け入れられるようになり（耳順）、七十になると心のままに振る舞っても倫理に反することはなくなった（心の欲するところに従って矩《のり》をこえず）。」つまり、年齢とともに円熟した人格をつくってゆく、ということである。その過程で、人が社会において生きて行く上で求められる倫理的徳性を身につける。それが人格をつくるということである。人生の生き方として別に目新しいことではない。われわれは昔から、このような生き方を教えられてきた。

徳性というものは別に数が決まっているわけではない。それぞれの民族には伝統的に重要視されてきた徳性があるし、時代によって重要視される徳性が変わってくることもあるだろう。しかし人間であるかぎり、いつの時代になっても必要な倫理的徳性があることに変わりはない。儒教の伝統では、孔子を受け継いだ孟子が代表的な徳性として、仁（他者との親愛）、義（行いの正しさ）、礼、知、信の五つをあげた。孔子は、こういうさまざまの徳性を一つにまとめる基本原則は「中庸」、つまり極端に走らない態度であると説いている。ギリシアの場合を考えてみると、プラトンの倫理学は国家論と一体になっていて、知恵、勇気、節制といった徳性は、階級の区別に対応する社会組織のあり方の問題になっている。こういう考え方は、明らかにソクラテスとは違っている。ソクラテスが問題にした徳性は、個人の魂（プシケ）が身につけるべき心理的特性であった。この点から言えば、『ニコマコス倫理学』に代表されるアリストテレスの倫理学の方が、むしろソクラテスの考え方に近いとも言えるだろう。アリストテレスは、ポリスの市民として身につけなければならないさまざまな徳性について考えている。そこには、個人の人格形成の過程が前提されている。『ニコマコス倫理学』を注意して読むとわかることだが、アリストテレスは、徳性を育成する基礎には若者と老人という人生経験の積み重ね（ライフサイクル）の問題があることを考えている。彼は孔子と同じように、さまざまな徳性を一つにまとめる基本原則は「中庸」（メソテース）である、と考えている。例えば勇気という徳性を考えてみる。若者が示す勇気は乱暴になりやすい。逆に勇気がない者は臆病になる。真の勇気とは、乱暴と臆病の両極端におちいることなく、モラル感覚のバランスを失わずに行動することである。彼は、すべての徳性が中庸を保つときに、思慮（フロネシス）の徳性が身につくようになると言う。このような考え方は、釈迦のいう「中道」madhyama pratipad の精神とも通じるところがあるだろう。原始仏教では日常倫理として八正道を説いているが、釈迦は倫理の基本原則として、快楽と禁欲（苦行）のどちらの極端にもおちいらないようにすべきである、と説いている。それが「中道」を行くことである。

近代以前の倫理学ではこのように、人格がそなえるべき徳性の問題を中心においてきた。このことは、倫理の中心的課題が人格教育の問題であったことを示している。ところが近代になると、実践的課題と理論的考察、つまり倫理と倫理学が分かれてきた。カントの倫理学では、人格の尊厳という考え方が基本原理になり、徳性を身につける教育の問題は軽んじられる。若者から老人へという人生のライフサイクルの視点は消え、人間は皆同じ誰でも尊厳な人格をそなえている、という考え方になった。さらにフランス革命によって、人格の尊厳は政治上の人権問題に変わってしまった。近代の個人主義的人間観はこのようにして発達してきたのであるが、現代では、それは個人主義というよりも利己主義（エゴイズム）になりつつある観がある。世界の心理状況は、ホッブスの言う「万人の万人に対する戦い」、つまりは倫理の崩壊へと向かいつつあるようにさえ感じられる。

男性性と女性性の統合

われわれは、魂の事柄についてはふつう無知の状態にいる。「魂」とは、意識が自覚できない無意識下にある人間の本性である。われわれは、それを「霊性」としてとらえることができる。しかし霊性のはたらきというものは、理屈として考えただけで知ることができるわけではない。われわれは体験することを通じて初めて霊性を知ることができるのである。だから社会的場面において霊性のはたらきを直ちに求めても、答えはすぐには出てこない。さしあたり求められているのは内面への道である。自分自身の内に向かって「人生をいかに生きるべきか」、そして「何を信じて生きるのか」と問うてゆくことである。

男性性と女性性という概念（考え方）は、元来、神話の神々のイメージから来ている。神話の世界では、宇宙のすべての出来事は男性神と女性神の活動によって生まれていると考えられていた。心理学的観点からみれば、それらのイメージは、人間の心理を宇宙に投影した産物である。したがって神々の男性性と女性性は、実は、人間の心理に潜在する本性を表現しているわけである。人格形成の目標として、男性性と女性性を統合するという考え方は、「自我」とは異なる真の「自己」を求めてゆくところに生まれてくる。

以下は図に基づいて説明することにしよう。[1] 図A－1は、ユングが発見した『アリスレウスの幻』という

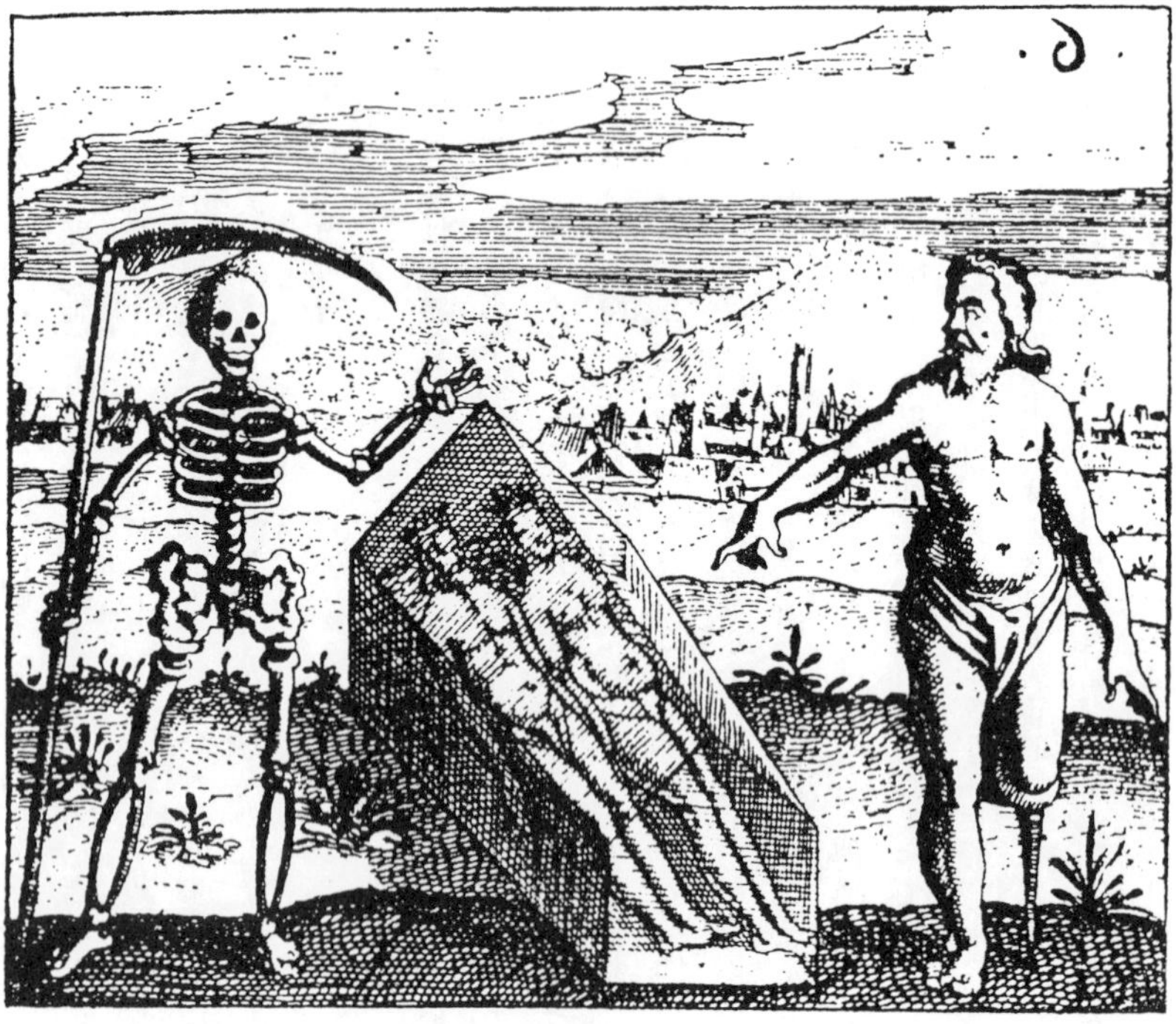

図Ａ－１　「死」〔モルティフィカティオ〕ないし「黒の過程」〔ニグレド〕と「腐敗」〔プトレファクティオ〕（ミューリウス『改革された哲学』1622年より）

アラビア起源の錬金術書にみえるものである。著者とされるアリスレウスは、八世紀ごろビザンチウムにいた錬金術師だといわれている。これは冥界へ降って行く英雄神話の物語の形をとって、瞑想体験の過程を示したものである。賢者アリスレウスは「海の王」に向かって、この国では何ものも成長しないと言う。海は無意識の深みである。この教えを聞いた王は、自分の脳の中にタブリティウスという息子とベヤという娘を生み出し、二人を結婚させる。二人の結婚は、近親相姦の罪を意味するので、タブリティウスは死ぬ。化学的操作としては、物的材料を焼いて変化を起こさせる最初の段階を示しているが、心理学的観点からみると、祈りと瞑想の始まりを意味し、「黒の過程」（ニグレド）とよばれ、ま

ROSARIVM
ANIMÆ EXTRACTIO VEL
impraegnatio.
Hye teylen sich die vier element/
Aus dem leyb scheydt sich die sele behendt.
De

図A－2　魂の妊娠

た「結合」とか「性交」ともよばれている。これは瞑想を始める最初の段階で、煩悩や肉欲が起こってくる過程を示している。図A－2は、『賢者の薔薇園』という十六世紀の錬金術書にみえる一連のシリーズの中からとったもので、本文には「魂の受胎ないし分離」conceptio sev pvtere いう題がついている。男性と女性が合体した身体から、小人が生まれて天に上って行く様子が描かれている。これは、魂が肉体の束縛から離れて天上の力にみちびかれる状態を示しており、妊娠 impregnatio という説明がついている。この図のあとには「世界と一体になる」という説明のある図がつづく。本文には「おお祝福されし自然よ。汝のわざ

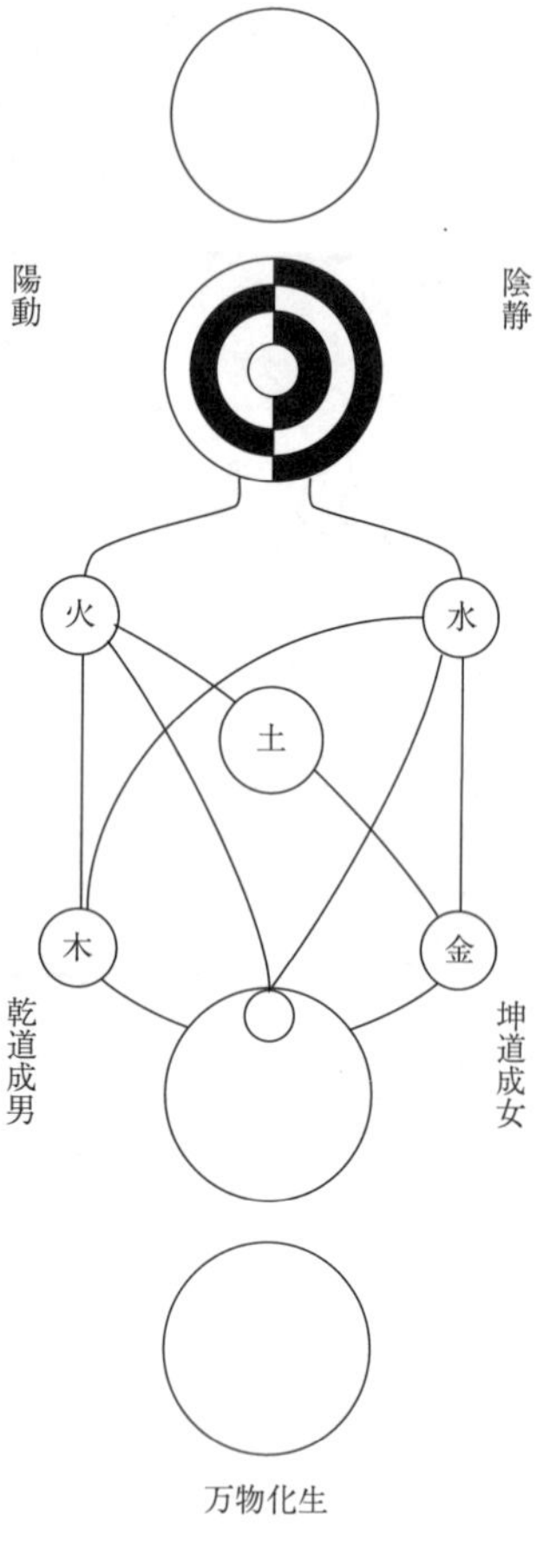

図B　太極図

よ。汝は真の暗く黒い腐敗を通って不完全なものを完全にし、多くのものを新たに成長させる」と記されている。心理学的観点から解釈すれば、瞑想が深まって、リビドの変容が起こってきた過程を示している。最終段階では、男性性と女性性を統合した女皇帝（カイゼリン）が描かれた図になる。説明には「賢者らは彼女を彼らの娘とよぶ。彼女は繰り返し常に子らを生みつづける。彼らは不滅にして清らかで汚れがない」とある。そこに瞑想の体験が達する生命の根拠の究極の状態が示されている。

東洋の瞑想法のテキストには、これとよく似た主題をもったものがいろいろある。図Bは第三章で既にとりあげたものであるが、比較のために再掲しておく。この図は新儒教（理気哲学）で用いられた太極図として知られているものであるが、この図の起源は道教の瞑想法の図であったといわれている。[2] 新儒教が流行していた宋・元・明のころ（十一〜十七世紀）は、三教交流時代といって、仏教（禅）、道教、儒教が互いに対抗しながら発展していた時代である。これら三者には、共通して瞑想法の実践が見出される。道教では瞑想法を「内丹」Neitanとよび、儒教では「静座」とよんでいたが、心理学の観点からみれば体験の内容は共通している。

新儒教では、この太極図を宇宙論の立場から解釈している。図の上方に描かれた円は宇宙の根源（太極）を示す。その下の白黒を塗り分けた円は、太極から発する気の流れが陰と陽の位相をたえず変化させながら動いている状態を示している。陰と陽は女性性と男性性を意味する。この陰陽の気は火・水・土・木・金の五行（五つの運動）に分化しながら、宇宙の生命を育てる。五行の下には「乾道成男」「坤道成女」とあるが、「乾」とは天、「坤」とは地である。天は男性性のはたらき、地は女性性のはたらきである。この両者が合体して、一番下の円が示しているように、生命ある万物が生まれ育つ。新儒教でいう「理」は上方の円で象徴される超越的な太極の次元を指し、これに対して「気」は経験の次元を意味する。

道教では、この図を瞑想法の立場から解釈している。この場合は、図を下から読むことになる。図の全体は人体を表現している。一番下の円は、老子（『道徳経』）のいう「玄牝の門」（暗い牝の牛の入口）を意味する。これは女性性器の隠喩で、生命を生み出す根拠である母性を象徴している。その上の乾坤の円の中に描かれた小さい円は瞑想の始まりを示している。瞑想の訓練は、東洋医学でいう体内の経絡 meridians を流れている気のエネルギーの運動を活発にすることを意味する。その上の五行は、体内を流れている気の種類を分類したものであるが、この分類は、漢方の薬草の効果と関係させてある。これは、自然界に見出される生命体のエッセンスが体内の気の流れと交流している、ということを意味している。瞑想の訓練においては、われわれは気の陰陽の位相がたえず交代しながら体内を動いている状況を体験する。そういう訓練を重ねてゆくことによって、われわれは、宇宙の根源にある「タオ」つまり上方の円から発する気のはたらきを受け入れて、それとつながることができる、とされている。

図Cは、道教の瞑想法のテキスト『黄金の華の秘密』に出てくる一連の図解のシリーズの中から取ったものである。この図では瞑想する修行者の腹部に、親指小僧のような小人が描かれている。これは瞑想が深まった過程で経験される、いわゆる「真人受胎」とよばれる体験をわかり易く示したものである。これについては、第五章第2節（「中国の気とストアのロゴスを比較する」）で少しふれたが、瞑想の訓練によって霊性が成長してくる、という考え方を示している。瞑想の体験は、『易経』の卦の名前を取って、「坎離交媾」（水と火の性交）と題されている。「坎」Kangは水、淵、淀み、窪みといった意味の古語で、これは女性性の隠喩である。「離」Liは輝く、燃え上がるといった意味の古語で男性性の隠喩である。「交媾」は性交の意味。心理学的観点からみれば、瞑想の訓練とは、リビドの変容によって、自分自身の内部において男性性と女性性が結びついて新しい自己を誕生させる、と解釈されているわけである。この過程が錬金術の場合と

有法無功勤照徹
忘形顧裡助真靈
十月道胎火
一年沐浴溫

図C　道胎図

全く同じであることは容易にわかるだろう。歴史的観点からみるかぎり錬金術と道教には何の関係もないのに、その意味する心理学的内容がまったく一致しているのは驚きである。

次に、図D－1は、密教の儀礼や瞑想で用いる胎蔵生マンダラの概念図である。[3] 胎蔵（ガルバ）とは母胎の意味で、道教でいう「玄牝の門」と同じく、万物が生まれてくる根拠を象徴している。この図は深層心理の領域を描いた見取図と言ってもいいであろう。まずこのマンダラのいちばん外側の最外院の中に描かれた尊像を調べてみると、ここには、天竜八部衆とかヒンドゥー教の護方神などの奇怪な神々が描かれている。たとえば、インド神話に由来する竜神（ナーガ）、夜叉（ヤクシャ）、阿修羅、キンナラ（馬頭人身の歌舞神）などから、髑髏の杯で煩悩に酔いしれている常酔天だの、人に害を加える人身象頭のビナヤカ、死神ヤマ、人肉を食うダキニなどである。これらのほかに水天、風天、九曜二十八宿といった天文神などもある。これらは歴史的にはインド神話に由

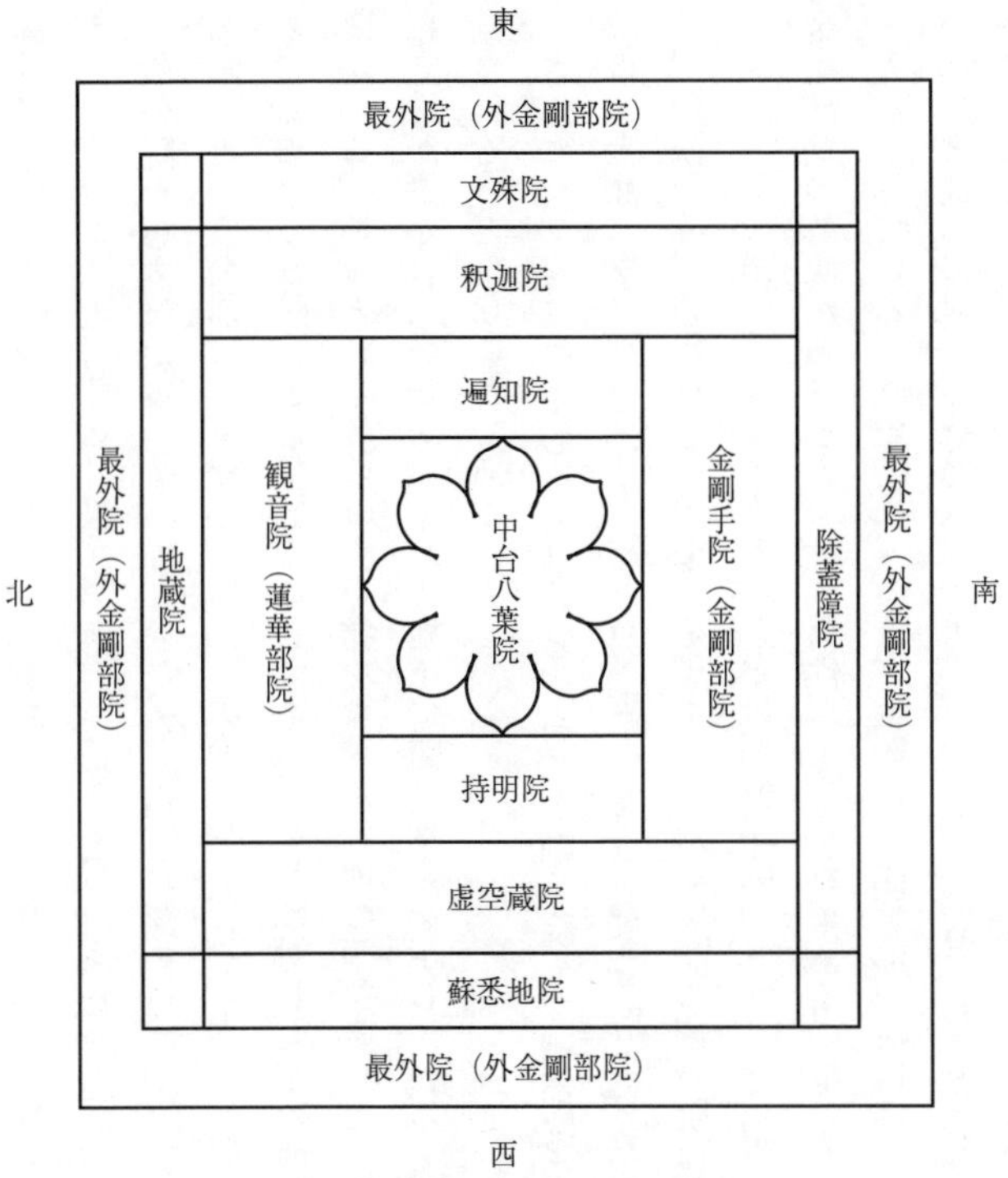

図Ｄ－1　胎蔵生マンダラの概念図

来するイメージであるが、心理的に解釈すれば、無意識の煩悩のはたらきのさまざまを示していると言えるだろう。ユング心理学の用語で言えば、「影」shadow に当たる。

最外院から内側に進むと、向かって右（南）に除蓋障院、左（北）に地蔵院というブロックがある。「除蓋障」という名前は、菩提心（悟りを求める心）を蓋のように覆っている障害を取り除く、という意味である。蓋のような障害とは煩悩のことである。これに対して左の地蔵院には、地蔵菩薩を中心にした九つの菩薩がいる。地蔵という名前は、万物を育てる大地の徳を蔵しているという意味である。地蔵菩薩の前の床には宝珠が置かれているが、これは地下に隠れた宝を示している。煩悩を取り除いてゆくことによって宝が発見される、ということである。

さらにマンダラの中心へと進むと、右に金剛手院（金剛部院）、左に観音院（蓮華部院）がある。金剛手院は、金剛（ヴァジュラ）という言葉で形容される諸菩薩のブロックである。金剛とはダイアモンドを意味し、煩悩を砕く強い意思を象徴する。これに対して左の観音院は観自在（観世音）菩薩が中心になったブロックで、シンボルは蓮華である。蓮華は煩悩が除かれたときに現われる清らかで美しい心を象徴している。金剛部院の尊像が強さと力を示す男性形で描かれているのに対して、蓮華部院の尊像は女性形で、やさしさと愛を示している。歴史的にみると、金剛部と蓮華部の対比は、大乗仏教の基本の理念である涅槃（悟り）の追求と他者に対する慈悲（カルナー、つまり人間愛）を意味する。これを簡単に「上に向かって悟りを求め、下に向かって人々をみちびく」（上求菩提、下化衆生）とか、「自利、利他」などとも言う。

図D－2は、この胎蔵生マンダラの中心部を拡大して示した。下方の持明院とよばれるブロックには、中央に女性形の般若波羅蜜菩薩をおき、その左右に男性形の明王を二つずつ配置している。明王は火炎を背負い、武器を手にもった怒りの表情（忿怒《ふんぬ》相）をしているが、これは煩悩を砕く強い意思を象徴的に表現したものである。有名な不動明王は右端におかれている。これに対して、上方の遍知院のブロックでは、中央に

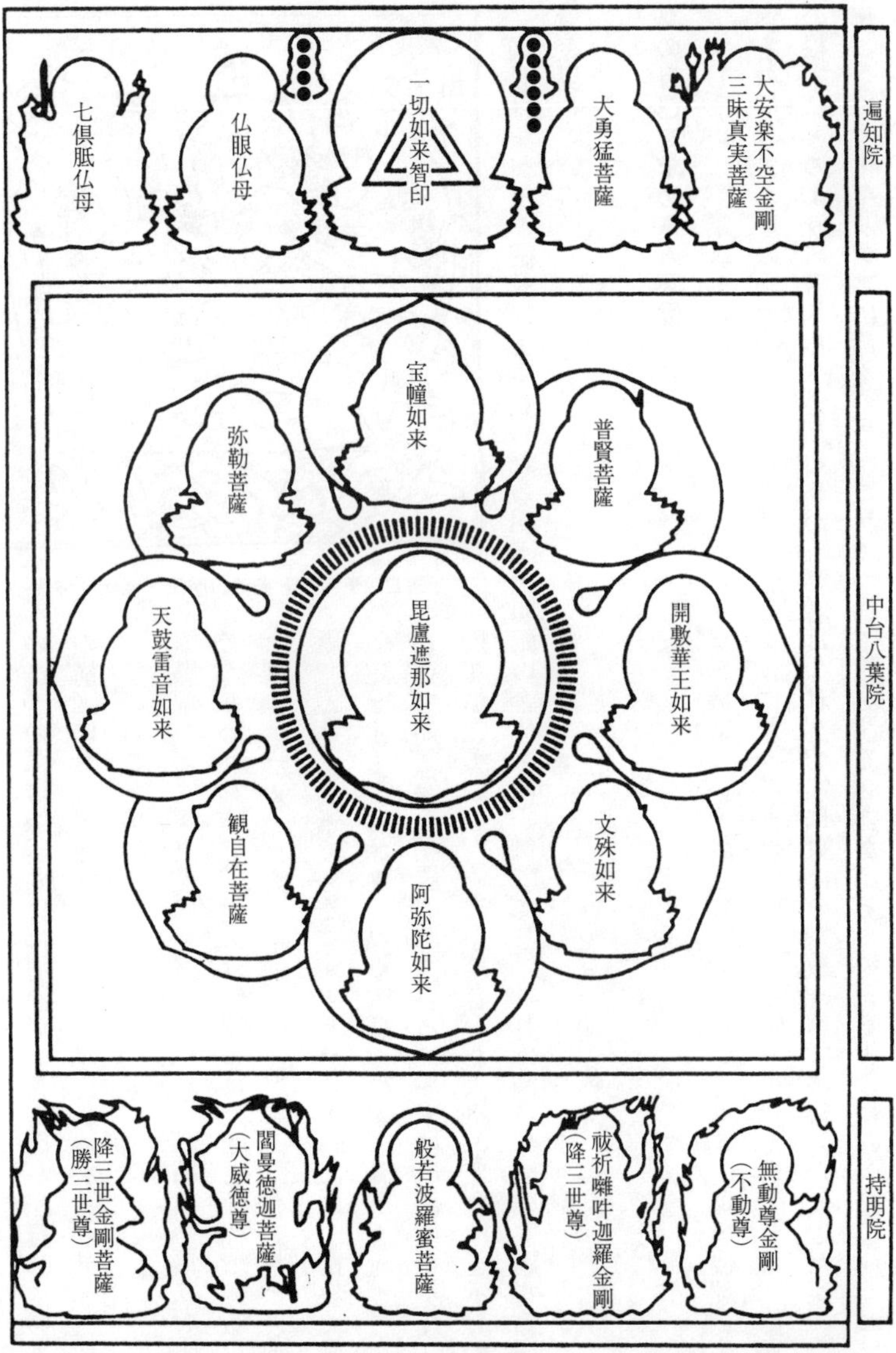

図Ｄ－２　胎蔵生マンダラの中心部

図E　チベット密教の明王・明妃合体図

如来の知恵を表す三角形の印をおき、向かって左には女性形の二つの仏母像、右には男性形の菩薩像を配置している。この構図にも、男性性と女性性の対比が基本的モティーフになっていることがわかる。

菩薩（ボーディサットヴァ）という言葉は「悟りを求める者」という意味で、元来は修行者に対する敬称である。これに対して如来（タターガタ）という言葉は「彼岸に渡った者」という意味である。マンダラの中心には、密教で最高の仏陀とする大日如来（毘盧遮那、ヴァイローチャナ）を取り巻いて如来像が配置されている。如来は男性性と女性性の区別を越えていて、両者を統合した人格の理念像を示している。

図Eはチベット密教によく見られる明王・明妃の合体図の一例である。これは図D－2の主題を簡明な形で表現している。

真の自己を求める人間愛

おしまいに、筆者がこの本を書くようになった動機について説明しておきたい。近年、環境倫理、生命倫理その他さまざまの倫理問題が取り上げられるようになってきた。倫理学を学んできた者として、倫理問題の根本はどのように考えるべきだろうか。筆者はこれまで主に東洋の宗教や哲学に親しんできたが、哲学の起こりは古代ギリシアにあるので、これについて検討する必要があると考えるようになった。

ギリシアの哲学史を考える場合、多くの専門家が指摘している最も重要な課題は、ソクラテスとプラトンの関係をどのように理解するかということである。倫理について、また信仰の心理について、この師弟の間には微妙な違いがあり、その違いが西洋哲学の歴史に長く影響を残してきた。私は心理学の観点に立って検討した結果、次のような結論に達した。ソクラテスが「汝自身を知れ」というアポロンの神託を人間一般に与えられた課題であると解釈したとき、彼が見出したのは現代人が模索しつつある霊性の問題である。筆者はこのことを強く感じた。霊性について問うことは真の自己を求めることである。それは人間愛につながっている。ここには文化伝統の違いを越えた人間性に共通する問題がある。

またこの本の副題にした「男性性と女性性の心理学」というテーマは、ユングが神のイメージの女性性について論じていたことから示唆を得たものである。三位一体の神性のイメージには、父と息子がいるだけで、母はいない。そこには厳しさはあるが、われわれ人間はそこにある淋しさを感じる。人間の心理にとっては、母がいることによって、そこに家族の愛の心が生まれ育ってくる。聖霊のみちびきの心理学の本質は、その愛と平和の中に求められる。他者への人間愛はそこから生まれてくるからである。

結び——現代の危機と将来

この草稿を書き始めてまもなく、二〇〇一年九月十一日のニューヨークのハイジャック・テロ事件が起こり、つづいてアフガニスタンの戦争になった。ソクラテスに関する第四章を書いていたとき、イラク戦争が起こった。私は、昔と今がダブってくるような気分で書いていた。ソクラテスの時代は、戦争に明け暮れた時代であった。そして、アテナイ帝国もローマ帝国も、軍事力の基礎の上にその経済的発展を築いてきた。こういう歴史はどの民族も重ねてきたことであるが、思想の歴史はそういう政治状況の変化の中からつくられてくる。現在世界で進みつつある状況をみていると、どこかよくわからないところで、歴史が大きく変わり始めている気がする。しかし哲学というものは、急場の間に合うような考え方を提出することはできない。

思想の危機というものは長い目で考えないとわからない。国際政治の状況は、せいぜい十年か長くても五十年もすれば全く変わってしまうものである。思想と人間性の危機について考えるには、近代史を推進してきた人間観にまでさかのぼって反省する必要があるだろう。

現在イラク状勢は泥沼化しつつある。9・11ハイジャックは自爆テロであったが、イラクでも自爆が相次ぐ凄惨な状況におちいっている。歴史を支配する集団心理学の観点から考えると、ここにみられるのは、過去から受け継がれた怨念と憎悪のぶつかり合いである。今は近代以後の歴史に限定しておくとしても、ここには、十九世紀以来、西洋諸国が中東地域の植民地支配を続けてきた歴史がある。米ソがアフガニスタンの支配を争っていた一九七九年、東京で第五回のサミット会議が開かれ、東京宣言というものが発表されている。これは当時OPEC諸国が石油戦略を発動したのに対抗するためであった。このときの顔ぶれは、当時の西ドイツと日本を含めた欧米諸国であった。この顔ぶれをみていて、「何だか妙だな、これは……。十九世紀の帝国主義列強と同じではないか」と思ったのを覚えている。思想の看板は第二次大戦が終わってから世界のすべての国が民主主義に変わったのだが、政治を背後で動かしている経済活動を見ると、歴史の進行状態は十九世紀と較べて全く変わっていない。しかし、資本主義ビジネスの活動は公正な自由競争の原則に基づくものとされているので、倫理的正義に反することは何もないわけである。ハイジャック・テロが世界貿易センタービルを標的にしたことは、怨念の根がそこにあったことを物語っているように思われる。しかし経済の背後にひかえた政治権力と軍事力が表面に出てくると、爆弾の雨を降らせながら「暴力否定、正義を確立せよ！」Never Violence, but Justice! というような、つじつまのあわない言論が生まれてくることにもなる。このように歴史心理学的観点からみると、帝国主義と民主主義の実態が実は同じであるとすれば、話は二百年あまり前のフランス革命までさかのぼることになる。このとき、西洋で民族国家（国民国家）が生まれたのが、民主主義と人権思想の始まりであるからである。

こんな状況を横目で見ながらソクラテスのことを調べていたら、彼は引き出された裁判の席でこんなことをしゃべっている。「アテナイ人諸君。私は皆さんに親しみと愛情を抱くものではありますが、皆さんよりはむしろ神に従うことでしょう。そして、私が息をし、そうし続けることができるかぎり、私は哲学し、皆さんに訴えかけ、皆さんのうちの誰に会おうと、そのつど常々私が口にしていることを言って、自分の考えを明らかにすることを決してやめないでしょう。すなわち、『最も優れた人よ、君は知恵と力にかけては最大にして最も誉れある国アテナイの国民でありながら、どうすればできるだけ多くのお金が自分のものになるか、お金のことを気にかけていて恥ずかしくはないのか。名声と名誉については気にかけながら、思慮と真実について、また魂について、どのようにすればそれが最も優れたものとなるかを気にかけることもなければ、思案することもないとは』と」(『ソクラテスの弁明』29d-e)。

ソクラテスはまずお金の問題をあげた後に、思慮について、さらに魂について考えるように、と言っている。私はこの言葉の「最も誉れある国」をアテナイから現代のアメリカに置き換えてみるとピッタリするな、と思った。アメリカでは、人間の価値はお金で決まるようである。とは思ったものの、この「最も誉れある国」という形容詞を削れば、わが日本も全く同じ感じである。お金は欲望の象徴である。そこに、無際限な欲望の追求がたえまない緊張と不安を生み出すという社会心理的悪循環が生まれてくる。人間性の危機はそういう不安の中に見出されるのではないだろうか。

ソクラテスの貧乏暮しは、当時の社会の拝金主義の風潮に対する批判から生まれている。ソフィストのアンティフォンが、教育に対してなぜ礼金を取らないのかと尋ねたのに対して、彼はこう答えている。「アンティフォン。美貌と智とは、これを人に与えるのに、どちらも同じように美しくも同じように醜くも与えることができる、とわれわれの仲間では考えている。何故ならば、美貌をお金で誰にでも売る者があれば、これを売春と呼ぶのである。しかし愛すべき人があって、それが君子人［すぐれた人格者］であると知るとき、これと親しい友人になることは立派なことだ、とわれわれは考える。智もまた同じことで、これを誰にでもお金で売る者は［売春と同じに］学問屋と呼ぶのである」（クセノフォン『ソクラテスの思い出』第一巻第六節）。ソクラテスが言ったのは、真理はお金では買えないし、倫理もお金では買えないということである。ここには何が欠けているのだろうか。

ソクラテスは「思慮と真実について、また魂について」考えようとしないことは恥ずべきことだ、と言っている。思慮（フロネシス）とは倫理的徳性の基本原理のことである。つまり、諸君がお金や名声ばかり追求しているとモラルは荒廃してゆくほかない、と彼は言っているのである。昔は、貧しさが罪を生むといわれていたものであるが、現在の先進諸国は逆の状態になりつつあるようである。貧しさも豊かさも極端に走れば罪を生む、ということだろう。お金の亡者が増えれば増えるほど、社会の精神は腐敗してゆく。お金では買えないものの中に人間にとって最も大事なものがある、とソクラテスは言っている。

では、その大事なものとは何であろうか。それは魂のあり方である。現代の情報化社会は変化の速度が早すぎて、この先どうなるかということがわからない。われわれは社会の先行きがわからないままに、ひたすら先を急いでいるような心理状態にある。そこに生まれる不安がストレスを蓄積させる。現代人に必要なのは心の安定である。つまり、われわれは一体何を信じて生きてゆけばよいのか、という根本がわからないところに不安が生まれている。

ソクラテスは、諸君は魂について、それが優れたものになるように配慮すべきであると説いている。モラルの感覚が育ってくる根拠はそこにある。では「魂」（プシケ）とは何なのか。それは、われわれの心の基底に隠れている霊性（スピリチュアリティ）のことにほかならない。それを見失えば倫理は消滅し、精神の不安は増大してゆくほかはない。現代世界の思想的危機はここに根本原因があるのではないだろうか。

現在国際的危機の焦点になっている中東地域は宗教の伝統が複雑である。今後の思想の危機について考える一つの手がかりは、このあたりにあるような気がする。パレスチナは、ユダヤ教、キリスト教、イスラム教の聖地である。この三つの宗教は、千年以上もの間互いに争ってきた。現在もこの問題は解決の兆しが見えない。宗教などすべてなくなればサッパリすると思う人もいるだろうが、なくなることはない。政治状況は短い時間で変化するが、宗教文化の伝統はいつまでたってもなくならない。それは風土に染み込んだ歴史のカルマであるからである。いわゆる文明の衝突の基本はそこに求められる。現代社会で宗教などに力があるわけはないと思っている人は、歴史を近視眼的に見ているように思う。

霊性とは宗教を生み出す心理的根底である。それは、社会の表面に現われた宗教のあり方とは異なったものである。筆者がここで注意したいのは、序論でのべたように、最初に霊性の問題に注目し始めたのは、仏教を始め東洋の文化伝統に関心の深い欧米の心理学者や医療関係者たちであったという事実である。アメリカは第二次大戦後、経済と科学の発展の先頭を切ってきたが、そのため思想と倫理の混迷状況も長く続いている。筆者はその中から育ってきた東洋との交流の動きに注目している。そこにみられるのは文明の衝突ではない。かつて文明史家トインビーは、将来の世界の思想的問題は、キリスト教と仏教の対話にあるだろうとのべている。今求められているのは魂の交流である。

ソクラテスの最後の言葉を思い出す。「クリトン。アスクレピオスの神様に雄鳥を一羽、お供えしなければならなかった。どうかお供えしておくれ。きっと忘れないように。」神話学者ケレニーがのべているところに従うと、この遺言は、ギリシア人が最初に定住したテッサリアのトリッカに伝えられていた女たちが守っていた古い習慣と関係がある。女たちは毎朝、まだ暗いうちに雄鳥を連れて、糸杉の林の中にあるアポロンの神殿にお参りし、日の出とともに犠牲式を行なう。雄鳥は神へのお供え物なのである。太陽が昇ると、女たちは一斉に声をあげる。「もう太陽が昇ったわ。神殿の扉が開いた。幕が上がったのよ。」ソクラテスの最後の言葉はこのことと関係がある、とケレニーは言う。哲学者は死を迎えてこう言ったのである。「太陽が昇った。光が訪れる。われわれは感謝しよう。」

哲学者の遺言のように、二十一世紀に新しい光が訪れるのを祈りたい。

参考文献および注

序論

主要参考文献

新渡戸稲造『武士道――日本の魂』新渡戸稲造全集第一巻、教文館、一九八三（再版）。

ハイデガー（桑木務訳）『存在と時間』上中下、岩波文庫、二〇〇一（第四一刷、初刷一九六一）。

湯浅泰雄全集、第三巻、第四巻（「西洋精神史」Ⅰ、Ⅱ）白亜書房、二〇〇二－三、刊行中。

湯浅泰雄監修『スピリチュアリティの現在』人文書院、二〇〇三。

安藤治『心理療法としての仏教』法蔵館、二〇〇三。

湯浅泰雄「安藤治『心理療法としての仏教』を読む」トランスパーソナル心理学／精神医学会会誌、二〇〇四。

第一章

（1）密儀宗教の解説は、マンリー・P・ホール（大沼忠弘・山田耕士・吉村正和訳）『古代の密儀』「古代密儀と秘密結社第三部」（エレウシスの密儀、オルフェウスの密儀、バッコスの密儀とディオニュソスの密儀）、人文書院、一九八一に多くよっている。原書：Manly P. Hall, The Secret Teachings of All Ages: An Encyclopedic Outline of Masonic, Hermetic and Rosicrucian Symbolical Philosophy.
（2）アリストパネス『女の議会』（岩波文庫、一九五九）の訳者村川堅太郎の解説参照。
（3）アスクレピオス信仰については、カール・ケレーニイ（岡田素之訳）『医神アスクレピオス』白水社、一九九

七、参照。原書：Karl Kerényi, Der göttliche Arzt: Studien über Askrepios und seiner Kult-statten, Darmstadt (Buchgesellschaft) 1956.

（4）アンリ・エレンベルガー（木村敏・中井久夫監訳）『無意識の発見――力動精神医学発達史』上、弘文堂、一九八〇、三五ページ以下。原書：Henri Ellenberger, The Discovery of the Unconscious: The History and Evolution of Dynamic Psychiatry, 1970.

（5）同、五五ページ。

（6）和辻哲郎『原始仏教の実践哲学』和辻哲郎全集第五巻、岩波書店、一九八九。

（7）ユングの元型理論についての解説と私見については、拙著『ユングと東洋』第四章参照（人文書院版では上巻、一九八九。白亜書房版『湯浅泰雄全集』第六巻、二〇〇一）。

ユングの東洋関係の論文は、ユング／ヴィルヘルム（湯浅泰雄・定方昭夫訳）『黄金の華の秘密』人文書院、一九九〇（第九刷、初刷一九八〇）およびユング（湯浅泰雄・黒木幹夫訳）『東洋的瞑想の心理学』創元社、一九八五（第四刷、初刷一九八三）に収めてある。最近、クンダリニ・ヨガに関するユングの講義録が刊行されている。C. G. Jung, The Psychology of Kundalini Yoga, edited by Sonu Dasani, Bollingen Series XCIX, Princeton University Press, 1996.

（8）Religion（宗教）という近代語は、ラテン語のReligioに由来する。Religioは、re-Legare（再び集める）という動詞から来ている。この動詞には、忘れていた記憶を思い出す、という意味がある。

このことを心理学から解釈すれば、無意識の中にあるものを意識まで自覚する、という意味になる。このような考え方については、『心理学と錬金術』第一部「錬金術に見られる宗教心理学的問題」参照。ここには、プシケ（魂、意識と無意識の全体）が宗教性をもつ、というユングの考え方がよく説明されている。彼はここで、「私はただ、魂（Psyche）は本来的に宗教的であるAnima naturaliter religiosaということを、つまり宗教的機能を持っているということを証明している諸事実を提示したにすぎない」とのべている。このラテン語表現は、二世紀の教父テルトゥリアヌスの「魂は本来キリスト教的である」Anima naturaliter Christianaという句を転用したものである。

第二章

（1）和辻哲郎『ホメロス批判』和辻哲郎全集第六巻、岩波書店、一九八九。

（2）ヘロドトス（松平千秋訳）『歴史』上中下、岩波文庫、一九九九（第三七刷、初刷一九七二）。ツキジデスは、小西晴雄訳『トゥーキュディデース』世界文学全集11、筑摩書房、一九八六（第三刷、初刷一九七一）を用いた。この二書は、欧米ではいずれも「Historiae（歴史）」とよばれているが、元来は題はなかったものなので、著者名がそのまま題名になっていることもある。ヘロドトスは、前半は各国の歴史、民俗などをあつかい、後半でペルシア戦争をあつかっている。ツキジデスの方は、ペロポンネソス戦争をあつかっている。日本ではふつう、ヘロドトスを『歴史』、ツキジデスを『戦史』とよんで区別している。

（3）以下、ホメロス（松平千秋訳）『イリアス』上下、一九九九（第一四刷、初刷一九九二）。ホメロス（松平千秋訳）『オデュッセイア』上下、二〇〇〇（第一〇刷、初刷一九九四）による。

（4）Erich Neumann, The Great Mother, Bollingen Series, Princeton, 1972.

（5）ケレニー『神話と古代宗教』新潮社、一九七二、一五四ページ以下。

（6）和辻哲郎『ポリス的人間の倫理学』和辻哲郎全集第七巻、岩波書店、一九八九。

（7）ロイド-ジョーンズ（真方忠道・陽子訳）『ゼウスの正義』岩波書店、一九八三。原書：The Justice of Zeus, by Hugh Lloid-Jones, 1971, University of California.

（8）アリストテレスの『詩学』におけるホメロス考察については、注（3）『オデュッセイア』の訳者松平千秋の解説を参照。

（9）アリストパネス（高津春繁訳）『女の平和』一九七五。アリストパネス（村川堅太郎訳）『女の議会』一九六四（いずれも岩波文庫）。

（10）前注『女の議会』所収の訳者村川堅太郎の解説参照。

（11）クセノフォーン（佐々木理訳）『ソークラテースの思い出』岩波文庫、一九九二（第三六刷、初刷一九五三）

（12）プルタルコス（村川堅太郎編）『プルタルコス英雄伝』上「テミストクレス伝」、中「アレキサンドロス伝」、ちくま学芸文庫、二〇〇三（第六刷、初刷一九九六）。

（13）伊藤勝彦『拒絶と沈黙』勁草書房、一九七〇、参照。

第三章

（1）自然哲学に関する基本的文献は、内山勝利他訳『ソクラテス以前哲学者断片集』全四巻、別冊一、岩波書店、一九九五‐九八。（ディールスとクランツの編集した断片集の翻訳）。このおかげで、われわれ初学者にもギリシアの自然哲学が身近なものになった。

山本光雄編『初期ギリシア哲学者断片集』岩波書店（初版一九五八）は長い間重版されていた。最近のものとしては、広川洋一『ソクラテス以前の哲学者』講談社学術文庫（一九九七）は、第一部に著者の解説、第二部に主な哲学者の断片集の訳が収められていて便利である。このほかに、私が勉強した最近の概説書などを記す。

コーンフォード（大川瑞穂訳）『ソクラテス以前以後――ギリシア哲学小史』以文社、一九七二。

関根清三『倫理思想の源流――ギリシアとヘブライの場合』放送大学教育振興会、二〇〇一。

岩田靖夫『西洋思想の源流――自由民の思想と虜囚民の思想』放送大学教育振興会、一九九七。

加藤信朗『ギリシア哲学史』東京大学出版会、一九九六。

高橋憲雄『ヘラクレイトス――対話の論理の構築と実践を目指して』晃洋書房、二〇〇一。

（2）広川、同前、九二ページ以下。

（3）古代インドの自然観については、ダスグプタ（宮坂宥勝・桑村正和訳）『タントラ仏教入門』人文書院、一九八一、第四章参照。密教の瞑想法における人体とマンダラの関係については、湯浅泰雄『気・修行・身体』第四章、平河出版社、一九九五、参照。

（4）湯浅泰雄『ユングとヨーロッパ精神』人文書院、一九七九、第一章。『湯浅泰雄全集』第四巻、白亜書房、二〇〇三。（ベルトロ『錬金術の起源』内田老鶴圃、一一ページ以下参照。）

（5）古代中国における思想と科学の状況については、湯浅泰雄『身体の宇宙性』岩波書店、一九九四、第一章、参照。

（6）太極図の由来とその背景になった歴史的状況については、ユング／ヴィルヘルム（湯浅・定方訳）『黄金の華の秘密』人文書院、一九九〇、訳者解説参照。

（7）訳文は福永光司『老子』中国古典選、朝日新聞社、一九六八、一四五ページ。

（8）鈴木由次郎『易経』上下、全釈漢文大系一〇、集英社、一九七四、参照。なお、「繋辞伝」は下巻に収める。

（9）鈴木照雄『パルメニデス哲学研究』東海大学出版会、一九九九。

（10）『プラトン全集』第三巻、岩波書店、所収の「ソピステース解説」（藤沢令夫）、斎藤忍髄『プラトン』岩波新書、一九五ページ以下など参照。

（11）ハイデガー（桑木務訳）『存在と時間』上中下、岩波文庫、二〇〇一（第四二刷）。

（12）和辻哲郎『人間の学としての倫理学』和辻哲郎全集第九巻、岩波書店、二八ページ以下。

（13）荻野弘之『哲学の原風景――古代ギリシアの知恵とことば』NHKライブラリー、日本放送出版協会、一九九九、第五章、参照。ここには、哲学者のラッセルが現代数学を使ってゼノンのパラドックスを解決しようとしたが、失敗したことが語られている。植村恒一郎『時間の本性』勁草書房（二〇〇二）は、過去・現在・未来という時間様相の区別が人間にとってもっている意味を考察することから、ゼノンの問題をあつかっている。ゼノンが出した問いは、現代でもまだ解決されているわけではない。

第四章

主要参考文献

ヘロドトスとツキジデスは第二章注（2）参照。

ソクラテス、プラトン関係は以下を参照した。

村川堅太郎編『プルタルコス英雄伝』上（ちくま学芸文庫、二〇〇三、初刷一九九六）のテミストクレス、アリスティデス、ペリクレス各伝。

クセノフォーン（佐々木理訳）『ソークラテースの思い出』岩波文庫、一九九二（第三六刷、初刷一九五三）。

前章注（1）の『ソクラテス以前哲学者断片集』第三分冊、第五十九章「アナクサゴラス」。

山本光雄編『初期ギリシア哲学者断片集』二五「プロタゴラス」。

『ソクラテスの弁明』は、プラトン（三嶋輝夫・田中享英訳『ソクラテスの弁明・クリトン』講談社学術文庫、二〇〇〇（第六刷）を用いた。この本には参考資料として、プラトンと同じ題のクセノポン（クセノフォン）『ソクラテスの弁明』が訳出されている。

ブリックハウス／スミス（米沢茂・三嶋輝夫訳）『裁かれたソクラテス』東海大学出版会、一九九四。原書：Thomas C. Brickhouse and Nicolas D. Smith, SOCRATES ON TRIAL, Oxford University Press, 1989.

加藤信朗『初期プラトン哲学』東京大学出版会、一九九七（第三刷）。

佐々木毅『プラトンの呪縛』講談社、一九九八。

三嶋輝夫『規範と意味――ソクラテスと現代』東海大学出版会、二〇〇〇。

米沢茂『ソクラテス研究序説』東海大学出版会、二〇〇〇。

松永雄二『知と不知――プラトン哲学研究序説』東京大学出版会、一九九三。

加来彰俊『ソクラテスはなぜ死んだのか』岩波書店、二〇〇四。

（1）ケレニー（岡田素之訳）『医神アスクレピオス』白水社、一九九七、九〇ページ以下。
（2）スネル（新井靖一訳）『精神の発見――ギリシアにおけるヨーロッパ的思考の発生に関する研究』創文社、一九七四、五六ページ以下。原書：Bruno Snell, Die Entdeckung des Geistes, Classen Verlag, Hamburg, 1955.
（3）ドッズ（岩田靖夫・水野一訳）『ギリシア人と非理性』みすず書房、一九七二、二三四ページ以下。原書：E. R. Dodds, The Greeks and the Irrational, University of California Press, 1951.
（4）免取慎一郎「トゥキュディデスとヒポクラテス」（1）〜（6）『古代ギリシアのエートスと Corpus Hippocraticum』昭和六十一年度文部省科学研究費補助金一般研究C、研究年度報告（60510023）、同平成三年度報告（02610020）。
（5）免取慎一郎「ミアスマについて」（『古代ギリシアのエートスと Corpus Hippocraticum』平成十二〜十三年度文部科学省科学研究費補助金基礎研究C12）二〇〇二年三月。

(6) ソポクレス（藤沢令夫訳）『オイディプス王』岩波文庫、二〇〇〇（第五六刷、初刷一九六七）訳者解説参照。
(7) アリストパネス（高津春繁訳）『雲』岩波文庫（一九七七）及び次の注（8）の訳者解説、参照。
(8) 三嶋・田中訳『ソクラテスの弁明・クリトン』所収、三嶋「ソクラテスの弁明解題」3「ソクラテスと政治」参照。
(9) 田中美知太郎『ソクラテス』岩波新書、同『プラトン全集1』「ソクラテスの弁明解題」など。
(10) 上田徹『プラトン初期対話編篇研究』東海大学出版会、二〇〇一、第三章。白根裕里枝「ソクラテスにおける徳と知について――『ラケス』篇の最終議論をめぐって――」法政大学教養部「紀要」第一一二号。同「徳と幸福――ソクラテスの場合」法政大学教養部「紀要」第一〇七号（特別号）
(11) プラトン全集8『エウチュデモス・プロタゴラス』岩波書店、藤沢令夫「プロタゴラス解説」参照。
(12) クセノフォーン（佐々木理訳）『ソークラテースの思い出』岩波文庫、訳者解説、参照。ブリックハウス／スミス、二四ページ、三四－三五ページ。
(13) クセノフォーン（三嶋輝夫訳）『ソクラテスの弁明』（主要参考文献の項にあげた三嶋・田中訳『ソクラテスの弁明・クリトン』の付録参照）。
(14) ブリックハウス／スミス、三六七－三六八ページ参照。

第五章

主要参考文献

ローマ史関係：

塩野七生『ローマ人の物語』Ⅰ～ⅩⅠ、新潮社、一九九二－二〇〇二（現在刊行中）。
ギボン（中野好夫他訳）『ローマ帝国衰亡史』全一〇冊、ちくま学芸文庫、二〇〇二。
モンタネッリ（藤沢道郎訳）『ローマの歴史』中公文庫、二〇〇三。

(1) 塩野七生『ローマ人の物語』ⅩⅠ「終わりの始まり」新潮社、二〇〇二、七〇ページ。

(2)エレンベルガー(木村敏・中井久夫監訳)『無意識の発見——力動精神医学発達史』上、弘文堂、一九八〇、四六ページ。

ガレノス「情念と霊魂の犯す誤謬について」原書:Galen, On the Passion and Errors of the Soul, Ohio State University Press, 1961.

ガレノスについては、二宮陸雄『ガレノス/霊魂の解剖学』平河出版社、一九九三参照。この本は、医学史を中心にギリシア・ローマの哲学史を取り上げたもの。

(3)ジャン・ブラン(有田潤訳)『ストア哲学』クセジュ文庫、白水社、一九五九、六七ページ以下。

(4)マルクス・アウレリウス(神谷美恵子訳)『自省録』岩波文庫、二〇〇二(第六五刷、初刷一九五六)。

(5)塩野、注(1)、一一四ページ以下。

(6)タキトゥス(泉井久之助訳)『ゲルマーニア』岩波文庫、二〇〇一(第二六刷、初刷一九七九)。

第六章

主要参考文献(教父哲学、グノーシス教、新プラトン主義関係)

荒井献・水垣渉編『キリスト教教父著作集』全二十二巻、教文館、一九六三〜(刊行中)。オリゲネス『ケルソス駁論』(刊行中)

荒井献・大貫隆責任編集『ナグ・ハマディ文書』全四巻、岩波書店、一九九七〜九八。

荒井献編『使徒教父文書』講談社学芸文庫、二〇〇三(第四刷、初刷一九九八)。

田中美知太郎監修(水地宗明・田之頭安彦訳)『プロティノス全集』全四巻・別巻一、中央公論社、一九八六〜八八。

キース・ホプキンズ(小堀馨子・中西恭子・本村凌二訳)『神々にあふれる世界——古代ローマ宗教史探訪』上下、岩波書店、二〇〇三。

荒井献『原始キリスト教とグノーシス主義』岩波書店、一九七一。

同『新約聖書とグノーシス主義』岩波書店、二〇〇〇。

柴田有『グノーシスと古代宇宙論』勁草書房、一九八二。

エレーヌ・ペイゲルス（荒井献・湯本和子訳）『ナグ・ハマディ写本——初期キリスト教の正統と異端』白水社、一九八二。

本村凌二『ローマ人の愛と性』講談社現代新書、一九九九。

（1）タキトゥス『ゲルマーニア』前章注(6)参照。

終章

（1）湯浅泰雄『ユングとヨーロッパ精神』第一章、人文書院、一九七九、参照。
（2）ユング／ヴィルヘルム（湯浅・定方訳）『黄金の華の秘密』人文書院、一九九〇、訳者解説参照。
（3）湯浅泰雄『気・修行・身体』第四章「密教の修行論とマンダラの心理学」平河出版社、一九九二、参照。

あとがき

一

一九九八年に定年で大学をやめた後、書庫の片隅に埋もれていた岩波書店版のプラトン全集を取り出して読み始めた。学生時代を思い出してだんだん面白くなり、ギリシア関係の新刊書を買ったり、図書館から本を借り出したりして勉強を始めた。「六十の手習い」ならぬ、七十の手習いといったところである。考えがまとまってきてこの原稿を書き始めたのは二〇〇〇年ごろであった。第一章の神話についての考察を書いているころ、二〇〇一年九月十一日のニューヨークのハイジャック・テロ事件が起こり、つづいてアフガニスタンの戦争になった。ソクラテスを中心にした第四章を書いているとき、こんどはイラク戦争が起こった。このころから、何となく古代と現代がオーバーラップするような気分にとらえられてきた。ソクラテスの生きた時代はギリシア史始まって以来の大きな戦争の時代で、彼の思想形成はその戦争体験をぬきにして語ることはできない。では一体、戦争の思想的意味はどこに求められるのだろうか。心理学の観点からみれば、戦争というものの本質は戦う双方の間に生まれる憎しみと怒りの感情に求められるだろう。このことは古代も現代も変わりはない。それどころか、神話時代以来これは変わらない真実である。もう一つつけ加えるとすれば、戦争は男の仕事であって女子供は関係ない。これも神話時代から現代に至るまで変わりないことである。この本に「男性性と女性性の心理学」という副題をつけたのはフロイトとユングの神話の心理学について考えたのがそもそもの始まりであったが、このテーマは戦争と平和をめぐる心理学的問題にも関係してくるように思われる。

ただ現代と古代の違いは、戦争に思想的理由がつけられているところにある。自爆テロが「聖なる戦い」であるとは思えないが、これに対してアメリカの大統領は、イラク戦争は民主主義を打ち立てるための戦争であると説明している。政治論に立ち入るのはひかえておくが、哲学的にみれば、どちらの言い分も一種のソフィスティケーション（詭弁）ではないだろうか。言葉の論理で真実を覆う、ということである。ソクラテスがソフィストと対決したのはこの問題であった。彼は兵士としてたびたび戦場に出たことのある人だが、政治には決して関係しようとしなかった。当時のソフィストの議論は政治的社会的状況を背景にして生まれた性格が強いもので、アテナイの民主主義は彼らの言論に支えられて発達したとも言える。プラトンの国家論が民主主義批判に基づいているのも、このことが機縁になっている。この場合、ソクラテスが求めたのは、人間は何よりもまず自分自身の魂のあり方について知らなければならない、ということであった。倫理的な正しさ（正義）というものの根拠はそこに、言いかえれば魂の内にある真実の中に求めなければならないからである。「哲学」の起こりはそこに求められる。こんなことを考えながら原稿を書き終わって、人文書院にお渡ししたのは二〇〇四年に入って間もなくのことであった。現在もイラクは泥沼状態におちいったままである。

ところでこの本を書くようになった動機であるが、これはギリシア哲学とは関係のない筆者個人の若いころの経験から始まっている。私は両親の影響で子供のころから信仰に関心をもっていたが、五十年余り前、学者の卵として倫理学と日本思想史を学び始めたころ、本山博師について瞑想と修行を始めた。それから信仰の心理や修行の体験について研究したいと思って、心理学や精神医学の勉強を始めた。その中で最も関心を覚えたのがユング心理学である。彼は、ヨーガ、密教、禅、道教など東洋諸宗教の瞑想体験について、心理学の観点から解明していたからである。ただ、修行の体験をして気づいたのは身体の問題である。呼吸法の訓練を考えてもわかるように、瞑想にも身体の機能が関係してくる。そして修行法は、現代まで伝えられている東洋のさまざまな伝統的身体技法のルーツなのである。ユングは身体の問題は考えていない。そこで心身医学や東洋医学について勉強を始め、『身体論――東洋的心身論と現代』（講談社学術文庫）という本にまとめた。アカデミズムの哲学からは離れてしまった気がしたが、自分なりに、これも哲学と言ってよいのではないかと思っていた。東洋の哲学的伝統は論理より体験主義に基づいているからである。

ユングから学んだことはいろいろあるが、私は、哲学にとって研究すべき課題を彼から与えられたような感じを受けている。この本に関係のある問題としては、彼が中国学者リヒアルト・ヴィルヘルムと共同で刊行した『黄金の華の秘密』（太乙金華宗旨）という道教の瞑想法のテキストがあげられる。このテキストを調べ始めたのは一九六〇年代のころだったと思うが、そのころ台湾から道教の関係者が訪ねてきたことがあった。当時、国共内戦に敗れた国民党の人たちとともに、道教関係者も台湾に逃れた人が多かったようである。あるグループは、この『黄金の華の秘密』の教えを伝えた竜門派の人たちで、フーチという古代の神託術（自動書記）を実演してくれた。伝承によれば、このテキストにのべられた教えはフーチによって示されたものである。もう一つのグループは若い巫女を伴った人たちで、道教の儀礼を行なってくれた。その際、巫女はトランス状態になって、集まった一人一人に言葉をかけた。これらの見聞は、その後古代の神託術について考える上で役にたった。古代ギリシアにはいろいろな神託術があったことがプラトンの対話篇にみえる。ユングは『黄金の華の秘密』を読んで、その内容が古代ローマのグノーシス教の瞑想体験と似ているのに気づき、グノーシス教と関係の深い錬金術の研究を始めたのである。したがってこれらの問題の歴史的背景を調べてゆけば、東洋と西洋に共通する心理学的問題を見出すことができるだろう。それによって倫理と信仰の基本にふれるような、人間性の深層にある心理的問題について考えてゆくことができるだろうと思った。しかし西洋古代のことはすぐには手が届きそうにもない。まずは中国の哲学と医学の歴史を知ることだと考えて勉強を始めた。この内容は後に『身体の宇宙性』（岩波書店）にまとめた。西洋でもローマ時代のストア哲学や教父哲学の仲間では、瞑想や祈りの習慣が広く行なわれていたこともわかってきた。この本では主にギリシア・ローマの哲学を取り上げているが、ところどころで東洋との比較を試みたのはこのためである。

もう一つ、若いころユングから与えられた宿題として、彼が晩年に物理学者のパウリと共同で提案した共時性（シンクロニシティ）の問題がある。これは未完成な仮説ともいうべき性質の理論であるが、その中には占星術、臨死体験、あるいは超心理学（超能力）といったテーマも含まれている。私が読んだ当時は一般にも全く知られていなかった事柄で、学問の世界で取り上げるようなこととは思われなかった。しかしユングと接触のあったアメリカの超心理学者ラインから本山氏を通じて彼の著書の翻訳を依頼され、ラインの研究グループのアメリカ人たちの人柄に接しているうちに、ここには考えるべき重要な問題があるという気がしてきた。われわれはこういう問題に対しては事実そのものに関心が向かい易い傾向があるが、思想について考える場合には、何事についてもまず哲学の歴史を振り返ってみる必要がある、と私は思っている。ユングの共時性モデルの主な根拠になっているのは易経の世界の見方である。易経の源流は神話時代の占い（卜辞）であるから、心理学に関連があると言うことができる。この書は、中国哲学史では倫理学と自然研究の古典とされている。西洋哲学の伝統では、倫理学（実践哲学）と自然認識（理論哲学）は分かれているようにみえるが、これはアリストテレスが最高権威をもった中世以後に定着した見方であって、古代ギリシアでは事情はもっと複雑である。これに対して易経は儒教と道教の共通の古典である。儒教哲学が政治と倫理に関わっているのに対して、道教の流れは自然研究、瞑想法、身体技法といった身体論のテーマと結びついている。この場合のキーワードが「気」の考え方なのである。共時性仮説は心理学と物理学の関係を再検討する意図に立っており、科学方法論の問題につながっている、と考えられる。この問題についてはその後も考察をつづけているが、テーマが広がりすぎるのでこの本では取り上げていない（準備的研究は人文書院から刊行した『共時性の宇宙観』にまとめてある）。

二

このような研究は指導してくれる先生などいなかったので、独学みたいな格好で進めていたのであるが、二十年くらい前から様子が変わってきた。一九八〇年に大阪大学から筑波大学に転勤したとき、同時に着任したフランス文学の竹本忠雄氏を通じて、フランス文化放送という国営のラジオ局から、ニューサイエンスに関するシンポジウムを開催してほしいという要請を受けた。フランス側のディレクターは、ニューサイエンスの思想は東洋と関係が深く、ユングの共時性の考え方と関係がある、西洋ではグノーシス教の思想に関連している、と言ったのである。ニューサイエンスというのは、一九六〇年代にアメリカで起こった対抗文化（カウンター・カルチャー）の運動から生まれたもので、当時はニュー・エイジ・サイエンスと言っていた。この運動はベトナム反戦運動やキング牧師の公民権運動と一緒になっていたので、一般にはこちらの方がよく知られているが、ユング心理学がアメリカに急速に広まったのはこの時代からである。この中には、当時ヒッピーとよばれていたアメリカの若者世代がアジア各地を放浪してヨーガをはじめ東洋諸宗教の修行法や瞑想法を学んできた流れが入っていて、これがユングと結びついたのである。私は当時彼らと一緒に修行をしていたが、物好きな若者たちというくらいの印象しかなかった。その後のいろんな経験から、こういう新しい動きが将来何を生み出すかということは、少なくとも二、三十年はたってみないとわからないものだと思うことである。ニューサイエンスの理論的リーダーはイギリスのデビッド・ボームという物理学者で、彼の仲間たちは一九七九年にフランス文化放送の企画で、スペインのコルドバでユング派の心理学者たちとシンポジウムを行なっており、超能力問題も取り上げていた。私は、インタビューアーにロンドン大学のボームのところまで行ってもらって、彼の考え方を聞いた。彼は東洋の瞑想に関心をもっていて、クリシュナムルティ（神智学）やダライラマといろいろ話しあっている、と答えた。さらに、彼が提案している暗在系とホログラフィの宇宙モデルについて、「あなた方（東アジアの人たち）なら、それは気の問題だとおっしゃるでしょう」とのべたのである（湯浅泰雄・竹本忠雄編『ニューサイエンスと気の科学』青土社、参照）。一九八四年に開いた筑波のシンポジウムは「科学技術と精神世界」と名づけ、物理学者や心理学者のほかに心身医学、生物学、科学哲学などの研究者をお招きしたが、そのほかに東洋医学を加え、さらに武術のパフォーマンスを行なった。東洋医学と武術は気の問題に関係があるからである。

このシンポジウムを終わった直後から、中国の気功師が何人も筑波に訪ねてきた。彼らの技を実際にみて、これは面白いと思った。気功のことは古代の『荘子』にもみえるが、一九七五年に漢の馬王堆墳墓から帛書（絹に描いたイラスト）が発見されていた。このほかに医書、薬学書、方術（さまざまの呪術）の本も出土している。大阪大学にいたころ、この方面に詳しい坂出祥伸氏の勉強会に参加していたので少しは知っていた。その後、一九八七年に北京に出張する機会に恵まれて、気功師に会ったり、病院や研究機関を訪ね歩いた。北京滞在中たまたま中国人体科学学会が設立され、この学会の張震寰理事長らが訪ねてきて、気功を日本に広めたいので協力をお願いしたいと言われた。翌年、東京で日中友好十周年記念国際シンポジウム「気と人間科学」と名づけた会議を開いた（湯浅泰雄編『気と人間科学』平河出版社）。その後、この会議に参加をお願いした方々の間から日本でも学会をつくりたいという話がもちあがって、人体科学会と名づけた学会を設立する運びになった。一九九一年のことである。中国の人体科学は、東洋医学、気功研究、それに超能力研究の三つをまとめたものであるが、全体を通じるキーワードはやはり「気」である。

このような経験を重ねてきて私が思うのは、哲学には専門分化が進んできた諸分野の学問をまとめるマネージャーのような役割があるのではないか、ということである。現代の学問は西洋伝来のものであるから、その思想的根源までさかのぼればギリシア哲学にさかのぼる。時間ができたら、ギリシア哲学をあらためて勉強し直したいと思っていた。

三

私は古典文献学は素人なので、この本は専門の哲学研究者のために書いたわけではない。読者として念頭においているのは一般の方々である。哲学のことはよくわからないが人生の生き方について考えたいという読者に、入門書として読んでいただければ幸いである。わかり易く言えば、哲学とは時代のものの考え方だと言ってもいいであろう。時代状況が変われば思想も変わる。しかしいつの時代になっても、「人間は自分の人生をいかに生きるべきか」というモラルの問題、そして「人は結局のところ、何を信じて自分の人生を生きてゆくのか」という信仰の問題にぶつかる。そういう生き方についての問いから、時代の哲学が生まれてくるのだと思う。

一般の方々にわかってもらうために私がひとつ考えたのは、時代の歴史を調べることである。歴史の中には、その時代の人たちのさまざまな生き方がある。その中から倫理と信仰についての問いが生まれてくる。そういう見方を自分流に歴史心理学と名づけている。

長い間手書きの執筆に親しんできた私には、パソコン時代の原稿書きはまことに難事であった。ゆっくり考える必要のある哲学には便利さと速さはなじみにくいが、現代に生きるとなれば、これもいたし方ない成り行きである。これがほんとの七十の手習いというところである。そのためこの本を書く間、多くの若い方々にお世話になった。人文書院の谷誠二氏にはいろいろ励ましをいただいたことに感謝したい。

著者

二〇〇四年五月

人名・神名索引

（有名でないが重要な人物には説明をつけた）

ア行

アイギストス　105,116,117
アイスキュロス　115–117,120,121,151,160,161
アインシュタイン　34,35
アウグスティヌス　21,327,331,361–363,368,371
アウグストゥス帝（ローマ初代皇帝）　54,291,308,319
アウレリウス帝、マルクス　294,296,297,306,307,309,318–322,324,338
アガトン（悲劇作者）　143,144
アガメムノン王　80,81–85,93,98,100,102,105,106,110,115–117,122
アキレス　81,82,84,85,90,91,93–96,98,106,108,112,116,124,139,198,222,245
アグリッピナ（ネロ帝の母）　307
アスクレピオス（医神）　57–59,391
アスパシア（ペリクレス夫人）　132,133,152,208,213
アタナシウス（三位一体論の正統派教父）333,346
アダム　21,330
アディマントス（プラトンの兄）　68,123,280
アテー（女神）　85,98,113
アテネ（女神）　56,82,83,87,89,102–104,107,110,111,113,115,117–119,121,151,160,204,208,253
アナクサゴラス　118,133,164,171,208,213,220,233,235,268,273,277,281
アナクシマンドロス　164,173,191,197
アナクシメネス　164
アニュトス（ソクラテス告発の黒幕）225,267,268,271,277
アプレイウス（ローマの作家）　54
アフロディテ（ヴィーナス、女神）　83,88,89,97,112,124,155,167,298
アポロドーロス（ソクラテスの弟子）　148
アポロン（神）　49,55,57,69,81,82,88–90,96,101,104,106,118,122,136,137,142,151,160,166,203,204,206,211,212,214,216,217,225,285,349,387,391,392
アマテラス（神）　98
荒井献　332
アリアドネ　92
アリウス（三位一体論の非正統派教父）346
アリスティッポス（ソクラテスの弟子）67,69,258
アリスティデス（アテナイの政治家・軍人、ソクラテスの父と親交）　138,231,232,248,262
アリストテレス　14,36,37,48,61–64,66,69,76,107,108,124,132,135,143,150,163,169,172,173,175,177,179,180,184–186,191,192,194,199,230,233,235,236,284,286,289,294,298,308,310,311,316,324,370,376
アリストニケ（アポロンの巫女）　203
アリストパネス　47,56,130–132,135,136,219,220,223,238,253,257,267,272
アルキビアデス（ソクラテスの弟子・軍人）140–143,145,146,211,219,220–224,234
アルテミス（弓矢の神ダイアナ）　84,89,97,117,165,298,349
アレキサンドロス大王　68,138,207,308
アレス（軍神マルス）　87–89,112,124,

167, 298
アンティゴネ（悲劇のヒロイン）　121
アンティステネス（ソクラテスの弟子、キニク派開祖）　67, 69, 148, 294, 308
アンティフォン（ソフィスト）　261, 389
アンドロマケ（トロヤの英雄ヘクトールの妻）　96
アンドロメダ　92
アンブロシウス（教父、ミラノの司教）　362–364, 371
イエス（キリスト）　71, 114, 291, 293, 302, 303, 310, 317, 318, 322, 329, 330, 331, 346, 347, 354, 356, 362, 365, 366, 367
イオカステ（オイディプス王の母、妻）　105, 120, 121
イシス（女神）　349
イソクラテス（ソクラテスを弁護した哲学者）　267
磯部忠正　20
伊藤勝彦　138
イフゲネイア　117
ヴァレリア（ディオクレティアヌス帝の娘）　341
ヴァレリアヌス帝　327
ヴァレンティノス（グノーシス教開祖）　351, 359
ヴィーナス→アフロディテ
ウェーバー、マックス　70, 299, 301
ヴェスパシアヌス帝　304, 308, 337
ヴェヌス→アフロディテ
ヴェレダ（ゲルマン族の女予言者）　337
ヴラストス　274
エウクレイデス（ソクラテスの弟子）　68
エウゲニウス帝　334, 363, 364
エウポリス（喜劇作者）　220, 273
エウリピデス（悲劇作者）　115, 160, 161, 171
エテオクレス（オイディプス王の子）　120, 121
エバ　21, 354
エピカステ→イオカステ
エピクロス　63, 69, 163, 198–200, 258, 294, 295, 307
エピファニウス（教父、異端反駁者）　349, 356
エピメテウス（神）　253
エラガバルス帝　340
エリス（女神）　112
エリニュス（女神）　85, 98, 112, 113, 118, 119, 151
エレンベルガー　58, 63, 293, 295, 310
エロス（神）　155
エンペドクレス　60, 164, 166, 169, 217
オイディプス王　27, 38, 72, 105, 111, 115, 120, 121, 217
オクタヴィアヌス→アウグストゥス
オケアノス（神）　94
オシリス（神）　349, 350
オットー、ルドルフ　74
オデュッセウス　82, 85, 102, 103, 105–107, 109–111
オリゲネス（教父）　312, 325, 331, 351–353, 357, 358, 364, 368
オルペウス（オルペウス教開祖）　55
オレステス（悲劇オレステイア物語の主人公）　117–119, 121, 122, 160

カ行

カイレポン（ソクラテスの弟子）　137, 225, 267, 273, 274
カエサル　307, 308, 335
董仲舒　183
カッサンドラ（トロヤの王女、予言者）　103, 105, 116, 117, 122
ガマリエル（パウロの師）　367, 368
神谷美恵子　309
カミュ　28
カラカラ帝　339, 340

カリアス（アテナイの富豪）　232,253,257
カリオペ（女神）　55
カリクレス（ソフィスト）　225,243,247,248,249,251
カリヌス帝　341
カリュプソ（女神）　103,109,110
ガリレウス（ローマ副帝、キリスト教迫害者）　341
軽郎女（かるのいらつめ）　111
軽太子（かるのみこ）　111
カルミデス（ソクラテスの弟子、プラトンの叔父）　62,137,138,222,224,225,253,267
ガレノス　199,309-311
カロニケ（アリストパネス喜劇の女性）　130
カント　25,30,31,34,64,193,376
カンビセス（ペルシア王）　162
キケロ　306,307
魏伯陽　183
キプリアヌス（殉教教父、カルタゴ司教）　325-327,353
ギボン　297,321,323,331,334
キューピット→エロス
キュロス（ペルシア王）　162,223
キルケ（魔女）　105,109,110
キルケゴール　28
クサンチッペ（ソクラテスの妻）　148,233
クシナダヒメ　92,93
クセノファネス　164,167,169,273
クセノフォン（ソクラテスの弟子）　133,137,138,145-148,150,152,154,222,226,227,233,261,264,265,267,269,271,272,390
クセルクセス（ペルシア王）　203,205
グラウコン（プラトンの兄）　68,123-125,128
クラウディウス（ローマ皇帝４代目）　336
クラテス（キニク派哲学者、ストアのゼノンの師）　69,294,308
クランツ　198
クリシュッポス（ローマの哲学者、プラトン派からストア派に変った人）　312,313
クリティアス（ソクラテスの友人、三十人僭主のリーダー）　137,223-225,253,257,267
クリトブロス（ソクラテスの弟子クリトンの子）　145,146
クリトン（ソクラテスの弟子、富裕な商人）　51,57,145,146,211,261,280,281,391
クリュタイムネストラ（アガメムノン王の妻）　80,81,102,105,106,116,117,121
クレオン（オイディプス王の弟）　121,218
グレゴリウス（大教皇）　350,364
グレゴリオス（タウマトゥルゴス、教父・奇跡行者）　357,358
グレゴリオス（ニュッサの教父、グレゴリオス・タウマトゥルゴスの伝記作者）　358
クレメンス（アレキサンドリアの教父）　352
クロノス（神）　107,167
ゲーテ　114,286
ゲタ帝　339
ケベス（ソクラテスの弟子）　148
ケレス→デーメーテル
ケレニー　58,59,97,113,211,391,392
孔子　71,162,180,184,375,376
コモドゥス帝　329,339
ゴルギアス（ソフィスト）　67,209,220,244,273
コレー（女神）　53
コンスタンティヌス帝　291,345,369

サ行

斎藤忍随　122
サウロ→パウロ
サタン（悪魔）　343,359
サッカス、アンモニオス（エジプトの修行

タ行

ナ行

ハ行

マ行

ヤ行

ラ行

リシュマコス（アリスティデスの息子）　232,248
リタイ（女神）　113
リュクルゴス（スパルタの政治家）　140
リュサンドロス（アテナイを降伏させたスパルタの将軍）　224
リュシアス（アテナイの弁論家）　134,135
リュシストラテー（アリストパネス喜劇の女性）　130,134
ルキアノス（ローマの詩人）　329,367
ルスティクス（ローマの首都長官、ストア哲学者）　324,325
レウキッポス　164,198
レオナルド・ダ・ヴィンチ　14,245
レオニダス（スパルタ王、ペルシア戦争で戦死）　205
ロイド-ジョーンズ　100,101,159
老子　71,180,182,186,381
ローレンツ　34
ロック、ジョン　254,365
ロムルス（ローマ建国者）　335

ワ行

和辻哲郎　32,66,79,82,99,100,116,122,195

地名索引

ア行

アイギナ島（アテナイの西南）　58,67
アカイヤ　82-84
アグライ（エレウシスの小密議が行なわれた町）　53
アクラガス（シケリア島の南岸のポリス、エンペドクレスの故郷）　166
アクロポリス（ポリスの守護神を祭る神殿のある丘）　204,205,209
アッティカ（アテナイ周辺地域の平野部）　68,80,122,168,214
アテナイ　36,48,50,52,53,55,57,58,64,67-69,78-80,91,115,118,119,121,123,125-129,132-134,136,138,140,141,144,146,147,151,152,160,161,165,168,171,192,202-207,209,210,212-225,227-229,231-233,238,239,242-244,246-248,252,253,255,256,259,260,267,268,270,273,274,276-280,294,297,307,308,387,389
アブデラ（トラキアのポリス、プロタゴラスの出身地）　171,198,252
アリスポモダイ（ダーダネルス海峡付近、アテナイ海軍敗戦の地）　224
アルギヌーサイ（小アジアの島群、海戦の地）　223
アルゴス　80,81,97
アレキサンドリア　326,333,351,352,389
アンティオキア（シリアの都市、ローマ帝国の東方支配の拠点）　303,340,348
アンピポリス（マケドニアの要地、ペロポンネソス戦争の激戦地）　219
イタケ（『オデュッセイア』にみえるオデュッセウスの故郷）　102,104
イダ山（ゼウスの離宮のあるトロヤの山）　86,87
エピダウロス（アテナイ西南方の海岸、アスクレピオス神殿の所在地）　58
エペソス（小アジア、ヘラクレイトスの出身地）　97,165,167,349
エルサレム　305,367,368
エレア（南イタリア、パルメニデスの出身地）　36,171,188,192
エレウシス（アテナイの西方、密儀の祭場）　52-54,159
オリンポス　82,86,89,93,98,109,113,204

カ行

カイサレア（レバノン付近、教父オリゲネスの隠退地）　358
カッパドキア（小アジアの内陸地域、キリスト教教父の流刑地）　358
カルタゴ（北アフリカの都市）　325-327,360,362
キプロス島（エーゲ海の島）　69,294,308
キュレネ（北アフリカ）　67
クムラン（死海の近傍、旧約聖書時代の修道院の場所）　302
クラゾメナイ（小アジアのポリス、アナクサゴラスの故郷）　171
クラナエ島（『イリアス』にみえるエーゲ海の伝説の島）　83
クラロス（小アジア、アポロン伝説の地）　122
クレタ島　78,91,97,140,221
クロトン（南イタリア、ピタゴラス教団の発祥地）　188
ケルキュラ（ペロポンネソス戦争の開戦地、イタリアの対岸）　210,212,213,222

コリントス　205,210,212,213
コロポン　167
コンスタンティノポリス（現在のイスタンブール、ローマ帝国の東方首都）　345

サ行

サモス島（エーゲ海の島、エピクロスの故郷）　294
サラミス（アテナイの西、ペルシア戦争の海戦の地）　58,205-207,212,225,231
シケリア（シシリー島）　109,166,209,221-223,243,267,274
シラキュラサイ（シケリアのポリス、シラクサ）　222
スパルタ　79,80,83,97,102,130,140,205,212-214,216-221,223,224,268,273

タ行

テーバイ（ギリシア悲劇で有名なポリス）　81,105,121,148,217,225
デーリオン（ペロポンネソス戦争の激戦地、聖地）　219,221,232,259,273
テッサリア（ギリシアの北方地域）　211,391
デルポイ（アポロン神殿の所在地）　101,117,121,122,153,203,205,216-218,273,274,276,285,287,364
デロス島　122,206,209
トゥリオイ（南イタリアに建設されたポリス、プロタゴラスが憲法をつくる）　171,209,252
ドドネ（ゼウスの聖地）　153,287
トラキア（バルカン半島）　56,171,198,203,223,252
トリッカ（医神アスクレピオスの出身地）　211,391
トロヤ（トロイ）　80-83,86,88-90,93,95,102-104,106,110,112,116,117

ナ行

ニケーア（小アジア、キリスト教教義を決めた公会議の開催地）　345

ハ行

パノポリス（エジプトの地名、錬金術の中心）　358,360
ビザンチウム（コンスタンティノポリスの別名）　378
ビテニア（小アジアの黒海沿岸地域）　329
フェニキア（レバノン付近、フェニキア人の故郷）　140
ペイライエウス（アテナイの外港）　209,214,224-226
ヘレスポント（ダーダネルス海峡）　104
ボイオティア　219
ポテイダイア（マケドニアに近いポリス、ペロポンネソス戦争の戦場）　210-212
ポントゥス（小アジアの黒海沿岸地域）　329

マ行

マケドニア（ギリシアの東北方、アレキサンドロス大王、アリストテレスの出身地）　210,219
マラトン（第一次ペルシア戦争の激戦地）　203
マンティネイア（ペロポンネソス半島の高原のポリス、激戦地）　154,221,286
ミケーネ　97
ミノルカ島　368
ミレトス（小アジアのポリス、タレスの出身地）　165
メガラ（アテナイ西方のポリス、アテナイと対立）　68,212
メロス島（クレタ島の西にあるポリス、虐殺事件で有名）　221

ラ行

書名索引

タ行

ナ行

ハ行

マ行

ヤ行

著者略歴

湯浅泰雄（ゆあさ・やすお）

1925年福岡市生れ。太平洋戦争末期の1945年4月、東京帝国大学文学部国史学科入学。陸軍に召集され、8月豊橋第二予備士官学校にて敗戦を迎え、9月復学、日本の古代史と神話を学ぶ。1947年より倫理学科に転科、和辻哲郎から哲学と日本思想を学び、1949年卒業。1952年東京大学経済学部に学士入学、1954年卒業、大学院修士課程に入学、近代経済学を学び、1956年卒業。同年、文学部助手（倫理学研究室）となる。1961年より学習院高等科教諭（社会科）、1966年より山梨大学教育学部助教授（哲学、日本思想）、1974年教授。1975年より大阪大学文学部教授（大学院日本学）、1979年度インドネシア大学客員教授。1980年より筑波大学教授（哲学思想系）、1984年日仏国際シンポジウム「科学技術と精神世界」企画委員長、1987年4－9月北京日本学センター客員教授、1988年日中国際シンポジウム「気と人間科学」実行委員長。1989年より桜美林大学国際学部教授。1991年人体科学会創立、以後、この学会の会長、副会長などを務める。1996年桜美林大学大学院教授、1998年退官、同大学名誉教授。

[主な著作・翻訳・監修書]

著作：『近代日本の哲学と実存思想』（創文社、1970)。学位論文（東京大学1973）
『和辻哲郎』（ちくま学芸文庫、1995）（初刊ミネルヴァ書房、1981）
『日本古代の精神世界』（名著刊行会、1990）（初刊『古代人の精神世界』ミネルヴァ書房、1980を改訂）
『日本人の宗教意識』（講談社学術文庫、1999）（初刊、名著刊行会、1981）
『東洋文化の深層』（名著刊行会、1982）
『ユングとキリスト教』（1978）『ユングとヨーロッパ精神』（1979）『ユングと東洋』（1989、以上三著は人文書院）
『身体論――東洋的心身論と現代』（講談社学術文庫、1990）（初刊、創文社、1977）[英訳：*The Body towards an Eastern Mind-Body Theory*, State University of New York(SUNY), 1987]
『玄奘三蔵』（名著刊行会、1991）
『身体の宇宙性』（岩波書店、1994）
『共時性の宇宙観』（人文書院、1995）
『気・修行・身体』（平河出版社、1986）[英訳：*The Body,Self-Cultivation and Ki-energy*, SUNY, 1993]
『湯浅泰雄全集』（全18巻予定）1999年から刊行中（白亜書房）

翻訳：ライン/プラット『超心理学概説』（宗教心理出版、1964）
リードビーター『チャクラ』（共訳、平河出版社、1978）
ユング/ヴィルヘルム『黄金の華の秘密』（共訳、人文書院、1980）
ユング『東洋的瞑想の心理学』（共訳、創元社、1983）
『ユング超心理学書簡』（白亜書房、1999）
『ユング、パウリ往復書簡集』（共訳、ビイング・ネット・プレス、近刊）

監修：『ニューサイエンスと気の科学』（日仏シンポジウム1984報告書、青土社、1993）
『気と人間科学』（日中シンポジウム1988報告書、平河出版社、1990）
『スピリチュアリティの現在』（人文書院、2003）

哲学《てつがく》の誕生《たんじょう》

男性性と女性性の心理学

二〇〇四年七月二〇日　初版第一刷印刷
二〇〇四年七月三一日　初版第一刷発行

著　者　湯浅泰雄

発行者　渡辺睦久
発行所　人文書院
612-8447　京都市伏見区竹田西内畑町九
Tel 〇七五(六〇三)一三四四　Fax 〇七五(六〇三)一八一四　振替 01000・八・一一〇三

印刷　創栄図書印刷株式会社
製本　坂井製本所

Printed in Japan
ISBN4-409-04068-5　C3010

黄金の華の秘密

オンデマンド版

●太乙金華宗旨

ユング／ヴィルヘルム 著　湯浅泰雄／定方昭夫 訳

2400円

中国の道教の瞑想の書の完訳版。R・ヴィルヘルムのドイツ語訳によって余りにも有名になったこの書は、無意識の素材としても貴重で、ユングが自分の思想を形成するきっかけにもなった。そのユングの序文もつけ、注と解説を充実し、一般的な理解を可能にした。

ユング思想と錬金術

●錬金術における能動的想像

M-L・フォン・フランツ 著　垂谷茂弘 訳

2800円

ユング自身が錬金術の哲学的意味を明かしたものが『結合の神秘』であるが、本書は、ユング高弟のフォン・フランツによるその恰好の解説。ドルネウスの「三段階の結合」を中心テーマに、ユングが錬金術に仮託したその中核思想が講義形式の語りで平易に説かれる。

表示価格（税抜）は2004年7月現在のもの

神の手　人の手

●逆光の医学史

立川昭二　著

2400円

古代ギリシアの死生観、中世の祈りの場と触手療法、現代の都市の病い……〈死と再生の聖なるトポス〉を巡り〈癒しの原景〉をたぐり寄せながら、歴史の裏側に隠されたコスモロジーを再認識し、技術化・管理化が急速に進行する現代医療のあり方に警鐘を鳴らす。

インセスト幻想

●人類最後のタブー

原田　武　著

2300円

父と娘、母と息子、あるいは兄妹、姉弟間の禁じられた愛のかたち。母子の癒着や父娘相姦の家庭内暴力など現代もっともホットな問題にも目配りしながら、近親相姦を人間の精神・文化の問題として冷静かつ包括的に扱った極めて注目すべき文学・社会・宗教的考察。

表示価格（税抜）は2004年７月現在のもの

イエスの生涯
●VIE DE JESUS
E・ルナン 著　忽那錦吾／上村くにこ 訳

イエスはなぜ十字架にかけられたか。そしてその後、救い主として世界中に広まったのはなぜか。ユダヤ教の律法を越えて弱き者、貧しき者に愛と理想と神の国のイデーを説いた偉大な生涯は、いつの世にも人間の心に訴えかける。歴史学者ルナンによる名著の復刊。

2000円

パウロ
●伝道のオディッセー
E・ルナン 著　忽那錦吾 訳

イエスの迫害者からその熱烈な信奉者へと回心したパウロ。数ある使徒のなかでもその長途の伝道において右に出る者はいないパウロ。その足跡を追いながら異教徒との対話、戦い、和解の果てに倒れたルナンが描く聖者の姿は、テロに血塗られた世界の現実に示唆的。

2400円

表示価格（税抜）は2004年７月現在のもの